슬픈 중국 : 대륙의 자유인들 1976-현재

"슬픈 중국" 3부작 제3권

슬픈 중국
대륙의 자유인들
1976-현재

송재윤

저자 송재윤(宋在倫)

1969년 서울에서 태어나 자랐다. 고려대학교에서 학사 및 석사 학위를 마치고, 미국 하버드 대학교에서 박사 학위를 받았다. 미국 테네시 주립대학교를 거쳐서 2009년 이후 캐나다 맥마스터 대학교에서 역사학과 교수로 재직하고 있다. 주요 저서로는 11세기 중국의 국가개혁과 유가경학사의 관계를 조명한 학술서 *Traces of Grand Peace: Classics and State Activism in Imperial China* (Harvard University, 2015)와 국적과 개인의 정체성을 탐구한 영문소설 *Yoshiko's Flags* (Quattro Books, 2018) 등이 있다. "슬픈 중국" 3부작을 완결하고, 현재 캐나다에서 과거 중화제국의 정치 담론과 현대 중국의 헌정 논쟁에 관한 학술서를 집필하고 있다.

슬픈 중국 : 대륙의 자유인들 1976-현재

저자 / 송재윤
발행처 / 까치글방
발행인 / 박후영
주소 / 서울시 용산구 서빙고로 67, 파크타워 103동 1003호
전화 / 02 · 735 · 8998, 736 · 7768
팩시밀리 / 02 · 723 · 4591
홈페이지 / www.kachibooks.co.kr
전자우편 / kachibooks@gmail.com
등록번호 / 1-528
등록일 / 1977. 8. 5
초판 1쇄 발행일 / 2023. 8. 18
     2쇄 발행일 / 2023. 9. 25
값 / 뒤표지에 쓰여 있음

ISBN 978-89-7291-710-6　04910
     978-89-7291-707-6　(세트)

검은 밤은 내게 한 쌍의 검은 눈을 주었네.

그러나 나는 그것으로 밝은 빛을 찾아다니네.

— 구청(顧城, 1956-1993), "몽롱시"의 대표 시인

마오쩌둥이 문혁을 일으킨 이유는

그가 과오를 저질렀기 때문이 아니라 그가 악인이기 때문이다.

— 왕뤄수이(王若水, 1926-2002), 철학자, 언론인, 민주투사

중국 특색의 현대화란 없다. 중국 특색의 물리학이 있을 수 없듯이.

— 팡리즈(方勵之, 1936-2012), 물리학자이자 민주투사

표현의 자유를 누린다고 모든 것을 얻을 수는 없지만,

표현의 자유를 잃으면 모든 것을 잃는다.

— 후핑(胡平, 1947-), 1980년 베이징 시 인민대표 직접 선거 당선인

자유, 평등, 인권은 인류 공동의 보편가치이며, 민주, 공화, 헌정은 현대 정치제도의 기본 구조이다.⋯⋯21세기 중국은 장차 어떤 방향으로 나아갈 것인가? 권위주의 통치하의 현대화를 계속할 것인가? 보편가치를 인정하고 주류 문명에 융화되어 편입되는 민주적 정치체제를 건립할 것인가?

— "08 헌장" 서문

차례

프롤로그

미국과 중국의 갈등이 갈수록 고조되고 있다. 당초 무역 전쟁이라고 불리던 양국의 대립은 이념 충돌을 넘어 체제 대결로 나아가고 있다. 2020년 여름 트럼프 행정부의 핵심인물 4명은 돌아가면서 차례로 "스탈린을 계승한 시진핑"의 중국은 초강국이 되기 위해서 수단과 방법을 가리지 않으며 국제 규범을 파괴하는 독재 국가라고 규탄했다. 내전 같은 선거를 치르고 가까스로 정권을 교체했음에도 바이든 행정부는 전 정권의 대중국 강경노선을 이어가고 있다. 2023년 3월 미국 하원은 중국의 개도국 지위 박탈 법안과 위구르족 제노사이드를 막는 장기적출 중지법안을 만장일치로 통과시켰다. 날마다 둘로 나뉘어 싸우는 미국의 여야와 조야가 중국 문제에서만큼은 대동단결한 셈이다.

미국뿐 아니라 유럽, 오스트레일리아, 한국, 일본 등 전 세계에서 반중 정서가 강화되는 추세이다. 최근 EU 집행부는 러시아의 무기 생산에 협조한 7개 중국 회사에 대한 제재 법안을 제출했다. 캐나다는 위구르족 제노사이드 제재 법안을 주도한 국회의원에 대한 중국 측의 보복성 압력에 거세게 항의하며 중국 대사를 추방했다. 이탈리아는 중국 주도의 일대일로(一帶一路) 사업에서 탈퇴할 의사를 표명했다. 세계 각국은 단순히 정서적 반중에 머물지 않고, 중국 체제를 비판하는 비중(批中)의 이념 공조, 군사, 외교적으로 중국을 압박하는 억중(抑中)의 국제연대를 이루고 있다.

인도-태평양 지역에서 중국을 견제하는 미국, 일본, 오스트레일리아, 인도의 4자 안보회담(쿼드, Quad)은 일례에 불과하다. 최근 캐나다 정부는 미국과 영국이 오스트레일리아의 핵잠수함 건조를 지원하는 목적으로 결성한 오커스(AUKUS) 동맹에 가입하려고 하고 있다.

물론 중국과 러시아의 저항도 만만치 않다. 2001년 "반테러"라는 명분으로 결성된 상하이 협력기구(SCO)의 핵심은 시작부터가 중국과 러시아의 군사적 협력이었다. 러시아가 우크라이나를 침공하기 직전인 2022년 2월 초, 푸틴(Vladimir Vladimirovich Putin, 1952-)은 베이징 동계 올림픽 개막식에 모습을 드러내면서 시진핑(習近平, 1953-)과의 전략적 브로맨스(bromance)를 전 세계에 과시했다. 중국과의 긴밀한 관계를 배경 삼아서 러시아가 국제적 고립을 감수하면서 우크라이나 침공을 감행했음은 이미 국제사회의 상식이다. 이제 세계는 앞으로 수년 내에 중국이 실제로 타이완 침공을 감행할 가능성을 염두에 두지 않을 수 없다. 실제로 중국이 타이완을 침공하지 않는다고 해도 군사 위협만으로 이미 싸늘한 전운이 세계를 감싸고돈다.

여러 분석가가 지적하듯이 전 세계는 지금 제2차 냉전을 치르고 있는가? 실제로 신냉전이 진행 중이라면, 앞으로 세계는 어느 방향으로 나아갈까? 40년에 걸친 미국의 집요한 봉쇄전략으로 1990년대 초 구소련이 극적으로 해체되었듯, 중국 역시 국제적 고립, 경제적 쇠락, 정치적 해체의 길을 가고 있을까? 혹은 중국 중심의 새로운 세계질서가 출현할 수 있을까?

이러한 질문에 답하기 위해서는 1976년 마오쩌둥(毛澤東, 1893-1976)이 사망한 후 2년에 걸친 혼란 정국을 거쳐서 개혁개방의 큰길로 나아간 중국의 역사적 궤적을 소상히 탐구해야만 한다. 덩샤오핑(鄧小平, 1904-

1997) 시대 개혁개방의 결과 중국은 자본주의 시장경제로 돌아가는 전 세계 자유 진영 국가들과의 긴밀한 경제적 공생을 이루고 40여 년간 연평균 10퍼센트에 달하는 경제성장에 성공할 수 있었다. 그럼에도 오늘날의 정치체제를 보면, 중국은 여전히 공산주의라는 원대한 이념을 내걸고서 중국공산당의 독재로 운영되는 레닌주의 국가이다.

경제규모로 세계 제2위의 대국인 중국이 일당독재도 모자라 일인지배로 회귀하는 현실을 어떻게 설명할 수 있을까? 2,000여 년간 내려온 중화제국의 역사적 관성 때문일까? 디지털 전체주의의 괴력 덕분일까? 그것도 아니면, 역사의 전통과 첨단의 과학이 만나 새로운 리바이어던을 만들어낸 탓일까?

역사를 돌아보면, "절충과 봉합"은 중국 역사의 뿌리 깊은 전통일 수 있다. 명백히 모순되는 제도나 원칙이 중국 역사에서는 적당히 뒤섞인 채 공존하는 경우가 드물지 않다. 상충되는 이념들을 적당히 뒤섞어 "절충하고", 모순되는 제도들을 교묘하게 끼워맞춰 "봉합하는" 중화문명 특유의 통치 방법이다. 한나라(기원전 206-기원후 220) 성립 직후 진나라(기원전 221-206)는 암흑기로 폄하되었지만, 한나라의 황제들은 진시황이 창건한 제국의 체제를 계승, 발전시켰다. 겉으로는 유교를 국교화하면서도 중앙집권적 관료제의 법가 전통을 폐기하지 않았다. 실제로는 법가 통치이면서 겉으로는 유가의 교화를 가장하는 내법외유(內法外儒)의 통치술이었다. 이후 중국의 역대 황실은 정면에서는 공맹의 이상주의를 선양하면서 배면에서는 한비(韓非, 기원전 280?-233)와 이사(李斯, 기원전 280?-208)의 모략을 활용했다.

개혁개방 이래 중국은 공산당 일당독재와 자본주의 시장경제를 슬쩍 "절충하고서는" 제도적 불합리와 사회 부조리를 대충 "봉합했다." 그 결과 오늘날 중국에서는 물과 기름처럼 혼합될 수 없고 불과 얼음처럼 공생할 수 없는 모순된 강령과 이율배반의 원칙이 뒤섞인 채 굴러간다. 중공중앙이 공식적으로 천명한 국가이념 대부분이 그러하다. 공산주의와 실용주의, 사회주의와 시장경제, 인민민주와 인민독재, 인민 주권과 공산당 지도력, 집단주의와 공민 권리, 사적 소유와 국가 소유, 마오쩌둥 사상과 덩샤오핑 실용주의, 다민족 공동발전론과 중화민족의 위대한 부흥 등등. 창을 팔 때에는 뚫지 못하는 방패가 없다고 하고서는, 방패를 팔 때에는 막지 못하는 창이 없다고 외쳐대는 무기상의 자가당착과 같다. 중국 헌법은 인민 주권의 민주성과 일당독재를 동시에 지향하지만, 현실 정치에서는 언제나 독재가 민주를 억누르고 공민의 권리를 박탈한다. 절충과 봉합의 오랜 전통이 중국공산당 일당독재의 정치선전으로 면면이 흘러내리고 있음일까.

바로 그 점 때문에 중국을 보는 세계인의 시선은 부드러울 수 없다. 중국 밖의 지식인이 중국공산당 정부의 인권유린과 정치범죄를 비판하면, 중국 안팎의 친중주의자들은 으레 서구 중심주의, 오리엔탈리즘 등의 현학적 상투어를 들이대며 중국공산당을 옹호한다. 특히 서구의 지식인이 중공정부를 비판하면 이들은 인종주의 프레임을 씌우고 반발한다. 그러한 비판은 전혀 설득력이 없다. 중국 내부의 인권유린과 정치범죄를 비판하는데, 비판자의 피부색이나 국적이 대체 왜 문제가 되는가? 오히려 정당한 비판에 반발하는 자들이야말로 중화중심주의, 중국 특수주의, 중국 예외주의, 아시아 우선주의, 황색 인종주의 등 낡고 뒤틀린 20세기적 편견에 빠져 있지 않은가?

기본적 인권, 인간의 존엄 등은 서구만의 가치가 아니라 UN 헌장에 명기된 인류의 보편가치이다. 세계 193개 UN 회원국은 UN 헌장에 따라 기본적 인권과 인간의 존엄을 보장해야 할 의무를 진다. 하물며 UN 안전보장 이사회 상임이사국 5개국 중 하나인 중화인민공화국임에랴! 중국에서 자행되는 인권유린의 실태를 고발하는데, 제국주의적 내정간섭이라는 중공의 반발은 군색하기만 하다. 14억 중국 인민은 보편가치에서 벗어난 선민(選民)이라는 말인가? 예외적 인종이라는 말인가? 근대 서구의 자유주의가 아니라 인의예지를 설파한 공자(孔子, 기원전 551–479)의 인본주의를 따라도 중국공산당의 인권유린과 정치범죄는 용납될 수 없다.

중국 밖의 세계는 지금 전방위적으로 중국을 에워싸고서 중국의 정치적 변화를 유도하기 위한 자유와 민주의 연대를 하고 있다. 날마다 전 세계 주요 언론에 대서특필되는 중국 관련 기사들은 지금 세계가 새로운 냉전을 겪고 있지 않나 자문하게 한다. 진정 오늘의 국제정세가 제2차 냉전이라면, 이 새로운 냉전의 결말은 과연 어떻게 될까? 중국을 둘러싸고 긴박하게 전개되는 국제정치는 지금 이 세상을 살아가는 모든 사람을 불안과 공포로 떨게 한다. 초강대국 중국의 출현이 두렵기도 하지만, 우리가 중국의 미래를 비교적 정확하게 예측할 수 있다면, 위기를 기회로 바꾸는 슬기를 발휘할 수도 있다. 그러기 위해서는 오늘날 중국이 왜, 누구에 의해서, 어떤 과정을 거쳐서 지금 상태로 돌아가게 되었나 역사적으로 짚어보는 수밖에 없다. 바로 지금의 중국을 이해하기 위해서 이제 마오쩌둥이 세상을 떠나고 문화혁명이 막을 내리던 1976년 중국의 현실 속으로 들어가보자. 중국 최현대사에서 바로 그 시점이 구체제가 막을 내리고 신체제가 도래하는 명실상부 역사의 분기점이기 때문이다.

이 책은 1976년부터 현재까지 파란만장한 역사의 전환기마다 각자 처한 시공간의 좌표에서 맡은 바 자신의 역할을 충실하게 수행한 다양한 인물들의 사상과 행적을 추적한다. 다만 사마천(司馬遷, 기원전 145?–91?)의

『사기(史記)』「열전(列傳)」처럼 인물의 일대기를 추적하기보다는, 각 인물이 역사의 무대에 등장해서 밝은 조명 아래 서게 되는 역사적 상황을 그 인물의 관점에서 그려보고자 했다. "슬픈 중국" 시리즈 1-2권과 마찬가지로 3권도 정해진 구성을 따라 순차적으로 읽어가도 좋지만, 바쁜 일상에 쫓기는 독자라면 내키는 대로 읽고 싶은 장을 먼저 읽어도 좋으리라. 어떻게 읽어도 이 책 속에 펼쳐진 인간 군상의 이야기는 하나로 통한다. 현대 중국의 슬프고도 슬픈 역사.

제 1 부

머나먼 개혁개방

마오쩌둥은 한평생 쇄국의 열정에 휩싸여 있었다. 그는 늘 과분(瓜分)의 공포에 시달렸다. 바로 대륙의 문호를 열면 제국주의자들이 몰려와서 중국을 다시 오이처럼 싹둑싹둑 잘라버린다는 뿌리 깊은 악몽이었다.

그의 통치 아래서 광활한 대륙은 사방으로 닫힌 섬이 되고 말았다. 인민공화국의 건국을 선포한 이듬해 그는 대군을 파병하여 한반도에서 미국과의 전쟁을 치렀고, 만년에는 소련과의 분쟁도 서슴지 않았다. 그는 밖으로는 수백만 대군으로 국경을 방어하고, 안으로는 전 인민을 코뮌에 가두어 향촌의 유토피아를 건설하고자 했다. 대약진의 몽상이 대기근으로 끝난 후에는 잠시 행정의 일선에서 물러났지만, 수하의 부하들이 권력을 잡고 경제를 살리는 개혁을 추진하자 인민을 격동시켜 정적을 제거하는 대반란의 시나리오를 짰다.

최후의 10년간 그는 전 중국의 전통적, 윤리적, 문화적 기반을 송두리째 파괴하는 계급투쟁의 광풍을 일으켰다. 전국의 인민은 산산이 갈려져서 서로를 헐뜯고 때리고 짓밟고 찌르고 쏴 죽이는 무장투쟁에 내몰렸다. 27년간 전 인민을 세뇌한 마오쩌둥 사상의 영향은 너무나 커서 낡은 시대의 늙은 태양은 그가 사망한 뒤에도 좀처럼 저물지 않았다. 지나고 보면 순식간에 천지개벽이 일어난 듯하지만, 그 시대를 직접 살았던 사람들에게 개혁개방으로 가는 길은 아득히 멀기만 한 최후의 험로였다.

제1장
화귀펑의 패, 사인방 분쇄작전

1976년 9월 9일 마오쩌둥이 사망한 직후 혁명원로들 사이에서는 사인방 제거를 위한 밀담이 시작되었다. 절대 군주가 사라진 후 당내에서 벌어진 권력투쟁이었다. 목숨을 건 싸움이 개시되자 위험을 감지한 사인방은 기민하게 당 중앙의 정치 권력을 독점하려 했으나 군부의 장성들과 연합한 화귀펑(華國鋒, 1921-2008)의 공격에 무기력하게 무릎을 꿇었다. 10월 6일 사인방은 체포되었다. 사인방이 결박되는 순간, 문화대혁명(이하 문화혁명 또는 문혁) 10년의 대동란(大動亂)은 급격하게 끝이 났다.

마오쩌둥의 죽음, 역사의 변곡점

역사에서 발생하는 급변 사태는 지나고 보면 순리대로 전개된 당연한 일처럼 느껴질 수 있다. 결과를 알고서 과정을 돌아보면 매사에 인과율이 작용하는 듯하지만, 인간의 현실에서 역사의 신은 보이지 않고, 역사의 필연성이란 공허한 수사인 경우가 많다. 오늘날 우리가 한 치 앞을 모르고 살아가듯, 과거의 영웅들도 미래를 내다보지 못했다. 긴박한 순간 역사의 무대에서 주역을 맡은 역사의 배우들은 즉흥 연기에 목숨을 걸고 대서사의 드라마를 완성한 입체적 인물들이었다. 각본 없는 연극, 대사 없는 연기, 생사여탈의 피 튀기는 권력투쟁. 마오가 사망한 후 1개월이 채 되지 않아 사인방을 체포하기까지 중공중앙의 무대가 그러했다.

1976년 9월 9일 마오쩌둥은 83세를 일기로 세상을 떠났다. 많은 중국 인민은 그 순간을 "하늘이 무너진 듯하여 하염없이 울고 또 울었다"고 회상한다.[1] 1949년 건국 이래 마오쩌둥은 날마다 전국 모든 인민의 눈동자에 강림하던 절대 권력의 인격신이었다. 신을 잃은 평범한 사람들의 정신적 방황은 격렬했다. 전국적으로 관민합작의 대규모 추모대회가 연일 이어졌다. 공공매체는 마오쩌둥을 추모하고 칭송하는 기사들로 도배되었다. 앞으로 인류 역사에 마오쩌둥만큼 장엄하고도 성대한 장례 의식을 치를 인물이 또 나올 수 있을까?

27년에 걸친 마오쩌둥의 강력한 통치는 산더미 같은 문제를 남겼다. 양지성(楊繼繩, 1940-)이 말하듯, 중국 인민은 마오쩌둥으로부터 경제적 빈곤과 정치적 독재를 물려받았다.[2] 빈곤 탈출의 경제혁명과 독재 극복의 정치개혁이 새로운 시대의 화두로 떠올랐다. 이 두 문제를 어떻게 푸느냐를 두고 대립하는 집단들이 정치의 무대에서 세력을 다투었다.

첫 번째 권력투쟁은 사인방 분쇄작전으로 표출되었다. 마오쩌둥의 후계자 화궈펑이 혁명원로들의 지원을 받아서 사인방을 체포하는 작전이었다. 두 번째 권력투쟁은 마오쩌둥 노선을 견지하는 화궈펑 중심의 범시파(凡是派)와 개혁개방을 추진하는 덩샤오핑 중심의 개혁파(改革派) 사이의 노선투쟁이었다. 마오쩌둥 사후 1개월이 되지 않아 사인방 분쇄에 성공한 화궈펑은 이후 마오쩌둥 노선을 고집하다가 혁명원로의 신뢰를 잃고 덩샤오핑에게 밀려 역사의 무대에서 내려갔다.

결과적으로 마오쩌둥의 죽음은 중국 현대사 최대의 변곡점이 되었지만, 그가 사망했을 때 중국의 그 누구도 머지않아 펼쳐질 역사의 대전환을 내다보지 못했다. 오직 마오쩌둥 사망 5개월 전 베이징(北京) 톈안먼 광장에 운집한 군중만이 어둠의 시대가 곧 저물고 역사의 지평 끝에서 젊은 태양이 솟구치고 있음을 예감했던 듯하다. 그때 광장의 군중이 분노와 원망을 표출하지 않았다면, 중국 현대사는 전혀 다른 경로를 거쳤을지도 모른다. 마오쩌둥 사후 2년 만에 급물살로 개혁개방이 추진되었던 이유를 설명하려면, 들불처럼 일어난 인민의 저항에 주목해야만 한다.

광장의 군중, 변화의 물결

마오쩌둥 사망 5개월 전인 1976년 4월 초, 베이징의 톈안먼 광장은 청명절을 맞아 3개월 전 작고한 저우언라이(周恩來, 1898-1976)의 죽음을 애도하는 인파로 술렁였다. 4월 3일 새벽 4시 40분 사인방의 막내 왕훙원(王洪文, 1935-1992)은 톈안먼 광장으로 달려갔다. 그는 상하이(上海) 노동자 출신으로 문혁의 절정에서 중공 부주석이 되어 중앙 서열 3위까지 오른 인물이다. 인민영웅기념비에 인민이 쌓아둔 화환과 애도사를 보고 격분한 그는 공안부에 즉시 전화를 걸어 "반동적 시사(詩詞)를 모두 철거하라!" 명했지만, 때는 이미 추모의 물결이 해일처럼 일어난 후였다.

바로 다음 날 톈안먼 광장은 사방에서 구름 떼처럼 몰려온 애도 군중에게 점령당했다.[3] 4월 4일과 5일 최대 200만의 인파가 광장을 덮쳤다. 1976년 4월 5일의 톈안먼 추모대회는 결코 돌발적인 사건이 아니었다. 저우언라이의 사망 후부터 시작된 도도한 민중의 저항이었다. 이처럼 전국적인 추모가 일어나자 사인방은 우경분자들을 복권시키고 배후에서 군중 반란을 획책했다는 근거가 빈약한 혐의를 걸어 덩샤오핑을 공격했다. 전국은 일시에 대혼란으로 빠져들었다. 당시 베이징의 제1서기였던 우더(吳德,

1913-1995)에 따르면, 덩샤오핑이 문화혁명의 착오를 비판하자 마오쩌둥은 그를 저지하기 위해서 사인방을 움직였다.[4] 사인방이 덩샤오핑을 공격하자 10년간 문혁의 광풍에 시달려온 인민은 격노했다.

베이징에서는 이미 3월 중순에 저우언라이를 추모하는 대회가 열렸다. 3월 24일부터 난징(南京)의 학생들이 저우언라이를 주자파(走資派 : 자본주의의 길을 걷는 세력)로 몰고 가는 공영매체를 규탄하며 거리시위를 벌였다. 난징의 시위가 입소문을 타고 전역에 알려지자 성난 민심은 비등점으로 치달았다. 마침내 4월 4일과 5일 톈안먼 광장에 모여든 군중은 자발적으로 저우언라이를 기리며 대규모 추모식을 거행했다. 4월 4일 추모 인파의 다수는 노동자, 농민이었다. 4열 종대를 갖춘 275명의 칭원 기계 공장 노동자들은 34개의 화환을 들고 베이징 시단(西單)에서 톈안먼 광장으로 행진했다. 같은 시간 촉광 전기 공장 노동자 3,000여 명은 반대편 둥단(東單)에서 출발해서 톈안먼 광장으로 향했다. 이는 추모대회를 계기로 노동자들이 기민하게 조직력을 발휘해서 정치 세력처럼 집결했음을 보여준다. 베이징 시의 집계에 따르면, 4월 3일에는 507개 단체가 800여 개의 화환을, 4일에는 420개 단체가 450개 화환을 헌정했다. 4월 5일까지 1,400개의 단체가 참가해서 기념비 주변에만 2,073개의 화환이 쌓였다. 그중에는 직경이 6미터나 되는 화환도 있었다.[5]

광장에 모인 군중은 추모의 화환과 애도의 시사를 헌정하면서 문혁의 광기와 폭력을 규탄했다. 무엇보다 그들은 소리 높여 민주를 부르짖으며 사인방의 처벌을 요구했다. 파시스트는 물러가라고 외치는 시민도 있었다. 마오쩌둥을 직접 겨냥한 풍자시에 실명을 쓰는 대신 스페인 독재자 "프랑코는 물러가라!"라고 적은 이도 있었다.[6] 누군가 그 현장에서 추모의 시에 음을 붙여 노래를 부르자 만인이 그 노래를 합창하는 감동적 장면도 펼쳐졌다. 추모대회는 문혁 10년의 대동란과 사인방의 권력 농단을 규탄하는 대규모 군중시위로 번졌다.

뜻밖의 대규모 시위에 직면한 사인방은 당황했다. 중공중앙 정치국 회의는 반혁명 세력이 군중을 선동해서 마오쩌둥과 당 중앙에 반대하는 소요와 파괴를 일으켰다며, 광장의 화환과 표어의 전면 철거를 결정했다. 1965년 말 문제의 평론으로 문혁의 도화선에 불을 붙인 사인방의 나팔수 야오원위안(姚文元, 1931-2005)은 "반동 구호"를 외치는 군중을 향해서 표독한 언사를 내뱉었다.

이 나라에서는 격렬한 투쟁이 끊이지 않는데, 모순의 해결이 언제나 철저하지 못하다. 왜 총칼로 반혁명분자들을 쏴 죽이지 않는가? 독재는 결코 꽃장식이 아니거늘.[7]

실제로 사인방은 무장병력의 투입을 검토했지만, 대민 학살의 후폭풍을 감당할 수 없어 마지막 순간 계획을 철회했다. 대신 중앙정치국 회의의 결정에 따라서 4월 5일 19시 곤봉을 든 수도 민병대 1만 명과 공안 3,000명을 시위 현장에 투입했다. 비상 무력 진압을 위해 광장을 둘러싼 도시의 제2선에는 베이징 방위부 5개 병력이 배치되었다. 21시 35분, 광장의 군중에 대한 야만적 구타와 체포가 시작되었다.[8]

톈안먼 광장의 군중은 민병대가 휘두르는 곤봉을 피해서 흩어졌지만, 광장의 기억은 중국 인민의 머리와 가슴에 각인되었다. 그 광장은 57년 전인 1919년 대학생 수천 명이 분연히 일어나서 베르사유 조약에 항의하며 군벌 정부의 무력함을 규탄했던 5-4 운동의 무대였다. 1976년 4월 5일 톈안먼 광장은 다시 인민대중의 정치적 공간으로 거듭났다. 그로부터 불과 13년이 지난 1989년 봄, 톈안먼 광장은 전 세계에 실시간으로 방영된 중국 민주화 운동의 공간이 되었고, 6월 4일에는 톈안먼 대학살이 발생했다. 5-4는 4-5를 거쳐 6-4로 이어졌다. 언제나 다시 그 뒤에 새로운 날짜가 붙을까? 아무도 섣불리 예측할 수는 없지만, 민중이 어깨를 부대끼며 몸으로 쓴 광장의 역사는 누구도 지울 수 없다.

1976년 4-5 톈안먼 사건은 극단의 정치, 광기의 운동을 일삼는 사인방과 마오쩌둥을 향한 민중의 분노와 원망이 일시에 폭발한 중대한 사건이었다. 전체주의적 통제와 감시 아래서도 중국 인민은 때로 노도같이 일어나 격하게 정부를 비판하며 불의에 항거할 때가 있다. 격렬한 민중의 저항에 부딪힐 때면 중공정부는 짐짓 모른 척을 하지만, 그 어느 정권도 민심을 외면할 수는 없다. 겉으로는 막강해 보이는 독재정권 역시 민심 이반의 기미가 감지되면 놀라서 서두르며 수습책을 강구할 수밖에 없는 법. 중공정부는 갖은 술수와 선전, 선동으로 여론을 조작하고 왜곡하려 하지만, 밑바닥의 민심은 땅 밑으로 흐르는 강물과도 같다. 4-5 운동은 바로 그 땅 밑의 강물이 어디로 흘러가는지를 보여주는 일대의 사건이었다. 그날 표출된 민심은 머지않아 사인방을 몰아내는 결정적 계기로 작용했다.

화궈펑의 특이한 이력

마오쩌둥은 사망 직전 화궈펑을 후계자로 선택했다고 널리 알려져 있다. 린뱌오(林彪, 1907-1971)가 후계자로 지명될 때와 달리 공식적인 절차가 없었기 때문에 누구도 그 사실을 확증할 수는 없다. 화궈펑은 마오쩌둥 사후 1개월이 채 되지 않은 10월 6일 사인방을 긴급 체포한 후 중공중앙 주석에 올랐다. 문혁 시기의 광기와 극단에 치를 떨며 들끓는 인민의 분노를 수습하기 위해서 그에게는 문혁 10년 대동란의 책임을 물을 희생양이 필요했다. 그러한 정치적 필요에 따라 그는 사인방을 단죄했지만, 정작 사인방을 배후에서 움직인 마오쩌둥에 대해서는 그의 모든 언행을 무조건적으로 추종하는 시대착오를 보였다. 과연 화궈펑은 어떤 인물이었나? 그는 어떻게 마오쩌둥의 후계자로 중공의 주석에 오를 수 있었나?

산시 성(山西省) 자오청 현(交城縣)에서 피혁을 무두질해 먹고사는 한미한 집안 출신의 화궈펑은 1937년 중일전쟁 발발 직후 일제의 만행에 격분하여 항일 운동에 투신했다고 전해진다.9) 1938년 중국공산당에 입당하여 줄곧 팔로군에서 복무한 그는 1947년 국공내전 중 자오청 현의 당 서기로 임명되었다. 1948년 그는 후난 성(湖南省)으로 전출되어 샹인 현(湘陰縣) 당 서기로 발탁되었고, 1952년에는 샹탄 시(湘潭市)의 당 서기로 부임하여 1971년까지 후난 성에 머물렀다.

겉보기에 샹탄은 그저 평범한 일개 지방도시 같지만, 그곳에는 마오쩌둥의 고향 사오산(韶山)이 있다. 1950년대 화궈펑은 그곳에서 마오쩌둥 기념관을 건립하는 중대한 책무를 맡았다. 1955년 마오쩌둥은 고향을 방문했을 때 처음 화궈펑을 만났다. 마오쩌둥은 기념관을 둘러보고 흡족해했으며, 화궈펑의 소탈함에 큰 호감을 느꼈다고 전해진다. 대약진 운동 당시 흉년으로 인해서 후난 성의 수백만 명이 굶어 죽었을 때, 화궈펑은 교묘하게 통계를 조작해서 마오쩌둥을 옹호하는 데에 앞장섰다.10) 대약진 운동이 초래한 참혹한 현실을 고발하고 그릇된 정책을 비판한 대가로 마오쩌둥의 노여움을 사서 파면되고 축출당한 국방장관 펑더화이(彭德懷, 1898-1974)와는 정반대의 행보였다.

한편 파면당한 펑더화이가 1962년 후난 성으로 돌아갔을 때 주변 간부들은 모두 펑더화이를 꺼리고 피했지만, 화궈펑만은 그를 기꺼이 초대해서 융숭하게 대접했으며, 심지어는 사석에서 정치적 위험을 무릅쓰고 1959년 펑더화이의 발언을 옹호했다는 일화도 전해진다.11) 마오쩌둥에 충성하면서도 뒤로는 펑더화이까지 끌어안는 화궈펑의 포용성 내지 양면성을 보여주는 중요한 고사이다.

문혁 시기 화궈펑은 1967년 후난 성 혁명위원회를 주도적으로 조직했으며, 마오쩌둥의 환심을 사서 1969년 중앙위원회의 정식 위원으로 선발되었다. 1970년 12월 18일 아침 9시 마오쩌둥은 중국을 방문한 미국의 언론인 에드거 스노(Edgar Snow, 1905-1972)와의 인터뷰에서 후난 성의 출중한 인물을 꼽으면서 당시 후난 성의 총서기였던 화궈펑을 구체적으로 언급했다.12) 이처럼 마오쩌둥의 신임을 받은 화궈펑은 1970년 12월 후난 성 혁명위원회의 위원장이 되었다. 문혁 당시 각 성마다 들어선 혁명위원회는 당, 정, 군을 포괄하는 최고의 권력기구였다. 1971년 그는 베이징으로 불려와서 국무원에서 근무하지만, 불과 몇 개월 후에 후난 성으로 되돌아갔다. 1972년 린뱌오 집단의 반역 사건이 터졌을 때 그는 다시 중앙으로 불려가서 그 수사에 참여했다. 1973년 화궈펑은 정치국 상무위원으로 임명되었고, 1975년 이후에는 공안부 장관 겸 국무원 부총리를 맡았다. 저우언라이가 서거한 후, 마오쩌둥은 화궈펑을 국무원 총리에 올려놓고 중공중앙 제1부주석 직함까지 달아주었다. 요컨대 일개 지방의 당 서기였던 화궈펑은 마오쩌둥의 마음을 사로잡아 하루아침에 벼락출세한 당내의 기린아였다.13)

마오쩌둥이 사망했을 때 화궈펑은 56세에 불과했다. 사인방의 평균 연령보다는 3세 위였으나 이미 70대를 훌쩍 넘은 중공중앙의 혁명원로들에 비하면 권력의 계보에서는 신출내기나 다름없었다. 그런 화궈펑이 스스로 중공중앙 주석이자 국가원수가 되어 "마오쩌둥" 노릇을 떠맡아야 했는데,

그에게는 남다른 카리스마도, 탁월한 행정 능력도, 번득이는 미래의 청사진도 없었다. 화궈펑의 생존 방법이라고는 오직 마오쩌둥의 절대 권위를 선양하는 길밖에 없었다. 마오쩌둥이 무조건 옳다는 북한식 "수령 무오류의 원칙"이 성립되어야만 화궈펑을 후계자로 발탁한 마오쩌둥의 선택도 정당하다는 논리가 성립될 수 있었다.

1977년 2월 7일 중앙 기관지 「인민일보(人民日報)」, 「해방군보(解放軍報)」, 『홍기(紅旗)』는 일제히 화궈펑의 교시를 선전했다. 문혁의 시대를 마감하면서 화궈펑은 "마오 주석의 모든 결정과 정책을 굳게 지켜야 한다! 마오 주석의 모든 지시를 견결히 준수해야 한다!"는 구호를 외쳤다. 당시 화궈펑이 외친 이 구호는 양개범시(兩個凡是)로 통했다. "두 가지 모두 다"라는 의미였다. 마오쩌둥의 유훈통치로 문혁 이후의 중국을 이끌고 가겠다는 선언이었다. 마오쩌둥의 일부 학자들은 화궈펑의 능력과 적극적인 활동을 높이 평가하지만, 그가 추진했던 마오쩌둥 노선은 개혁개방이 개시되면서 역사의 뒤안길로 사라졌다.14) 바로 그 점에서 화궈펑은 마오가 떠난 중국에서 마오의 유지를 따라 마오를 대신해서 마오의 혁명을 이어갔던 마오의 꼭두각시였다는 평가를 면할 수 없다.

이후 중공중앙 총서기 후야오방(胡耀邦, 1915-1989)의 증언에 따르면, 덩샤오핑, 천원(陳雲, 1905-1995) 등을 비롯한 혁명원로들은 화궈펑이 중앙정치의 권력자로 부상했을 때 그를 마오의 눈에 들어 "헬기를 타고 내려온" 조반파(造反派 : 급진파)라고 여겼다고 한다. 그들은 사인방 분쇄작전 후 화궈펑이 마오쩌둥 시대의 낡은 정책에 얽매여 개인숭배까지 답습할 때에는 그를 몰아내기로 합의하기도 했다.15) 생각해보면, 마오쩌둥 사상은 화궈펑의 예리한 창이면서 동시에 견고한 방패였다. 마오가 그에게 전해준 창과 방패는 곧 소용을 다하고 개혁개방의 급류에 쓸려가고 말았다.

사인방 분쇄작전 : 모순과 딜레마

마오쩌둥과는 달리 화궈펑에게는 인민대중을 동원할 능력도, 당내 엘리트의 자발적 충성도, 군대를 움직일 힘도 없었다. 그가 일단 앉은 권좌는 언제든 정적의 공격을 받아서 쉽게 깨질 가능성이 있는 유리 의자와도 같았다. 장칭이 이끄는 사인방은 그들 스스로가 마오쩌둥의 적통이라고 주장하고 있었기 때문에 화궈펑과의 연대가 근본적으로 불가능했다. 그런 상황에서 화궈펑이 쓸 수 있는 생존전략은 단 하나, 바로 사인방 제거뿐이었다.

1976년 10월 5일, 마오쩌둥의 후계자 화궈펑은 국방부 장관 예젠잉(葉劍英, 1897-1986), 중공중앙 판공청 주임 왕둥싱(汪東興, 1916-2015)과 함께 비밀리에 3자 회담을 열어서 사인방의 체포를 결의했다. 10월 6일, 사인방 분쇄작전이 개시되었고, 사인방은 바로 그날 모두 저항할 틈도 없이 체포되었다.16) 이 사실은 사흘간 극비에 부쳐졌다. 10월 10일이 되자 처음으로 사인방이 체포되었다는 소문이 베이징에 돌았지만, 화궈펑은 사인방이 분쇄된 사실을 공표하지 않은 채 최고지도자로서의 행보를 이어갔다.17) 화궈펑은 실질적으로 사인방 분쇄에 성공한 다음 날인 10월 7일부터 중공중앙 주석에 올랐지만, 「인민일보」를 비롯한 당 기관지는 10월 22일에야 처음으로 그에게 주석이라는 직함을 붙였다. 사인방 분쇄가 당 기관지를 통해서 공식적으로 세상에 알려진 바로 그날이었다. 「인민일보」의 보도에 따르면, 전날인 10월 21일 베이징에서 150만 명의 군대와 인민이 함께 모여서 사인방 분쇄와 화궈펑의 주석 임명을 경축하는 대규모 군중대회가 거행되었다.

열렬한 경축! 당권 찬탈을 음모한 사인방 반당 집단 분쇄!

열렬한 경축! 화궈펑 동지, 중공중앙 주석 및 중앙군사위원회 주석 임명!

수도 150만 군민, 성대한 경축 행진 거행![18)

이처럼 사인방 분쇄는 문혁의 끝을 알리는 중대한 사건이지만, 새 시대를 알리는 새 태양은 떠오르지 않고 있었다. 화궈펑은 오로지 마오쩌둥 사상만을 굳게 견지한 채 무산계급독재를 유지해야 한다고 선언할 뿐이었다. 마오쩌둥의 망령이 그의 뇌리에 빙의하고 있었다. 그는 낡은 이분법으로 세상을 보았다. 사회주의와 자본주의의 모순, 무산계급과 자산계급의 갈등, 마르크스주의와 수정주의의 대립, 중국공산당과 사인방의 투쟁 등등. 비단 화궈펑만이 아니었다. 운동 중의 육중한 물체처럼 인간의 뇌리에 박힌 교조적 이념도 관성을 발휘했다. 그 시대의 다수 인민은 여전히 마오쩌둥에 포박당한 마오쩌둥 사상의 수인들이었다.

사인방을 체포한 화궈펑이 권력 쟁탈의 정당성을 확보하기 위해서는 사인방의 잘못을 낱낱이 폭로할 수밖에 없었다. 다만 사인방 비판이 과도해져 마오쩌둥 비판까지 나아갈 경우, 사인방을 잡는 날카로운 칼이 자신의 목을 벨 수밖에 없었다. 그 때문에 화궈펑은 더더욱 마오쩌둥의 위업을 칭송하면서 문혁의 모든 책임을 사인방에게 떠넘기는 전술을 펼쳤다. 예컨대 1976년 12월 25일 화궈펑은 제2차 "농업 분야는 다자이(大寨)를 배우라!" 전국대회에서 사인방 분쇄를 두고 이렇게 말했다.

사인방을 분쇄하는 위대한 승리를 거둔 공은 마땅히 우리의 위대한 영수 마오쩌둥 주석의 영명한 결단과 정책에 돌아가야 하며, 위대한 마오쩌둥 사상과 마오 주석의 무산계급 혁명노선, 그리고 우리의 위대한 당, 위대한

"화궈펑 주석을 영수로 하는 당 중앙의 주위에서 견결히 단결하자!" 1977년 추정, 마오쩌둥과 화궈펑의 초상화가 담긴 중공중앙의 선전 포스터. (Bai Conglu[1941-], 공공 부문)

군대, 위대한 인민에게 돌아가야 합니다. 사인방 분쇄라는 위대한 승리가 웅변합니다. 우리 당은 마오 주석께서 친히 건립하시고 손수 배양하시고 교육하신 바로 그 당으로서 전혀 손색이 없으며, 우리 군대는 마오 주석께서 친히 창건하시고 양성하시고 훈련하신 바로 그 군대로서 한 치의 부끄러움도 없으며, 우리 인민은 마오쩌둥 사상으로 무장한 바로 그 인민이라는 사실을. 우리 당과 국가에는 큰 희망이 있습니다.19)

꼬박 10년 동안 문혁의 광란을 겪은 인민이 듣기에 화궈펑의 발언은 모순으로 가득 차 있었다. 대체 무슨 근거로 사인방의 분쇄가 마오쩌둥의 결단이었다는 말인가? 마오쩌둥이 사인방을 분쇄하라고 명령한 증거라도 있는가? 사인방을 날뛰도록 사주한 인물이 바로 마오쩌둥 자신이 아니었나? 만약 사인방이 마오의 권력을 빌려 여우 떼처럼 날뛸 수 있었다면, 마오는 그들의 무도와 방종을 속수무책 방치했던 이빨 빠진 호랑이였나? 진정 그렇다면, 문혁 10년의 대동란에서 마오의 역할은 무엇이었나? 사인방이 날뛰도록 판을 깔아준 역할인가? 그는 사인방에 포박당한 꼭두각시에 불과했는가?

그보다는 사인방이 그저 마오의 뜻에 따라, 마오를 위해서, 마오가 시키는 대로, 마오를 대변해온 마오의 수족이라고 보는 편이 설득력 있었다. 무엇보다 1976년 사인방이 덩샤오핑을 주자파로 몰아서 당내에서 축출할 때, 그 뒤에 마오쩌둥이 있었음을 누구나 번연히 알 수 있었다. 다수 인민의 관점에서는 차라리 마오가 실책을 범하고 모순을 범했을지언정 막강한 절대 군주였다고 믿는 편이 나았다. 30년 가까이 마오쩌둥을 숭배해온 대다수 중국 인민으로서는 장칭이 마오쩌둥의 권력을 훔쳐 실질적인 최고 권력을 휘둘렀다고 생각할 수는 없었기 때문이다. 널리 알려져 있듯, 이후 법정에서 장칭은 자신은 "그저 마오의 개로서 마오가 물라고 하면 물었을 뿐"이라고 항변했다. 동시대 중국인 대다수는 장칭의 그 말에 고개를 끄덕였을 듯하다. 사인방과 마오의 관계가 개와 주인의 관계라면, 문혁의 모든 책임은 마오쩌둥이 떠안을 수밖에 없다. 사인방의 잘못을 단죄하다 보면 마오의 우상을 부수지 않을 수 없다.

사인방을 문혁의 주동인물로 만들어서 마오쩌둥을 무능하고도 얼빠진 혼군으로 만드느냐, 아니면 사인방을 허수아비로 만들어서 마오쩌둥을 교활하고도 간교한 폭군으로 만드느냐? 이 기로에 사인방을 단죄하는 화궈펑의 딜레마가 놓여 있었다. 결국 그는 사인방에게 모든 책임을 전가해 마오쩌둥의 절대 권위를 유지하는 모순된 전술을 취할 수밖에 없었다. 불세출의 혁명가 마오쩌둥이지만, 그 역시 늙어서는 병마에 시달린 탓에 판단력이 흐려졌고, 그 틈을 사인방이 비집고 들어갔다는 정도의 군색한 변명이었다.

화궈펑이 중앙 기관지를 통해 양개범시를 외친 1977년 2월로부터 약 한 달 후인 1977년 3월 16일, 전국 계획 회의에서 화궈펑은 사인방 노선을 비판하면서 마오쩌둥 사상에 입각한 강력한 계획경제의 재건을 논의했다. 3월 24일 국방부 장관 예젠잉 역시 "마르크스–레닌주의와 마오쩌둥 사상을 이용하여 군대를 파괴한 사인방의 죄행을 비판하고, 그 영향을 철저히 제거해야 한다"고 주장했다. 마오쩌둥과 사인방을 분리해서 문혁 기간 발생했던 모든 잘못을 사인방에 떠넘기는 미봉책이었다.

1977년 5월까지 화궈펑은 "마오쩌둥 사상을 학습하라!"며 대규모 정치운동을 벌이기에 급급했다. 화궈펑이 권좌에 올랐지만, 그의 입을 통해 전달되는 모든 교시는 마오 주석, 마오쩌둥 사상, 마오쩌둥의 정책뿐이었다. 이후 중공중앙의 평가에 의하면, 당시 화궈펑은 "무산계급독재하에서 영구히 혁명을 추진하는" "좌경(左傾)"의 착오를 범하고 있었다. 마오쩌둥의 유훈통치는 오래갈 수 없었다. 새 술을 새 부대에 담아야 하듯 새로운 시대는 새로운 사상을 요구했기 때문이다. 새로운 시대의 새 이념은 개혁개방이라는 네 글자로 요약되었다.

마오쩌둥에게 발탁되어 마오쩌둥 사후 사인방을 제거하고 중공중앙 주석과 중앙군사위원회 주석의 권좌를 계승한 화궈펑은 1950년대 마오쩌둥 노선의 복원을 지상의 과제로 내걸었던 구체제의 인물이었다. 그는 2년 후에 일어날 개혁개방의 거대한 물결을 예감하지 못한 채 마오쩌둥 노선의 회복만을 부르짖었다. 중공중앙의 무대에서 그가 주역을 맡아 활약했던 시기는 2년이 채 되지 않았다. 그럼에도 그에게는 역사의 중대한 배역이 주어졌다. 바로 사인방을 체포하고 문혁의 시대를 마감하는 종결자의 역할이었다.

중공중앙의 정치를 카드놀이에 비유하자면, 마오쩌둥이 죽고 없는 세상에서 화궈펑의 손에는 "마오쩌둥의 유지(遺旨)"라는 으뜸패가 주어져 있었다. 그 으뜸패를 던져 사인방을 분쇄하자 그는 더 이상 그 패를 쓸 수가 없었다. 개혁개방이 급류가 밀려들면서 게임의 규칙이 모조리 바뀌었기 때문이다.

제2장

예젠잉의 촉, 최후의 배수진

1976년 9월 9일 절대 군주가 사라진 뒤 중공중앙은 두 파로 갈려 28일간의 숨 막히는 권력 게임에 돌입했다. 사인방은 10만의 민병대를 무장하고 1만 병력을 출동시켜 중앙을 탈취하는 계략을 꾸몄다. 이에 맞선 화궈펑은 군부의 실권자 예젠잉과 연합하여 사인방을 축출하는 방법을 강구했다. 10월 1일 들떠 날뛰는 사인방의 모습에서 예젠잉은 결전이 임박했음을 직감했다. 그는 상하이를 기반 삼아 전국에 혼란을 일으키고, 그 틈을 타고 중앙을 장악하려는 사인방의 의도를 꿰뚫어 보았다. 군사전략에 밝았던 예젠잉은 작전 개시를 앞둔 적을 제압하려면 더 빠른 공격만이 유효함을 잘 알고 있었다.

노병의 화려한 이력

역사의 변곡점에는 시대의 변화를 이끄는 새로운 집단이 있다. 새로운 사상과 이념으로 무장한 신세력이 구세력을 물리치고 정권을 장악하면 변화의 시대가 열릴 수 있다. 마오쩌둥 사후 중국공산당 지도부는 2년여 만에 개혁개방 정책으로 꽉 막혀 있던 역사의 활로를 뚫었다. 그 지도부의 핵심에서 가장 중요한 역할을 한 인물이 예젠잉이었다.

1973년에서 1982년까지 예젠잉의 직책은 중공중앙 부주석이었다. 그는 1975년부터 1978년까지는 국방부 장관직을 겸임했다. 1966년부터는 중앙 군사위원회 부주석에 올라 1985년까지 그 직무를 수행했는데, 그가 보좌한 중앙군사위원회 주석은 마오쩌둥(1966-1976), 화궈펑(1976-1981), 덩샤오핑(1981-1986)이었다. 이는 그가 최고영도자의 군권을 바로 밑에서 떠받쳐준 군부의 실세였음을 보여준다.

사인방이 체포되고 문혁이 공식적으로 막을 내린 후, 발란반정(撥亂反正)의 단계를 거쳐 개혁개방으로 나아가는 전환기의 중국에서 예젠잉의 역할은 특히 두드러졌다. 그는 덩샤오핑과 함께 중국 현대사 제2의 혁명을 주도했던 실용주의 혁명가였다. 그의 정치적 판단과 정책적 결정이 개혁개방의 시대를 열었다. 그는 왜 화궈펑을 도와서 사인방을 제거하고, 다시 덩샤오핑의 편에 서서 화궈펑을 권좌에서 끌어내렸나? 그는 진정 어떤 인물이었나?

예젠잉은 1897년 4월 28일 광둥 성(廣東省) 메이저우(梅州) 메이 현(梅縣)의 한 상인 집안에서 태어났다. 메이 현은 4,000년의 역사를 자랑하는 유서 깊은 성읍으로, 명청 시대 이래 동남 아시아와 교역해온 화교 집단이 바로 이곳에서 번창했다. 이곳은 학문을 숭상하여 화교의 고장이자 "인문이 뛰어난 지방"으로 정평이 나 있었다. 예젠잉의 조상은 북송(北宋, 960-1126)이 멸망할 때 중원을 떠나 남쪽 끝에 정착한 객가인(客家人)이었다. 메이 현 중심에서 동쪽으로 30킬로미터 가면 후싱(虎形)이 나온다. 지세가 호랑이를 닮은 마을이다. 예젠잉은 바로 그곳에서 태어났다.1)

화궈펑과 손을 잡고 사인방을 제거한 후, 다시 덩샤오핑의 편에 서서 화궈펑을 몰아낸 우직하면서도 기민한 그의 행동에서는 장수 기질뿐만 아니라 객가인의 유전자와 광둥의 상혼(商魂)까지 엿보인다.2) 물론 출생 지역과 집안 배경만으로 한 사람의 행적을 유추할 수는 없겠지만, 어려서 무역으로 번창하는 화교 마을에서 자랐기 때문에 그는 만년의 결정적 시기에 덩샤오핑과 손을 잡고 개혁개방 노선을 지지하지 않았을까 싶다. 덩샤오핑 역시 예젠잉과 마찬가지로 객가인이었다. 덩샤오핑은 15세기경 쓰촨 성(四川省)으로 이주한 객가 집안에서 태어났는데, 그 가문의 본관은 다름 아닌 광둥 성 메이저우였다. 예젠잉과 덩샤오핑의 조상이 모두 광둥 성 메이저우의 객가인이었다. 1920-1930년대 중국공산당에 입당한 청년들은 대개 청나라 말기 태평천국 운동(1850-1862)의 지도자 홍수전(洪秀全, 1814-1864)과 민국혁명의 아버지 쑨원(孫文, 1866-1925)에게서 큰 영향을 받았는데, 두 사람 모두 객가인이었다. 개혁개방을 추진할 당시 덩샤오핑에게 큰 영향을 미친 싱가포르의 리콴유(李光耀, 1923-2015) 역시 객가인이었다. 홍수전, 쑨원, 리콴유가 모두 객가인이었음을 상기하면, 예젠잉과 덩샤오핑이 의기투합하여 개혁개방을 주도할 수 있었던 태생적 근거가 이해된다. 앞으로 살펴보겠지만, 덩샤오핑의 오른팔로서 당내 자유파를 이끌었던 후야오방 역시 객가인이었다.[3]

어려서부터 축구, 제기차기 등 여러 운동에 능했던 예젠잉은 만 스무 살이던 해에 군인의 길을 갔다. 1917년 윈난 성(雲南省)의 육군 강무당(講武堂) 입학이 그 첫걸음이었다. 졸업 후 그는 민국혁명의 영수 쑨원의 영도 아래 황푸 군관학교의 초기 창건 과정에 참여했으며, 교장 장제스(蔣介石, 1887-1975) 밑에서 교수부(敎授部) 부주임을 맡았다. 1926년 예젠잉은 장제스의 총지휘 아래 국민혁명군 신편 제2사(師) 사장(師長)으로 반군벌 북벌전쟁에 출전했고, 혁혁한 무공을 세워 곧 사군(四軍) 참모장으로 진급했다.

이렇듯 장제스 수하에서 최고의 경력을 쌓고 있었지만, 1920년 광저우

(廣州)에서부터 무정부주의 서적을 탐독하던 그는 점차 공산주의 이론에 매료되었다. 1924년 처음으로 중국공산당에 입당 지원서를 냈지만, 중공 중앙은 장제스 수하에서 교도단 단장을 맡았던 그의 입당을 허가하지 않았다. 그가 정식으로 공산당원이 된 것은 1927년 7월 초 저우언라이의 승인과 중공중앙의 비준을 거친 후였다.4) 입당할 때에도 그는 "공산주의를 완전히 이해하지 못했으나 부패와 향락에 찌든 국민당은 안 된다"는 확신이 있었다고 회고했다.5) 예젠잉이 공산당에 입당한 시기는 북벌의 성공으로 상하이에 입성한 장제스가 공산당을 소탕할 때와 겹친다. 1927년 4월 12-15일 상하이에서 개시된 공산당 소탕작전은 곧 광둥 성 광저우와 창사(長沙)로 번졌고, 같은 해 7월 15일 우한(武漢)에서 당내 공산당원을 모조리 축출하면서 마침내 끝났다. 레닌(Vladimir Lenin, 1870-1924)의 저서를 읽으며 소련 유학을 꿈꾸던 예젠잉은 일생일대의 결단을 내렸던 듯하다. 당시 많은 청년 이상주의자들이 그랬듯 그 역시 국공합작을 이룬 쑨원의 큰 뜻을 저버리고 공산당원을 일시에 숙청한 국민당 지도부의 야멸찬 공산당과의 분리와 잔인한 당내 숙청을 용납할 수 없었으리라.

1927년 8월 1일 예젠잉은 난창(南昌)에서 일어난 기의에 참여하면서 공산당원으로서의 혁명 운동을 개시했고, 곧이어 광저우 폭동을 기획하는 등 다양한 활동을 전개했다. 1929년 1월에는 32세의 나이로 모스크바에 처음으로 가서 힘겹게 러시아어를 익혀가며 변증법적 유물론과 정치경제학 등을 학습했다. 1930년 가을 상하이로 복귀한 후 그는 국민당군과의 전투에 투신했다. 제1차 국공내전(1927-1936) 당시 그는 중앙혁명군사위원회의 총참모장으로 활약했으며, 1930년대 중엽까지 공산당군의 근거지를 포위해서 토벌하는 국민당군의 위초작전(圍剿作戰)에 맞서서 싸웠다. 반(反)위초 전투를 수행한 이후 그는 마침내 마오쩌둥과 함께 대장정

(1934-1935)에 올랐다. 중일전쟁(1937-1945) 발발 이후에는 팔로군 참모장에 임명되었고, 1941년 2월 14일 중앙군사위원회 참모장 겸 18집단군 참모장을 역임했다. 이 정도면 중국공산당 군부의 핵심인물로서 조금의 손색도 없는 최고의 경력이다.

중화인민공화국 성립 후 정확히 2주일 되던 1949년 10월 14일, 공산당군은 광둥 성의 성도 광저우를 점령했다. 그후 닷새 만인 10월 19일 예젠잉은 막 발족한 중앙인민정부 인민혁명군사위원회의 위원으로 위촉되었고, 광둥 성 인민정부의 주석 겸 광저우 시장에 임명되었다. 11월 4일 그의 지휘 아래서 공산당군은 국민당 잔병을 몰아내고 광둥 전역(戰役)을 완수했다. 11월 17일 예젠잉은 52세의 나이로 광둥 성 군구의 사령관 및 정치위원으로 부임함으로써 광둥 성의 군권과 정권을 장악했다. 그후로도 군, 정의 지도자로서 최고의 경력을 쌓은 그는 1955년 9월 27일 58세의 나이로 중화인민공화국 10대 원수 가운데 한 사람으로 임명되었다.

문혁 초기 예젠잉은 군부의 장성 및 중공중앙의 주요 인물과 결탁하여 마오쩌둥이 지지하는 중앙문혁소조(사인방 포함)에 발발하는 "2월 역류"를 주도했다. 문혁이 개시되자 그는 마오쩌둥을 등에 업은 중앙문혁소조 소속 인물들에게 모욕을 당하고 비투(批鬪 : 비판투쟁)를 당해야만 했다. 1968년 3월 군부의 고위 장교 3명이 공군(空軍)의 대권을 찬탈하는 음모를 꾸몄다는 이른바 양-위-푸(楊-余-傅) 사건이 발생했을 때, 예젠잉은 다시금 사건의 검은 배후라는 누명을 쓰고 시련을 겪었다. 1968년 10월, 예젠잉은 군부의 총사령관 주더(朱德, 1886-1976) 등과 함께 군부의 반동으로 몰리는 고초를 겪어야 했다. 1969년 1월 3일이 되자 마오쩌둥은 2월 역류의 주모자들을 사면했으나 그들을 향한 비판과 공격은 쉽게 끊이지 않았다. 펑더화이, 류사오치(劉少奇, 1898-1969), 덩샤오핑 등 중공중앙의 핵심 영도자들처럼 예젠잉도 사인방의 날 선 공격에 시달린 경험이 있었다. 그 경험이 덩샤오핑과 예젠잉을 하나로 묶는 깊은 동류 의식을 형성했을 듯하다.

1971년 7월, 예젠잉은 마오쩌둥과 저우언라이의 지령을 받고 비밀리에 중국을 방문한 미 국무장관 헨리 키신저(Henry Kissinger, 1923-)의 접대를 책임졌다. 1971년 9월 13일 러시아로 달아나던 린뱌오 일가가 탄 비행기가 추락한 후, 예젠잉은 군사위원회로 복귀하여 일상 업무를 맡을 수 있게 되었다. 1973년 예젠잉은 중앙정치국 상임위원에 선출되어 중공중앙 부주석을 역임했다. 1975년 1월 13-17일 전국인민대표대회에서 그는 78세의 나이로 국방부 장관에 임명되었다.6) 마오쩌둥 사망 1년 8개월을 앞두고 그가 군부의 최고실력자로 부상하는 순간이었다.

1975년 2월 5일 예젠잉은 중공중앙에 제안해서 11명으로 구성되는 중앙 군사위원회 상무위원회를 창설했다. 그 11명 중에는 예젠잉과 함께 덩샤오핑이 포함되었다. 이로써 예젠잉과 덩샤오핑이 중앙군사위원회의 업무를 일상적으로 처리하게 되었다. 이후 예젠잉은 덩샤오핑과 함께 국제 정세에 따라서 군대의 정원을 줄이고, 군의 편제와 체제를 조정하며, 간부의 수를 대폭 줄이는 대대적인 군사개혁을 추진했다. 이 과정은 마오쩌둥 사망 전부터 예젠잉과 덩샤오핑이 이미 정책적으로 긴밀히 소통하며 호흡을 맞추고 있었음을 보여준다.

마오쩌둥의 사망, 예젠잉의 행보

중국 현대사에서 1976년은 누구도 부인하지 못할 역사의 전환기였다. 그해 1월 8일에는 저우언라이, 7월 6일에는 주더, 9월 9일에는 마오쩌둥이 세상을 떠났다. 마오쩌둥이 죽고 채 1개월이 되지 않아서 사인방이 구속되었고, 화궈펑이 중공중앙의 주석이 되었다. 제1장에서 보았듯, 3월 하순부터 4월 5일까지는 전국의 대도시에서 슬픔에 젖은 인민들이 자발적으로 모여서 저우언라이 추모식을 거행하기도 했다.

예젠잉은 4월 4일과 5일 톈안먼 광장에 운집한 군중의 움직임에 매우 큰 관심을 보였다. 그는 아랫사람을 보내서 톈안먼의 동향을 살피고, 특히 인민이 써 붙인 추모시를 베껴 오라고 지시했다. 그 수많은 시구를 읽으면서 충격에 휩싸인 예젠잉은 직접 광장으로 가서 현장의 분위기를 느꼈다. 그는 문혁 10년간 인민이 겪은 고통과 설움에 공감했고, 사인방을 향한 인민대중의 분노를 확인했으며, 새 시대를 갈구하는 대중의 여론을 감지했다. 마오쩌둥 사망 이전에 이미 예젠잉은 조만간 닥칠 거대한 역사의 변화를 예감하고 있었다.7)

톈안먼 광장의 구름 떼 같은 군중이 민병대가 휘두르는 곤봉을 피해 뿔뿔이 흩어진 후, 사인방은 덩샤오핑과 예젠잉을 향한 표독한 공격의 언사를 퍼부어댔다. 사인방은 덩샤오핑을 "우파 복권 운동"의 수괴로 지목하고, 그가 당의 안팎에 다시 출현한 자산계급 혹은 흑오류(黑五類 : 지주, 부농, 반혁명 세력, 파괴분자, 우파 등 다섯 부류의 검은 무리)의 이익을 대변한다고 주장했다. 그들은 덩샤오핑을 "톈안먼 반혁명 정치 사건"의 대표이자 검은 세력의 배후로 몰고 갔다. 요컨대 주자파의 죄목을 쓰고 축출되었던 덩샤오핑이 중앙으로 복귀한 후에는 다시 전국의 우파 세력을 규합해서 톈안먼의 추모대회를 열도록 배후에서 조종했다는 황당한 정치 공세였다. 마오쩌둥은 머지않아 사인방의 뜻대로 덩샤오핑이 맡았던 당 내외의 모든 직책을 박탈했다.8)

바로 이때 예젠잉은 덩샤오핑과 같은 배를 타고 있었다. 사인방은 덩샤오핑을 감싸고돈다며 예젠잉을 비판하더니, 급기야 그 또한 추모대회의 배후라고 주장했다. 톈안먼 추모대회 이후 예젠잉 역시 사인방의 표적이 되어서 거센 공세에 시달렸다는 사실은 그해 10월 초 예젠잉이 사인방 분쇄의 주동자로 나서게 된 직접적인 동기로 작용했다. 마오쩌둥 사망 이전에 이미 예젠잉은 사인방과 정적이 되었고, 그 과정에서 덩샤오핑과는 더욱 긴밀한 정치적 연대를 이루었다. 그 결과 예젠잉은 화궈펑과 손잡고 사인방을 분쇄했고, 이후 덩샤오핑을 중앙에 복귀시켜서 함께 화궈펑을 축출했다.

예젠잉은 왜 사인방을 제거했나?

화궈펑에 의한 사인방 분쇄는 단순한 파벌 싸움이 아니라 권력 쟁탈을 위한 군사작전이었다. 이 작전의 공식 명칭은 "권력 찬탈을 꾀하는 사인방 집단 분쇄작전"이었다. 논자에 따라서는 이 사건을 사인방 제거를 빌미삼아 중앙 권력을 장악하려는 화궈펑 집단의 군사정변으로 보기도 한다. 사인방이 권력 찬탈을 모의했다는 논리가 성립하려면 화궈펑이 최고영도자의 권좌에 올랐어야 하는데, 마오 사망 직후의 상황을 보면 누구도 마오의 후계자로 공식 지명되지 못한 상태였기 때문이다.

마오쩌둥은 화궈펑을 고위직에 앉힘으로써 그를 후계자로 인정한다는 암시를 주었지만, 문서로 그 뜻을 분명히 밝히지는 않았다. 1976년 4월 30일, 임종을 다섯 달 열흘 정도 앞둔 마오쩌둥은 화궈펑에게 세 가지 최고 지시를 내렸다. "천천히 하고, 서두르지 말라. 과거 방침에 따라서 일을 처리하라. 그대가 일을 맡으면, 나는 안심이다."9) 물론 마오쩌둥이 화궈펑에게 써주었다는 이 한 문장이 화궈펑이 그의 후계자라는 물증일 수는 없다.[10] 1969년 4월 린뱌오가 공식적으로 마오의 후계자로 지명되었을 당시에는 『중국공산당 장정(中國共産黨章程)』에 린뱌오의 이름이 올라갔다. 이와 달리 화궈펑은 마오의 후계자로 임명되는 공식 절차를 거치지 않았다. 사인방으로서는 화궈펑을 마오의 후계자로 인정해야 할 이유가 없었다. 장칭이 스스로 마오의 후계자가 되기 위해서 출사표를 던진다면, 중공중앙의 내부 규범을 따라 가부를 결정하는 것이 순리였다. 화궈펑이 권력을 바랐듯이 장칭도 그에 못지않은 정치적 야심을 품고 있었다. 절대 군주가 사라진 후의 권력투쟁은 정가(政家)의 상사(常事)이다.

문제는 권력 승계를 민주적으로 결정할 수 있는 중공중앙의 정치적 제도화가 미미한 수준이었다는 점이다. 중공중앙의 정치는 오랫동안 마오쩌둥 일인지배로 수행되었기 때문에 모심(毛心)이 곧 법이었다. 토론이나 선거 등 민주적 절차가 부족했으며, 당 대회를 통해서 공식적으로 후계자를 결정하기도 난망했다. 결과는 일촉즉발의 권력투쟁이었다.

권력의 충돌은 장칭과 사인방을 중심으로 한 장파와 화궈펑, 예젠잉, 왕둥싱이 결탁한 화파 사이의 격돌로 전개되었다. 사인방이 동원할 수 있는 병력은 마오쩌둥의 조카인 마오위안신(毛遠新, 1941-)이 지휘하는 선양(沈陽) 군구와 상하이 민병대 정도였다. 말년에 마오쩌둥이 병상에 있을 때 마오위안신은 베이징에 마오쩌둥의 연락 장교로서 파견을 나와 있었고, 마오쩌둥이 사망한 후 다시 선양으로 돌아갔다. 이후 그는 화궈펑을 축출하기 위해서 1만 병력을 동원하려고 했고, 베이징에서 160킬로미터 정도 떨어진 바오딩(保定)의 38군 병력을 일으키고자 했다. 실제로 이 부대에서는 사인방 체포를 전후해서 꽤 많은 소요가 발생했다.[11]

사인방의 권력 기반은 역시 상하이였다. 상하이 노동자의 영웅으로 중앙에 입성해 사인방에 속하게 된 왕훙원은 100만에 이르는 도시 민병대를 지휘한다고 여겨졌다.12) 사인방이 이미 상하이에 10만의 민병을 정선(精選)한 후 1인당 40발의 실탄을 지급했으며, 탱크 부대를 움직여 베이징을 협공할 계획을 세웠다는 소문도 있었다.13)

예젠잉은 실제로 사인방이 쿠데타를 일으킬 수 있음을 인지하고 그들의 거동을 주도면밀하게 살폈다. 1976년 9월 30일 그는 사인방이 "상하이를 온전히 장악하여" "전국에 분란을 일으키고" "혼란한 와중에 정권을 탈취하는" 계획을 꾸미고 있음을 깨달았다. 그리고 10월 1일이 되자 사인방이 들떠 날뛰며 준동하는 모습을 보며 그들의 권력 탈취 계획이 임박했음을 직감했다. 백전노장 예젠잉은 적이 공격의 순간을 초 읽을 때에는 더 빨리 때려야만 이길 수 있음을 잘 알고 있었다. 그는 긴급히 화궈펑과 왕둥싱을 만나서 사인방 분쇄작전을 실행에 옮겼다. 왕둥싱은 1960년대 초부터 중공중앙 판공청 주임으로서 가까이에서 마오쩌둥의 경호를 도맡은 중요한 인물이었다.

두 세력의 권력투쟁은 화궈펑의 승리로 막을 내렸다. 10월 6일, 마오쩌둥 사후 28일 만에 사인방 포함한 거의 30명의 중앙 간부들이 전격 체포되었다. 사인방이 사라지자 마오쩌둥이 화궈펑을 후계자로 낙점했다는 암묵적인 전제하에 화궈펑 정권이 세워졌다. 권력투쟁은 일단 그렇게 막을 내렸지만, 화궈펑의 정치 기반도 튼튼하지 못했다. 혹자는 창졸간에 구속되어 모든 권력을 빼앗긴 사인방은 사실상 무죄라고 주장한다. 중앙 권력을 찬탈한 사람은 사인방이 아니라 최고영도자의 지위를 확보한 화궈펑이라는 설명이다.14)

일면 그럴싸하지만, 이러한 관점은 한 가지 중요한 사실을 간과하고 있다. 마오쩌둥 사망 5개월 전에 이미 비등점까지 치솟았던 사인방을 향한 민중의 분노와 원망이다. 왜 장칭을 비롯한 사인방은 군부의 지지를 받지 못했는데, 화귀펑은 군부의 지지를 받을 수 있었을까? 이 질문에 대한 답 속에 중국 정치가 개혁개방으로 향하는 비밀이 숨어 있다.15)

문혁이 일어나는 동안 당과 정부가 무력화되자 군의 권력은 더욱 강해 져갔다.16) 이렇듯 군권이 강화되자 군부에 대한 사인방의 간섭이 심해졌 다. 비림비공 운동(批林批孔運動)이 전개될 당시 사인방은 군부를 겨냥한 이념 공세의 고삐를 더욱 세차게 당겼다. 특히 1974년부터 1976년 10월까 지 사인방은 모든 방법을 동원하여 군부를 견제했다. 일반정치부의 장춘 차오(張春橋, 1917-2005)와 중앙군사위원회의 왕홍원은 군부의 예산안 에 간섭했다. 군부를 장악해서 군대를 문혁의 선전, 선동에 동원하려는 목적이었다.17)

사인방은 연일 당 기관지와 방송 매체를 이용해서 군대를 공격했다. 이 는 군대의 업적을 드높이고 기리려는 군사령부의 의지와 충돌했다. 각각 인민해방군 창설 40주년, 50주년을 맞는 1967년과 1977년, 군대 내부의 선전위원은 영화, 연극, 오페라를 제작하고 군대의 역사를 칭송하는 노래 를 다수 작곡했다. 사인방은 그러한 군부의 선전물이 조악하다고 비판하 면서 대장정에 참여했던 군인들의 명예를 훼손하는 영화까지 제작했다. 그중에는 늙은 군인들의 도덕적 타락과 정치적 무관심을 문제 삼는 작품 이 많았다. 1974년, 전 군대에서 비림비공 운동의 광풍이 몰아쳤다. 1975 년에는 무산계급독재 학습, 1976년에는 덩샤오핑 비판이 개시되었다. 사 인방은 병사들을 선동, 고무하여 군대의 수직적 명령계통을 흔들고자 했 다. 병사들의 저항심과 반항심을 고조시켜서 군대를 내부로부터 제압하려 는 의도였다. 그 결과 1976년 6월부터 9월 초 마오쩌둥이 사망할 때까지 군대 내부의 소요는 극에 달했다.18)

당 기관지에는 상부의 명령을 거역하는 용감한 병사들의 무용담이 연일 실렸다. 사병이 스스로의 혁명적 판단에 따라서 덩샤오핑이 직접 내린 명령을 거부했다는 내용이었다. 물론 그러한 선전, 선동은 사인방을 지지하는 부대에서만 가능했다. 베이징, 선양, 상하이, 우한 등지에서는 사인방의 계략이 통했지만, 기타 지역에서는 오히려 군부의 반감만 가중되었다. 결과적으로 사인방의 무리한 간섭은 군부의 자율권을 위협했다. 본래 군은 자율성을 생명으로 삼는 조직이다. 민간의 간섭이 사라지면 군대는 자체 규율에 따라서 고유한 직무를 묵묵히 수행하지만, 외부의 간섭이 심해지면 군대가 직접 정치에 뛰어드는 일탈이 발생할 수 있다. 마오쩌둥 사망 직후 중국의 군부는 자체적으로 사인방 제거를 제1의 당면 목표로 설정하고 있었다.19)

그러한 맥락에서 예젠잉이 마오쩌둥 사후 사인방 분쇄작전을 실행에 옮긴 이유는 어렵지 않게 설명된다. 예젠잉은 당과 군의 엘리트 간부들과 개별적으로 대화하면서 사인방을 향한 적개심이 이미 널리 퍼졌음을 확인했다. 특히 중앙정치국의 다수가 이미 사인방에게서 등을 돌린 상태였다.20) 문제는 사인방이 여전히 정부의 고위직을 점하고 있다는 현실에 있었다. 사인방 중 왕훙원은 중공중앙 부주석이었고, 장춘차오는 중앙정치국 상무위원이었으며, 야오원위안은 선전매체와 여론기구를 모두 장악한 선동가였다. 게다가 장칭은 마오쩌둥을 등에 업고 큰 권력을 휘두르는 마오쩌둥의 부인이었다. 치밀하고 단호한 성격의 예젠잉은 사인방의 제거를 위해서는 섣부른 군사작전이 아니라 확실한 법적 근거와 정치적 명분하에 일을 완벽하게 처리해야 한다고 생각했다.21)

문혁 말기까지도 매체의 선전, 선동은 모두 사인방의 지휘하에 이루어졌다. 사인방은 마오쩌둥이 서거한 당일 덩샤오핑의 당적을 박탈했다. 덩샤오핑의 복귀 시도를 사전에 막아서 자신들의 권력을 다지려는 의도임이 분명했다. 따라서 사인방의 체포는 곧 덩샤오핑의 복권을 의미했다. 톈안먼 광장의 군중도 반혁명분자라는 오명을 씻고 명예를 회복할 수 있었다. 나아가 사인방의 몰락은 "문혁 10년의 대동란"에서 희생된 수백만 명의 명예를 회복하고 피해를 보상하는 대규모 복권 운동의 시발점이 되었다.

돌이켜보면, 화궈펑이 사인방 분쇄작전에 나선 이유는 두 가지로 볼 수 있다. 첫째, 당내 기반이 허약했던 화궈펑으로서는 막강한 권력을 행사해 온 사인방을 그대로 두고서는 중공중앙의 실권을 장악할 수 없었다. 둘째, 화궈펑은 대중적 지지가 미약했기 때문에 요동치는 민심을 잡기 위해서는 문혁 10년의 대동란을 단죄하는 강력한 조치가 필요했다.

화궈펑은 일신의 안전과 온전한 권력 장악을 위해서 사인방과 투쟁했다. 예젠잉은 그보다 더 큰 명분을 가지고 사인방 분쇄작전을 실행했다고 볼 수 있다. 우선 예젠잉은 스스로가 임종 직전 마오쩌둥의 의중을 정확하게 읽었다고 생각했다. 마오쩌둥은 분명하게 그가 죽거든 사인방을 제거하라는 유언을 남기지 않았지만, 그는 마오쩌둥이 사인방의 망동을 용서하지 않으리라고 믿었다. 둘째, 예젠잉은 사인방이 권력을 잡으면 나라가 무너지는 대혼란이 닥친다고 생각했다. 일례로 마오쩌둥이 사망한 당일에도 장칭은 정치국 회의에서 카랑카랑 소리를 지르며 덩샤오핑을 비판하고서는, 회의를 주재하는 화궈펑을 압박하며 마오쩌둥의 장례식 절차를 놓고 분란을 일으켰다. 당시 예젠잉은 일어나서 큰 목소리로 당 중앙이 화궈펑을 중심으로 모여서 단결해야 함을 강조했다. 셋째, 예젠잉은 초지일관 덩샤오핑의 복귀를 추진했다. 넷째, 예젠잉은 톈안먼 추모대회의 열기를 통해서 사인방을 향한 인민의 분노를 실감했고, 또한 문혁 10년의 동란을 정리하고 앞으로 나아가야 한다고 믿었다.

예젠잉과 덩샤오핑의 연대

사인방을 분쇄한 예젠잉은 이후 몇 년에 걸쳐서 문혁 시기 전국에서 발생한 대규모 피해의 진상을 밝히고 피해자의 복권과 명예회복을 추진했다. 그에게는 문혁의 가장 큰 피해자 중 한 명인 덩샤오핑이 정계에 복귀할 수 있는 길을 열어준 공로가 있다. 물론 덩샤오핑의 복귀는 예젠잉 한 사람의 공로라고는 할 수 없지만, 그의 적극적인 지원과 후원이 없었다면 덩샤오핑이 쾌속으로 최고영도자의 지위에 올라 개혁개방을 추진하는 역사의 대변혁은 결단코 이루어질 수 없었다.

마오쩌둥 사망 이전부터 두 사람은 당내의 많은 문제에 관해서 의기투합하고 있었다. 1975년 여름 정계에 복귀한 덩샤오핑이 정치국 회의에서 사인방의 오류를 신랄하게 비판했을 때, 예젠잉은 그의 의견에 적극적으로 찬동했다. 덩샤오핑은 장칭의 투쟁 방법이 반(反)경험주의의 극단으로 치달았다고 비판했다. 예젠잉은 6월 3일 덩샤오핑의 발언에 찬성을 표하면서 당내의 분열을 획책하고 분위기를 망친다며 사인방을 조목조목 비판했다. 이는 문화혁명 말기에 이미 예젠잉과 덩샤오핑이 사인방에 맞서서 투쟁했다는 사실을 보여준다.22) 그 결과 사인방이 1975년 11월 "덩샤오핑 비판 및 우경 복원 풍조 반격" 운동을 전개했을 때, 예젠잉도 함께 비판을 당했다.23)

1976년 1월 저우언라이의 서거 이후 덩샤오핑은 정치적 식물로 전락하고 말았다. 4-5 톈안먼 추모대회가 강제 해산된 후 이틀 만에 그는 당 내외의 모든 직위에서 파면되었다. 마오쩌둥이 베푼 작은 배려로 당적은 유지할 수 있었지만, 사인방의 격렬한 공격을 피할 수는 없었다. 그해 봄과 여름 중국의 모든 신문과 방송은 덩샤오핑을 주자파, 수정주의, 반혁명의 수괴로 몰아가는 기사와 논평을 쉴 새 없이 쏟아냈다. 덩샤오핑을 향한 장칭의 증오와 반감은 히스테리에 가까웠다. 마오쩌둥의 사망 당일에 열린 정치국 회의에서도 덩샤오핑의 당적을 파야 한다며 언성을 높일 정도였다.24)

덩샤오핑은 사인방이 마지막 순간까지 주자파로 몰아가며 집중적으로 공격했던 상징적인 인물이었다. 사인방의 몰락은 결국 덩샤오핑의 복권을 의미했지만, 그 과정에는 큰 걸림돌이 있었다. 바로 사인방과의 권력투쟁에서 승리하여 중공중앙의 주석에 오른 화궈펑이었다. 문혁 말기 덩샤오핑은 사인방의 공격을 받아서 파면되고 축출당했지만, 마오쩌둥의 비준하에 그 모든 과정을 집행한 사람은 화궈펑이었다. 마오 생전에 사인방과 화궈펑이 손을 잡고 덩샤오핑을 공격했다고도 할 수 있다.

무엇보다 화궈펑과 덩샤오핑은 사상과 이념 면에서 근본적으로 대립했다. 앞서 보았듯 화궈펑은 마오쩌둥의 모든 지시와 정책이 다 옳았다는 양개범시를 부르짖었다. 경제정책 측면에서도 그는 덩샤오핑이 추진하는 실용주의 경제개혁의 대척점에 있었다. 화궈펑은 부주석 왕둥싱과 힘을 합쳐 덩샤오핑의 복귀에 반대했지만, 결코 오래 버틸 수는 없었다. 덩샤오핑의 복권을 요구하는 군부와 중앙 내부의 목소리가 점점 커졌기 때문이었다.

가령 덩샤오핑과 절친한 친구였던 광둥 군구 사령관 쉬스유(許世友, 1906-1985)는 화궈펑에게 직접 서신을 발송해서 마오쩌둥이 문혁 기간 동안 저지른 오류를 인정하고, 류사오치, 펑더화이, 린뱌오, 덩샤오핑을 복권하라고 압박했다.25) 예젠잉 역시 덩샤오핑의 복권을 서둘러야 한다며 화궈펑을 채근했다. 1977년 3월 13일 중앙공작회의에서 마오쩌둥 사후 정계로 복귀한 좌파 경제통 천윈도 덩샤오핑이 4-5 톈안먼 사건과 아무런 연관이 없다며 그의 복권을 강력하게 요구했다. 그 현장에서 군부의 8대 원로에 속하는 왕전(王震, 1908-1993) 역시 천원을 지지하는 발언을 했다. 군부의 주요 인물과 좌파 경제관료들까지 덩샤오핑의 복권을 요구하자 화궈펑은 한발 물러설 수밖에 없었다.

다음 날 화궈펑은 "톈안먼 광장의 반혁명 사건은 소수 극단분자의 소행"이었다며, 추모대회 자체는 합법적이라는 전향적 입장을 발표했다. 이어서 그는 사인방이 주도한 "덩샤오핑 비판 및 우경 복원 풍조 반격"은 "마오 주석의 결정"이었음을 확인했고, 나아가 덩샤오핑은 톈안먼 사건과 무관하다는 사실까지 공표했다.26)

복권의 문이 슬쩍 열리자 덩샤오핑은 1977년 4월 10일 화궈펑, 예젠잉 및 중공중앙에 양개범시를 비판하는 간곡한 서신을 보냈다.27) 그의 정계 복귀가 단순히 개인적인 누명을 벗고 명예를 회복하는 정도에 머물지 않고, 새로운 시대정신으로 국가를 개조하는 중대한 정치적 결정임을 알리는 신호탄이었다.

예젠잉은 화궈펑과 손을 잡고 사인방을 제거했지만, 화궈펑의 퇴행적 정책을 지지하지는 않았다. 그 점에서 덩샤오핑을 향한 예젠잉의 지지는 문혁의 폐해를 바로잡고 경제개혁으로 민생을 살리기 위한 당내 개혁파의 정책적 연대라고 볼 수 있다. 이미 문혁 이전부터 예젠잉은 경제를 살리고 사회의 혼란을 정비하려는 덩샤오핑의 정책을 지지하고 있었다. 덩샤오핑의 정책과 능력에 대한 신뢰와 지지가 있었기 때문에 예젠잉은 1975년 2월 그를 새로 조직한 군사위원회 상무위원으로 위촉했고, 그와 함께 사인방에 맞서 싸웠다. 예젠잉이 덩샤오핑의 복귀를 추진하자 당초 화궈펑을 지지하던 리셴녠(李先念, 1909-1992) 역시 결국은 덩샤오핑의 편에 섰다. 덩샤오핑이 복귀한 후, 덩샤오핑은 곧바로 중공중앙 정치국 상임위원 5인

1966년 11월, 문혁 초기 마오쩌둥과 함께 정치집회에 참석한 예젠잉. 왼쪽부터 저우 언라이, 린뱌오, 마오쩌둥, 예젠잉. (공공부문)

에 포함되었다. 그 5인을 당 서열순으로 열거하면, 화궈펑, 예젠잉, 덩샤오 핑, 리셴녠, 왕둥싱이었다.

광둥 성 메이저우의 객가인 가정에서 자란 예젠잉은 민국혁명의 아버지 쑨원의 추종자로서 애국 운동에 투신했다. 국공합작의 북벌에서 큰 공을 세웠지만, 국민당에 실망하고 마르크스(Karl Marx, 1818–1883)와 레닌의 이상주의에 공감하여 마오쩌둥과 함께 공산혁명의 길을 갔다. 건국 후에 는 마오쩌둥에 의해서 중국 10대 원수에 지명되었고, 마오쩌둥 밑에서 국 방부 장관을 역임했다. 그는 한평생 마오쩌둥의 지휘하에 군부와 정계의 요직을 밟으며 중요한 직무를 수행했지만, 마오쩌둥이 사망한 후 스스로 가 당, 정, 군의 가장 큰 어른이 되었을 때에는 중국 현대사에 길이 남을 결정적인 공을 세웠다. 바로 사인방을 분쇄해서 문혁의 시대를 종결하고, 화궈펑 대신 덩샤오핑을 지지하여 개혁개방의 활로를 개통한 위업이다.

예젠잉은 1978년과 1982년 제12기 중앙위원회 제1차 전체회의에서 "문혁 기간에 1억1,300만 명이 정치적 타격을 입었다"는 정부 조사 결과를 직접 폭로했다. 화궈펑 대신 덩샤오핑을 선택한 그의 결단이 극단의 시대를 몸소 겪은 노병의 실존적 통찰이었음을 보여준다.28)

제아무리 영리하고, 재빠르고, 용맹하다고 해도 시대적 변화의 흐름을 잘못 읽는 자는 입신출세의 가도를 달릴 수 없다. 예젠잉은 모든 국면에 정확하게 시대의 요구를 읽어냈고, 냉철한 판단력과 강력한 추진력으로 새 역사의 물줄기를 텄다. 바로 그 점에서 예젠잉은 중공중앙의 그 누구보다 발달된 촉을 가진 영도자였다.

제3장
후야오방의 담(膽), "실천이 진실의 기준"

문혁 10년의 후유증으로 중국 경제는 만신창이였다. 1976년 7월 28일 탕산(唐山)에서 발생한 대지진은 무너진 경제를 더욱 악화시켰다. 1975년 저우언라이는 4대 현대화 구호를 내걸고 경제개혁의 필요성을 역설했지만, 만시지탄일 뿐이었다. "농업 분야는 다자이를 배우라!"는 구호 아래 1980년까지 영농 기계화를 목표로 내세웠으나 1976년 1월 저우언라이가 사망하자 그마저 수포로 돌아가는 분위기였다.

1976년 1월『홍기』는 부르주아의 자본주의 회복 시도를 비판했다. 1976년 상반기 내내 언론에서는 덩샤오핑과 주자파 비판뿐이었다.[1] 공산당의 기관지들이 케케묵은 계급투쟁을 외쳐댈 때, 민생은 갈수록 피폐해졌다. 당시 홍콩 언론의 보도에 따르면 1976년 중국의 경제성장률은 3.5퍼센트에 그쳤다. 미국 워싱턴 정가의 보고서는 1975년 중국의 경제성장률이 5.7퍼센트 정도였지만, 1976년에는 3퍼센트로 떨어졌다고 보았다. 1970년부터 중국 경제는 스태그플레이션의 늪으로 빠져들었다.[2]

경제 못지않게 마오쩌둥 시대 일인지배의 유산도 심각한 문제로 부상했다. 중공중앙 주석에 오른 화궈펑은 마오쩌둥 사상의 깃발을 들고서 새 시대의 요구에 역행하고 있었다. 죽은 마오쩌둥이 화궈펑을 "카게무샤(影武者 : 군주의 위장 대역)"로 삼아서 살아 있는 중국 인민을 잡고 옥죄는 형국이었다. 개혁개방의 새로운 시대로 나아가기 위해서는 새로운 경제정책과 더불어 정치제도의 재정비가 절실한 시점이었다.

죽은 마오쩌둥을 땅속에 묻기 위해서

덩샤오핑은 저우언라이 사망 후부터 집 안에 발이 묶인 채 업무를 놓고 있었다. 톈안먼 추모대회가 강제로 해산되고 불과 이틀 만인 4월 7일, 그는 라디오 방송을 듣고 자신이 당 내외의 모든 직위에서 파면되었음을 알게 되었다. 마오쩌둥은 덩샤오핑이 당적은 유지할 수 있게 배려했지만, 덩샤오핑을 향한 사인방의 공격은 더욱 거세졌다. 장칭은 덩샤오핑이 톈안먼으로 차를 타고 가서 광장의 군중을 선동하고 조종했다는 헛소문까지 퍼뜨렸다. 이처럼 군중을 부추겨 덩샤오핑의 모욕하고 비투하려는 장칭의 의도가 드러나자, 왕둥싱은 마오쩌둥의 허락하에 덩샤오핑 부부를 안전한 장소로 피신시켰다. 덩샤오핑의 자식들은 아버지를 비투하는 군중대회에 참여해야 했다. 덩샤오핑을 짓밟는 대대적인 정치집회가 열렸고, 신문과 방송에서는 날마다 덩샤오핑을 비판하는 기사들이 쏟아졌다.[3]

　1977년 7월 중앙으로 복귀한 덩샤오핑은 실사구시(實事求是)를 전면에 내세웠다. "현실에서 진리를 찾는다"는 이 명제의 전거는 고대로 소급되지만, 가까이에서 찾자면 17세기 경세치용 학파의 구호이기도 하다. 1940년대 토착 공산주의자 마오쩌둥은 모스크바 유학파를 위시한 당내의 여러 분파와의 사상투쟁에서 실사구시를 외치며 싸웠다. 물론 집권 후 마오쩌둥은 실사구시의 정신을 배반한 비현실적이고 독단적인 정책을 펼쳤지만, 덩샤오핑은 그에 대한 평가는 슬쩍 미뤄두고 1940년대 『마오쩌둥 어록(毛主席語錄)』에서 실사구시를 찾아냈다. 그는 실사구시야말로 마오쩌둥 사

상의 요체라고 강조하면서 마오쩌둥의 이름으로 마오쩌둥을 숭배하는 화
궈펑의 독단을 타파하고자 했다. 그리하여 덩샤오핑의 구시파(求是派)와
화궈펑의 범시파(凡是派) 사이의 투쟁이 개시되었다.

화궈펑의 몰락으로 범시파는 중공중앙에서 퇴각했지만, 덩샤오핑의 영
도하에서 중공중앙은 다시 개혁파와 보수파로 양분되었다. 이때 개혁파는
경제적 자유화와 정치적 민주화를 추진했다는 점에서 자유파라고도 불렸
다. 반면 보수파는 사회주의 기본 원칙의 고수와 공산당 영도체제의 강화
를 주장했다는 점에서 범시파와 일맥상통하는 좌경 계열이었다. 1980-
1990년대 덩샤오핑은 이 양자 사이의 긴장을 절묘하게 유지하고 이용하는
정치적 간지를 발휘했다.

개혁파와 보수파의 시소 게임

1978년 이래 개혁개방의 시대가 열리면서 중공중앙의 정치는 개혁파와 보
수파의 대결로 펼쳐졌다. 개혁파는 적극적으로 경제적 자유화를 추구하면
서 정치적 민주화에 대해서도 관용적인 태도를 보였다. 반면 보수파는 개
혁개방의 속도에 제동을 걸면서 사회주의 기본 원칙을 견지해야 한다고
주장했다.

1980년대 개혁파의 영수는 중공 총서기 후야오방과 국무원 총리 자오쯔
양(趙紫陽, 1919-2005)이었다. 보수파의 영수는 중국공산당 중앙기율검
사 위원회의 천원과 국가주석 리셴녠이었다. 후야오방과 자오쯔양이 상대
적으로 자유주의 성향의 우파이고, 천원과 리셴녠이 사회주의를 추구하는
좌파였음에는 이론의 여지가 없다. 중국인들은 중공중앙의 우파를 개혁파
나 자유파라고 부르고, 좌파를 보수파라고 부른다.

최고영도자로서 중공 총서기와 국가주석보다 더 높은 지위에서 군림했던 덩샤오핑은 개혁개방의 설계자로서 진취적인 실용주의 경제개혁을 주도했다. 스스로 개혁개방을 주도했음에도 그는 한쪽만을 편파적으로 지지하기보다는 보수파와 개혁파를 동시에 적절하게 활용하는 정치적 수완을 발휘했다. 1980년대 초 덩샤오핑은 경제개혁의 성과를 위해서 후야오방을 공개적으로 지지했지만, 정치적 긴장이 고조되던 1986년 이후부터는 보수파에 힘을 실어 1989년 6월 4일 톈안먼 대도살을 방조했다. 요컨대 덩샤오핑은 보수파와 개혁파가 상호 긴장 속에서 길항하는 중공중앙의 대립적 통일을 유지하려고 노력했다. 개혁개방 시대 중공중앙의 정치는 바로 보수파와 개혁파의 끊임없는 싸움이었다.

1980년대 중공중앙 보수파의 대표적인 이론가였던 덩리췬(鄧力群, 1915-2015)은 1976년 이후 중국의 정치에서 묘한 현상을 발견했다. 그에 따르면, 1976년 마오쩌둥 사망 이후 중공중앙의 정치는 짝수 해에는 개혁파의 자유화 운동이 일어나고, 홀수 해에는 이에 대한 보수파의 반격이 뒤따르는 흥미로운 주기성을 보인다.

① 1976년(짝수 해)에는 마오쩌둥 사후 사인방이 전격 체포되면서 문혁이 공식적으로 종언을 고하는 놀라운 정치적 급변이 이어졌다. 반면 1977년(홀수 해)에는 당시 중공중앙 총서기 화궈펑이 1950년대 마오쩌둥 노선으로의 전면 회귀를 선언하는 양개범시를 추진했다. 앞에서 보았듯, 양개범시란 "마오쩌둥이 했던 모든, 마오쩌둥이 추진했던 모든 일은 다 옳았다"는 뜻으로, 당시로서는 가장 극단적인 좌파 노선이었다.

② 1978년(짝수 해), 실사구시 구호 아래 덩샤오핑이 주도하는 진리(眞理) 표준 토론이 일어나서 마오쩌둥 시대를 비판하고 정리하는 대대적인 정치개혁 움직임이 일었다. 이에 호응한 베이징 시민들은 시단의 벽에 수

많은 대자보를 붙이며 민주적 정치개혁을 요구하는 이른바 민주장 운동(民主牆運動, 민주의 벽 운동)을 일으켰다. 1979년(홀수 해), 덩샤오핑은 사회주의, 인민민주독재, 중공의 영도적 지위, 마르크스-레닌주의 및 마오쩌둥 사상 등 "4항 기본 원칙"을 발표한 후, 민주장 운동에 연루된 다수 개혁파 지식인들을 검거했다.

③ 1980년(짝수 해), 후야오방이 중공중앙 총서기로 선발되면서 개혁파 지식인들이 활약하기 시작했다. 「광명일보(光明日報)」를 위시한 여러 언론에 개혁파 지식인들의 시론이 발표되었다. 1981년(홀수 해), 개혁파의 준동에 격분한 천윈은 보수파를 규합해서 자본주의 자유화를 비판하는 이념투쟁을 개시했다.

④ 1982년(짝수 해)에는 다시 중앙정치에서 개혁파가 득세하면서 비판적 지식인의 활동이 더욱 활발해졌다. 특히 이후 마오쩌둥을 악인이라고까지 혹평한 철학자이자 언론인 왕뤄수이(王若水, 1926-2002)의 인도주의 관련 논평이 널리 읽혔다. 1983년에는 이에 대한 반발로 보수파 인사들이 사회주의적 명령경제를 보위하는 논설을 다수 발표했다.

⑤ 1984년(짝수 해) 봄에는 덩샤오핑이 남방의 특구를 돌면서 개방의 중요성을 강조했으며, 중공중앙은 연안 지역 14개 도시를 개방했다. 1985년(홀수 해) 7월에서 9월, 천윈은 공산주의 이상을 옹호하며 사회주의 계획경제의 필요성을 역설했다. 권력투쟁의 여파로 개혁파의 주동인물 2명이 중앙정치에서 낙마했다.

⑥ 1986년(짝수 해) 덩샤오핑이 다시금 개혁개방의 당위를 역설했고, 곧 정치개혁의 여론이 비등하기 시작했다. 이 해에는 개혁파 지식인들이 본격적으로 정치개혁을 위한 투쟁을 벌이기 시작했다. 12월 전국 각지에서 정치개혁을 요구하는 학생들의 가두시위가 이어졌다. 1987년(홀수 해)

에는 중공중앙 총서기 후야오방이 낙마했다. 보수파가 대대적인 정치 공세를 벌이면서 일군의 개혁파 지식분자들은 당적을 박탈당했다.

⑦ 1988년(짝수 해) 여름 이후 저명한 물리학자이자 비판적 지식인인 팡리즈(方勵之, 1936-2012) 등이 본격적으로 중공정부를 비판하는 강력한 자유주의 운동을 전개했다. 베이징의 대학에서는 토론회, 연구회가 열리는 등 자유 민주 인사들의 정치 활동이 활발히 전개되었다. 그리고 1989년(홀수 해) 6월 4일 베이징 톈안먼 대도살이 발생하면서 보수파의 극단적 활약이 이어졌다.

1976년부터 1989년까지 중국 정치에서 2년 주기로 반복되는 이른바 쌍년의 주기성을 어떻게 해석해야 할까? 신의 섭리일까? 역사의 숨은 법칙일까? 그 모든 해석이 가능하지만, 현실적으로 간단하게 중공중앙이 마오쩌둥 사후 개혁개방의 과정에서 갈팡질팡 방황했다고 볼 수 있다. 개혁파가 득세하면 이듬해에는 어김없이 보수파의 반격이 이어졌다. 보수파와 개혁파 사이에서 균형을 추구하던 덩샤오핑은 1989년 6월 톈안먼 대도살로 커다란 정치적 오점을 남겼지만, 1992년 보수파의 반동이 극에 달하자 남방의 6개 도시를 돌며 개혁개방의 필요성을 역설했다. 이른바 남순(南巡) 강화는 중앙정치의 흐름을 단번에 역전시키는 결정적 계기였다.[4]

실사구시, 사상혁명의 신호탄

1977년 7월 17일 중공중앙 정치국 상임위원으로 복귀한 덩샤오핑은 나흘 후 중국의 현대화 전략을 주제로 강렬한 연설을 했다. 청중의 큰 환호를 받으며 무대에 오른 그는 준비한 원고는 단상 위에 놔둔 채 정면을 응시하며 쓰촨 억양의 생기발랄한 목소리로 연설했다. 연설문의 제목은 "마오쩌등 사상을 대한 완정(完整)하고 정확한 이해"였다. 그는 독단주의와의 투쟁을 선언하면서 마오쩌둥의 교시에 대한 창의적인 해석을 강조했다. 또한 실사구시를 다시금 강조하며, 독단과 허위를 깨는 공개 비판의 중요성을 역설했다.

옌안(延安) 중앙학교에는 마오쩌둥 동지의 친필 휘호 "실사구시"가 걸려 있었다. [석유를 생산하는] 다칭(大慶)에서는 늘 "삼로(三老)"를 말한다. 삼로란 노실인(老實人 : 참으로 실한 사람)이 되는 것, 노실화(老實話 : 참된 진실)를 말하는 것, 노실사(老實事 : 참된 실사)를 행하는 것을 이른다. 나는 마오쩌둥 동지가 제창하고 인도하신 작풍으로 군중노선과 실사구시 두 가지를 가장 근본적인 것으로 꼽는다. 물론 민주와 집중의 관계, 자유와 기율의 관계도 매우 중요하다. 우리 당의 현재 상황과 관련해서는 군중노선과 실사구시가 특별히 중요하다고 본다.……나는 왜 바로 지금 실사구시가 중요하다고 말하는가? 우리의 당풍(黨風), 군풍(軍風), 민풍(民風)을 잘 만들어야 하고, 특히 당풍의 정비가 관건이기 때문이다. 현재를 보면, 사인방이 우리의 풍기를 완전히 망쳐놓았다. 사인방의 파괴는 실제로는 10년이 지만, 시작부터 린뱌오와 연결되어 있었기 때문에 어떤 이는 10년 이상이라고도 말한다. 그들의 농단으로 당내 우리 동지들은 감히 말도 할 수 없었다. 특히 참된 진실조차 말할 수 없어서 사기와 거짓만을 일삼았다. 심지어 우리 중에서 연로한 동지는 이런 나쁜 습관과 풍기에 물이 들기도 했지만, 사죄할 필요는 없다. 우리는 오직 군중을 신임하고, 실사구시하고, 민주를 발양하고, 마오쩌둥 둥지께서 세우신 창당 이념과 당의 모든 작풍을 되살리고 다시 일으켜야 한다.5)

1977년 7월 덩샤오핑은 이렇게 마오쩌둥 사상의 핵심으로 군중노선과 실사구시를 들고나왔다. 당시 상황에서 군중노선이 새삼 강조된 정치적 이유는 무엇일까? 톈안먼 추모대회의 군중을 떠올리지 않을 수 없다. 그 군중이 바로 사인방의 처형을 부르짖으며 민주를 외쳤기 때문이다. 덩샤오핑은 그 군중을 배후에서 선동하고 조종했다는 이유로 파면되었다. 덩샤오핑의 중앙정치 복귀는 톈안먼 군중이 반혁명 세력이라는 오명을 벗고, 민주의 주역으로 거듭나는 의미가 있었다. 군중노선이라는 한마디로 덩샤오핑은 사인방의 축출이 군중의 의지였음을 강조한 셈이었다. 군중노선 위에서 덩샤오핑은 실사구시를 시대정신으로 내세웠다.

1978년 5월 11일 「광명일보」, 5월 12일 「인민일보」에 7,000자짜리 논문 "실천이 진리 검증의 유일한 기준이다"가 게재되었다. 난징 대학 철학과 후푸밍(胡福明, 1935-2023) 교수가 초고를 쓰고 당시 중앙당교의 총장이었던 후야오방의 지시하에 여러 사람의 손을 거쳐 수정된 이 논문은 1978년 중국에서 진리 표준 대토론을 촉발한 사상전의 무기였다. 그 무기는 일차적으로 화궈펑의 이념적 독단을 파괴하기 위해서 정교하게 제조된 폭탄이었고, 나아가 공산주의 선전, 선동에 세뇌당한 다수 군중의 꽉 막힌 생각의 회로를 뚫는 의식해방의 다이너마이트였다. 이 논문의 서두에는 마르크스의 다음 문장이 인용되었다.

인간의 사유가 객관적 진리성을 가지느냐는 이론의 문제가 아니라 실천의 문제이다. 인간은 실천을 통해서 자기 사유의 진리성을 증명해야 한다.6)

이어서 마오쩌둥의 다음 발언이 인용되었다.

1981년 9월 군대 열병식을 시찰하는 중앙군사위원회 주석 덩샤오핑과 중공 총서기
후야오방. (공공부문)

진리는 오직 하나이다. 누가 진리를 발견하느냐는 결국 주관적 과장이 아니
라 객관적 실천에 달려 있다. 많은 인민의 혁명 실천만이 진리를 검증하는
척도이다.7)

실천이 진리의 유일한 검증 기준이라면, 교조주의적 독단이 설 자리를
잃는다. 덩샤오핑은 화궈펑의 양개범시야말로 마오쩌둥 사상을 오독하고
왜곡하는 조악한 우상숭배의 이데올로기라고 생각했다. 당시 중국의 현실
에서 실사구시는 정신적 굴레를 깨부수는 새로운 의식혁명의 구호였다.
실사구시를 현대어로 풀어보면, "실천이 진리 검증의 유일한 기준"이라는
명제가 된다.

후야오방과 새 시대의 사상투쟁

마오쩌둥과 함께 대약진에 참여한 혁명원로 중에서 후야오방은 사상적으로 가장 열린 태도를 취했다. 그는 당의 정책에 대한 대중의 공적인 비판을 용인했으며, 중국공산당의 권력 독점을 약화해야 한다는 주장을 펼치기도 했다.8) 덩샤오핑 체제에서 권력의 핵심부에 들어간 후에는 비판적 지식인을 보호하고, 심지어는 옹호하는 면모를 보였다.

후야오방은 1915년 후난 성 동남부 류양(瀏陽)의 가난한 객가인 집안에서 태어났다. 비록 집안은 가난했지만, 객가인답게 교육에 열의를 보인 부친 덕분에 남달리 좋은 교육 기회를 얻었다. 열세 살에 학교를 떠나서 공산당에 가입했음에도 지식을 향한 후야오방의 갈증은 남달랐다. 그는 공산주의자의 길을 가면서도 독학으로 당송 시가와 현대 문학을 공부하고, 심지어 셰익스피어의 작품들도 읽었다고 전해진다.9) 그가 객가 집안에서 나고 자랐기 때문에 유독 지식인의 자유를 중시하고 존중했다고 주장하는 학자도 있다.10)

1927년 마오쩌둥이 주동했던 후난 성 추수(秋收) 기의에 참여하면서 열세 살의 나이로 혁명 운동에 첫발을 내딛은 후야오방은 1931년 마오쩌둥의 장시(江西) 소비에트에서 공산주의 청년단에 가입하고, 1933년 중국공산당에 입당했다. 제1차 국공내전 당시 후야오방은 덩샤오핑 밑에서 쓰촨 지역과 서남부의 당 조직을 확장하는 업무를 담당했다. 1952년 8월 후야오방은 덩샤오핑을 따라서 중앙정부로 옮겨갔고, 곧 공산주의 청년단의 제1서기장이 되었다. 당시 후야오방과 인연을 맺은 청년 지식인들은 훗날 개혁개방의 시대가 펼쳐지자 후야오방의 밑에서 일하게 되었다.

공산주의 청년단을 맡은 후야오방은 『공산주의 청년보(共産主義靑年

報)』의 편집권을 가지고 있었다. 마오쩌둥이 백화제방 운동(1956-1957)을 벌이기 전부터 후야오방은 『공산주의 청년보』의 필진에게 자유롭게 당의 관료주의와 권력 농단을 비판하라고 권유하기도 했다. 이후 55만 지식인을 강제노역으로 내몬 반우파 운동(1957-1959) 당시에는 부당한 정치 탄압에 저항했다. 『공산주의 청년보』의 편집진 17명이 우파로 몰려서 파면되자 후야오방은 모든 수단을 강구해서 동료들을 구하려 노력했다.11) 1940년대 그는 반(反) 볼셰비키 분자로 몰려서 처형 직전까지 갔던 경험이 있다. 바로 그 고난의 체험 때문에 이후 특히 비판적 지식인의 보호를 사명으로 여겼다는 해석도 가능하다.12)

문혁 10년을 거치는 과정에서 후야오방은 참담한 어둠의 터널을 지나갔다. 후야오방은 2년 6개월의 세월을 사설 감옥 우붕(牛棚)에 갇힌 채 집단 린치와 인신공격 속에서 보냈다. 이는 덩샤오핑과 후야오방을 잇는 또 하나의 뼈저린 공동 체험이었다. 널리 알려져 있듯 문혁의 광란 속에서 덩샤오핑은 동생이 자살하고, 아들이 불구가 되고, 온 집안이 갈가리 찢기는 고통을 겪었다.

1977년 봄, 후야오방은 중국공산당 중앙당교 부총장직에 임명되었다. 중앙당교는 공산당 고위 간부의 이념 교육을 총괄하는 매우 중요한 기관이다. 자유분방하고 관대한 성격의 후야오방은 마오쩌둥 통치 아래서 박해당하고 격리되었던 지식인들에게 다시금 큰 희망과 용기를 불어넣었다. 그는 날마다 당교의 연구원들과 함께 장래 중국에서 정치적 민주화와 사상적 자유화를 이루는 방안을 궁구했다.

후야오방 주변에 운집한 다양한 무리는 대부분 마르크스주의의 원칙론을 견지하면서 마오쩌둥의 사상과 정책의 오류를 조목조목 지적하는 비판적 지식인들이었다. 그들은 특히 전문지식을 폄훼하고 지식인을 박해했던 마오쩌둥 시대의 반(反)지성주의를 비판했다. 그들은 과학기술의 중요성과 학문의 자율성을 강조했는데, 그들의 논의가 중앙 언론에도 영향을 미쳤다.

일례로 1977년 3월 15일 「인민일보」에는 다자이 현과 같은 농촌을 건설하기 위해서는 "강렬한 혁명의 투지뿐만 아니라 실사구시의 과학적 태도"를 갖춰야 한다는 문장이 있다. "마르크스, 레닌, 마오쩌둥의 저작을 읽기 위해서는 각고의 노력으로 과학, 문화 지식을 학습해야 한다"는 구절도 보인다. 문혁의 광기 속에서 사인방은 "부랑아도 유용하다", "문맹도 해롭지 않다" 등의 구호를 외쳤다. 「인민일보」는 그러한 사인방의 맹목과 불합리를 비판하면서 과학과 문화와 관련된 지식의 중요성을 강조했다.13) 문혁 시대에는 과학과 지식보다 혁명성과 계급의식이 강조되었다. 반면 사인방이 체포된 지 불과 5개월 만에 중국공산당 기관지들은 일제히 문혁의 반지성주의를 비판하면서 과학과 지식의 중요성을 강조했다.

후야오방은 1977년 11월 다시금 정부의 인사를 담당하는 중공중앙 조직부의 장관으로 임명되었다. 조직부 장관으로서 후야오방은 문화혁명 시시의 희생자들을 복권하는 과감한 개혁을 주도했다. 1977년 12월 19일 그는 복권의 범위와 대상을 천명하면서 건국 이후와 문화혁명 과정에서 발생한 모든 무고 사건, 허위 사건, 오판 사례가 전부 대상에 포함되며, 나아가 건국 이전에 발생한 사건에 대해서도 역사적 조건과 전쟁의 영향 등에 구애받지 말고 모두 철저히 조사해야 한다고 발언했다. 그날 회의 직후 후야오방은 수십 명의 동지를 규합해서 함께 본격적인 복권의 중책을 짊어졌다.14)

후야오방의 복권 계획에 화궈펑은 극렬히 반대했다. 덩샤오핑 또한 적당히 60퍼센트 정도만 복권시키자고 제안했다. 후야오방은 최고지도부의 유보와 저항에 굴하지 않고 대규모의 복권을 추진했다. 그 결과 1950-1960년대 탄압당하고 억류되었던 거의 모든 희생자가 복권되었다. 피해자 중에는 전직 관리, 과학자, 지식인, 숙련 노동자 등 다양한 부류가 섞여 있었다. 그 숫자는 300만 명에 달했는데, 그중 많은 인원이 공직에 다시 임명되었다. 1978년 3월 18일, 덩샤오핑은 과학자, 기술자를 포함한 지식인에게 씌워진 부르주아라는 오명을 벗겼다. 후속타를 치듯 후야오방은 한 걸음 더 나아가 지주와 부농에 가슴에 새겨졌던 반혁명분자의 주홍글씨를 지워버렸다.15)

덩샤오핑과 후야오방은 국공내전 당시부터 쓰촨과 윈난 지역에서 공동 작전을 펼쳤던 정치 선후배이자 이념 동지였다. 앞에서 언급했듯, 덩샤오핑과 후야오방은 객가인이었다. 이런 배경이 두 사람의 인연을 더 끈끈하게 묶는 매듭 역할을 했을 수 있다. 다만 덩샤오핑과 후야오방을 일심동체의 정치적, 이념적 쌍생아로 본다면 큰 오산이다. 두 사람은 타고난 성격이나 기질이 매우 달랐고, 정치적 입장에서도 적지 않은 차이를 드러냈다. 덩샤오핑은 정치적 목적에 따라서 실용적으로 독재적 수단과 정치적 타협을 서슴지 않았다. 반면 후야오방은 정치적 신념에 따라서 위험을 마다하지 않고 강직하게 자유파의 기본 원칙을 밀어붙였다.

기질적, 사상적 차이에도 불구하고 두 사람은 화궈펑을 축출하고 개혁개방으로 나아가는 중공중앙 제2의 혁명을 위해서 굳게 손을 잡았다. 덩샤오핑이 실사구시의 기치를 올린 후, 후야오방은 사상혁명의 수문을 열어젖혔다. 본격적인 사상투쟁이 개시되자 자연과학자들이 민주 정신을 부르짖고, 철학자가 마오쩌둥 사상을 비판했다. 문예계에서는 다양한 첨단의 기법으로 문혁 때의 극한 체험을 예술로 승화한 상흔 문학(傷痕文學)이라는 장르가 생겨났다. 봇물 터지듯 쏟아져나온 지식인의 비판은 사상혁명의 강물이 되어 출렁이며 흘러갔다. 한 시대의 어둠이 걷히면서 서서히 새로운 태양이 솟아나고 있었다.

　　실천이 진리 검증의 유일한 기준이다!

　　1978년 봄, 중앙당교의 이론가들이 이 한마디의 단순명료한 명제를 도출하기까지 거의 30년의 세월, 중공중앙은 독단의 늪 속에서 허우적대야만 했다. 1978년 12월 중공중앙이 공식적으로 선언한 개혁개방 노선은 2년에 걸친 사상투쟁의 결실이었다. 대기근과 문혁의 참상을 거친 후에도 화궈펑은 마오쩌둥 사후 2년 동안 마오쩌둥 사상만 붙들고 있었다. 덩샤오핑과 후야오방이 온몸으로 증명했듯, 진정한 정권 교체는 사상혁명으로 완성된다.

1980년, 짧지만 강렬했던 사상의 해빙기

덩샤오핑은 1980년 8월 18일 연설문 "당과 국가의 지도체제 개혁"에서 중국공산당의 권력 집중을 강력하게 비판하면서 당, 정 분리의 당위성을 설파했다. 그에 따르면, ① 권력의 과도한 집중은 사회주의적 민주제도를 해치며, 민주집중제를 방해하고, 사회주의 건설을 저해한다. ② 개인의 능력과 전문성이 한정되어 있음에도 1인이 여러 직책을 도맡는 겸직과 부직의 관례를 유지한다면, 관료주의와 형식주의의 폐해가 발생한다. ③ 행정의 전문화를 위해서는 당과 정부의 분리가 필수적이다. ④ 비교적 젊은 세대가 행정의 제일선으로 나가고 혁명원로는 뒤에서 젊은 세대를 지원하며 슬기롭게 권력 승계 문제를 처리해야 한다.16)

덩샤오핑이 화두를 던지자 중공중앙의 이론가들은 본격적으로 민주 담론의 불씨를 댕겼다. 중앙당교 총장을 역임하다가 1980년 중앙서기처의 총서기로 부임한 후야오방이 사상전의 선두에 나섰다. 1980년 10월 15일 연설에서 후야오방은 개혁개방의 시대적 과제를 정의했다. 그는 국가의 통치를 위해서는 효율적인 소통 위에서 인민을 인도해야 하며, 다양한 언로(言路)를 활짝 열어서 인민대중의 지혜를 모을 수 있어야 한다고 주장했다. 아울러 그는 "민주주의의 발전과 선양(宣揚)이야말로 정치 건설의 기본"이라고 역설했다.17)

개혁개방 초기 후야오방은 덩샤오핑의 오른팔이었다. 그는 1981년 6월 중국공산당 주석으로 임명되었고, 이듬해 9월에는 중국공산당 총서기로 그 지위가 격상되었다. 이후 그는 중공중앙의 보수파들에 맞서서 시장경제의 과감한 도입과 정치개혁을 주도했고, 그 결과 1987년 전국적으로 학생 운동이 일어났을 때에는 그 배후로 지목되어 총서기직에서 물러나야 했다. 1989년 4월 15일 후야오방이 서거하고 일주일 뒤인 4월 22일, 그의 죽음을 애도하는 5만여 명의 학생들이 톈안먼 민주화 운동의 포문을 열었다. 요컨대 후야오방은 1980년대 중국 민주화 운동에서 절대로 빠질 수 없는 개혁파의 상징적 인물이었다.

후야오방이 덩샤오핑의 화두를 받아서 민주 담론의 신호탄을 쏘아 올리자 중공중앙의 이론가들이 적극적으로 호응하고 나섰다. 그들 중 다수는 1950년대부터 중공중앙의 사상, 문화, 이념을 담당했던 이론가들이었다. 표면상 그들은 마르크스주의를 깊이 연구한 사회주의자들이었지만, 개혁개방의 정국에서 해빙의 시기가 왔을 때에는 기다렸다는 듯 열성적으로 자유와 권리, 권력 분립, 민주의 가치 등을 논하기 시작했다.

1980년 10월 말, 중공중앙 당사(黨史) 연구실 부주임 랴오가이룽(廖盖

隆, 1918-2001)은 공개적으로 언론의 자유, 개인의 기본권, 입법부의 독립, 정부 내 견제와 균형, 노동조합의 독립성을 강조했다. 또한 지금까지도 중공중앙 정치국의 시녀에 불과한 전국인민대표대회를 양원제의 입법기구로 재편하는 파격적인 개혁안도 제출했다. 그는 서구식 민주주의를 답습하기보다는 문혁의 극한 경험을 통해서 스스로 깨달은 민주의 가치를 역설한 자생적 민주주의자였다.

이때쯤 중공중앙의 학술지에 민주와 관련한 논문들이 게재되기 시작했다. 마오쩌둥이 최고의 가치로 선양했던 레닌의 민주집중제를 비판하는 논문도 있었다. 가령 1980년 10월 『철학연구(哲學研究)』에 실린 논문 "민주는 수단이며 목적이다"에서 루즈차오(卢之超, 1933-)는 레닌의 민주집중제는 민주주의를 권력 집중의 수단으로 삼기 때문에 결국 독재로 귀결되고 만다는 파격적인 논변을 개진했다.

만주족 출신의 탁월한 헌법학자 위하오청(于浩成, 1925-2015)은 문혁 시절 친청(秦城) 감옥에 수감되어 3년 넘게 독방에서 혹사당했던 반골의 비판적 지식인이었다. 그는 1978년에야 사면, 복권되었고, 이후 군중 출판사의 편집장으로 복귀했다. 그는 이미 1950년대부터 마오쩌둥의 독재와 중국공산당의 반민주성에 비판적이었지만, 20년이 훨씬 지난 후에야 본격적으로 개인의 자유와 인권을 보장하는 헌법적 장치에 관해서 논할 수 있었다. 언론의 자유를 강조하면서 독립 언론의 창간을 요구했던 그는 주요 언론이 모두 당에 장악된 현실을 개탄하면서 "독점이 종식되지 않고서 자유는 없다"라는 명언을 남겼다. 이후 그는 1989년 톈안먼 운동에 동참했다는 이유로 당적을 박탈당했다.

이들 외에도 톈안먼 대학살 이후 미국으로 망명해서 투쟁을 이어간 전 난징 대학 교수 궈뤄지(郭羅基, 1932-)와 언론인이자 철학자 왕뤄수이 역시 1980년 이래 맹활약을 펼쳐졌다. 짧지만 강렬했던 사상의 해빙기 1980년에 민주, 언론 독립, 자유와 권리, 삼권 분립, 입헌주의를 주장했던 중공중앙의 이론가들은 이후 10년의 세월을 거쳐 목숨을 건 저항과 투쟁의 가시밭길을 걸어야만 했다.

권력자는 민주를 팔아 정적을 제거하고, 정권을 잡고 나서는 민주를 부르짖는 민중을 탄압한다. 1977년 7월 1일 정계로 복귀한 덩샤오핑이 이후 1년 반에 걸쳐서 화궈펑을 물리치고 중공중앙의 권력을 장악하는 과정이 바로 그러했다. 1978년 12월 덩샤오핑은 민주화의 열망을 이용해서 중앙을 장악하고 나서는, 1979년 3월 활활 타오르는 민주화의 불길을 급히 밟아 껐다. 그후로 40여 년이 지났건만, 중국에서는 여전히 민주화의 불씨가 제대로 살아나지 못하고 있다.

중공중앙의 영도자들 가운데 후야오방은 특히 개방적이고, 자유분방하고, 관용적인 인물로 기억된다. 그러한 그의 성격은 한 개인의 기질이 아니라 완고하고 교조적인 당풍(黨風)에 맞선 개혁파 위정자의 용기였다. 1989년 4월 15일 그가 세상을 떠났을 때, 후야오방을 추모하는 청년 학생과 시민들은 자유와 민주를 외치며 광장으로 몰려갔다. 돌이켜보면, 후야오방은 참으로 담이 큰 지도자였다. 인민은 담대한 영도자를 오래도록 기억한다. 대다수 위정자들이 좌고우면 주변의 눈치만 살피면서 노심초사 잔머리만 굴려대는 겁쟁이들이기 때문일까.

제4장

원로들의 난, 마오쩌둥을 향한 비판

진나라가 멸망한 후 한나라의 유생들은 진시황의 오류와 광기를 비판하는 과진론(過秦論)을 펼쳤다. 이와 달리 개혁개방 45년 차를 맞이하는 지금까지도 중국 지성계에서 마오쩌둥 비판은 제대로 이루어지지 않고 있다. 오히려 관 속의 마오쩌둥이 되살아나서 시진핑 일인지배를 지지하고 있는 기묘한 형국이다. 1979년 민주장 운동에 놀란 덩샤오핑이 황급히 마르크스-레닌주의와 마오쩌둥 사상이 중국공산당의 이념임을 재천명함으로써 시대의 숙제를 뒤로 미룬 까닭이다. 그렇다고 중국인들이 무조건 마오쩌둥을 숭배했다고 본다면 큰 오산이다. 마오쩌둥 사망 직후 중국의 지식인과 관료 집단은 본격적으로 마오쩌둥 비판에 착수했었기 때문이다.

개혁개방 초기 마오쩌둥 비판

마오쩌둥 사후 중공중앙에서는 두 차례에 걸쳐서 본격적인 마오쩌둥 비판이 전개되었다. 첫 번째 계기는 덩샤오핑이 최고영도자로 추대되어 개혁개방의 시대가 개시된 직후인 1979년 1월 18일부터 4월 3일까지 제11기 중앙위원회 제3차 전체회의에서 열린 전국 이론공작 대토론회였다. 이 대회에는 저명한 이론가들이 대거 참여해서 마오쩌둥의 사상적 오류와 정책적 착오를 집중 비판했다.

두 번째 계기는 1981년 6월 공식적으로 발표하게 될 "건국 이래 약간의 역사적 문제에 관한 결의"(이하 역사 결의) 초안을 놓고 중국공산당 당내 중앙 및 지방의 고급 간부 4,000명과 중앙당교의 1,500명 교원이 벌인 1980년 가을의 대대적인 토론이었다. 중국 현대사의 민감한 문제들, 특히 대약진 운동과 문혁을 둘러싼 격렬한 논쟁은 궁극적으로 마오쩌둥의 유산에 관한 총체적인 평가로 귀결되었다.

마오쩌둥 비판의 구체적인 내용을 보면, 그중에는 마오쩌둥 말기의 오류를 비판하면서 1950-1960년대 마오쩌둥의 위업은 칭송하는 부류도 있었고, "마오쩌둥 사상"과 "마오쩌둥의 착오"를 구분해야 한다고 주장하는 부류도 있었다. 대체로 마오쩌둥의 공로는 온당하게 평가하되 잘못은 제대로 지적해야 한다는 정도의 절충적 주장이 많았지만, 마오쩌둥이 저지른 "좌경의 오류"를 낱낱이 고발하고 폭로해서 마오쩌둥의 절대 권위를 무너뜨려야 한다는 비모화(非毛化) 노선의 지식인과 관료도 적지 않았다. 비핵화가 핵을 없앤다는 의미이듯이, 비모화란 마오쩌둥을 비판하여 극복하고, 마오쩌둥의 영향에서 완전히 벗어난다는 의미이다.

1979년 1분기의 전국 이론공작 대토론회는 안타깝게도 용두사미로 끝났다. 문혁 과정에서 두 차례나 파면, 축출되었던 덩샤오핑이었지만, 그 역시 마오쩌둥의 권위 없이는 중공의 권력을 유지할 수 없었다. 1979년 3월 30일, 덩샤오핑은 4항 기본 원칙을 천명해서 지식계의 마오쩌둥 비판에 찬물을 끼얹었다. 4항 기본 원칙은 "사회주의, 인민민주독재, 공산당 영도 및 마르크스-레닌주의와 마오쩌둥 사상"을 견지한다는 선언이었다. 개혁개방을 추진하는 덩샤오핑으로서는 당대 보수파와 급진적 개혁파를 동시에 견제하기 위한 부득이한 조치였다고 항변할 수 있을 듯하다.

4항 기본 원칙이 선언되었음에도 1980년 9월에 열린 4천인 대토론회에서는 마오쩌둥 비판이 다시 한번 격렬하게 일어났다. 1958년 반우파 운동 당시 우파라는 낙인을 받고 당적을 박탈당하는 수모를 겪었던 저명한 법학자 궈다오후이(郭道暉, 1928-)는 전국인민대표대회의 비서로서 현장에서 4천인 대토론회를 기록하는 책무를 맡았다. 2010년 4월 당시 중국의 대표적인 자유파 학술지 『염황춘추(炎黃春秋)』에 실린 그의 회고문에 따르면, 당시 ① 건국 이후 최초 17년 역사, ② 마오쩌둥 사상, ③ 마오쩌둥의 공과(功過)라는 세 가지 주제를 둘러싸고 격렬한 토론이 전개되었다고 한다.1)

1949년에서 1966년에 이르는 17년의 역사를 평가할 때 고급 간부 4,000명은 일반적으로 당의 노선이 옳았으며 큰 성과가 있었다는 점에는 대체로 동의했지만, 수백만에서 1,000만에 달하는 인원을 숙청한 1950년대의 숱한 정치 운동, 최소 55만의 지식인을 박해한 반우파 운동, 수천만의 인명을 앗아간 대약진 운동 시기의 대기근의 책임을 따지는 과정에서는 의견이 갈렸다.

쟁론의 핵심은 그 엄청난 과오의 책임이 당 전체에 있느냐, 마오쩌둥에게 있느냐였다. 두루뭉술하게 당의 잘못을 강조해서 마오쩌둥의 과오를 덮으려는 경향도 있었지만, 다수는 마오쩌둥의 책임을 명확히 해야 한다고 주장했다. 마오쩌둥을 격렬히 비판한 인물 중에는 1910년대부터 마오쩌둥과 함께 공산주의 혁명 운동에 투신하여 동고동락을 함께했던 오랜 친구들도 있었고, 마오쩌둥에게 박해당한 피해자들도 있었다. 모두가 가까이에서 마오쩌둥을 직접 경험한 동시대의 공산당 간부들이었다.

마오쩌둥 사상을 논할 때, 이들은 마오쩌둥 말년의 정치적 오류와 판단 착오가 마오쩌둥 사상에 포함되느냐, 마오쩌둥 사상이 당의 지도이념이 되어야 하느냐의 문제를 집중적으로 토의했다. 마오쩌둥 사상은 일개인의 사상이라기보다는 마오쩌둥으로 대표되는 중국공산당 전체의 집체적인 이념이므로 모든 착오나 오류는 배제된 완전무결한 이념이어야 한다는 주장이 제기된 반면, 한 개인의 사상을 논하면서 사상적 오류를 배제하자는 견해는 비논리적이라는 비판도 쏟아졌다. 마오쩌둥 사상이라는 일개인의 소신이 당의 지도이념이 될 수 없다는 주장도 있었다.

동시대인의 마오쩌둥 비판, 1981년 "역사결의"에 반영되어

중공 선전부 부부장(副部長 : 차관)을 역임한 장샹산(張香山, 1914-2009)은 레닌이 사회민주주의자 에두아르트 베른슈타인(Eduard Bernstein, 1850-1932)을 우경 수정주의자라고 비판했듯, 마오쩌둥의 좌경 수정주의를 비판하는 소책자를 집필해야 한다고 주장했다. 중공지도부는 흔히 "좌경의 오류" 혹은 "좌의 오류"라는 용어로 당내 극단주의를 비판해왔는데, 그 비판의 화살이 급기야 마오쩌둥을 조준한 셈이다. 마오의 오류를 좌경 수정주의로 규정함으로써 장샹산은 문혁 시기 무수한 사람을 수정주의자로 몰아서 박해했던 마오쩌둥을 조롱했다.

그밖의 많은 비판과 질타의 언사 중에서는 특히 혁명원로 리웨이한(李維漢, 1896-1984)의 발언이 눈길을 끈다. 그는 마오와 동향 출신으로 1918년 마오와 함께 후난 성 창사에서 신민학회(新民學會)라는 결사체를 조직했던 중요한 인물이다. 누구보다 마오의 실체를 잘 아는 리웨이한은 마오의 10대 과오를 조목조목 열거했다.

1. 신민주주의만 잘 알고 과학적 사회주의는 잘 몰랐다.

2. 농민과 지주만 잘 알고 산업 노동자와 자본가는 잘 몰랐다.

3. 농업만 잘 알고 공업은 잘 몰랐다.

4. 정치경제학을 이해하지 못해 만년에야 경제학 교과서를 읽었는데, 스탈린의 『소련 사회주의 경제 문제』만 공부했다.

5. 경제 법칙을 연구하지 않고 정치 관점에서 경제 문제를 보았다.

6. 지식분자는 그가 가진 정치 성향 및 가치관에 따라 계급을 구분하고, 문외한이 전문가를 영도해야 한다고 주장했으며, (지식분자를) 취노구(臭老九 : 냄새나고 늙은 9등급 무리)라고 비판했다.

7. 농민 평균주의에 빠져서 1958년 일으킨 대약진은 소자산계급의 광열성(狂熱性)을 보여준다.

8. 중국이 외부 문물을 활용해야 한다는 견해를 국제 수정주의라고 맹렬하게 비판했는데, 그의 자력갱생은 쇄국, 자폐의 길이었다.

9. 1964년에 4대 현대화를 내걸고서는 1966년에는 다시 4대 파괴를 시작했다.

10. 옛날 책들만 파고들면서 옛날을 오늘에 적용한다고 떠벌렸다.

샤옌(夏衍, 1900-1995)은 반우파 운동 당시 마오쩌둥을 비판하면서 "1958년 마오 주석은 65세였는데, 노인성 의심증에 걸려 있었다"고 발언했다. 극작가 출신인 샤옌은 문혁 시기 가혹한 핍박을 당한 후 복권되어 1979년에는 중국 영화인협회의 주석을 맡고 있었다. 그는 극작가의 기지를 발휘해서 마오쩌둥의 오류를 다음의 16자로 정리했다.

직언을 거부하고 아첨을 좋아하고, (拒諫愛諂)

의심 많고 변덕스럽고, (多疑善變)

1951년, 마오쩌둥(왼쪽)과 리웨이한(오른쪽). 마오쩌둥과 동향 출신으로 1910년대부터 혁명 운동에 투신했던 리웨이한은 1948-1962년 중앙 통전부 장관을 역임했다. (공공부문)

말에 신뢰가 없고, (言而無信)

부드러운 천 속에 바늘을 숨겨둔다 (綿裏藏針)

이외에도 "마오쩌둥은 속은 봉건주의자인데 겉만 마르크스-레닌주의자"였으며, "입만 열면 진시황 이야기를 하고", "마르크스-레닌의 저작이 아니라 중국의 25사(史) 등 옛날 책만 읽어서 봉건 사회의 제왕, 장상의 권모술수를 당내 투쟁에 써먹었다"는 비판도 있었다. "역사상 최대 폭군을 들라면 반드시 그를 꼽아야 한다"며 "주원장(朱元章, 재위 1368-1398)도 마오쩌둥에 미치지 못했다"는 발언까지 나왔다.

짧게는 20-30년, 길게는 60-70년에 걸쳐 마오쩌둥을 겪으며 그를 잘

1981년 7월 1일 「인민일보」 제1면에 대서특필된 "역사 결의". (공공부문)

알았던 동료들이 실체험에 근거해서 마오의 사상, 업적, 행적, 성격, 정책, 착오 등에 대해 총평을 내렸다는 점에서 4천인 대토론회의 역사적 중대성은 누구도 의심할 수 없다. 그 결과 이들의 논의는 1981년 6월 27일 발표된 "역사 결의"에 반영되었다.

4천인 대토론회에 참석해서 이들의 비판을 직접 들은 덩샤오핑은 모두 아홉 차례의 강화를 통해서 "마오쩌둥 동지에 대한 폄훼와 모독은 당과 국가에 대한 폄훼이자 모독"이라면서 "마오쩌둥 동지의 착오를 지나치게 기록해서는 안 된다"는 입장을 분명히 밝혔다. 그렇게 이념적 방어막을 쳤음에도 덩샤오핑 역시 동시대 혁명간부의 마오쩌둥 비판을 모조리 무시할 수는 없었다.

1981년 "역사 결의" 최종본에는 문혁의 총책임을 마오쩌둥에게 묻는 대목이 삽입되었다. 바로 "문화대혁명은 건국 이래 당과 국가와 인민이 겪은 가장 심각한 후퇴이자 손실이었다. 문화대혁명은 마오쩌둥 동지가 일으키고 이끌었다"라는 문장이다. 건국 이래 가장 심각한 후퇴이자 손실의 책임이 마오쩌둥에게 있다는 선언이었다.

즉 1981년 "역사 결의"에는 동시대인의 마오쩌둥 비판이 약간이나마 반영되어 있다. 이후 중공중앙은 자본주의 경제 노선을 채택하면서도 마오쩌둥의 절대 권위를 그대로 유지하는 사회주의 시장경제의 길을 걸었다. 그 결과 마오쩌둥 비판이야말로 중국 지식계의 최대 현안임에도 불구하고 본격적인 마오쩌둥 비판은 제대로 일어나지도 못하고 있다. 중국 지식계는 도대체 언제나 40여 년 전에 미뤄둔 그 무거운 숙제를 다시 시작할 수 있을까.

어느 사회에나 젊어서 나라를 위해 큰 공을 세우고, 원숙한 지혜를 갖춘 원로들이 있다. 쇠잔해진 육신으로 임종을 기다리는 만년의 원로들이지만, 때로는 그들이 역사를 바꾸는 노익장을 과시한다. 마오쩌둥 사후 마오쩌둥을 객관적으로 평가하고 비판할 수 있는 자들은 생전의 마오쩌둥을 누구보다 잘 알았던 그의 동년배들뿐이었다. 바로 그 점에서 마오쩌둥을 비판한 "원로들의 난"은 개혁개방으로 가는 길이 험준한 산에 막혔을 때, 큰 터널을 뚫는 다이너마이트의 폭음과도 같았다.

제5장
민초들의 얼, 개혁개방을 이끌다

농촌개혁을 주도한 오지의 농민들

······1970년대 말 겨울 첩첩산중 외딴 마을 야오거우 촌(窯沟村). 열악한 환경에 극좌 풍조까지 만연해지자 마을 사람들은 빈곤의 악순환에 빠져 있다. 고향을 떠난 사내들은 객지에서 품을 팔고, 굶주린 여인들은 아이들을 내다 판다. 한때 마을의 지부 서기였던 취허우청(屈厚成)은 위급 상황에 대비해서 당원 몇 명과 함께 몰래 산지를 개간한다. 수천 근의 양식을 수확해서 창고에 은밀히 비축해둔 그는 온 마을이 굶주리자 양식을 모두에게 나눠주고자 한다. 바로 그때, 신임 서기가 마을에 들이닥쳐 "흑지(黑地 : 불법 개간지)에서 난 흑냥(黑糧 : 불법 식량)"이라며 양식을 몰수하겠다고 선언한다. 취허우청은 "굶주린 사람들이 죽 한 그릇 먹자는데 그게 무슨 자본주의냐?"라며 항변하지만, 신임 서기는 양식을 빼앗아서 상납한다. 다음 날 절망에 빠진 마을의 사내들이 모두 산을 떠나는데, 취허우청이 누각에 올라서 큰북을 두드리며 그들의 발길을 돌려세운다. 18명의 당 간부는 비장한 마음으로 정부 시책에 정면으로 맞서서 극비리에 마을의 농지를 공평히 분배하기로 하고, 맡은 땅에서 각자 농사를 짓는 이른바 "호별 영농"의 계약서에 나란히 서명하고는 선홍색 지장을 찍는다······.

1992년 상영된 영화 「지평선 너머」의 한 장면. 집단노동을 거부하는 농민들이 모여서 자발적으로 토지를 분배하고 호별 영농으로 전환한 안후이 성 농촌개혁에 근거한 작품이다. (공공부문)

1992년 상하이에서 제작하여 극장에서 상영된 영화 「지평선 너머(走出地平線)」의 줄거리이다. 시나리오를 쓴 루톈밍(陸天明, 1943-)은 이 작품이 마오쩌둥이 사망하고 문화혁명이 막을 내린 후 "농민이 적극성을 발휘해서 자신들의 운명을 개척했음"을 보여주기 위해서 만들어졌다고 말한다. 이 영화의 모태는 1978년 말 안후이 성(安徽省) 펑양 현(鳳陽縣) 샤오강(小崗)에서 발생한 역사적 사건이다.

개혁개방 시기 중국의 농촌개혁은 실제로 이 작은 마을에서 농민들이 극비리에 작성한 연명(聯名) 서약서에서 시작되었다. 궁핍에 찌든 농민들이 마오쩌둥의 엉터리 사회주의 정책을 폐기한 후 스스로 제 고장에서 농

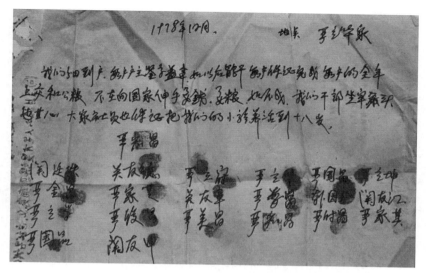

1978년 12월 안후이 성 샤오강의 농민들이 직접 서명한 호별 영농 서약서. 호별 영농 이란 호별로 토지를 나누어 개별적으로 농사를 짓고, 수확량 중에서 세금을 뺀 나머지 모두를 각자가 가져가는 방식이다. 당시로서는 엄격하게 금지된 영농 방식이었기 때문에 농민들은 비밀을 맹세하고 구속자가 발생하면 그 자식을 18세까지 키워준다는 다짐까지 적었다. (공공부문)

촌개혁을 단행한 중대한 사건이었다. 이윤 동기를 가지게 되자 농민들은 전통적 지혜를 되살려 효율적이고 합리적인 영농 기법을 활용했고, 생산량은 전에 비해서 비약적으로 늘어났다.

소출량이 늘고 민생이 향상되었음에도 중국 각성의 지방정부들은 안후이 성 방식의 농촌개혁에 강하게 반발했다. 공산당은 그 방법이 사회주의에 반한다는 원론을 내세웠지만, 집단 영농으로 궁핍의 나락에 떨어졌던 농민들의 저항을 이길 수는 없었다. 1982년 1월, 중공정부는 공식적으로 호별 영농을 인정하기에 이르렀다. 전국의 농민들은 비로소 불합리하고 강압적인 집단노동의 굴레를 벗고서 "열심히 일하면 더 많이 거둔다"는 자연의 법칙을 구현할 수 있게 되었다.

흔히 망각하지만, 중국의 개혁개방은 지도부의 설계도에 따라서 단행된 위로부터의 개혁이 아니라 인민의 요구로 아래에서부터 시작된 경제적 자유화였다. 역사에서 인민의 역할을 생각하면, 자연스럽게 질문이 제기된다. 개혁개방의 주체는 누구였나? 정부였나, 인민이었나?

"덕분론" 대 "불구론", 중국 경제에 관한 두 가지 관점

1980-1990년대 구소련과 동유럽의 공산주의 정권이 줄도산하고 시장경제로의 전면적 이행을 시도했지만, 어떤 나라도 중국처럼 눈부신 경제성장을 이루지는 못했다. 경제대국으로 급성장한 오늘의 중국을 보면서 묻지 않을 수 없다. 대체 덩샤오핑 시대 중국의 성공 비결은 무엇인가? 개혁개방 시기 중국공산당의 역할에 관한 학계의 평가를 보면 크게 "덕분론"과 "불구론"이 팽팽히 맞서고 있다.

덕분론은 중국공산당 "덕분에" 중국이 급속도의 대규모 경제성장을 이룰 수 있었다는 국가주의적 설명이다. 덕분론에 기운 학자들은 흔히 중국공산당의 강력한 통치력, 효율적인 정치제도, 우수한 간부, 적절한 정책, 권위주의 통제에 따른 사회적 안정성 등이 중국의 개혁개방을 성공으로 이끌었다고 설명한다. 독재정권의 정책이 개발도상국의 경제성장을 견인한다는 국가 주도의 권위주의 개발독재론이다.

불구론은 일당독재, 독단주의, 파벌 싸움, 부패, 정책 혼선, 인권유린, 정치 탄압, 사회 통제 등 중국공산당 정부의 숱한 문제점에도 "불구하고" 중국 경제가 성장했다는 이론이다. 1970-1980년대 농촌개혁도 궁핍한 농민들의 자구책에서 시작되었고, 1980년대 경제성장의 추동력도 중앙정부의 정책이 아니라 지방 촌민들이 자발적으로 일으킨 향진기업(鄕鎭企業)에서 비롯되었다. 오늘날에도 중국 경제의 견인차는 민간 부문이다. 중국 경제에서 민간 부문의 중요성을 강조할 때 흔히 "60-70-80-90"의 조합을 말하는데, 이는 민간 부문이 GDP의 60퍼센트를 차지하고, 혁신의 70퍼센트를 성취하고, 도시 고용의 80퍼센트를 창출하고, 새로운 일자리의 90퍼센트를 만들어낸다는 뜻이다. 또한 중국의 민간 부문은 투자의 70퍼센트, 수출의 90퍼센트를 담당한다. 이런 관점에서 보면, 개혁개방과 경제성장의 주체는 민간 부문의 인민이고, 중국공산당은 오히려 경제성장의 걸림돌이라고 할 수 있다.

물론 덕분론에 기운 학자들도 민간기업의 역할을 부정하지는 않고, 불구론을 주장하는 학자들도 국가의 역할을 무시하지는 않는다. 다만 국가의 업적과 민간의 성과 중 어느 쪽을 더 강조하고 핵심적으로 보느냐에 따라서 양자의 입장은 극명하게 갈린다. 덕분론으로 기운 학자들은 중공 정부의 우수한 영도력과 통제력을 강조하면서 중국 경제가 일당독재를 통해서 앞으로도 계속 성장할 수 있다는 낙관론을 펼친다. 불구론을 주장하는 학자들은 중공 일당독재가 지속적인 경제성장을 저해하여 앞으로 중국 경제는 "중간 소득의 함정"에 빠질 수 있다고 경고한다. 덕분론과 불구론 중에서 과연 어떤 이론이 더 실제 현실에 부합할까? 구체적 사례를 들어서 분석할 수밖에 없다.

향진기업의 약진 : 1980년대 중국 특색 자본주의의 발아

안후이 성 샤오강의 농촌개혁 외에도 1980년대 향진기업의 굴기는 개혁개방에서 인민의 역할을 증명하는 또 하나의 중대 사례이다. 개혁개방 초기 농촌 마을에서 우후죽순처럼 생겨난 향(鄕)과 진(鎭)의 소규모 기업들이 중국 경제를 이끌었음은 널리 알려진 사실이다. 중국 농촌에 가면 요즘에도 농기계, 화학약품, 장난감 등 다양한 상품을 생산하는 소규모 공장을 흔히 볼 수 있다. 농촌의 수로를 오염 물질로 뒤덮는 불결한 환경이지만, 개혁개방 시기 경제성장의 엔진은 그 어둡고 침침한 소규모 작업장에서 굉음을 울리며 돌아갔다.

1980년 중국 전역의 향진기업은 140만 개 정도로 3,000만 명만을 고용했는데, 1996년에는 그 수가 2,340만 개로 늘어나서 1억3,500만 명을 고용하는 규모로 성장했다. 1995년에 향진기업은 중국 GDP의 30퍼센트를 차지했으며, 그해 전국 산업 생산량의 절반에 달했다. 1978년에서 1995년까지 총생산량의 증가 폭은 평균 21퍼센트에 달했다. 1988년 향진기업의 총수출액은 전체의 16.9퍼센트였는데, 1997년에는 무려 46.2퍼센트까지 증가했다.[1]

1980년대 대다수 향진기업은 형식상 농촌 공동체의 촌민들이 공동으로 소유하고 관리하는 집체기업이었다. 당시 비정부 부문의 기업체는 대다수가 집체기업으로 등록되었다. 또한 공기업적 외양을 취하고 있었는데, 자본주의적이라는 비판을 미리 차단하려는 조치였다. 1980년대 사기업의 합법화는 여러 단계의 행정적, 법적 절차를 거쳐야만 하는 험난한 과정이었다. 1982년 소규모 자영업이 먼저 합법화되었고 1988년이 되자 사기업의 법적 지위도 인정되었지만, 수시로 정치 공세와 법적 차별에 시달려야만 했다. 대다수 향진기업은 겉으로만 집체기업일 뿐, 실제 소유 방식이나 경영 방식 면에서는 사기업이나 다를 바 없었다.

민간에서 향진기업이 약진할 때 중국의 국영기업은 점점 쇠락의 길을 걸었다. 정부 보조금과 은행 융자로 연명하던 다수 국영기업은 1990년대

적자를 내면서 파산에 이르렀다. 1992년 덩샤오핑은 "사회주의 시장경제"를 외치면서 본격적으로 국영기업의 민영화를 시작했다. 1998년부터 아시아 금융위기의 영향 아래서 1,000여 개 대규모 국영기업의 민영화가 추진되었다. 국영기업 고용자는 1978년 6,000만 명에서 1992년 8,000만으로 증가하지만, 2004년에는 3,000만으로 줄었다. 1978년에서 2004년까지 50퍼센트의 고용자가 줄어든 셈이다.2)

거시적 맥락에서 1980-1990년대 향진기업의 약진은 20세기 초 중화 대륙에 이미 뿌려졌던 초기 산업 자본주의의 씨앗이 비로소 꽃을 피운 결과라고 이해할 수 있다.3) 20세기 초부터 중국에서는 개항장을 중심으로 초기 산업화가 시작되어 1930년대 무렵까지 견실한 성장세를 보였다. 1930년대 중국은 30만 외국인이 주재하는, 국제적으로 개방된 사회였다.4) 중국의 지식인들은 외국의 다양한 지적 전통과 문예 사조를 열광적으로 흡수하며 신중국 건설에 투신했다. 1930-1940년대 전 세계를 향해 문호를 개방했던 중국은 1949년 이래 공산화를 거치면서 외교적 독자노선과 경제적 고립주의의 늪에 함몰되고 말았다. 개혁개방의 시대가 도래하면서 홍콩, 싱가포르, 타이완, 동남 아시아 등지에서 대규모 화교 자본이 대륙으로 유입되었다. 개혁개방은 중국인의 핏줄 속에 잠복되어 있던 부귀의 욕망과 번영의 열망을 다시금 일깨웠다. 붉은 제국의 땅속에 박혀 있던 중국 전통의 상혼(商魂)과 기업가 정신이 다시 꿈틀꿈틀 살아났다고 할까.

중국 인민의 성취 : 개혁개방의 역사적 의의

중국의 개혁개방은 마르크스주의 명령경제와 마오쩌둥의 혁명 사상을 포기하고 시장경제를 채택한 중국공산당의 과감한 정책적 양보에서 비롯되었다. 개혁개방은 무엇인가를 할 수 없게 금지하고 규제하는 권위적/지시적 개혁이 아니라 과거에 할 수 없었던 수많은 일들을 자유롭게 할 수 있도록 허락하고 용인하는 허용적 개혁이었다. 또한 없던 규제를 새로 만들어서 공산당의 영도력을 강화하는 조치가 아니라 무수한 규제를 철폐해서 국가 권력을 축소하는 과정이었다.

쉽게 말해 중국공산당이 무엇인가를 특별히 잘했기 때문이 아니라 무엇인가를 특별히 하지 않았기 때문에 억눌려 있던 중국 경제가 비약적으로 발전할 수 있었다는 말이다. 중국공산당이 특별히 하지 않은 그 "무엇인가"란 무엇인가? 바로 인민의 사유재산과 경제적 자유를 철저히 박탈하는 생산 수단의 공유화, 민간의 재산을 강탈하는 경제적 집산화, 사적 공간과 사생활을 불허하는 집단화, 개별성을 말살하는 집체화, 인민을 분열시켜 계급투쟁을 부추기는 문화의 정치화, 상명하복의 군대식 질서를 확립하는 군사화 및 병영화, 개인의 독창적 사유와 기업가적 상상력을 억압하는 이념의 획일화 등등이다. 개혁개방 시기에 접어들면서 1950-1970년대 중국공산당의 전체주의적 통제는 극적으로 완화되었다.

사유재산권의 보장, 시장경제의 도입, 외국 자본의 도입, 기업가 정신의 창달, 사기업의 활성화 등으로 민간 부문이 급격히 성장하면서 중국에서도 급속한 경제성장이 이루어질 수 있었다. 다시 말하지만, 중국공산당이 특별히 무엇인가 잘해서 중국 경제가 살아난 것이 아니라 엉터리 정책을 폐기하고 물러났기 때문에 중국의 잠재력이 비로소 발휘될 수 있었다. 중공의 유위(有爲)가 아니라 무위(無爲)가 압살 직전에 내몰렸던 중국의 경제를 되살렸다. 그 점에서 지난 40여 년 중국 경제의 놀라운 발전은 중국공산당의 영도 덕분이 아니라 중국공산당의 일당독재에도 불구하고 이루어진 중국 인민의 성취였다.

중국공산당의 통치에도 불구하고

결론적으로 최소 아홉 가지 이유에서 덕분론보다 불구론이 더 설득력이 있다.

첫째, 1980년대 이래 개혁개방의 주체는 인민대중이었고, 오늘날 중국 경제의 성장 동력은 민간 부문에 있다. 둘째, 역사적으로 중국공산당은 30년에 걸쳐서 "좌의 착오"로 경제적 파탄을 낳고 민생을 도탄에 빠뜨린 조직으로서, 중국의 경제성장을 후퇴시킨 중대한 과오를 범했으며, 1980년대 법제개혁 또한 민간 부문의 변화를 뒤쫓아갔다. 셋째, 중국공산당은 여전히 반자유적 사상 통제와 이념 조작으로 개인의 창의성과 기업가 정신을 억압함으로써 중진국 경제에서 더욱 절실한 경제적, 문화적, 정치적 선진화를 가로막고 있다.

넷째, 중공정부의 부패한 구조는 중국 자본주의의 건전한 발전을 왜곡하고 지체해왔으며, 현재도 그러하다. 다섯째, 지속적인 경제성장에도 불구하고 일당독재의 전체주의적 통제는 중국 인민의 삶의 질을 저하하는 요인이다. 일례로 중국은 1인당 GNP로는 세계 65위지만, 인간발달지수(HDI)는 78위에 머물러 있다. 여섯째, 시진핑 정권 아래에서 중국의 국제적 고립이 심해지고 있다. 한국, 일본, 독일, 캐나다, 미국 등 전 세계 주요국의 반중 감정은 현재 최고점에 달해 있다.

일곱째, 3년간 지속된 제로-코로나 정책을 하루아침에 180도 뒤집은 사례가 말해주듯, 중공중앙의 예측불허 돌발 행정은 중국 경제의 건전한 성장을 막는 국가 리스크로 작용한다. 여덟째, 중국의 국가 브랜드는 조사 대상이 된 세계 60개국 중에서 고작 33위로, 폴란드, 브라질, 멕시코, 헝가리보다 낮다. 대외적으로 국가 이미지가 좋지 않기 때문에 세계 시장에서

"Made in China" 마크가 찍힌 상품은 평가 절하될 수밖에 없다. 아홉째, 마르크스-레닌주의, 마오쩌둥 사상 등 중국공산당의 절대 이념은 과도한 빈부격차를 보이며 자본주의 시장경제로 돌아가는 중국의 경제 현실과 근본적으로 괴리되어 있다.

이러한 이유를 꼽다 보면, 지난 40여 년 중국의 놀라운 경제성장이 중공중앙의 탁월한 영도력 덕분이 아니라 중공의 일당독재에도 불구하고 이루어진 민간 주도의 경제혁명이라는 해석이 더 타당하게 느껴진다.

혹자는 중국공산당이 확립한 정치제도의 효율성과 치리(治理) 능력을 높이 평가한다. 그러나 정권이 바뀌어 반대 세력이 집정한 역사가 없는데, 대체 어떻게 중국공산당만이 14억 대륙을 다스릴 수 있다고 확언할 수 있을까? 만약 국민당이 내전에서 승리를 거두어서 대륙을 다스렸다면, 오늘날의 중국보다 더 못사는, 더 억압적인, 더 폐쇄적인, 더 불량한 나라가 되었을까? 역사에서 가정이 무의미하다고 해도 이런 질문을 던져볼 수밖에 없다.

중국공산당의 통치력을 제대로 평가하기 위해서는, 정권 교체로 반대 세력이 집권해서 중국을 통치하는 날이 와야 한다. 그래야만 사후 비교를 통해서 중국공산당 통치의 명암과 장단을 객관적으로 분석할 수 있기 때문이다.

중국공산당은 평가와 비판을 두려워하기 때문에 반대자를 숙청하고, 인민의 입을 막고, 통계를 조작하고, 군경을 내세워서 영구집권을 도모한다. 덕분론은 본질적으로 중공중앙 선전부가 만들어낸 독재정권의 독재 옹호론이다. 누구든 중국 인민의 편에 서서 개혁개방을 주도한 인민의 역할에 주목한다면, 불구론을 부정할 수 없다.

1978년 이후 개혁개방을 중공중앙이 주도했다면, 그때까지 개혁개방을 막고 있던 주체도 중공중앙이었다. 어느 나라든 정부가 중대사를 결정할 때에는 민심의 향방을 예민하게 살피기 마련이다. 안후이 성 산촌의 농민들이 직접 나서서 불합리한 집단 영농을 철폐하고, 스스로 살 길을 찾아 호별 영농을 실시한 사건은 중공중앙의 완고함을 질타하는 민중의 회초리였다. 그렇게 "민초들의 얼"이 살아 있었기 때문에 개혁개방의 물꼬가 트일 수 있었다.

제 2 부

빼앗긴 베이징의 봄

1980년대 전 세계는 냉전의 막바지에서 다시 자유와 민주의 열풍에 휩싸였다. 동유럽과 소련에서는 자유와 민주를 부르짖는 인민의 투쟁이 갈수록 힘차게 전개되었다. 인민의 기의에 맞서는 공산당 정권은 점점 더 위태로운 상황으로 내몰렸다. 수십 년의 고통스러운 경험을 통해서 공산권의 인민은 소중한 교훈을 얻었다. 레닌주의 국가체제는 공산당 일당독재의 반민주적 전체주의로 귀결되며, 사회주의 명령경제는 경제적 궁핍화를 불러오고, 공산주의 인간론은 개인을 말살하는 노예의 길이라는 깨달음이었다. 1980년대 초 폴란드와 헝가리에서 일어난 대규모 시위의 열풍은 공산권 전역으로 퍼져나갔다. 불과 10년 만에 철의 장막은 걷어지고, 공산당 정권은 무너졌다.

1980년대 중국에도 자유화의 물결이 밀려왔고, 민주화의 열풍이 몰아쳤다. 중국 인민은 자유와 민주를 외치는 광장의 시민으로 거듭났다. 그들은 무조건 당의 명령을 따라서 수동적으로 움직이는 농노와 병졸의 삶을 거부하고, 스스로 생각하고, 판단하고, 행동하고, 생산하는 독립적 개인의 삶을 꿈꾸었다. 그들의 꿈은 70여 년전 2,000년간 계속되던 제국을 무너뜨리고 민국을 세운 민국혁명의 기억을 되살렸다. 1989년, 톈안먼 광장의 시민들은 자유와 민주의 깃발을 높이 들고 독재 타도를 부르짖었다. 공산주의 종주국 소련의 해체가 눈앞으로 성큼 다가온 시점이었다. 분명 그들은 세계사의 큰 흐름을 제대로 읽고 있었지만, 궁지에 몰린 중국 공산당은 전 세계의 눈앞에서 보란 듯이 무력 진압을 자행했다. 베이징의 봄은 그렇게 핏빛으로 물들었고, 자유와 민주의 꿈은 군홧발에 짓밟혔다.

제6장

웨이징성의 벽, "민주장"의 선지자

덩샤오핑이 "의식혁명"의 길을 트자 중국의 인민들은 입을 열고 사인방과 문혁의 오류를 비판하기 시작했다. 말을 할 길이 생기자 군중들은 목청을 높여 억눌렸던 울분을 쏟아냈다. 언론에는 날마다 비판적 시론과 풍자화가 게재되고, 도시 곳곳에서 성난 군중의 자발적인 비판대회가 개최되었다. "위대한 승리!" "희열로 들뜬 베이징!" "전 중국이 흥분하다!" 기자들은 흥분된 논조로 당시의 격앙된 분위기를 전했다. 사인방을 향한 인민의 분노는 결국 마오쩌둥 비판으로 표출되었다. 군중의 민주화 요구는 마오의 "카게무샤" 화궈펑의 권력 기반을 송두리째 무너뜨리고 있었다. 덩샤오핑과 예젠잉은 그 기회를 절대로 놓치지 않았다. 덩샤오핑의 요구에 따라서 1977년 조직부 장관으로 임명된 후야오방은 문혁 피해자 수천만 명에 대한 전면적 조사를 추진했다. 문혁의 참상이 공개될수록 마오쩌둥의 오류는 백일하에 드러났다. 화궈펑의 입지는 그만큼 좁아졌다.

개혁개방 전야, 1979년 중월전쟁

1978년 12월 18–22일 베이징에서는 제11기 중앙위원회 제3차 전체회의가 열렸다. 바로 3일 전까지 중공중앙은 무려 30일(11월 10일–12월 10일)

에 걸쳐 중앙공작회의를 진행했다. 공산주의의 독단에서 깨어나 개혁개방으로 나아가기 위한 최후의 진통이었다. 농업 문제에서 시작된 공작회의는 국민경제가 발전할 방향을 논하다가 과거사의 문제로 옮겨갔다. 1959년 마오쩌둥에 의해서 파면당한 펑더화이의 명예회복, 반혁명으로 규정되었던 4-5 톈안먼 사건 재평가, 문혁 시기 극좌 세력에 대한 단죄, 문혁 당시 무고, 허위, 착오에 의한 피해자들의 명예회복 및 복권 등에 논의가 집중되었다. 이어진 제3차 전체회의에서 중공중앙은 개인숭배를 비롯한 과거사의 착오를 과감하게 정리한 후, 왕둥싱과 우더 등 화궈펑계 사람들을 직위 해제하고 후야오방을 비롯한 덩샤오핑계 사람들을 행정의 제일선으로 배치했다. 덩샤오핑은 개혁개방을 이끄는 실질적인 중국의 최고영도자로 추대되었다. 이로써 덩샤오핑의 시대가 열렸다. 건국 이래 중국 제2의 혁명이 개시되었다.

전 세계에 개혁개방을 알리는 제1의 신호탄은 덩샤오핑의 방미였다. 1979년 1월 29일에서 2월 5일까지 덩샤오핑은 카터(James Earl Carter Jr., 1924-) 미 대통령과 회담한 후, 조지아와 텍사스 등지를 순방하는 8박 10일의 빡빡한 일정을 소화했다. 수도 워싱턴에 도착한 첫날 덩샤오핑은 카터를 만나서 향후 중국에서 전개될 새로운 경제혁명의 청사진을 논의한 후, 소련을 견제하기 위해서 베트남을 침공하겠다는 계획을 내비쳤다. 당시 미국은 베트남을 국제적으로 고립시킨 후 타이에 대한 군사지원을 대폭 늘렸고, 소련을 향해서는 베트남에 간섭하지 말라고 경고한 상태였다. 덩샤오핑은 그 정도로는 충분하지 않다며 소련을 확실히 견제하기 위해서는 중국이 베트남을 침공해서 따끔한 맛을 보여주어야 한다고 말했다. 깜짝 놀란 카터는 다음 날 정식으로 덩샤오핑을 만류했지만, 불과 4년 전 베트남에서 치욕적으로 퇴각한 미국으로서는 중국이 베트남을 공격해서 소련과 대립하는 상황이 나쁘지만은 않았다. 캄보디아를 점령한 후 인도 차이나 연맹의 결성을 꿈꾸는 베트남은 불과 1개월 전 소련과 군사조약을 체결한 바 있었다. 중국이 베트남을 침공함으로써 소련을 견제할 수 있다면, 미국으로서는 이이제이의 꽃놀이패를 쥐는 셈이었다.[1] 한편 중국 입장에서 베트남 침공의 성공은 냉전 시기 서구 국가들의 신뢰를 살 수 있는 절호의 기회였다.[2]

귀국 후 불과 11일이 지난 뒤 덩샤오핑은 본격적으로 베트남 침공을 감행했다. 1979년 2월 17일부터 3월 16일까지 중국 인민해방군 9개 사단, 족히 40-50만의 정규군이 베트남에 투입되었다.[3] 중국은 베트남 북부의 3개 도청을 점령하고, 국경 주변 12개 도시를 함락시켰다. 그렇게 1개월간 베트남 영토에서 교전을 벌인 중국군은 순식간에 병력을 철수시키는 기동성을 과시했다.

1979년 4월 베트남 군의 기관지는 중국 병력의 사상자가 6만2,500명에 달한다고 보도했다. 1개월 후 중국 측은 2만여 명의 중국군 사상자가 발생했고, 베트남 측 사상자는 5만 명에 달한다고 주장했다.[4] 이후 중국은 다시 자국 사상자가 2만1,900명 정도라고 발표했지만, 학계 연구에 따르면 그 숫자는 6만2,000명까지 올라간다. 설령 중국 측의 주장대로 2만1,900명의 사상자가 발생했다고 하더라도 이는 투입 병력의 7퍼센트에 달하는 엄청난 수치이다.

중국의 베트남 침공은 소기의 목적을 달성했다. 중국은 ① 베트남의 병력을 중국과 베트남 국경에 묶어두고, ② 동남 아시아의 맹주로 발돋움하려는 베트남의 의지를 꺾었다. 또한 중국은 ③ 군사 및 외교적 목적을 달성하기 위해서라면 수만 명의 병력쯤은 쉽게 희생할 수 있음을 전 세계에 과시했고, ④ 그 결과 동남 아시아를 향한 소련의 팽창 야욕을 어느 정도 견제할 수 있었다.

반면 중국과 베트남의 관계는 회복 불능의 상태로 빠져들었고, 중국은 베트남을 군사적으로 제압하는 데에도 실패했다. 중국의 침략 이후에도 베트남은 굽히지 않고 1989년까지 캄보디아 영토 내에 군대를 주둔시켰다. 1980년대 중반부터 베트남은 중국의 선례를 따라서 개혁개방을 논의하기 시작했지만, 중국과의 극적인 관계 개선은 이루어지지 않았다. 오히려 베트남은 1991년 소련이 해체할 때까지 소련과의 긴밀한 관계를 유지했다. 1995년 베트남은 드디어 미국과 국교 정상화를 이루고, 급속도의 경제성장을 달성했다. 현재 다수의 경제 전문가들은 2050년쯤이면 베트남이 세계 10위의 경제대국으로 성장하리라고 예측하고 있다. 베트남이 친미 국가의 반열에 오르면서 중국과 베트남 관계의 긴장은 계속되고 있다.

제5의 현대화 전략, 정치적 자유화

1978년 11월부터 시작된 베이징 시단의 민주장 운동은 덩샤오핑이 부르짖은 실시구시와 무관하지 않았다. 가령 1978년 11월 27일 일본 민사당의 위원장 사사키 료사쿠(佐々木良作, 1915-2000)를 접견한 덩샤오핑은 대자보를 붙이는 군중에 대해서 다음과 같이 분명하게 말했다.

이는 매우 정상적인 현상으로, 우리 나라의 상황이 안정되었음을 보여준다. 우리 나라 헌법은 대자보 붙이기를 허용한다. 우리는 군중이 민주를 발양하는 것을 부정하거나 비판할 권리가 없다. 대자보로 말하자면, 군중에게 맺힌 기운이 있으면 그 기운을 풀어야 한다. 군중의 주장이 모두 심사숙고의 결과는 아니라고 해도 완전한 정확성을 요구할 수는 없다. 두려워할 바 아

니다. 문화대혁명으로 단련이 되었기 때문에 우리 나라 절대다수의 인민군
중은 시비를 감별할 능력이 있으며 국가의 운명을 결정하겠다는 각오 또한
대단하다.5)

날마다 민주를 외치며 대자보를 써 붙이던 대중은 천군만마를 얻은 듯
득의양양했다. 시단 민주의 벽이 빈틈없이 들어차자 사람들은 톈안먼 광
장으로 몰려가서 인민영웅기념비에도 대자보를 붙이기 시작했다.

다음 달인 1978년 12월 말 최고영도자로 추대된 덩샤오핑은 1개월 후
미국으로 날아가 카터 대통령을 접견했고, 미국에서 민주를 옹호하는 개
방적 지도자라는 칭송을 받았다. 아쉽게도 덩샤오핑의 관용은 오래가지
않았다. 1개월여 뒤인 1979년 3월 베트남 침공을 감행한 후, 덩샤오핑은
민주장의 투사들을 잡아넣기 시작했다. 대체 민주장의 대자보에 어떤 내
용이 있었기에 덩샤오핑이 표변했을까? 음모였을까? 양모(陽謀 : 공공연
한 모략)였을까? 광장의 군중은 모르고 속았을까? 알면서 또 당했을까?

2022년 2월 22일, 러시아 군대가 우크라이나 동부 돈바스에 배치되고, 미
국, 영국, 독일이 대(對) 러시아 제재를 발표한 직후였다. 바로 그때 25년
째 미국에서 활약 중인 한 중국인 망명 정객이 "시진핑과 푸틴은 맹우(盟
友)인가?"라는 격문을 발표했다. 지금도 해외 중국인들 사이에서는 중국
의 시진핑이 러시아의 우크라이나 침공을 틈타 타이완을 공격할지도 모른
다는 우려가 확산되고 있다. 그러한 우려에 대해 이 망명 정객은 중국과
러시아는 뿌리 깊은 상호 불신 때문에 절대로 동맹을 체결할 수 없으며,
설령 동맹이 된다고 해도 지속될 수는 없다고 단언했다. 그는 그 이유를
설명했다.

"화궈펑 주석과 리 부주석의 차를 막고 서신을 전달한 것이 '현행 반혁명'인가? 두 차례나 불법적으로 현행 반혁명분자로 규정해서 아직도 나를 핍박하는 베이징 공안 국을 강렬히 고발한다!" 베이징 시단 민주의 벽의 대자보. 아직 덩샤오핑이 최고영도 자로 추대되기 전인 1978년으로 추정. (공공부문)

각종 사교(邪敎)의 공통적인 특징은 인류의 상식, 중국의 보통 사람들이 말하는 천리(天理)를 인정하지 않는다는 점이다. 그들은 자신들의 교리만 절대 진리라고 맹신한다. 그 교리를 거부하면 하등 인류로 취급하기 때문에 그런 사람들을 배척하고 속일 때에는 어떠한 심리적 부담도 느끼지 않는 다.……중국과 러시아 정부는 어떤가? 중국은 독재정권이며, 러시아는 준 (準)독재 권위주의 정권이다. 독재와 권위주의는 공존할 수 없다. 세상 사 람들이 말하듯, 같은 산에는 두 마리 호랑이가 있을 수 없다. 이 두 나라는 이웃이 아니다. 싸움만 일어나지 않으면 다행이다.6)

오늘날의 중, 러 양국 정부를 공히 사교 집단이라고 단언하는 이 망명 정객의 이름은 웨이징성(魏京生, 1950-), 1978-1979년 베이징의 봄 시단 민주장 운동의 상징적인 인물이다.

웨이징성은 1979년 3월 체포된 이후 18년의 세월을 반혁명 정치범으로 복역했다. 1993년 잠시 풀려난 그는 미국의 기자들과 만나 열악한 중국의 인권 상황을 고발했고, 1994년 4월 다시 체포되어 14년 형을 선고받았다. 장쩌민(江澤民, 1926-) 총서기는 1997년 웨이징성의 석방을 요구하는 국제 인권 단체의 압박과 미국 클린턴(William J. Clinton, 1946-) 전 대통령의 요청에 못 이겨 그의 가석방과 미국행을 허락했다.7) 1997년 11월 뉴욕에 도착한 웨이징성은 이후 수도 워싱턴으로 옮겨가서 "웨이징성 기금회"를 조직했다. 그후 25년의 세월 동안 그는 중국공산당에 맞서서 민주장 운동을 이어가고 있다.8)

1978년 12월 웨이징성은 민주의 실현을 위해서 독재자를 물리치고 정권을 교체하자는 과감한 직언으로 민주장 운동의 영웅이 되었다.

> 진정 민주란 무엇인가? 인민이 직접 뽑은 대리인이 인민의 의지에 따라서 인민의 이익에 복무해야만 민주라고 할 수 있다. 또한 인민은 반드시 수시로 대리인을 파면하고 교체할 권력을 가져야 한다. 그래야만 대리인이 인민의 이름으로 인민을 기만하고 압제할 수 없다. 과연 가능한가? 서구 각국의 인민이 누리는 민주가 바로 이것이다.……중국 인민은 "위대한 조타수" "역사상 절대 다시 없을" 이미 죽어버린 마오쩌둥을 두고 몇 마디만 해도 감옥으로 끌려가서 갖은 수난을 겪는다. 비교해보라! 사회주의 민주집중제와 착취계급의 민주는 진정 하늘과 땅 차이이다!9)

1978년 12월 5일, 베이징 도심 시단 민주의 벽에 붙은 대자보 "제5의 현대화: 민주 및 그 외"의 내용이다. 익명의 수많은 글들과는 달리 이 대자보의 하단에는 저자의 실명이 적혀 있었다. 웨이징성, 당시 베이징 동물원의 전기공으로 일하던 29세의 노동자였다.

1964년 이래 중공중앙은 국가발전 계획으로 농업, 공업, 과학, 기술, 국방 분야에서 4대 현대화를 추진했다. 덩샤오핑을 위시한 중공중앙 개혁파가 개혁개방의 기치를 흔들던 시점, 웨이징성은 4대 현대화에 덧붙여 "제5의 현대화"로 "민주"를 요구했다. 1950−1960년대 마오쩌둥 역시 입만 열면 민주를 외쳤지만, 웨이징성이 말하는 민주는 유럽과 미국에서 실행되는 선거민주주의를 뜻했다. 중국도 직접 국민선거를 통해서 중화인민공화국의 주석을 "인민의 대리인"으로 선출하자는 파격적인 체제변혁 요구였다.

이 대자보는 1978년 12월 민주장 운동의 성명서가 되었다. "선거로 주석을 새로 뽑자는 대자보가 붙었다면서?" 민주장에 운집한 군중은 까치발을 들고, 고개를 길게 뺀 채로, 입술을 파르르 떨면서 힘차게 휘갈긴 웨이징성의 대자보를 읽고 또 읽었다. 대자보의 내용은 입소문을 타고, 많은 사람의 수첩에 적혀 문건으로 등사되어 순식간에 들불처럼 베이징의 장삼이사에게 전해졌다. 중국의 인민은 직선제로 인민의 대표를 뽑은 적은 없었지만, 직선제의 의미는 잘 알고 있었다. 웨이징성이 말하듯, 민주란 본래 쉽고, 자연스럽고, 상식적이고, 합리적인 제도이다. 인민이 직접 선거로 대리인을 뽑고, 무능하거나 부패하면 갈아치우는 것!

웨이징성은 순식간에 광장의 영웅으로 부상했지만, 바로 이듬해 봄 잔인한 인권유린으로 악명 높은 친청 감옥에 갇혀서 18년이라는 긴 세월 동안 영어의 삶을 살아야만 했다. 자기실현적 예언이었나? 아니, 그보다는 웨이징성 스스로 죽음을 각오하고 그 대자보를 썼을 듯하다. 당시 중국에서 실명으로 마오쩌둥을 비판하는 대자보를 쓰고, 나아가 선거를 통한 권력 교체를 주장한 자는 누구든 결코 무사할 수 없었기 때문이다.

"민주냐, 새로운 독재냐?" 웨이징성의 고난

1978년 12월 초 직선제 권력 교체를 주장한 웨이징성은 누구인가? 그는 1950년 베이징의 유복한 가정에서 태어났다. 중국공산당의 고급 간부였던 부모 덕분에 그는 유년 시절 소위 홍색 귀족의 학교에서 좋은 교육을 받고, 중난하이(中南海)에서 벌어지는 권력투쟁의 뒷이야기를 주워들으며 자랐다. 1966년 문혁이 발발했을 때 그는 만 16세였다. 수도 홍위병 연합행동위원회에 가입한 웨이징성은 대천련(大串聯 : 거대한 교류)의 혁명 운동에 동참했다. 기차를 타고 대륙의 남북을 오르내리고, 신장(新疆)의 오지까지 찾아갔다. 그 과정에서 그는 직접 비참한 인민의 생활고를 목도한 후 정부의 선전, 선동이 모두 거짓임을 깨닫고 절망했다. 이후 그는 홍위병 합창단원이 되었는데, 그 합창단원들이 광저우로 내려간 후 홍콩으로 탈출할 계획을 세웠다. 그러나 계획을 실행에 옮기기 전에, 모의 사실이 누설되면서 전국에 수배령이 떨어졌다.

웨이징성은 몰래 부친의 고향 안후이 성 진자이(金寨)로 피신했다. 그곳은 이미 대기근으로 마을 사람들이 모두 굶어 죽은 폐허였다. 참혹한 현실을 직접 보면서 웨이징성은 울분을 삼킬 수밖에 없었다. 모든 책임이 마오쩌둥에게 있음은 명백해 보였다. 마오쩌둥이 제창한 인민민주독재에서 민주와 독재는 상호 모순된다는 점도 자명해 보였다.

마오쩌둥과 중국공산당에 대한 배신감으로 치를 떨었지만, 연약한 일개인으로서 문혁의 광풍을 피하는 길은 군 입대뿐이었다. 1969년 입대 후 4년간의 복역을 마친 웨이징성은 1973년 베이징 동물원에 전기공으로 배치되었다. 그후 5년이 지난 1978년 12월 초, 그는 한 장의 대자보로 일약 민주장의 영웅이 되었다. 그 한 장의 대자보에는 한 청년이 깨달은 자유와 민주의 깊은 의미가 담겨 있었다. 풋내기 지식인이 앵무새처럼 되뇌는 "외래의 민주"가 아니라, 한 전기공이 중국의 현실에서 터득한 "자생의 민주"였다. 이후 그는 뜻이 맞는 민주투사들과 함께 『탐색(探索)』이라는 시사지를 창간한 후 본격적으로 민주화의 길을 닦기 시작했다.

베이징 시단의 민주장은 중난하이 중공 본부에서 불과 1.7킬로미터, 톈안먼 광장에서 2킬로미터 떨어진 거리에 위치한 큰 담장이다. 바로 이 담장에 붙은 주요 대자보들은 날마다 거의 실시간으로 중공중앙에 보고되었다. 당시 덩샤오핑과 후야오방은 화궈펑 영도하의 보수파에 맞서 격렬한 권력투쟁을 벌이고 있었다. 정치투쟁에서 우위를 점하기 위해 덩샤오핑은 스스로 민주를 외치며 민주장 운동을 고무했지만, 갈수록 확산되는 민중 주도의 자유화 움직임을 그가 그대로 방치할 리는 없었다.

덩샤오핑은 마침내 민주장 운동을 정조준하여 정치 탄압의 포문을 열었다. 덩샤오핑은 문혁 시절 주자파 수정주의의 영수로 몰렸던 대표적 인물이었다. 사인방은 구속되고 문혁은 끝이 났지만, 당내에는 여전히 좌경 보수파가 득실댔다. 사회 혼란이 일어나서 경제성장이 둔화된다면 제2의 문혁이 일어나지 말라는 법도 없었다. 과거 그의 머리에 씌워졌던 수정주의의 모자를 벗기 위해서라도 덩샤오핑은 민주 운동을 신속하게 제압해야 했다. 3월 16일, 그는 전격적으로 사회주의 기본 원칙에 반하는 정치적 표현을 전면 금지했다.

임박한 정치 탄압의 조짐을 감지한 『탐색』 동인들은 선제 공격을 가하기로 결정했다. 1979년 3월 25일, 웨이징성은 "민주냐, 새로운 독재냐?"라는 제목의 대자보를 써서 민주장에 붙였다.

사람들은 덩샤오핑이 독재자로 변했음을 알아야만 한다. 1975년 덩샤오핑이 정계로 복귀했을 때 그는 인민의 이익을 중시하는 듯했다. 그때 인민대중은 열렬히 그의 정책에 환호하고, 피로써 그를 지지하고자 했다.……이제 그는 민주의 가면을 벗어던지고 인민의 민주 운동을 진압하려고 한다. 성(省) 정부가 반민주적 정책을 취하도록 묵인하고, 독재를 행하고 있다. 그는 더 이상 인민의 신뢰와 지지를 받을 수 없다.……인민의 기본적인 민주적 권리를 침해하는 자는 인민의 적이다![10]

민주화 운동을 탄압하는 덩샤오핑을 독재자로, 나아가 인민의 권리를 짓밟는 인민의 적이라고 선언하는 강력한 규탄의 성명서였다. 격분한 덩샤오핑은 신속하게 민주장 운동을 짓밟았다. 나흘 후인 3월 29일 웨이징성은 공안국에 체포되었다. 이후 며칠에 걸쳐 민주장 운동의 주역들이 연달아 구속되었다. 중공중앙의 기관지 『홍기』에는 "인권의 구호는 부르주아의 슬로건"이라는 사설이 실렸다. 4월 5일 자 「인민일보」에는 사회주의 기본 원칙을 벗어나면 반혁명이라는 요지의 글이 실렸다.

1979년 3월 30일, 덩샤오핑은 신속하게 민주장 운동을 진압하고 이른바 4항 기본 원칙을 공표했다.

1. 사회주의 기본 노선을 반드시 견지한다.
2. 무산계급독재를 반드시 견지한다.
3. 중국공산당의 영도력을 반드시 견지한다.
4. 마르크스-레닌주의와 마오쩌둥 사상을 반드시 견지한다.

덩샤오핑의 개혁개방은 민주장 운동과 더불어 시작했지만, 불과 3개월 만에 강경한 사회주의 노선으로 회귀했다. 그 결과는 개혁개방과 마오쩌둥 사상의 기묘한 결합이었다. 그해 10월 16일, 웨이징성은 베이징 인민법정에서 15년 형을 선고받았다. 1979년 여름을 지나 가을까지 저항을 이어가던 민주 세력도 일단 지하로 숨을 수밖에 없었는데…….

선거민주주의를 외친 웨이징성

자유민주주의와 인민민주주의는 물과 기름처럼 섞일 수 없는 상극의 체제이다. 1940년 1월 마오쩌둥은 "신(新)민주주의론"이라는 글에서 세 가지 민주주의를 논하면서, 서구 자본주의 국가의 민주주의는 자산계급의 독재를 합리화하는 "구(舊)민주주의"라고 혹평했다. 구소련의 프롤레타리아 독재는 이미 발달한 사회주의 공화국의 민주주의라고 극찬했지만, 당시 중국이 일본과 국민당에 분할 점령된 "반(半)식민지, 반(半)봉건" 상태이기 때문에 소련식 사회주의 공화국이 바로 성립될 수는 없다고 보았다. 마오쩌둥은 제3의 길로서 노동자, 농민, 좌파 지식인 및 소자산가의 계급적 연대에 기초한 "신민주주의"를 제창했다. 1940년대 10년 동안 마오쩌둥의 신민주주의론은 중국식 사회주의 혁명의 이론적 청사진이 되었다.

1940년 당시 마오쩌둥은 앞으로 건립할 사회주의 공화국의 이름을 "중화민주공화국"이라고 했다. 9년 후 중화대륙을 군사적으로 점령한 후, 중국공산당은 새 나라의 국명을 "중화인민공화국"으로 개칭했다. 공화국 속에 이미 민주의 의미가 내포되어 있다는 학자들의 지적도 있었지만, 사실 당시 마오쩌둥은 이미 인민민주독재 이론을 정립한 상태였다.

마오쩌둥에 따르면, 인민민주독재는 중국공산당 영도하에 인민이 인민의 적에 대해 독재를 행사하는 독재체제이다. 인민민주독재 치하에서는 선거를 통한 정권 교체가 있을 수 없다. 지난 70여 년간 중화인민공화국은 중국공산당 일당독재를 요지부동의 기본 전제로 삼아왔다. 시진핑 역시 집권 초기부터 중국의 인민을 향해 서구식 자유민주주의의 유혹을 물리치라고 강력하게 요구해왔다. 가령 2019년 3월 시진핑은 중공중앙의 기관지 『구시(求是)』에 실린 글에서 서구식 헌정, 삼권 분립, 사법 독립의 길을 갈 수는 없음을 강조했다. 중국식 인민민주주의가 서구식 자유민주주의와 절대로 양립할 수 없음을 단적으로 보여주는 중요한 사례이다.

웨이징성은 18년의 세월을 인권유린으로 악명 높은 친청 감옥에서 정치범으로서 살아야 했다. 베이징 제1중급 인민법원은 왜 일개 전기공에 불과한 29세 청년이 대자보를 붙였다는 이유로 반혁명죄를 걸어 15년 형을 언도해야 했을까? 웨이징성이 선거를 통한 권력 교체를 부르짖었기 때문이다. 그는 명료하고 강력한 문장으로 인민이 보통, 평등, 직접, 비밀선거를 통해 무능하고 부패한 정권을 교체할 수 있는 서구식 선거민주주의의 도입을 주장했다.

중국공산당이 이렇듯 "과격한" 주장을 방치할 리 만무했다. 중국공산당은 국공내전에서 승리함으로써 중국의 각 지역을 군사적으로 점령한 중국 통일의 주체였다. 중국공산당이 막강한 군사력을 견지하는 한, 그 어떤 조직도 정권 교체를 꿈꿀 수 없다. 1949년 중화대륙을 통일한 중국공산당은 인민민주독재의 이념으로 선거를 통한 권력 교체의 길을 완벽하게 막아버렸기 때문이다.

웨이징성이 시단의 벽에 대자보를 붙이고 34년이 지난 2013년 이래, 중국공산당 총서기 시진핑은 놀랍게도 "제5의 현대화"라는 웨이징성의 구호를 그대로 쓰고 있다. 웨이징성에게 제5의 현대화는 민주화였지만, 시진핑이 부르짖는 제5의 현대화는 국가 치리 체계와 능력의 현대화를 의미한다.

영어로는 흔히 거버넌스(governance)로 번역되는 치리의 본뜻은 다스리다, 질서를 바로잡다 정도이다. 최고지도자가 정치범의 표현을 표절하면서 "제5의 현대화"의 뜻을 민주에서 압제로 바꿔치기한 셈이다. 그 함의는 오늘날 중국의 현실을 보면 어렵지 않게 파악된다. 바로 QR코드, 생체인식, 인공지능, 빅데이터 등 최첨단의 디지털 감시체제를 이용한 대민 통제의 강화이다.

물론 시진핑도 틈만 나면 민주를 강조한다. 시진핑 정권에서 강조해온 "사회주의 핵심가치관" 12개 중에서 민주는 부강에 이어 제2의 가치이다. 어떻게 공산당 일당독재의 나라 중국의 최고지도자가 민주를 외칠 수 있을까? 고개를 갸우뚱할 수밖에 없지만, 역사를 돌아보면 독재자치고 "민주" 팔이를 하지 않은 사례가 별로 없다. 레닌, 히틀러(Adolf Hitler, 1889–1945), 스탈린(Iosif Stalin, 1879–1953), 마오쩌둥, 김일성(金日成, 1912–1994) 등, 20세기 전체주의 정권의 좌, 우파 독재자는 모두 민주를 강력한 장기 집권의 명분으로 삼았다.

하버드 대학의 정치학자 엘리자베스 J. 페리(Elizabeth J. Perry)의 분석에 따르면, 오늘날 중국에서 민주는 흔히 인민주의적(populist)이라는 뜻으로 사용된다. 시진핑 집권 초기 중국의 사회 의식 조사를 보면, 85퍼센트의 중국인들은 민주가 "정부의 지도자들에 의한 인민을 위한 통치" 정도의 의미라고 생각하고 있다. 이때의 민주란 유권자가 직접, 비밀, 보통 선거를 통해서 권력을 창출하고 교체하는 근대 서구 사회의 선거민주주의와는 근본적으로 다르다. 계몽주의 이후 입헌민주주의는 경쟁적 선거, 다수결주의, 국가 권력 제한을 명시한 자유주의를 전제하고 있기 때문이다.11)

인민민주주의는 21세기 민주주의 국가의 선거민주주의와는 결이 다른 개념이다. 전자는 독재 권력의 하향적 대민 지배를 전제하지만, 후자는 국민 참여에 따른 상향적 민주 권력의 창출과 교체를 핵심으로 삼는다. 중국공산당이 부르짖는 민주란 "백성을 어여삐 여기고 백성을 위하는" 전통시대 군주의 위민(爲民) 통치와 크게 다르지 않다. 여기에서 민주의 주체는 중국 인민이 아니라 중국공산당이다.

그렇다고 모든 중국인들이 인민주의적 민주 개념에 포박당해 있다고 볼 수는 없다. 위의 조사에 따르면 적어도 15퍼센트의 중국인들은 정기적인 선거를 통한 국가 지도자의 선출을 민주의 본뜻이라고 생각하고 있다.[12] 2013년 조사에 따르면, "중국이 선거민주주의로 나아가야 하느냐?"에 61퍼센트만이 부정적으로 답변했다. 반대로 생각해보면 적어도 39퍼센트는 서구식 선거민주주의를 완전히 부정하지는 않는다는 이야기이다. 이는 언제든 제2의 웨이징성이 다시 나와서 민주적 직선제를 통한 정권 교체를 주장할 수 있다는 말이 된다.

민주장 운동의 세계사적 의의

1979년 3월 덩샤오핑을 정조준해서 민주의 직격탄을 발사한 웨이징성과 『탐색』 동인들의 결정은 기름통을 들고 불길로 뛰어드는 무모한 행동처럼 여겨질 수도 있다. 하지만 40년이 지나 웨이징성은 그날 자신이 써 붙였던 "민주냐, 새로운 독재냐?"를 두고 다음과 같이 자평했다.

예상대로 우리가 모두 체포되자 커다란 풍파가 일어났다. 덩샤오핑은 부득불 잠시 민주화 투사들에 대한 체포를 정지할 수밖에 없었고, 덕분에 민주장은 1년간 더 지속되었다. 우리의 체포가 변곡점이 되어 민주의 벽에서는 큰 변화가 일어났다. 민간 간행물 편집위원 류칭(劉靑, 1946?-)과 저명한

1979년 추정, 법정 진술하는 웨이징성. (공공부문)

시인 베이다오(北島, 1949-)를 위시한 운동가들이 구명 운동을 벌였다.
당내 각급의 개혁 간부들이 덩샤오핑의 정치 탄압을 비판했다. 그 결과 당
내에는 덩샤오핑 독재를 비판하는 반대파가 결집되었다.13)

그는 베이징 민주장 운동의 세계사적 의의를 적극적으로 평가한다.

1979년 민주장 운동이 전국으로 확산되면서 중국 밖 여러 나라에서도 민주
화 운동이 새롭게 일어났다. 타이완, 파리, 프라하, 바르샤바, 모스크바 등
지로 민주의 열풍이 번져갔다.14)

1979년 12월 10일 타이완 민주화 운동의 도화선이 된 가오슝(高雄) 사

건이 발생했다. 세계 인권의 날을 맞아 당시 타이완의 민주화 세력이 시위를 벌이자 국민당 정부가 관련자를 구속했다. 이 사건은 타이완 민주화 운동의 시발점으로 인식되는데, 타이완 민주진보당 전 주석 스밍더(施明德, 1941-) 역시 스스로 베이징 민주장 운동에 자극을 받았다고 술회한 바 있다.15)

덩샤오핑의 강경 진압으로 민주장 운동은 중단되었지만, 민주를 향한 중국 인민의 열망은 쉽게 사그라들지 않았다. 1986년 봄 다시 민주의 싹이 돋아나 그해 말 대학가에서는 학생들의 대규모 시위가 일어났고, 3년 후에는 이 운동이 1989년 4-6월 톈안먼 민주화 운동으로 만개했다. 톈안먼 민주화 운동은 비록 탱크 부대에 짓밟혀 무지몽매한 대학살극으로 이어졌지만, 베이징의 봄은 결국 구소련과 동유럽 공산당의 붕괴를 예고했다. 웨이징성이 말하듯이, "베이징 민주화 운동은 전 지구적 민주화 운동을 촉발한 위대한 공헌을 했다."16)

민주장, 민주의 벽……웨이징성은 그 벽에 대자보를 붙였고, 그 때문에 18년의 세월을 감옥에서 보냈다. 웨이징성이 도전했던 그 벽은 한 인간이 한평생 올라도 영원히 넘을 수 없는 공산당의 철벽이었다. 세상의 모든 벽은 결국 다 무너지고, 공산당의 철벽도 예외일 수 없다. 언젠가 철벽이 무너질 테지만, 그 벽에 적힌 웨이징성의 문장은 결코 소멸하지 않는다.

제7장
후핑의 봄, "표현의 자유"

중공 당국도 제로-코로나가 지속될 수 없다는 사실을 알고 있으며, 서방의 백신을 대량으로 수입해야만 점진적으로 개방이 되고 과도기를 지나서 위드-코로나로 갈 수 있다는 사실도 모르지 않을 듯하다. 다만 현재 중국의 모든 사안은 시진핑이 혼자서 결정하고 있다. [모든 사안이] 일존(一尊 : 한 사람의 존엄)에 의해서 결정된다. 중국의 방역노선은 시진핑이 친히 지휘하고 관리해왔다. 반년이 지난 올해 가을 제20대 전국인민대표대회가 거행되기 때문에 현재 상황에서 당국은 역동적 제로-코로나 정책을 견지할 수밖에 없고, 소위 정치 방역을 선택할 수밖에 없다. 시진핑의 착안점은 무엇보다 정치에 있다. 더 정확히 말하자면, 시진핑은 자신의 권력만을 생각하고 있다.1)

상하이 봉쇄가 최고조에 달하던 2022년 4월 5일, 뉴욕에 체류하는 70대 중반의 한 중국인 망명 정객이 미국 정부 소유의 국제 라디오 채널 미국의 소리(Voice of America)의 대담 프로그램에 출연해서 남긴 말이다. 4월 12일 그는 다시 같은 프로그램에 출연해서 더욱 강한 어조로 다음과 같이 말했다.

중국은 왜 이 상황에서도 제로-코로나를 바꾸지 못하는가? 한번 바꾸면 일존이 사라지기 때문이다. 일존 결정의 원칙을 그가 스스로 제정했기 때문이다. 일존이 사라지면, 그 역시 [인권유린으로 악명 높은] 친청 감옥으로 가거나 심지어 더 비참해질 수도 있다. 이런 상황에서는 각 급의 관원들도 모두 오로지 일존을 따라갈 수밖에 없다.2)

지금도 반(反)중공 자유화 운동에 전념하는 이 노회한 망명 정객의 이름은 후핑(胡平, 1947-), 1980년대 중국 민주화 운동의 신화적 인물이다. 1979년 민주장 운동에 적극적으로 참여했던 후핑은 1980년 11월 말 베이징 하이딩(海淀) 지구 인민대표대회 선거에서 베이징 대학 학생대표로 선발되었다. 당시 베이징 대학 철학과 석사과정생이었던 그는 투표에 참여한 6,096명(총유권자의 91.2퍼센트) 중 3,467명(총유권자의 52퍼센트)의 표를 얻어 과반수 이상을 확보한 유일한 후보자였다.

이 선거는 1979년 개정 헌법에 따라서 다수 경쟁자가 입후보하고 청중 앞에서 공개적인 유세를 함으로써 투명하게 치러진 중국 헌정사 최초의 진정한 민주적 선거라는 점에서 획기적이었다. 선거 유세에서 후핑은 표현의 자유, 특히 언론의 자유는 가장 기본적인 공민의 기본권이라고 주장해서 열광적인 성원을 얻었다. 그는 "표현의 자유를 누린다고 모든 것을 얻을 수는 없지만, 표현의 자유를 잃으면 모든 것을 잃는다!"는 유명한 말을 남겼다.

1980년 11월 말 베이징 대학에서 표현의 자유를 부르짖어서 민주화의 상징으로 떠오른 후핑, 그는 이후에 어떤 과정을 거쳐서 중국공산당의 해체를 부르짖는 반중공 자유화 운동의 선봉에 서게 되었을까?

사상 최초의 경선, 표현의 자유를 외친 후핑

중화인민공화국은 건국 이래 단 한 번도 전국 단위의 직접 선거를 치른 적이 없다. 1949년 건국 이후 소련식 선거가 도입된 뒤 마을 단위에서는 대표를 선발하는 직접 선거가 시행되었지만, 언제나 단독 후보에 대한 승인 절차에 불과했다. 마을 단위에서도 다수가 입후보해서 자유롭게 경쟁하는 진정한 의미의 선거는 용인되지 않았다. 1960–1970년대 정치적 혼란 속에서는 단독 후보의 형식적인 선거조차 치러지지 않았다.

명색이 "인민민주공화국"인데 민중의 정치 참여가 배제되는 비민주적인 현실은 상식을 벗어나는 제도적 부조리였다. 독재 치하에서 입을 닫고 있다고 해도, 다수 인민이 이를 모를 리 없었다. 덩샤오핑은 1979년 3월부터 민주장 운동을 탄압하고 관련 인사들을 줄줄이 체포했지만, 민주를 향한 민심의 출로가 필요함을 감지하고 있었다. 결국 1979년 7월 전국인민대표대회는 1953년 선거법을 개정했다. 새로운 선거법은 단일 후보만 인정하는 소련식 선거를 부정하고 현 단위 인민대표 선거까지 다수가 입후보하여 경선을 벌일 수 있도록 보장했다. 그 결과 1980년 최초로 각 단위의 지명을 받은 다수 후보의 경선이 농촌 및 도시의 상급 단위에서 실시되었다.3)

1980년 11월 베이징 대학은 인민대표를 선발하는 선거 열기로 후끈 달아올랐다. 교정 건물 빈 벽마다 빼곡하게 대자보가 붙었고, 그 앞에 어깨를 맞대고 겹겹이 늘어선 학생들이 공책에 깨알같이 필기를 하며 글귀를 정독했다. 학교의 공터, 식당, 강당에서는 날마다 최초의 직접 선거를 놓고 정견과 정책을 발표하는 후보들의 연설회가 이어졌다. 연설회에는 수백 명의 청중이 들끓었고, 11월 28일에는 1,000명이 넘는 인파가 큰 관심

을 보이며 모여들었다.4)

베이징 하이뎬 구(海淀區) 인민대표대회에는 학생대표 의석 두 자리를 놓고 29명이 출사표를 던졌다. 1978-1979년 베이징 시단의 민주장 운동에 적극적으로 참여해서 이름을 알린 후보자들도 다수 있었다. 그중 철학과 석사과정생이던 후핑, 1976년 톈안먼 광장에서 맹활약했던 왕쥔타오(王軍濤, 1958-), 문혁 시기에 억압당했던 여성성의 회복을 주장한 장만링(張曼菱, 1948-), "사회주의＝공공재산＋민주주의"라는 구호를 들고 나온 팡즈위안(房志遠, ?-), "문화혁명은 봉건주의로의 후퇴였다"는 구호를 들고 나온 양바이쿠이(楊百揆, 1950-2019), 지식인과 무산계급의 연대를 강조한 장웨이(張煒, 1955-) 등의 활약이 두드러졌다.

12월 3일 치러진 예선에서 최다 득표를 한 후핑, 왕쥔타오, 장웨이의 본선이 12월 11일 치러졌다. 앞서 보았듯이 본선에서는 6,096명(총유권자의 91.2퍼센트)이 투표에 참여했는데, 후핑은 3,467명(총유권자의 52퍼센트)의 표를 얻어 대표로 선출되었다. 나머지 2명은 1주일 후 다시 결선을 치렀지만, 참여율 저조로 과반의 지지를 얻지 못해서 안타깝게 의석을 차지할 수 없었다.

이 선거에서 후핑이 내건 슬로건은 바로 "표현의 자유"였다. "표현의 자유를 누린다고 모든 것을 얻을 수는 없지만, 표현의 자유를 잃으면 모든 것을 잃는다!"라는 그의 한마디는 광장에 운집한 대학생들의 가슴을 움직였다. 후핑은 어떤 과정을 통해서 표현의 자유를 부르짖게 되었을까?

어느 계급 천민의 이력서

허난 성(河南省) 쉬창(許昌)의 농촌에서 태어난 후핑의 부친은 국민당 정권의 중앙 정치학교를 국비로 우등 졸업했다. 이후 농촌에서 경찰, 현장 (縣長) 등을 잠시 역임하고 1948년 국민당군에 입대했으나 1949년 여름 부대원들과 함께 기의를 선포하고 공산당군에 투항하여 "해방"을 맞았다. 그럼에도 후펑의 부친은 1950년 진압반혁명 운동 때에 반동으로 몰려 당 적을 박탈당한 후 1952년 6월 처형되었다(그의 명예는 32년 후에야 회복 되어 1984년 허난 성 쉬창의 인민법정으로부터 진압반혁명 운동 당시의 오류를 정정한다는 증서를 발급받았다).

어린 시절 아버지를 잃은 후펑은 계급 천민의 굴레를 쓴 채 가혹한 신분 차별에 시달렸다. 1963년 중학교를 졸업할 때, 후펑은 남달리 성적이 우수 하고 표현력이 뛰어났음에도 불구하고 공산주의 청년단으로부터 입단을 거절당했다. 고등학교에 입학할 때에는 쓰촨 성 청두(成都) 지역 전체에서 성적이 가장 우수했지만, 여러 학교로부터 불합격 통지를 받았다. 1950- 1960년대 중국은 출신 성분에 따라서 신분을 정하는 야만적이고도 저급한 사회주의 신분제 나라였다. 특히 문화혁명 시기에는 이러한 경향이 더욱 강해졌는데, "혁명가의 자식은 혁명가"라는 황당무계한 혈통론이 퍼져 있 었기 때문이다. 문혁 초기 흑오류를 향한 차별이 더욱 극심해지자, 그는 홍위병 집회에 불려가서 꼬박 사흘하고도 반나절 동안 인격을 짓이기는 비투를 당하기도 했다.5) 항변도 변론도 펼칠 수 없는 무자비한 집단 폭력 이었다.

후펑은 1966년에 이미 고등학교를 졸업했지만, 당시에는 대학 입시가 폐지된 상태였으므로 졸업 후 주변에 머물며 문혁에 참가할 기회만을 엿 보았다. 1968년 8월 이후 마오쩌둥은 당내의 주자파 수정주의 세력을 축 출하라며 홍위병에게 총궐기를 촉구했다. 이때부터 홍위병은 보황파(보수 파)와 조반파(급진파)로 양분되어 대립하기 시작했다. 후펑은 신분의 한계

1980년 11월 17일 저녁 후핑이 참가한 경선. 단상의 후핑은 자신이 발표한 시론 "언론자유을 논함"을 주제로 답변회를 하고 있다. (공공부문)

를 극복하기 위해서 조반파에 들어가 더욱 격렬하고 열광적으로 문혁에 참여했다. 그 시절 후핑은 동료들과 함께 대자보를 쓰고, 교사를 불러내서 곤욕을 주고, 교장을 비판하고 공격했지만, 어쩐지 마음이 편하지 않았다. 특히 교사들이 우붕에 감금되어 가혹 행위를 당하는 모습을 볼 때 그는 심각한 회의에 빠져 실존적으로 방황하기도 했다.

1968년 이후 5년간 산간벽지에 하방(下放)되어 고되게 노동한 후핑은 마르크스-레닌주의와 마오쩌둥 사상의 오류를 자각했고, 자유, 민주, 법치, 합리 등 인류 보편의 가치를 깊이 사색했다. 후핑의 자유주의는 외래 사상에 대한 맹목적인 추종이 아니라 문혁 시절 그가 직접 겪은 광적인 폭력성에 대한 비판과 저항에서 시작되었다. 당시 그는 자발적인 사색으로 보편가치를 자각한 자생적 자유주의자였다.6)

표현의 자유에 대하여

후펑은 여전히 사인방의 기세가 등등하던 1975년 7월부터 골방에 숨어서 "표현의 자유에 대하여"라는 팸플릿을 쓰고, 지우고, 고쳐 썼다. 1979년 2월 다섯 번의 수정을 거쳐서 완성된 이 자유의 선언문은 베이징의 민간 잡지 『옥토(沃土)』에 게재되었다. 후펑은 여기에서 만족하지 않고 원고를 계속 수정하여 1980년대 초반 제5고를 완성했다. 이 원고는 그해 11월 베이징 대학 경선 기간에 대자보로 작성되어 벽에 붙고 등사물로 인쇄되어 교정 곳곳으로 퍼져나갔다.[7] 1975년 27세의 후펑은 문답의 형식을 빌려 표현의 자유를 논리적으로 옹호했다. 몇 가지 예문을 살펴보자.

공민이 가진 표현의 자유는 헌법상 공민이 누리는 권리의 제1조이다. 한 사람이 자신의 바람과 의견을 표현할 권리를 상실하면, 반드시 노예와 도구가 되고 만다. 물론 표현의 자유를 누린다고 모든 것을 얻을 수는 없지만, 표현의 자유를 잃으면 모든 것을 잃는다.

표현의 자유란 무엇인가? 바로 각종 의견을 자유롭게 말할 수 있는 자유이다. 좋은 말이든, 나쁜 말이든, 맞는 소리든, 그릇된 소리든, 전부를 포괄한다. 만약 언론의 자유가 단지 권력자의 의지가 허락하는 범위로 제한된다면, 동서고금에 어느 나라에 표현의 자유가 없었겠는가? 우리의 신성한 헌법에 적힌 표현의 자유를 명시한 조항은, 어찌하여 가장 무료한 사어(死語)가 아니겠는가?

중국에는 "말하는 자는 죄가 없다"라는 오랜 속담이 있다. 이 말의 뜻은 무엇인가? 오직 권력자만이 타인의 죄를 판단할 수 있는데, 그 권력자는 당연히 자신에게 찬성하는 사람을 단죄할 리가 없다. 따라서 말하는 자는 죄가 없다는 말은 마땅히 다른 견해를 말하는 사람이 죄가 없다는 말임이 명백하다.

어떤 이는 어떤 국가의 통치자라도 그 정권을 근본 제도의 측면에서 부정하는 사람을 용납하지 않으므로 근본 제도에 대한 반대 의견은 마땅히 금지되어야 한다고 말한다. 이 또한 표현과 행동을 구분하지 못하는 전형적 논조이다. 묻겠다. 설마 『자본론(*Das Kapital*)』이 근본 제도의 측면에서 자산계급의 통치를 부정하지 않았다는 말인가? 그렇다면 왜 그 책은 허다한 자본주의 국가에서 공개적으로 출판될 수 있는가?

권력자가 다른 의견을 가진 사람을 권력으로 징벌할 수 없을 때에만 진정한 표현의 자유를 얻을 수 있다. 표현의 자유가 인자하고 현명한 군주의 보호 없이도 독립적으로 존재할 수 있을 때에만 진정한 표현의 자유를 가질 수 있다. 사람들이 표현의 자유에 간섭하려는 권력에 저항할 수 있어야만 진정한 표현의 자유를 누릴 수 있다.8)

1975년부터 표현의 자유를 화두로 정교한 사색을 이어온 후펑은 1980년 11-12월 베이징 대학의 선거에서 과감하게 "표현의 자유가 없으면 모든 것을 잃는다!"는 구호를 외칠 수 있었다. 표현의 자유를 전면에 내세운 후펑은 최고 엘리트가 모인 베이징 대학에서 인민대표로 당선되는 극적인 장면을 연출했다. 표현의 자유를 갈구하는 대중의 지지가 없었다면 그의 당선은 난망했다. 모든 선거가 그러하듯, 후펑은 대중의 입이 되어서 대중의 염원을 외쳤고, 대중은 그의 주장에 공명했다. 민주장 운동은 짓밟혔지만, 대중은 후핑에게 표를 던짐으로써 표현의 자유를 선택했다.

중국공산당이 그러한 선거 결과를 가만히 두고 볼 리 없었다. 중국공산당은 민주적 선거를 사후에 무효화하는 극한 조치를 취했다. 중국 헌정사 최초로 시도되었던 1980년의 지방선거는 그렇게 용두사미의 비극으로 막을 내렸다. 선거에 출마해서 당선되었던 후핑은 물론, 큰 희망을 품고 투표했던 모든 사람이 절망감에 빠질 수밖에 없었다.

1975년 헌법을 개정하면서 마오쩌둥은 이른바 4대 자유(四大自由)를 허락했다. 4대 자유란 대명(大鳴), 대방(大放), 대변론(大辯論), 대자보(大字報)이다. 대명은 "백가쟁명", 대방은 "백화제방"을 의미한다. 모두가 저마다의 생각을 외치고, 다양한 생각이 어우러진다는 뜻이다. 마오쩌둥이 일으킨 백화제방 운동의 구호였다. 대변론과 대자보는 군중이 공개적으로 토론을 하고 글을 써서 공표할 수 있는 자유를 의미한다. 물론 마오쩌둥이 이 4대 자유를 허락했을 때에는 홍위병을 격동시켜 반대 세력을 제거한다는 정략이 깔려 있었다. 대명과 대방을 외친 후 우파를 색출해서 박해했던 마오쩌둥이 죽기 1년 전 바로 그 구호를 헌법에 집어넣고 세상을 떠났다는 사실을 어떻게 해석해야 할까? 사죄의 몸짓일까, 속죄의 의식일까? 백화제방을 겪고 다시 문혁 10년의 광기를 경험한 동시대인은 누구도 1975년 개정 헌법의 4대 자유를 문자 그대로 받아들이지 못했다. 아니나 다를까 문혁 시절 군중의 폭력에 무방비로 희생되었던 혁명원로들은 1980년 공식적으로 공민의 4대 자유를 철회했다. 문혁 시절의 집단 광기를 원천 차단하려는 의도였지만, 이는 개혁개방 초기부터 공민의 자유를 심각하게 제약하는 결과를 초래했다.

1980년 11월 후핑이 인민대표로 당선된 시점은 불꽃처럼 피어올랐던 민주장 운동이 무참하게 짓밟힌 지 불과 1년 6개월이 지난 후였다. 민주장 운동이 없었다면, 후핑이 감히 표현의 자유를 시대의 화두로 제시할 수 있었을까? 교수와 학생들은 표현의 자유를 부르짖는 후핑을 지지할 수 있었을까?

후핑은 1987년 1월 하버드 대학에서 정치학 박사과정 입학 허가를 받아 도미했다. 이듬해인 1988년 1월, 그는 뉴욕의 중국 민주화 운동 단체인 중국민련(中國民聯)의 회장으로 선출되었다. 당시 중국민련은 민주중국전선(民主中國戰線)과 더불어 해외 중국 민주화 운동의 양대 조직이었다. 그해 11월 민주장 운동 10주년을 맞아 후핑은 다음과 같이 회상했다.

> 1978년에서 1979년은 진실로 천재일우의 기회였다. 그 1년 남짓한 시간 동안 한 무리 담대하고도 의식 있는 젊은이들이 자력으로 매체를 간행하여 진정으로 자주적인 공공의 소통 공간을 마련했다. 이 사건은 극권주의(極權主義 : 일당독재의 전체주의) 사회의 구조를 깨는 실질적으로 유의미한 돌파였으며, 극권 통치에 대한 가장 강력한 도전이었다.9)

"표현의 자유에 대하여" 등 후핑의 글은 지하에서 돌다가 민주장 운동이 절정으로 치닫던 1979년 2월 베이징에서 출판되어 널리 읽혔다. 민주장 운동을 주도했던 인물들은 후핑의 글을 읽고 큰 감명을 받았다. 후핑은 당시 발표한 자신의 글과 민주장 운동의 의제가 표현의 자유 하나로 통했다고 말한다. 흑암과 같았던 당시 상황에서 그가 표현의 자유를 부르짖은 이유는 궁극적으로 극권 통치를 벗어나기 위함이었다. 1989년 톈안먼 민주화 운동이 일어나기 1년 전 미국에 체류하던 그는 민주장 운동의 실패 원인을 규명하면서 말했다.

민주장 운동에서 일어난 모든 일을 우리는 실제로 3년 전부터 치밀하게 준비했었다. 나는 믿는다. 역사가 제공하는 천재일우의 기회를 앞두고서 우리는 두 가지를 할 수 있다. 첫째, 표현의 자유라는 원칙이 사람들의 마음에 깊이 박혀서 보편적인 공통의 인식이 되게 만들어야 하며, 둘째, 자발적으로 제작하는 간행물의 형식을 더욱 공고히 해야 한다.10)

물론 후펑은 바로 이듬해에 벌어질 톈안먼 민주화 운동과 대학살을 예감하지는 못했다. 탱크 부대가 베이징의 시위대를 짓밟은 후 그는 더욱 본격적으로 중국 민주화 운동을 벌였다.

후펑은 문혁 시절 스스로 깨달은 자유의 깊은 의미를 중국 민주화 운동의 출발점으로 삼는다. 근대 서구의 자유주의는 종교적, 정치적 박해에 대한 공포에서 출발해서 개인의 인권을 보호하고 국가 권력을 제약하는 이론으로 발전했다. 그는 중국의 자유주의도 공포에서 생겨난 공민의 집체적 자각에 근거하고 있다고 말한다. 문혁 시절 중국의 인민은 극단적인 공포를 겪으면서 자유와 인권의 소중함을 자각했고, 그러한 중국인의 실존적 자각이야말로 중국식 자유주의의 씨앗이라는 주장이다. 후펑의 주장은 자유주의가 서구에서 유입된 사상이기 때문에 중국의 현실에 맞지 않다고 비판하는 중국공산당과 정면으로 충돌한다. 요컨대 후펑은 문혁의 극한 체험을 통해서 인간의 기본권을 실존적으로 자각하고, 표현의 자유를 자발적으로 옹호한 현대 중국의 자생적 자유주의자이다.

톈안먼 대학살 이후 후펑은 중국 민주화 운동의 철학적 근거를 찾는 중후한 정치 평론집을 출간했다. 그는 평론집의 제명을 『베이징의 봄(北京之春)』이라고 붙였다. 1980년 중국에서 실시된 최초의 경선에서 후펑은 표현의 자유를 의제로 내세워 당선되었던 중국 민주화의 신화적 인물이다. 후핑의 활약은 당시 중국 지식인들을 큰 희망에 부풀게 했다. 대륙의 겨울밤은 갈수록 깊어지지만, 미주에서 언론을 통해 전개되는 그의 민주화 투쟁은 조금도 약해지지 않고 있다. 1980년 "후핑의 봄"은 지금도 진행되고 있다.

제8장

지식인의 짐, "기억하고 기록하라!"

먼 훗날에 비로소 역사의 진실이 드러난다는 생각은 근거가 희박한 막연한 믿음일 뿐이다. 어느 시대에 관해서든 역사 탐구의 출발점은 그 시대를 살았던 사람들의 증언이다. 훗날의 역사적 평가는 오늘날 우리가 남긴 기록에 근거할 수밖에 없다. 적어도 지금 이 시대의 세상에 대해서는 바로 우리가 산증인이다. 흔히 역사는 승자의 기록이라고 말하지만, 오직 기록하는 자만이 역사의 승자가 될 수 있다. 권력자가 제아무리 문서를 조작하고 진실을 은폐해도 역사의 평가를 제멋대로 바꾸기란 쉽지 않다. 기록의 주체는 통치자가 아니라 절대다수의 동시대인들이기 때문이다.

상흔 문학과 중공중앙의 문혁 비판

1978년 이후 덩샤오핑과 후야오방의 지도하에 "과거의 혼란을 정돈하고 역사를 바로잡는" 발란반정 운동이 전국적으로 일어났다. 여기에서 발란이란 반란(反亂), 혼란(昏亂), 교란(攪亂), 착란(錯亂), 작란(作亂), 분란(紛亂) 등 문혁 시기 자행됐던 모든 난(亂)의 뿌리를 뽑는다는 의미이다. 반정이란 과거사의 모든 오류를 철저히 바로잡아 정의를 다시 세운다는 의미이다.

문혁 이후 두 차례에 걸쳐 이루어진 예젠잉의 발표에 따르면, 문혁 10년의 대동란에서 1억1,300만 명이 정치적 타격을 입었다.[1] 10명 중 1명 이상이 집단 폭력이나 국가폭력에 죽임을 당하거나 치명상을 입는 극한의 상황이었다. 중공중앙이 에둘러 표현한 정치적 타격이란, 보다 구체적으로 말하면 문혁의 광란 속에서 자행된 모든 원가착안(冤假錯案), 곧 억울하고, 조작되고, 잘못된 모든 사건들을 가리킨다. 그러한 모든 사건의 진상을 규명하여 피해자의 명예를 회복하고, 공민의 권리를 회복시키고, 피해를 제대로 보상해야만 과거사가 조금이나마 정리될 수 있다. 발란반정이란 바로 그러한 집체적 살풀이 의식이었다.

극적인 정국의 변화는 문혁의 희생자들에게 직접 겪은 폭력과 부조리를 증언할 결정적인 계기를 제공했다. 수많은 중국 인민은 고난의 체험자로서 그동안 숨어서 깨알같이 일기장에 적어온 당대사의 어두운 기록을 문예지와 언론에 발표하기 시작했다.

1978년 8월 「문회보(文匯報)」에 발표된 루신화(盧新華, 1954-)의 단편소설 「상흔(傷痕)」이 포문을 열었다. 반혁명분자로 낙인찍힌 어머니가 9년 만에 병상에서 죽음을 앞두고 오지에 하방되어 있던 딸과 극적으로 재회하는 줄거리였다. 이 작품이 전국 우수 단편소설상을 받으면서 상흔 문학이라는 새로운 문예 사조가 탄생했다. 문혁의 참상을 온전히 고발할 수 없던 시기, 상흔 문학은 많은 이들에게 가슴에 억눌러온 체험담을 표현하는 예술적 해방구였다.

이어지는 1979년에서 1981년 사이 정부의 규제가 완화되면서 장시간 억눌려온 문인들에게 작품을 발표할 수 있는 공간이 열렸다. 문인들은 그때까지 30년 넘게 그저 사회주의 리얼리즘에 따라서 인민의 계급의식을 강화하고 혁명 정신을 고취하는 선동대원에 불과했다. 1979년 이후 상흔 문학을 이끈 작가들은 인간의 현실을 탐구하고 묘사하는 네오리얼리즘 (Neo-Realism)의 예술가였다. 그들 중 다수는 1949년 이후에 태어나서 문혁 시기에 성인이 된 30-40대의 작가들이었다.

이들은 다양한 형식의 소설과 시로 사회, 경제적 부조리, 관료제의 부패와 모순, 문혁 시절의 집단 폭력과 인권유린을 고발했다. 그들의 작품 속에는 한 세대 이상 전 중국인의 의식을 지배했던 마오쩌둥 사상에 관한 근본적 회의와 비판이 깔려 있었다. 상흔 문학이 각광을 받으면서 대중 사이에서는 문혁 시절의 정치범죄와 인권유린을 고발하고 바로잡아야 한다는 강력한 정치적 요구가 발생했다.

이러한 흐름은 급기야 1981년 6월 27일 중공중앙이 직접 나서서 "문화대혁명은 건국 이래 당과 국가와 인민이 겪은 가장 심각한 후퇴이자 손실"이며, 그 최종적 책임이 마오쩌둥에 있다고 선언하는 데까지 이르렀다. 마오쩌둥 사망 후 4년 10개월 만이었다. 그러나 중공중앙은 그해 겨울부터 다시 검열과 삭제의 칼날을 빼들고 상흔 문학 작가들을 탄압했다. 실제로 상흔 문학에 속한 작품들을 읽어보면, 작품을 검열할 수밖에 없었던 중공중앙의 당혹감이 감지된다.

가령 살아서 2,100여 수의 시를 쓰고 요절한 몽롱시(朦朧詩)의 대표 시인 구청(顧城, 1956-1993)의 짧은 시 "일대인(一代人)"을 음미해보자.

검은 밤은 내게 한 쌍의 검은 눈을 주었네,
그러나 나는 그것으로 밝은 빛을 찾아다니네.

문혁 10년의 대동란 속에서 할퀴고 찢긴 한 세대의 상처가 통째로 핏빛 선연히 담겨 있는 절창이 아닌가.

저항의 기록, 기록의 저항

1981년 중공중앙이 마오쩌둥에게 문혁의 책임을 물은 이유는 크게 세 가지 정도로 파악된다. 우선 덩샤오핑을 비롯한 중공중앙 영도자들의 다수가 문혁 시절 수정주의 주자파로 몰려서 극심한 정치적 박해에 시달렸던 문혁의 피해자들이었다. 또한 개혁론자들에게 문혁 비판은 과거의 케케묵은 마녀사냥에서 자신들을 지켜줄 이념적 방패와도 같았다. 마지막으로 마오쩌둥 사망 이후 문혁의 참상을 고발하는 지식인들의 역사투쟁이 크게 일어나고 있었음을 무시할 수 없다.

단적인 예로 1986년 9월 1일 톈진(天津) 인민출판사에서 출판된 『문화대혁명 10년사(文化大革命十年史)』를 보자. 이 책의 저자는 옌자치(嚴家其, 1942-)와 그의 부인 가오가오(高皐, ?-)이다. 문화혁명의 전 과정을 통시적으로 서술하고 그 발생 원인을 구명한 이 기념비적 역사서는 1970년대 후반부터 전개된 양심적 지식인의 본격적인 역사투쟁의 결과물이었다. 역사의 진실을 밝히려는 옌자치와 가오가오의 투쟁은 마오쩌둥 사후 정확히 10년이 되던 해에 열매를 맺었다. 이후 이 책은 영어와 일어 등으로 번역되어 전 세계에 문혁의 참상을 알리는 교과서가 되었다.

이 책의 강점은 문혁 시기의 주요 사건을 나열하는 연대기에 그치지 않고, 문혁이라는 중국 역사에 전례 없는 10년 대동란이 일어날 수밖에 없었던 사회심리학적 원인을 심층적으로 추적했다는 데에 있다. 이 책에 따르면, 문혁 10년의 대동란은 인격숭배의 풍조를 조장하는 사회주의 중국의 독특한 정치문화와 권력을 독점하려는 마오쩌둥 개인의 야욕이 합쳐진 결과였다. 인격숭배에 대한 옌자치의 비판은 그의 실체험에 근거하고 있다. 문혁 시절 옌자치는 홍위병 집회에 끌려나가서 얼굴에 먹칠을 당하는 인격살해를 견뎌야만 했다. 그 험한 고난을 겪으면서 그는 홍위병의 집단 광기가 맹목적인 인격숭배 문화에서 기인함을 증험(證驗)했다.

1959년 중국 과학기술대학에서 이론물리학을 공부한 후 중국철학원에서 철학을 연구한 옌자치는 1970-1980년대 왕성한 저술 활동으로 중국 정치체제의 문제점을 분석하고 근본적 대안을 모색했던 최상급의 정치철학가였다. 1980년대 중국사회과학원 정치학연구소 소장직을 역임한 그는 1986-1987년 국무원 총리 자오쯔양이 이끄는 정치개혁 판공실에서 활약했다. 1989년 6월, 중공중앙은 민주화 운동에 지지를 표명했던 옌자치 등에게 전국적인 수배령을 내렸다. 옌자오치와 가오가오는 홍콩을 거쳐 프랑스로 급히 탈출했고, 1994년부터 미국 뉴욕에 체류하면서 중국 민주화 운동에 참여하고 있다. 옌자치의 철학과 정치투쟁에 대해서는 다음 장에서 더 깊이 다루기로 한다.

철학자 왕뤄수이의 마오쩌둥 비판

문혁 이후 마오쩌둥을 철저히 비판했던 대표적인 인물로 1977년부터 1983년까지 「인민일보」 부편집장을 역임했던 철학자 왕뤄수이가 있다. 1926년 상하이에서 태어난 왕뤄수이는 1948년 베이징 대학 철학과를 졸업한 직후 인민일보사에서 근무했다. 1950년대 그는 민감한 국면마다 예리한 논평을 써서 마오쩌둥의 환심을 샀는데, 특히 1957년 4월 백화제방 운동 당시 그가 쓴 논설은 마오쩌둥에게서 격찬을 받았다. 문혁 이전 40대의 왕뤄수이는 이미 인민일보사에서 중심 세력으로 떠올랐다.

문혁이 시작된 후 왕뤄수이는 열광적 인격숭배의 광기와 군중폭력으로 인한 참상을 목도하면서 심각한 회의에 사로잡혔다. 1972년 그는 사인방을 정면으로 비판하여 마오쩌둥의 눈 밖에 났고, 결국 인민일보사에서 쫓겨나 4년간 베이징 외곽 다싱 구(大興區)의 한 인민공사에서 노동개조 형벌을 받았다. 1976년 인민일보사에 복귀한 왕뤄수이는 본격적으로 문혁 시절의 광기와 폭력을 심도 있게 철학적으로 비판하기 시작했다. 1979년 2월 13일 그는 후야오방이 주재하는 이론공작무허회(理論工作務虛會)에 참여해 마오쩌둥 개인숭배를 정면으로 비판했다. 그가 발표한 글의 제목은 "반드시 개인미신(個人迷信)에 반대해야 한다는 문혁의 교훈"이었다.2)

"개인미신"은 현대 중국어에서 인격숭배나 개인숭배와 같은 의미로 쓰이지만, 어감은 확연히 다르다. 미신이란 과학적, 합리적 근거가 없는 맹목적 믿음을 이른다. 모든 개인숭배가 불합리하지만, 개인미신은 그중 최악이다.

마오쩌둥이 불세출의 구세(救世) 영웅이라는 미신, 마르크스주의가 절대 진리라는 미신, 레닌의 민주집중제가 최선이라는 미신, 마오쩌둥 사상이 인류를 구원하는 혁명 이론이라는 미신, 마오쩌둥에게 반대하면 반혁명분자라는 미신, 반혁명분자는 모두 색출해서 제거해야만 한다는 미신, 계급투쟁이 역사 발전의 원동력이라는 미신, 사회주의가 가장 우월한 체제라는 미신, 공산주의의 실현을 위해서 개인은 기꺼이 한 몸을 바쳐야 한다는 미신, 자본주의는 악이라는 미신, 자산가는 노동자를 착취만 한다는 미신 등등 개인미신은 문혁 당시 중국 인민의 의식을 지배하던 부조리하고 불합리한 비과학적, 비상식적 믿음을 의미한다.

문혁 시기 중국 인민은 날마다 전국에서 열리는 비판대회, 투쟁대회, 강용회, 성토회에 불려나가 "마오쩌둥 만세!"를 외치며 인민의 적을 향한 적개심을 불태우는 집체적 세뇌의 의식을 치렀다. 그 과정에서 중국 인민은 마오쩌둥을 신처럼 섬기고 떠받드는 개인미신의 신도들로 전락했다.

1972-1976년 사이 강제노동에 내몰린 왕뤄수이는 가장 밑바닥에 위치한 생산 현장에서 마오쩌둥에게 영혼을 팔려버린 인민대중의 정신적 빈곤을 관찰했다. 그리고 인민대중을 개인미신의 늪에 빠뜨린 마오쩌둥의 저의를 추적했다.

왕뤄수이의 연구에 따르면, 1956년 덩샤오핑은 "영수에 대한 애호는 당과 계급과 인민에 대한 애호의 표현일 뿐, 일개인의 신격화가 아니다"라고 못 박은 후, "우리의 임무는 계속해서 견결히 개인의 돌출을 반대하고, 개인에 대한 찬양과 송덕을 반대한다는 방침을 견지하는 것"이라고 밝혔다. 적어도 1956년 중공중앙은 개인숭배를 거부하는 최소한의 합리성을 유지하고 있었다.

1958년이 되면 마오쩌둥은 개인숭배를 논하면서 "개인숭배에 대한 반대가 옳을 수도 있고 틀릴 수도 있다"는 유보적 태도를 보였다. 위대한 지도자에 대한 인민의 숭배가 반드시 틀릴 수는 없다며 슬그머니 스스로 신이 되는 길을 연 셈이다. 1963년에 이르자 그는 개인미신 반대를 비판하기 시작했다. 그는 개인숭배에 대한 반대는 영수, 정당, 계급, 인민의 유기적 관계에 대한 레닌의 완정한 학설을 부정하고, 당의 민주집중제를 파괴하는 행위라고 강력하게 비판했다. 당시 류사오치와 덩샤오핑은 마오쩌둥이 망쳐놓은 경제를 되살리기 위해서 농업우선정책을 내걸고 과감한 실용주의 경제개혁을 추진하고 있었다. 행정의 실권을 상실한 마오쩌둥은 권력을 되찾기 위해서 자신을 향한 개인숭배를 긍정했다.

왕뤄수이는 말한다. "개인미신이 없었다면 마오쩌둥은 문화대혁명을 일으킬 수 없었다!" 그는 중공중앙의 공식 석상에서 단도직입적으로 문혁에 대한 마오쩌둥의 총책임을 물은 최초의 인물이었다. 1981년 6월 27일 "역사결의"에서 중공중앙은 공식적으로 문혁의 최종적 책임은 마오쩌둥에게

왕뤄수이, 1987년 베이징 천단 공원 정문 앞. 당시 그는 반자산계급 자유화 운동의 광풍 속에서 중국공산당으로부터 축출되기 직전이었다. (공공부문)

있다고 선언했는데, 그 문건에서 사용된 단어나 어조를 보면 왕뤄수이의 문장을 그대로 옮겨놓은 듯하다. 왕뤄수이가 직접 쓴 다음 글을 보자.

문화대혁명은 우리 당과 우리 민족이 겪은 한 편의 커다란 재난이었다. 이는 주로 린뱌오와 사인방의 파괴적 행동이 빚은 것이지만, 어떻게 몇 사람이 8억 인구의 커다란 나라, 3,000만 당원이 속한 거대한 당을 하늘과 땅이 뒤집히도록 흔들 수 있겠는가?

영묘한 마오 주석이 어찌하여 즉시 그들의 음모를 발각하고 격파하지 못했는가? 오히려 그들로 하여금 마오 주석의 깃발을 들게 하고, 마오 주석의 권위와 명망을 빌어서 그토록 많은 나쁜 짓을 하도록 하지 않았는가? 이는 반드시 설명되어야 한다.……

이제 우리는 모두 "문혁은 마오 주석이 친히 일으키고 이끌었다"고 말한다. 그 누구도 "문혁은 당이 일으키고 이끌었다"고 하지 않는다. 진정 그러하다면, 문혁은 마오 주석 일개인이 일으키고 이끌었음이 분명하다!3)

전반적인 글의 논지는 물론, "마오 주석이 친히 일으키고 이끌었다"는 문장은 1981년 6월 27일 "역사결의"에 그대로 포함되었다. 왕뤄수이의 마오쩌둥 비판이 중공의 공식 입장이 되었음을 보여주는 단적인 증거이다.

옌자치의 회고에 따르면, "1979년 2월 문혁에 대한 왕뤄수이의 체계적인 분석은 많은 사람의 극찬을 받았다."4) 특히 "문혁은 잘못된 방법으로 그릇된 대상을 겨누고 진행된 잘못된 혁명"이라는 왕뤄수이의 발언이 널리 인용되었다고 한다. 옌자치는 왕뤄수이의 문혁 비판에 큰 자극을 받아서 문혁을 파고드는 역사적 탐구를 개시했고, 그로부터 7년 후에 기념비적 대작인 『문화대혁명 10년사』를 출간했다. 젊은 시절 옌자치의 지적 모험과 이후 해외에서 그가 주도한 중국 민주화 운동에 대해서는 차차 살펴보기로 한다.

1987년, 중공은 결국 왕뤄수이에게 출당을 요구했다. 당적을 버린 왕뤄수이는 1989년 이후 도미하여 망명 정객의 삶을 살다가 2002년 보스턴에서 서거했다. 1997년에 방영된 미국 PBS 3부작 다큐멘터리 「중국 : 혁명의 세기」에 출연한 왕뤄수이는 카메라를 응시하며 분명하게 말했다.

나는 문혁을 연구한 후 단도직입적으로 마오쩌둥을 비판했다. 마오쩌둥이 문혁을 일으킨 이유는 그가 과오를 저질렀기 때문이 아니라 그가 악인이기

때문이라고 말했다. 마오쩌둥에게 그렇게 말한 사람은 아마도 내가 처음이 아니었나 싶다.5)

이 다큐멘터리는 가장 마지막 장면을 왕뤄수이와의 인터뷰에 할애했다. 그는 애절한 눈빛으로 40년 중국공산당의 역사를 돌아보며 말했다.

우리는 중국공산당이 중국을 민주 국가로 만들 것이라고 믿었다. 중국공산당 정부가 정직하고 청렴하리라고 믿었다. 나는 나의 인생을, 나의 모든 정력을 공산주의 운동에 바쳤다. 40년이 지나서 돌아보면 참으로 슬픔을 가눌 길이 없다. 너무나 큰 상실감을 느낀다. 우리가 추구한 목적은 대체 어디로 갔는가? 나의 전성기는 갔다. 그래서 슬프지만 포기하지는 않겠다. 나는 아직도 젊다고 느낀다. 아직도 우리의 목적을 위해서 싸우고 싶다.

1980년대 개혁파 이론가 리훙린(李洪林, 1925-2016)은 2015년 막역한 친구 왕뤄수이를 "개개인의 자유로운 발전은 모든 인간의 자유로운 발전의 조건임을 믿고 혁명에 투신했다"고 회고했다. 그는 "단순히 당대 중국의 철학자가 아니라 사상의 자유를 위해 투쟁했던 용감한 전사였다."6) 리훙린의 역사 의식에 관해서는 다다음 장에서 상세히 다룬다.

정이의 보고 문학, 『홍색 기념비』

정이(鄭義, 1947-)는 1947년 국민당 정권이 통치하던 쓰촨 성의 충칭(重慶)에서 태어나서 베이징에서 성장했다. 1966년 고등학교를 졸업한 그는 대학 진학의 길이 막힌 여느 동년배와 마찬가지로 홍위병의 일원이 되어 대천련에 참가했다. 1968년 이후에는 산시 성(山西省) 타이구(太谷)에 하방되어 집단농장에서 노동했고, 잠을 잘 방이 없는 9호의 자그마한 산마을의 형편에 따라 동굴에서 생활했다. 그렇게 꼬박 6년을 농민과 더불어 살고 난 뒤, 정이는 중국의 현실에 눈을 떴다. 이후 그는 석탄을 캐러 갱도에도 들어갔고, 벌목공으로 살다가 미장이와 목수가 되기도 했다. 그러나 그 모든 시간 동안 그의 본업은 언제나 작가였다.

정이는 언제 어디를 가든 끊임없이 보고 듣고 겪은 모든 일들을 소상하게 기록했다. 문혁의 광풍에 휩쓸려 수많은 영혼이 스러졌지만, 현실의 의미를 궁구하여 기록하는 작가에게 그 시절은 문학의 옥토에 씨를 뿌리는 시기이기도 했다. 세상에 널리 알려진 그의 첫 작품은 「풍(楓)」, 즉 단풍이라는 제목의 단편소설이었다. 1979년 발표된 이 소설은 문혁 이후 최초로 문혁 시기 유혈의 무장투쟁을 생생하게 그린 작품으로 널리 알려졌고, 이듬해인 1980년에는 동명의 영화로도 제작되었다. 그 줄거리는 다음과 같다.

문혁 당시 권력을 탈취하는 과정에서 조반파 홍위병은 홍기파와 정강산파로 양분되어 서로 상대편을 주자파 반동 세력이라고 비난하며 격렬한 무장투쟁을 벌인다. 격렬한 전투 끝에 리훙강이 이끄는 홍기파가 승리하고, 정강산파의 영수 루단펑은 깃발을 들고 누대에서 뛰어내려 자살한다. 2-3년 후 정강산파가 다시 권력을 빼앗은 후, 리훙강은 현행 반혁명범으로 몰려서 사형당한다.

정이는 문혁 당시 쓰촨 성 이빈(宜賓)에서 직접 무장투쟁에 참가했다. 홍위병들에게 붙잡혀서 집단 구타를 당했지만 운 좋게 살아남은 그는 그 과정에서 사회 밑바닥의 노동자, 농민들이 부득이 무장투쟁에 나설 수밖에 없었던 참혹한 문혁의 현실을 직시했다. 그 처절한 경험에 근거해서 정이는 문혁 당시 독재정권의 핍박 속에서 짓밟히고 업신여김당한 인민대중이 자유와 해방을 위해서 분연히 무기를 들고 투쟁에 나섰으며, 바로 그 점에서 인민대중에게 문혁은 정신상의 대해방이었다고 말하기도 한다.[7] 인민 스스로 폭정에 맞서서 무장을 하고 자위권을 발동했다는 점에서 문혁에도 긍정적인 면이 있었다는 설명이다.

1989년 민주화 운동이 시작되자 이미 유명 작가였던 정이는 곧바로 베이징으로 향했다. "1980년대는 사상 해방의 시대였다. 10년의 세월 동안 작가로서 줄곧 자유와 민주를 추구해야 한다며 큰 목소리로 외쳐왔는데, 청년들이 실제로 일어났다." 때마침 그에게는 베이징으로 갈 일이 있어 광장의 시위대에 동참할 수 있었다.

톈안먼 대학살 이후 수배자 명단에 오른 정이는 곧바로 아내와 헤어진 후 지인의 집에 숨어서 대패, 끌과 같은 목공 도구를 구입해서 전국을 유랑하며 목수로 살아갔다.[8] 그렇게 3년 동안 도망친 끝에 그는 출옥한 아내와 극적으로 재회해 홍콩을 거쳐 미국으로 망명했다. 그에게는 한시바삐 중국을 탈출하여 자유 진영으로 망명해야 하는 절박한 이유가 있었다. 문혁의 참상을 세계에 전해야 한다는 강렬한 사명감이었다. 그는 이미 수년간 심층적인 현장 취재를 바탕으로 전 세계를 경악하게 할 충격적인 비화를 기록해오고 있었다. 1991년 도망 중이던 그는 중국의 모처에서 우연히 만난 한 오스트레일리아인 부부에게 미완 상태의 원고를 은밀히 맡겨서 중국 밖으로 빼돌렸다. 경찰에 붙잡히더라도 역사의 기록은 세상에 남겨야 한다는 사명감의 발로였다. 1992년 미국 프린스턴 대학으로 간 정이는 오스트레일리아인 부부에게서 무사히 전달받은 원고를 교정하여 이듬해 타이완에서 출간했다. 1968년 광시(廣西) 좡족 자치구에서 벌어진 참혹한 대학살을 다룬 『홍색 기념비(紅色紀念碑)』였다. 그렇게 그는 광시 자치구의 우

쉬안 현(武宣縣)에서 군대와 무장 민병대가 다수의 적인(敵人 : 인민의 적)
을 살해한 후 인육을 먹은 충격적인 사건을 전 세계에 알렸다.9)

왕뤄수이, 옌자치, 리훙린, 정이는 모두 문혁의 광기를 직접 겪은 고난
의 체험자였다. 그들은 모두 진실을 왜곡하고 과학을 부정하는 반지성주
의의 폐해를 목도했기 때문에 보편가치로서의 자유를 갈망했다. 그들은
모두 자유를 되찾기 위해서 중국 사회를 지배하는 일당독재의 반지성주의
에 맞섰다. 깊은 반성과 심오한 사색이 담긴 이들의 저서들을 읽다 보면
절로 깨닫게 된다. 자유를 빼앗긴 개인은 권력자의 명령대로 움직이는 꼭
두각시 병정일 뿐이라는 사실을.

1989년 톈안먼 대학살 후 미국으로 망명한 왕뤄수이는 2002년까지 하
버드 대학에서 문혁의 실상을 고발하는 강연을 하다가 병사했다. 역시
1989년 톈안먼 대학살 이후 홍콩을 거쳐 프랑스로 망명한 옌자치는 현재
뉴욕에 거주하며 중국 민주화 운동의 정신적 스승으로서 왕성하게 활약하
고 있다. 정이 또한 자유와 민주의 가치를 선양하며 중국공산당의 폭정과
광기를 비판하는 작품 활동을 이어가고 있다.

공자는 지식인을 큰 짐을 지고 먼 길을 가야 하는 짐꾼에 비유했다. 지
식인이 짐꾼이 되어 짊어진 짐은 세상에서 인을 실현하는 임무이기 때문
에 너무나 무겁고, 가야 할 길도 죽어서야 끝이 나기 때문에 한도 없이
멀다. 무도한 독재정권의 폭정을 볼 때마다 중국의 지식인들은 공자의 그
말씀을 되새겼을 듯하다. 면면히 이어지는 지식인의 전통은 공산 치하의
중국에서도 끊기지 않았다. 스스로 기꺼이 그 무거운 짐을 짊어지려는 지
식인들이 살아 숨 쉬고 있기 때문이다.

제9장

옌자치의 빛, 우상을 깨다

마르크스와 엥겔스(Friedrich Engels, 1820-1895)는 역사의 합법칙성을 찾
아냈다고 주장했다. 뉴턴이 만유인력의 법칙을 발견했듯, 자신들이 역사
의 법칙을 발견했으며, 그 원인을 과학적으로 규명하고, 이론으로 정립하
여 인류가 나아갈 길을 밝혔다고 공언했다.

철학적으로 엄밀히 따져보면, 인간 사회에서 발견되는 특정 경향을 역
사 법칙으로 뒤바꾸고, 나아가 절대 진리로 격상시키는 마르크스주의는
심한 논리적 비약에 불과하다. 마르크스와 엥겔스의 공산주의 이론은 과
학의 외피를 쓰고 있을 뿐 실상은 사회체제의 변혁을 갈구하는 혁명가의
종교적 신념과 크게 다르지 않다. 현실 사회주의가 예외 없이 공산당 무오
류설, 공산당 일당독재, 지도자 인격숭배와 일인지배의 전체주의로 귀결
되었음은 결코 우연이 아니다.

뉴턴이 만유인력의 법칙을 발견하고 열역학 법칙을 정식화했지만, 그
누구도 뉴턴을 숭배의 대상으로 삼지 않는다. 반면 마르크스와 엥겔스는
사회주의 혁명의 신전에서 불멸의 우상으로 군림하고 있다. 왜 그러한가?
뉴턴의 물리학은 과학이지만, 마르크스와 엥겔스의 유물변증법은 유사 과
학이기 때문이다. 오만하고 독단적인 마르크스의 진리관이 결국 공산 전
체주의의 광기를 낳은 근본 원인이었다.

문혁 말기 상대성 이론 논쟁 : 아인슈타인이 반동인가?

문혁 시기 중국의 학계에서는 아인슈타인(Albert Einstein, 1879-1955)의 상대성 이론을 비판하는 열광적인 정치 운동이 일어났다. 이른바 "상대성 이론 열(熱)", "아인슈타인 열(熱)"이 과학계를 덮쳤다. 문혁이 막바지로 치달던 1974-1975년 사이 그 강도는 더욱 심해졌다. 이 정치 운동의 선두에 선 사람들은 물리학 및 철학 연구자들이었다. 그들은 주로 『자연과학쟁명(自然科學百家爭鳴)』이라는 과학지에 비판을 실으면서 아인슈타인의 상대성 이론을 극복하고 유물론적 관점에서 새로운 과학을 만들어야 한다고 주장했다. 그러한 그들의 주장은 전혀 과학적이지 않았다. 이는 기껏 이미 세상을 떠나 반론권도 없는 최고의 물리학자 아인슈타인을 부르주아 계급을 옹호하는 반동적인 학술 권위자로 몰아가는 문혁 특유의 광기에 불과했다.[1]

예컨대 그들은 빛의 속도는 불변하며, 절대로 광속을 초월할 수 없다는 아인슈타인의 가설이 유물변증법의 기본 전제에 반하는 "완고한 형이상학적 관념"이라고 비판했다. 그들은 유물변증법에 따르면 우주와 시공은 무제한적이므로 인간이 광속을 넘어설 수 없다는 아인슈타인의 이론이 반드시 진실일 수는 없다는 괴이한 주장을 펼쳤다. 이처럼 그들의 주장은 "유물변증법은 절대 진리이다"라는 대전제와 "아인슈타인의 상대성 이론은 유물변증법에 위배된다"는 소전제에서 "그러므로 상대성 이론은 틀렸다"라는 결론을 도출하는 삼단논법의 구조를 취했지만, 실은 증명 불가능한 대전제에서 원하는 결론을 자의적으로 도출하는 정치적 순환논리일 뿐이었다.

문혁 시절 중국에서는 낡은 사상, 낡은 문화, 낡은 관습, 낡은 습관 등

네 가지 낡은 것을 깨부수라는 "파사구(罷四舊)"의 구호가 어디에서나 흔히 보였다. 문혁의 광풍 속에서 아인슈타인의 상대성 이론은 낡은 사상으로 몰리고 있었다. 과학의 진리성을 가리는 최고의 판단 기준이 마르크스주의의 유물변증법이라는 정치적 주장에 불과했지만, 문혁의 광기 속에서 과학은 이미 독자적 존립 근거를 상실한 후였다. 문혁 시절 과학자들은 과학적 지식의 타당성을 경험적 근거와 이론적 정합성이 아니라 혁명적 당파성에서 도출해야만 한다는 유물론적 독단론에 짓눌려 있었다. 그들은 "마르크스-레닌주의 및 마오쩌둥 사상에 부합하지 않는 내용은 모조리 착오이며, 자연과학의 이론이라도 반드시 수정해야 한다"는 조악하고도 불합리한 좌의 착오에 오염되어 있었다.[2]

철학자 옌자치는 정치 논리로 과학의 진리성을 판단하는 과학자들의 불합리를 수수방관할 수 없었다. 1975년 그는 "실천, 가설, 과학적 방법 : 상대성 이론 논쟁에 관해서"라는 논문을 『자연과학쟁명』에 기고했다. 옌자치는 자서전에서 당시 그가 쓴 논문의 요지를 다음과 같이 정리했다.

중세 스콜라주의 방법과는 대조적으로, 과학적 방법은 지식을 확립할 때 결정적으로 관찰, 실험, 실천의 중요성과 기능을 강조한다. 과학적 방법으로 자연 현상을 설명할 때에는 강단 철학처럼 고대(古代)의 저작물이나 권위에 의존하지 않고, 현실의 삶과 자연 세계에 기초한다. 과학적 방법으로 자연의 법칙을 발견할 때에는 실천 이외의 그 무엇도 인정되지 않는다. 특정 과학 이론의 진리성을 판별하는 기준은 오로지 실천밖에는 없다. 과학적 방법에 따르면, 자연과학의 이론은 그 이론으로 설명할 수 없는 새로운 현상이 나타날 때에만 번복될 수 있다.[3]

학부에서 이론물리학을 전공하고 철학의 길에 들어선 옌자치는 과학적 방법이 무엇인지 또렷이 알고 있었다. 또한 과학과 철학을 공부한 그는 유물변증법이 과학적 진리가 아니라 정치 이론임을 명확히 알고 있었다. 과학적 진리의 기준은 오로지 경험적 관찰, 실험 및 실천일 수밖에 없기 때문이다.

물론 옌자치의 논문은 문혁의 광기 속에서는 출판되지 못했다. 과학적 방법은 경험적 탐구를 출발점으로 삼는다는 그의 언명은 곧 마르크스주의의 유물변증법이 과학적 진리가 아니라는 민감한 주장을 담고 있었다. 만약 유물변증법이 과학적 진리가 아니라면, 마르크스주의의 진리성이 통째로 부정될 수 있다. 그리고 마르크스주의가 과학이 아니라면, 그 반석 위에 놓인 마오쩌둥 사상 역시 과학이 아니라는 결론이 도출될 수밖에 없다. 마르크스주의와 마오쩌둥 사상이 과학이 아니라면, 두 이론을 양대 축으로 삼는 중국공산당의 이념적 정당성이 위협받게 된다.

문혁 시기 옌자치는 비록 논문조차 출판할 수 없었지만, 그의 과학적 입장은 2년 후인 1978년 5월 중공중앙 조직부 장관 후야오방이 덩샤오핑의 지원 아래 전개한 진리 표준 대토론을 통해서 국정의 제1의제로 부상했다. 개혁개방은 이처럼 과학과 정치를 구분하고, 과학 탐구의 독자 영역을 확보하는 인식론적 전환을 요구했다.

종신제 폐지의 이론적 기초

앞서도 보았듯 마오쩌둥 사후에는 두 차례에 걸쳐서 마오쩌둥 비판이 일어났다. 그렇게 중공중앙이 마오쩌둥의 영향에서 벗어나기 위해서 노력할 때, 옌자치는 중국 정치사에 기록될 중요한 공헌을 했다. 1979년 2월 후야

1989년 톈안먼 광장에서 시위 학생들과 함께 있는 옌자치. (공공부문)

오방이 주재하는 이론공작 대토론회에 참여해서 "간부 및 영도자 직무의 종신제 폐지"라는 파격적인 법안을 제출한 것이다. 종신제 폐지를 건의한 옌자치의 이론적 근거는 그의 여러 저서에서 발견된다. 1979년부터 1989년까지 그는 일관되게 인격숭배를 비판했다. 그는 문혁의 모든 집단주의적 광기가 인격숭배의 광열에서 발생했다고 확신했으며, 중국 역사에 다시는 제2의 마오쩌둥이 나올 수 없도록 제도적인 안전장치를 마련해야 한다고 생각했다.

　문혁의 광기를 직접 경험한 중공중앙의 영도자들은 옌자치의 취지에 공감했다. 결국 덩샤오핑은 1980년 8월 18일 권력의 과도한 집중과 관료주의를 비판하면서 옌자치가 제안한 종신제 폐지를 당론으로 채택했다. 이에 따라서 이후 장쩌민을 거쳐 후진타오(胡錦濤, 1942-) 총서기에 이르기까지 30여 년 동안 중국의 정치체제는 영도자의 임기가 최장 10년으로 제한되는 합리적인 집단지도체제를 지향했다.

엔자치가 1979년 최초로 입안했던 종신제 폐지 규정은 적어도 2018년 3월 11일 전국인민대표대회가 99.8퍼센트의 찬성률로 헌법에 규정된 최고 지도자의 임기 제한을 삭제할 때까지 중국 헌법 속에 명문화되어 있었다. 임기 제한을 폐지함으로써 시진핑은 스스로 마오쩌둥이 될 수 있는 길을 열었다. 40여 년 전 엔자치의 우려가 현실이 되어버린 상황이다.

권력자의 의지에 따라서 역사의 수레바퀴가 거꾸로 굴러갈 수 있는가? 역사책은 한갓 권력자의 뜻대로 기술되는 정치 선전물인가? 비관적 전망이 없지 않지만, 너무나도 자명한 두 가지 사실 때문에 역사는 승자만의 기록이 되기는 어렵다. 첫째는 그 어떤 권력자도 영원히 세상의 모든 사람을 속일 수는 없다는 만고불변의 진리이며, 둘째는 많은 인간이 강렬한 진실 규명의 열망과 사실 기록의 의무를 진다는 사회문화적 현실이다. 권력자가 제아무리 승자의 기록을 독점하려고 해도, 오래지 않아 그 역시 역사의 형틀 위에 발가벗고 서서 역사의 심판을 받을 수밖에 없다.

암흑의 시대, 엔자치는 이성의 힘으로 어둠을 물리쳤던 계몽의 철학자였다. "엔자치의 빛"은 비판적으로 판단하고 합리적으로 사유하는 인간 이성의 힘이었다. 험난한 망명 생활 속에서 엔자치는 마음속 양심의 소리가 곧 신의 음성이라는 자명한 진리를 깨쳤다고 한다. 역사의 신을 굳게 믿기 때문에 중국의 민주화를 향한 엔자치의 투쟁은 오늘도 지속되고 있다.

제10장
리훙린의 붓, 반자유화 비판

정권이 바뀌면 지난 정권의 실정과 착오를 바로잡는 정치 공방과 법정투쟁이 일어난다. 시대가 바뀌면 과거사의 진실을 밝히는 기록투쟁이 일어난다. 물론 정치 공방과 법정투쟁만으로 과거사의 진실이 밝혀질 수는 없다. 법정에서 밝혀진 사실은 기껏 역사 서술의 1차 자료일 뿐, 그 자체로 역사의 진실이 될 수는 없다. 한 시대의 진상을 밝히기 위해서는 당시를 살았던 사람들이 직접 쓴 당대사가 필요하다. 민감한 정치사회적 현안을 파헤치고, 중대사를 서술하고, 실상황을 묘사하고, 인과성을 설명하는 기록이면 더욱 좋다. 우리 시대에 대한 우리의 해석은 훗날의 역사적 평가로 이어지는 결정적 증언이기 때문이다.

사상 운동, 톈안먼 대학살의 기원

리훙린의 자호(自號)는 치옹(癡翁)이다. 어리석은(혹은 미친) 늙은이라는 뜻이다. 스스로를 어리석다 여기는 이 겸손한 학자는 개혁개방 이후 중국의 신계몽주의 시대 자유파의 기수였다. 1959년부터 중공중앙의 이론가로 활약했던 그는 문혁 시기 고초를 겪고 오지에 하방되어 강제노동에 시달렸다. 1977년 중앙선전부 이론국의 부국장으로 복귀한 그는 1978년 출판한『과학과 미신(科學和迷信)』에서 수령에 대한 "현대의 미신"을 비판했다. 자유와 민주를 향한 그의 투쟁은 1980년대 내내 지속되었고, 그 결과 톈안먼 대학살 직후 65세의 고령으로 구속을 당했다. 1990년 출옥한 리훙린은 중공 일당독재의 야만성과 폭력성을 고발하고, 그 원인을 규명하기 위해서 중국 현대사를 탐구하는 데에 몰입했다.

1999년 톈안먼 10주기를 기념해서 홍콩에서 출판된 그의 저서는『중국 사상 운동사 1949-1989(中國思想運動史 1949-1989)』이다. 이 책을 흔하디흔한 중국 철학사나 중국 사상사 저서들처럼 현실의 맥락은 사상(捨象)한 채 철학자의 관념세계만 분석한 틀에 박힌 책으로 생각한다면 큰 오산이다. 이 책에서 말하는 "사상 운동" 혹은 "사상투쟁 운동"은 구체적으로 사상 개조를 목적으로 중국공산당이 주도한 계급투쟁의 정치 운동을 의미한다. 바로 1940년대부터 중국공산당이 공산주의적 인간형을 만들기 위해서 끊임없이 전개해온 정부 주도의 군중성 정치 운동이다. 중국공산당은 이 운동 과정에서 전 인민의 사고방식, 사유 습관, 전통 관념이나 고유 가치를 모두 교정하거나 척결하고자 일방적이고, 억압적이고, 전면적이고, 폭력적인 대민 동원을 일삼았다.

사상 운동의 기초는 공산당의 투쟁 철학이다. 중공 주도의 사상 운동은 대규모 정치집회에 인민을 불러모은 후 개별적으로 타인에 대해서 비판을 가하고, 또 타인에게 자신도 비판을 받는 비판과 자아비판을 통해서 가혹하게 치러졌다. 그 과정에서 자발적으로 행동하고, 합리적으로 사유하고, 자율적으로 판단하고, 비판적으로 분석하는 계몽적 주체는 자산계급 사상에 오염된 이기적 존재로 몰려서 지적 사망에 이를 수밖에 없었고, 중국공산당의 지시에 따라서 맹목적으로, 수동적으로, 열광적으로, 전투적으로, 교조적으로, 감정적으로, 욕구를 버리고, 전체를 위해, 당과 국가를 위해서슴없이 자신을 희생할 수 있는 로봇과도 같은 존재로 주조되었다.

바로 그러한 이유에서 리훙린은 1992년까지 40여 년에 걸친 중국공산당의 통치가 5,000년 중국사에서 정신 문명을 가장 심각하게 손상시키고, 인간의 개성을 파괴하며, 독창성과 창의력을 억압하고, 정상적인 인간관계를 파괴한 가장 억압적이고도 폭력적이고 비인간적인 시기였다고 진단했다.1) 이 책의 서문에는 다음과 같은 문단이 보인다.

> 1949년 이래 중국 대륙의 사회생활에 수없이 반복된 한 가지 사건이 있다. 바로 사상투쟁 운동이다. 그 임무는 사람들이 자발적으로 당의 영도, 곧 공산당 일당독재를 옹호하도록 만드는 일이었다. 임무를 수행하는 방법은 군중을 격동시켜 전개하는 비판투쟁이며, 또한 사상 영역의 군중 운동이었다. 군중성(群衆性) 투쟁이란 힘으로 타인을 억누르는 것이기 때문에 투쟁을 당한 사람은 당연히 마음으로 설복될 수가 없다. 따라서 억누름은 끊임없이 더 심해져야만 했고, 규모는 갈수록 커져야만 했으며, 횟수는 갈수록 잦아져야 했다. 이는 이미 사상투쟁 운동의 발전 법칙이 되었다.2)

리훙린의 설명에 따르면, 개인의 인권과 자유를 짓밟는 중국공산당의 전체주의적 통제는 이미 1940년대 옌안 정풍 운동에서 시작되었다. 건국 초기부터 강력한 선전, 선동과 대규모의 정치 운동으로 국민당 정권 아래에서 지식인들 사이에 널리 퍼져 있던 민주적 개인주의를 말살한 중국공산당은 1950-1960년대를 통과하며 사상 통제와 정치 숙청을 더욱 강화했고, 반우파 운동과 문혁 10년의 대동란을 거치면서 전체주의적 대민 통제 및 대중 파시즘의 기법을 완성했다. 마오쩌둥이 사망하고, 진취적인 지식인과 당 간부가 주도한 사상해방 운동의 시대가 잠시 열리기도 했지만,

중국공산당은 다시 통제의 고삐를 바싹 당기고서 1980년대 이래 탄생한 민주화 운동의 씨앗까지 짓밟았다.

리훙린은 1980년대의 중국의 정치사를 반자유화라는 한 단어로 압축한다. 그의 관점에서 1980년대는 위로부터의 독재적 탄압과 아래로부터의 민주적 저항이 팽팽히 맞서고 격하게 충돌한 시대였다. 그 과정에서 중공 중앙은 네 차례에 걸친 반자유화 운동을 벌여서 아래로부터 솟구치는 자유화의 열망을 짓뭉겠고, 그 절정이 바로 톈안먼 대학살이었다. 톈안먼 대학살의 근본 원인을 규명하기 위해서는 1940년대 이래 중공중앙이 주도한 사상투쟁 운동의 역사를 살펴보아야 한다. 1940년대부터 1980년대까지 반세기에 걸쳐 중공중앙이 일관되게 추구해온 사상투쟁 운동의 역사를 리훙린이 거시적으로 조감한 결과, 톈안먼 대학살은 중공중앙 일당독재의 필연적 결과였다. 지금부터 누구보다 1980년대를 열정적으로 살았던 리훙린이 자신이 체험에 근거해서 서술한 1980년대 중국의 당대사를 간략히 살펴보자.

제1기 반자유화(1981-1982) : 다시 부는 공산풍

1978년 이래 마오쩌둥의 영향에서 벗어나려는 움직임이 중공중앙 자유파와 중국 지식계에서 거세게 일자, 당내의 보수파는 반격을 개시했다. 1979년까지는 보수파와 개혁파로 팽팽하게 대립하며 시소 게임이 진행되었으나 1980년 이후부터는 후차오무(胡喬木, 1912-1992) 및 덩리췬 등 중공중앙의 대표적 마르크스주의자들이 마오쩌둥의 재평가를 시도하며 사상 탄압의 고삐를 바짝 조였다. 그 결과 1979년 민주장 운동에 대한 탄압이 거세졌고, 1980년에는 헌법에서 마오쩌둥 시대의 상징이었던 4대(大) 자유가 삭제되었다. 1981년 이후 중공중앙은 다시 마오쩌둥의 기치를 높이 들고 민주와 자유를 부르짖는 지식인을 탄압하기 시작했다.

문화혁명이 역사학자 우한(吳晗, 1909-1969)의 희곡 『해서파관(海瑞罷官)』에 대한 대대적인 비판이 일면서 시작되었듯,3) 1981년의 사상 운동은 1979년에 상영된 영화 「애타는 사랑(苦戀)」에 대한 공격이 도화선이 되었다. 1976년의 4-5 운동을 재조명하면서 공산당의 역사를 넌지시 비판한 이 영화의 주제가 공격의 빌미가 되었다. 이윽고 중공중앙은 출판계를 공격하기 시작했다. 1980년에 복간된 잡지 『생활(生活)』은 정치, 경제, 철학, 문예, 역사 등 당대의 주요 주제를 논하는 "사상성" 잡지였는데, 지식인들 사이에서 큰 인기를 끌자 폐간되었다. 그후 언론과 출판의 자유는 극도로 축소되었다. 1981년 1월 29일 중공중앙은 언론과 방송이 "사상 및 정치 공작을 진행하는 중요한 무기"라는 전제 아래 매체에 대한 통제를 강화했다.4)

중공중앙의 통제 강화는 민간의 자유화 운동에 대한 반작용이었다. 1980년 덩샤오핑이 당과 국가의 영도체제를 개혁해야 한다고 지시한 이래 전국 각지에서 민주화의 열기가 점점 고조되고 있었다. 제7장에서 보았듯이, 이 시기 현급 단위에서는 최초의 인민대표 선거가 실시되었다. 베이징대학을 비롯한 여러 지역에서 경선이 치러졌고, 표현의 자유를 외치는 흑오류 출신의 후핑이 인민대표로 당선되기도 했다. 개혁개방의 낯선 길을 가야 하는 중공중앙으로서는 자유와 민주를 향한 인민의 요구를 결코 수용할 수 없었다. 소련의 해체와 냉전의 종식을 불과 10여 년 앞둔 시점이었다. 공산권 내부에서는 이미 변화의 조짐이 나타나고 있었다.

1980-1981년 폴란드의 민중은 연대 운동을 펼쳤다. 그들은 소련 측과 긴밀한 관계를 맺은 폴란드의 집권당 연합노동당에 저항하며 시위를 펼쳤

고, 1981년 봄에는 전국 규모의 대규모 파업과 시위를 이어나갔다. 군사개
입을 준비하던 소련이 물러서자, 폴란드는 1981년 12월 자체적으로 계엄
령을 선포하고 시위를 진압했다. 보수파의 영수 천원은 중국이 당시 시위
에 휘말린 폴란드의 상황을 거울 삼아서 사상전을 개전해야 한다고 주장
했고, 덩샤오핑은 이에 동의했다.5) 이로써 개혁개방 초기 갓 시작된 덩샤
오핑－후야오방－자오쯔양의 트로이카에 금이 가기 시작했다. 당내 자유
파의 영수 후야오방은 느슨하고 유약하다는 질책을 받았다.6)

"맨발로 미끄러운 돌을 살살 밟으면서 강을 건너자"는 덩샤오핑의 유명
한 말처럼, 중공중앙에게 개혁개방이란 조심스러운 실험이자 위험한 모험
이었다. 덩샤오핑을 비롯한 당내 보수파는 공산당의 강력한 영도력 없이
는 개혁개방이 방향을 잃고 표류하다가 정치적 혼란을 낳고 실패할 수 있
다고 생각했다. 마오를 비판하는 비모(批毛) 세력과 마오를 옹호하는 옹모
(擁毛) 세력 사이에서는 논전이 일었다. 문혁 기간 덩샤오핑은 "중국의 흐
루쇼프"라는 오명을 쓰고 두 차례나 중앙에서 파면 및 축출되었던 인물이
었다. 본래 그는 비모 세력의 선두에서 국정개혁을 주도했지만, 권력의
진자가 살짝 왼쪽으로 이동하자 기민하게 옹모 세력의 대표로 나섰다. 그
결과 중국공산당은 자본주의 생산양식을 도입하고 미국 중심의 세계질서
에 적극적으로 편입하는 개혁개방을 추진하면서도 현실에서는 자산계급
자유화 분자를 척결하는 정치 운동을 벌이게 되었다. 이념적으로는 "마오
쩌둥의 깃발을 높이 들고" 실제로는 "비모화의 도로"로 가는 실로 기묘한
모순이었다. 리훙린의 표현을 빌리면, "붉은 깃발을 흔들며 붉은 깃발에
반대하는" 부조리한 활동이었다.7) 그 결과는 무덤 속의 마오쩌둥이 되살
아나서 개혁개방의 이념적 구심점이 되는 시대착오적 역설이었다.

제2기 반자유화(1982-1984) : "정신 오염을 척결하라"

1982년 3월 16일 선전부 장관 왕런중(王任重, 1917-1992)이 제안하고 후야오방이 승인하여 이론공작 좌담회가 열렸다. 당, 정부, 대학의 300여 명 대학의 이론가들이 대거 참여한 이 회의는 개혁개방 이후 중국이 당면한 중대한 문제들에 대해 모든 가능성을 열어두고 자유롭게 토론해보자는 취지로 열렸다. 개막식에서 왕런중은 과감하게 생각하고 과감하게 글로 쓰고, 과감하게 발언한다는 원칙을 제시하며 다양한 생각을 마음껏 나누고 토론하자고 운을 뗐다. 1978년 덩샤오핑은 자유롭고 창의적인 토론의 필요성을 강조하면서 1956년 마오쩌둥이 일으킨 백화제방 운동의 정신까지 소환했다. "약점 잡지 않고(不揪辮子), 구타하지 않고(不打棍子), 모욕주지 않는다(不戴帽子)"는 삼불주의(三不主義)였다. 왕런중은 덩샤오핑의 삼불주의에 "나중에 보복하지 않는다(秋後算帳)"는 원칙을 덧붙여서 참가자 모두가 마음 놓고 할 말을 하는 분위기를 조성했다.

좌담회의 첫 주제는 궈뤄지 문제였다. 베이징 대학 역사학과 교수였던 궈뤄지는 1950-1960년대 우경으로 몰려 고초를 겪으면서도 일관되게 당의 문제를 지적했던 올곧은 지식인이었다. 마오쩌둥 사후 그는 본격적으로 비판 의식을 발휘했다. 1977년 베이징의 인민대표로 당선된 궈뤄지는 1979년 『홍기』에 "사상은 해방되어야 하고, 이론은 철저해야 한다"를 발표한 후, 같은 해 10월 14일 「인민일보」에 문제의 시론 "정치 문제는 왜 토론할 수 없나?"를 실었다. 이 두 글에서 궈뤄지는 표현의 자유와 민주의 필요성을 부르짖으며 중공중앙에 과감한 정치개혁을 요구했다. 그 결과 그는 "자유화 선봉 인물"로 지목되어 1982년 난징 대학으로 좌천되는 고난을 겪어야만 했다.

박해당한 궈뤄지 문제는 당시 중국의 이론가들이 당 내외에서 누릴 수 있는 사상 및 표현의 자유와 직결된 핵심 의제였다. 모든 이론가가 제2의 궈뤄지가 될 수 있었기 때문이다. 먼저 「광명일보」의 이론부장 마페이원(馬沛文, 1921-2014)이 궈뤄지의 좌천은 부당하다며 항의했으나, 이는 달걀로 바위를 치는 격이었다. 중공중앙은 이미 궈뤄지 문제를 선례로 삼아서 당내 자유파를 솎아낼 준비를 마친 후였다. 당내 좌파 이론가인 후차오무가 선두에 서서 "사상 전선의 문제를 논의하는 좌담회에서 극소수가 자유화 사조를 엄호하고 있다"며 당내의 지도층을 조준했다. 이어서 덩리췬은 좌담회 판공실의 책임자였던 리훙린에게 문제가 된 궈뤄지의 글을 직접 비판하라고 요구했고, 리훙린이 거절하자 직접 궈뤄지를 비판하면서 당내의 분위기를 끌고 갔다. 중공중앙 보수파의 논리를 뻔히 아는 청중의 반응은 냉담했다. 이론공작 좌담회의 분위기는 시종일관 자유파의 우세로 진행되었으나 덩샤오핑을 등에 업은 후차오무와 덩리췬의 공격은 자유파를 몰아내는 괴력을 발휘했다.

이론공작 좌담회가 8일 차를 맞던 3월 23일, 중앙서기처 소속의 연구실 주임에 불과했던 덩리췬은 순식간에 왕런중을 밀어내고 중앙선전부를 탈취했다. 이로써 선전부 장관에 오른 덩리췬이 계속해서 좌담회를 주재하는 기괴한 상황이 펼쳐졌음에도, 덩샤오핑의 압력 아래서 누구도 감히 저항할 수 없었다.[8] 그다음 날 덩리췬은 "우리의 기치는 공산주의"라는 장문의 발언문을 발표했다.[9] 새로운 공산풍(共産風)을 예고하는 반전의 돌풍이었다.

덩리췬이 선전부를 장악한 이후 중국공산당은 다시금 이데올로기의 사령탑으로 거듭났다. 신문, 출판, 문화, 예술, 이론 모두가 당의 지휘 아래 다시 놓였다. 사상해방 운동이 힘을 잃고 표류하자 당내 자유파 인사들을 도려내는 대수술이 일어났다. 공산당 총서기로서 후야오방은 중앙당교의 이론연구실, 「인민일보」 이론부, 선전부 이론국을 장악하고 있었다. 덩리췬은 우선 선전부 이론국의 요직을 자기편으로 채워넣었다. 중앙당교의 교장은 1982년 4월 장성 출신으로서 중공 8대 원로에 속하는 왕전으로 교체되었다.

1982년 9월 1일에서 11일까지 중국공산당 제12기 전국인민대표대회에서 덩샤오핑은 "중국 특색 사회주의 건설"을 부르짖었고, 덩리췬은 공산주의를 12대의 주요 정신이라고 선전했다. 중공중앙이 공산풍을 일으키자 당내는 물론 중국 사회 전체에 일대의 사상적 혼란이 발생했다. 문혁의 광풍이 다시 불지 몰라 놀란 사람들은 사회주의가 효험이 없으니 다시 공산주의냐며 조롱했지만,[10] 선전부는 "공산주의 실천과 공산주의 사상 교육" 문건을 전국에 뿌리며 선전전을 펼쳤다.

중공중앙의 공산풍은 왕뤄수이 등 중국의 지성들이 추구해온 인도주의와 충돌했다. 왕뤄수이는 마르크스주의가 불러온 인간소외의 문제를 예리하게 지적하며 자유, 평등, 인권 등의 보편가치를 옹호하는 정교한 철학 담론을 주도했다. 그밖에도 후야오방의 꾀주머니라고 불린 정치학자 롼밍(阮銘, 1931-), 철학자 루신(汝信, 1931-)이 인도주의를 연구하고 선양했다. 1982년까지 "인간"과 관련된 글 수백 편이 쏟아졌다. 지식계에 인도주의 열(熱)이 퍼지자 1983년 후차오무는 인도주의를 자산계급 자유화 이념이라고 공격하기 시작했다.[11]

1983년 10월, 중공중앙은 선전부를 앞세워 "정신 오염 척결 운동"을 전개했다. 덩샤오핑은 정신 오염의 실례를 구체적으로 지적하며 강력한 투쟁을 요구했다. ① 인도주의와 인간의 가치를 추상적으로 선전하는 행위, ② 사회주의에서 존재를 소외시키는 행위, ③ 민주, 표현의 자유를 추상적으로 요구하는 행위, ④ 민주와 당의 영도를 대립시키는 논의를 진행하는 행위, ⑤ 당성과 인간성의 문제에서 반마르크스주의 논의를 전개하는 행위, ⑥ 4항 기본 원칙에 회의감을 드러내는 행위, ⑦ 중국 사회주의가 사회주의가 아니라는 주장을 제기하는 행위 등이었다. 이 운동의 표적은 사상 및 문화계에서 인도주의, 사회주의 인간소외, 자유주의 논쟁을 이끌던 왕뤄수이를 위시한 자유파 이론가들이었다.

제3기 반자유화(1985-1987) : 학생시위와 후야오방의 낙마

정신 오염 척결 운동은 용두사미로 끝이 났다. 전국적으로 원성이 높았던 데다가 후야오방이 적시에 반격을 가했기 때문이다. 운동의 실패로 좌절한 덩리췬과 후차오무는 당내에서 다소 위축되었다. 이로써 표면상 사상계는 1984년 말부터 1986년까지 평정을 되찾은 듯했지만, 실제로는 더 큰 반격이 준비되어 있었다.

1984년 10월, 덩샤오핑은 과감하게 상품경제를 사회주의에 끌어넣는 전면적 경제개혁을 선포했다. 경제학적으로 이는 시장경제의 활성화이자 명령경제의 퇴조를 의미했다. 이와 같은 변화는 시대착오적으로 공산풍을 일으키던 덩리췬과 후차오무에게는 정치적 사형선고였다. 당내 보수파를 밀어낸 덩샤오핑은 후야오방과의 공조를 강화했다.12)

중공중앙의 세력 판도가 달라지자 중국 지성계는 비로소 숨통을 틀 수 있었다. 가령 1984년 12월 말에서 1985년 1월 초 중국 작가협회 대표대회가 열릴 당시 선전부가 작가협회 대표 명단을 뽑았는데, 중앙서기처가 반발해서 부결하는 사태가 발생했다. 이에 후야오방은 작가협회의 대표는 정부가 아니라 작가들이 선거로 결정해야 한다며 개입했다. 선거 결과 작가협회의 주석은 바진(巴金, 1904-2005)이 맡게 되었고, 부주석으로는 넓은 독자층을 가진 「인민일보」의 기자 류빈옌(劉賓雁, 1925-2005)이 발탁되었다. 빼어난 필력으로 수만 자의 보고 문학과 기사를 집필한 류빈옌은 용감하게 부패한 권력자의 비리를 폭로해온 자유파 인물이었다. 후야오방은 작가협회 측에 창작의 자유를 통해서 인민의 정신을 고양하라는 당부를 전했다.

1985년 7월, 구이저우 성(貴州省) 위원회의 서기였던 주허우쩌(朱厚澤, 1931-2010)가 선전부 장관으로 임명되었다. 다른 사상에 대한 관용, 다른 의견에 대한 관용, 관용적인 환경의 조성을 주장해서 삼관(三寬)으로 불린 그가 중앙선전부를 이끌게 되자, 중국 사상계는 자유로운 분위기에서 창의성을 발휘하기 시작했다. 1984년 11월 후베이 성(湖北省) 사회과학원의 『청년논단(青年論壇)』은 창간호에 후야오방의 아들 후더핑(胡德平, 1942-)의 글 "자유를 위한 포성"을 실었다. 자유가 글의 주제로 등장하자 덩리췬과 후차오무가 강력하게 반발하며 자유의 담론을 공격했지만, 중앙선전부는 1986년까지 『청년논단』을 지지했다. 이 책 제7장의 주인공 후핑의 논문 "표현의 자유에 대하여" 역시 이 시기 『청년논단』에 발표된 글이다.13) 1986년 11월 1일 후야오방은 전국 철학, 사회과학 회의에서 부당하게 파면당한 지식인들을 복권하겠다고 약속했다. 이로써 바야흐로 중국 지성계에 자유와 민주의 정신이 뿌리내리는 듯했다. 사상계에 다시 봄바람이 부는 듯했다.

1986년, 안후이 성 허페이의 중국 과학기술대학에서 학원 민주화 운동이 시작되었다. 1986년 12월 6일 인민대표 선거를 앞두고 대자보가 붙었는데, "인민대표대회는 소수의 고무도장일 뿐, 진정한 민주를 위해서 투쟁하자"는 구호를 담고 있었다. 당시 중국 과학기술대학의 부총장이었던 저명한 물리학자 팡리즈는 학내 선거의 열기가 최고조에 달하던 순간 청중 앞에서 "민주는 스스로 쟁취하는 것"이라고 부르짖었다. 부총장의 연설에 큰 감동을 받은 청중의 열광적인 박수가 쏟아졌다. 다음 날, 허페이의 대학생들이 연합하여 거리시위를 벌였다. 곧이어 베이징을 포함한 여러 도시에서도 비슷한 시위가 일어났다. 한 통계에 따르면 베이징에서는 3만 명이 시위에 참여했다. 타이완 언론의 보도에 따르면 17개 도시의 1,016개 대학 중에서 150개가 시위에 참가했다.[14] 팡리즈의 회고록에 따르면, 29개 도시의 156개 대학에서 시위가 벌어졌다.[15] 정부는 시위 참가자가 전국 대학생의 1-2퍼센트밖에 되지 않는다면서 시위의 의의를 폄하했지만, 당시 중국의 대학생 총수가 200만 명에 달했으니 시위 참여자는 2만-4만 명에 이르렀다고 추정된다. 군중의 자발적 시위가 흔하지 않았던 당시의 중국에서 2만-4만 명의 대학생들이 집단으로 시위했다면 큰 사건이 아닐 수 없었다.[16]

1986년 12월 30일, 덩샤오핑은 정치국 회의에서 학생시위에 깊은 우려를 표명하면서 자산계급 자유화를 억압해야 한다며 후야오방의 "선명하지도 견결하지도 못한" 태도를 면전에서 비판했다. 또한 그는 팡리즈를 실명으로 비판하면서 그의 연설은 공산당원의 발언이 아니기 때문에 그의 당적을 파버려야 한다고 말했다. 아울러 그는 중국이 "외국에 대해 개방정책을 집행하고 외국 기술을 배우고 외국 자본을 유치하는 목적은 사회주의를 건설하기 위함"이라고 못 박았다. 무엇보다 덩샤오핑은 그날 유혈 진압의 필요성을 다음과 같이 직접 언급했다.

독재의 수단이 없으면 안 된다. 독재의 수단에 대해서는 말로만으로는 안되고 필요할 시에는 폭력을 사용해야 한다. 물론 폭력을 사용할 때에는 신중해야 한다. 최소한의 사람만을 잡아넣어야 하지만, 만약 어떤 자가 유혈 사건을 저지른다면, 어떤 방법을 써야 하는가? 우선 그들의 음모를 폭로하되 가급적 유혈 진압은 피해야 하지만, 우리가 맞서서 다칠 때에는 소요를 일으킨 두목을 형법에 따라서 처리하는 것이 우리의 방침이다. 그러한 결심이 없으면 이런 사건을 제지할 수 없다.17)

1986년 12월의 학생시위는 유혈 사태로 번지지는 않았으나 중대한 정치적 파급효과를 낳았다. 자유, 민주, 정치개혁을 요구하는 대학의 민주 세력이 급성장했으며, 대학가가 민주화 운동의 중심으로 거듭났다. 나아가 학생시위는 중공중앙의 판도를 바꾸어 이내 공산당 총서기 후야오방을 사퇴하도록 만들었다.

기회를 노리던 보수파에게는 학생시위가 후야오방을 축출할 결정적 기회였다. 당내 보수파 원로들은 "학생시위는 자산계급 자유화 사조의 선동"이며, "자유화 사조의 범람은 학생들을 감싸주고 느슨하게 풀어준 후야오방의 책임이니" 그는 더는 "총서기의 직무를 맡을 수 없다"고 주장했다. 이처럼 중공중앙에 반(反) 후야오방 연맹이 결성되자 덩샤오핑은 그들을 지원했고, 자오쯔양 역시 그쪽으로 줄을 섰다. 이로써 개혁개방을 이끈 덩샤오핑-후야오방-자오쯔양 트로이카가 해체되었다. 후야오방은 1987년 1월 12일 덩샤오핑에게 직접 사표를 전달했다. 당 서열 제1위의 중공 총서기 후야오방이 당 서열 제2위의 덩샤오핑에게 개인적으로 사표를 전달하는 부조리였다. 이에 대해 리훙린은 후야오방이 "중공의 강대한 독재 전통"의 압력을 받아서 사퇴할 수밖에 없었다고 설명한다.

후야오방이 물러난 후 중공중앙은 "자유화 분자"를 몰아내는 대대적인 숙청을 감행했다. 상하이 문단의 자유파 작가 왕뤄왕(王若望, 1918-

2001), 학생시위 이후 민주화 운동의 상징이 된 물리학자 팡리즈, 「인민일보」의 자유파 기자 류빈옌이 첫 번째 숙청의 대상이 되었다. 모두 덩샤오핑이 직접 거명해서 비판한 인물들이었다. 왕뤄왕에게는 사회주의를 조롱하고 모독했다는 죄명이 씌워졌다. 팡리즈에게는 마르크스주의의 지도성을 부정하고, "전면적인 서방화를 선양했으며", 중국식 사회주의 제도를 독재라고 비난하고, 대학이 독립 사상의 중심이 되어야 한다고 주장했으며, 자산계급의 민주와 자유를 고취하여 학생들을 선동해서 시위로 내몰았다는 혐의가 씌워졌다. 류빈옌에게는 공산당이 타락했다고 비방하고, 당이 주도한 정치 운동을 조롱했다는 혐의가 씌워졌다. 중공중앙은 세 사람의 당적을 박탈한 후 전국의 기관지를 동원해서 그들을 단죄하고 비판하는 이념의 십자포화를 가했다.

1987년 여름부터는 두 번째 숙청의 바람이 불었다. 연극, 영화계의 거장 우쭈광(吳祖光, 1918-2001), 자유파 이론가 왕뤄수이, 「인민일보」 이론부 주필이자 마르크스 경제학자 쑤사오즈(蘇紹智, 1923-2019), 사회과학원의 자유파 철학자 장셴양(張顯揚, 1936-2013), 수도 사범대학의 철학자 쑨창장(孫長江, 1933-2020) 등이 숙청의 표적이 되었다. 중공중앙은 우쭈광과 왕뤄수이 등 국내외에서 지명도가 높은 극작가와 철학자에게는 출당을 권유하고, 나머지 3명은 당원 자격을 취소하는 방식으로 당에서 제명했다. 모두가 개혁개방 시기에 공개적으로 중공의 독재를 비판하며 정치개혁을 요구한 자유파 인물들이었다. 2년 후 톈안먼 대학살 직후 장셴양은 배후로 지목되어 투옥되었다가 이후 미국으로 망명했다. 1989년 이미 미국에서 강의하고 있던 쑤사오즈는 이후 20년 넘는 세월 동안 망명 생활을 했다.

제4기 반자유화(1987-1992) : 민주화 운동과 광장의 학살

자오쯔양은 덩샤오핑의 편에 서서 후야오방의 퇴임을 방조했지만, 스스로 공산당 총서기가 된 후에는 과단성 있는 개혁을 단행했다. 그 결과 자오쯔양과 당내 보수파 사이의 투쟁은 더욱 날카롭게 전개되었다. 자오쯔양은 정치투쟁에서 후야오방보다 더 큰 기백을 보였다. 자오쯔양의 집권으로 당내뿐만 아니라 사회에서도 민주적 움직임이 더욱 활발해졌다.

후야오방이 물러나자 당내 보수파는 더 강력하게 반자유화 투쟁을 추진했다. 그들은 문혁 이후 후야오방이 "좌"에 대한 발란반정을 주도했듯이 이제 "자유화의 난"이 평정되었으니 이제 "우"에 대한 발란반정이 일어나야 한다고 주장했다. 그들은 정신 오염 척결 운동을 재개하여 전보다 더 강력하게 당 안팎의 자유파를 비판하여 소탕하는 대규모 숙청을 일으키고자 했다. 자오쯔양은 이를 가만히 두고 보지 않았다. 그는 기민하게 개입하여 덩리췬 등 보수파의 망동을 제압했고, 1987년 1월 28일 "자산계급 자유화 반대의 몇 가지 문제"라는 제목의 문건을 발표했다. 반자유화 투쟁의 필요성을 강조하는 한편 분명하게 그 한계를 설정한 문건이었다. 경제개혁, 농촌정책, 과학기술 연구, 문학 및 예술 분야의 양식과 기교 탐색을 논하고, 인민의 일상생활은 물론 민주당파와 당 밖의 지식분자들에 대해 반자유화 투쟁을 일으킬 수 없다고 선언하는 내용이었다. 자오쯔양은 후야오방과 달리 신속하게 강경노선으로 보수파를 제압하는 정치력을 과시했다. 이는 물론 덩리췬을 비롯한 보수파의 불만을 고조시켰지만, 후야오방 축출의 충격을 완화하고 경제개혁을 지속하려는 덩샤오핑의 지지를 받았다.

1987년 10월 제13기 중국공산당 제13차 전국인민대표대회 중앙위원 선거에서 덩리췬이 낙선하는 중대 사건이 일어났다. 본래 중공에서 중앙위원을 선출하는 방식은 당선될 후보자를 미리 뽑아서 인민대표의 투표로 통과시키는, 형식적인 등액(等額) 선거였다. 예컨대 100명의 중앙위원을 선출하면 정확히 100명만 입후보하여 1명도 낙선하지 않고 모두가 당선되는 선거제였다. 그러나 13기에서는 이례적으로 175명의 중앙위원을 뽑는데 185명이 입후보했다. 선거인들에게 약간의 여지를 주자는 취지로 개정안을 통과시켜 후보자를 10명 더 추가하게 된 까닭이었다. 185명 가운데 10명이 낙선한다면 5.4퍼센트의 확률인데, 놀랍게도 당내의 강경 보수파 덩리췬이 그 작은 확률에 걸려들었다. 본래 13기 주비위원회(籌備委員會)는 덩리췬을 정치국 위원의 명단에 올렸는데, 인민대표단이 그를 중앙위원회에도 속할 수 없게 탈락시켰다. 덩리췬으로 대표되는 좌경노선이 인민대표단의 철퇴를 맞은 셈이었다.

이제 중공중앙의 최대 현안은 당정 분리라는 정치개혁이었다. 당과 정부가 분리되지 않은 채 당이 정부를 대신하는 병폐는 중국 정치의 고질병이었다. 1988년 중국 사상계는 다시 활발하게 깨어나서 정치개혁의 담론을 이끌어갔다. 개혁개방의 철학적 기반을 마련한 진리 표준 대토론 10주년을 맞는 해였다.

그해에는 커다란 변화가 일어났다. 중공이라는 피부에 붙은 터럭에 불과했던 지식분자들이 독립적 사고뿐만 아니라 독립적 행동으로 나서기 시작한 것이다. 먼저 청년 작가 쑤샤오캉(蘇曉康, 1949-)이 제작한 TV 다큐멘터리 시리즈 「하상(河殤)」이 큰 반향을 일으켰다. 황하로 상징되는 중국 전통문화의 몰락을 보여주고, 해양으로 상징되는 현대 문명의 흥기를 칭송한 이 다큐멘터리는 중국 사상계에 커다란 논쟁을 일으켰다. 특히나 "중국의 지식분자는 시종 정치 권력에 종속되어 있었으며", "독립적 사회 조직을 이루지도 못했고, 독립적인 인격을 결핍하고 있었다"는 서술이 공영 방송의 전파를 타고 나가자 큰 충격파가 일었다.

한편 같은 해「인민일보」의 전 사장 후지웨이(胡績偉, 1916-2012)는 헌법학자 위하오청, 왕뤄수이, 리홍린과 함께『민주연구총서(民主研究叢書)』를 출간했다. 1978년 중공중앙 제11기 중앙위원회 제3차 전체회의의 이론적 기초를 닦았던 20명의 기념논문집이었다. 여기에 실린 논문들은 모두 개혁개방과 해방 사상을 옹호했고, 5-4 운동에서 이루지 못한 민주의 사명을 완수하자며 5-4 정신을 부르짖는 글도 있었다. 왕뤄수이와 롼밍은 전제주의적 정치문화의 전통을 깨는 신계몽주의를 강조했다. 1988년 10월부터 1989년 2월까지 상하이에서는 "신계몽(新啓蒙)" 총간 3권인『시대와 선택(時代與選擇)』,『위기와 개혁(危機與改革)』,『소외 개념에 관하여(論異化概念)』가 출간되었다.

1988년 중국 사상계에 몰아친 변화의 물결은 1989년의 톈안먼 민주화 운동으로 표출되었다. 그 결과는 안타깝게도 톈안먼 대학살이었다.

1980년대의 사상사적 의의 : 개인의 각성

이상 1980년대 중국을 누구보다 열정적으로 살았던 리홍린의 당대사를 요약해보았다. 그가 1980년대 중공 주도의 사상투쟁을 "반자유화"라고 부르는 까닭은 역설적으로 1980년대의 소명이 자유화였음을 보여주기 위함이다. 리홍린은 1980년대 10년간 중국 사상계가 이룬 가장 큰 진보는 "개인의 각성"이라고 주장한다. 잠시 리홍린의 육성에 귀 기울여보자.

전통적으로 중국은 개인의 가치를 인정하지 않는 사회였다. 천자를 제외하면 모든 이가 의존적 부속물에 불과했다. 누구도 독립적 인격을 가지지 못했다. 그러던 중 1919년 5-4 운동 당시 계몽 운동이 일어나서 수천 년 인신의 의존성을 깨뜨렸다. 그러나 이때 마르크스-레닌주의가 중국으로 들어와 집체적, 계급적, 조직적 가치를 강조하면서 개체의 가치를 압도했다. 이러한 압도는 혁명의 파도에서 실현되어 일시를 풍미했다. 중국공산당이 전국의 정권을 획득한 후, 집체주의가 더할 수 없이 높은 지위를 누리면서 개인주의는 만악의 근원으로 여겨졌다. 그러한 관점은 이미 전 사회의 표준 가치가 되었다. 문화대혁명 때에는 현대적 미신의 분위기에 휩싸여 인간의 가치를 말할 수조차 없었다. 그 시기에는 단 1명의 개인만이 최고의 가치를 누렸고, 나머지 인간은 사람이 아니었다. 누구나 임의로 모욕당하고 짓밟힐 수 있었다. 1978년의 진리 표준 대토론은 인식론 측면에서 현대의 미신을 타파했으며, 사람들이 양개범시의 속박에서 해방될 수 있게 했다. 이러한 해방은 우리가 다시는 우상의 미신에 빠지지 않고 스스로 자신의 머리로 독립적으로 사고할 수 있음을 의미했다. 그러나 인간 해방의 의의는 있을지언정 세계를 어떻게 인식하느냐는 인식론의 단계에 머물러 있었을 뿐, 어떻게 세계를 평가하느냐는 가치관에까지 나아가지는 못했다.

마오쩌둥은 늘 지식분자를 피부에 붙은 터럭에 비유했다. 1949년 이래 중국의 지식인들은 실제로 중공의 피부에 붙은 터럭 같은 존재로 연명했다. 1980년대는 그러한 중국의 지식인들이 5-4 운동의 정신을 되살려 다시금 자유, 민주, 인권, 법치를 전면에 내세우고 광폭한 독재정권에 맞서서 열렬히 투쟁한 각성의 시대였다. 리훙린은 그 핵심에 개인의 각성이 놓여 있다고 말한다. 그러한 각성 위에서 1988년 중공의 피부 위에 붙어서 기생하려고만 하던 중국의 지식분자들은 독립적으로 사고할 뿐만 아니라

독립적으로 행동하기 시작했다.18)

리훙린은 1980년대 중국 사상계의 중요한 발언으로 정치학자 롼밍의 다음 문장을 인용한다.

새로운 생산력의 시대는 사회의 모든 공민에게 지식과 뉴스를 얻고 창조성을 발휘할 자유를 부여해야만 한다. 그 어떤 "위대한" 독재자도 민주, 자유, 개방을 향한 인류의 역사적 진군을 막을 수 없다.

리훙린은 막역지우이자 사상적 동지 왕뤄수이의 인도주의 철학이 1980년대 시대정신을 응축한다고 생각한다. 왕뤄수이는 하층을 상층에 종속시키고, 개인을 조직에 종속시키고, 인민을 국가에 종속시키는 속류 마르크스주의자의 인간관을 비판하면서 "인간의 본질은 자각 능동성이며, 자유"라는 철학적 인식 위에서 1980년대 중국의 현실이 독립적 개인을 요구한다고 주장했다.

리훙린은 1949년에서 1989년까지 40년에 걸친 중공 주도의 사상투쟁 운동사를 정리하면서 다음과 같이 의미심장한 결론을 내린다.

이제 사상 영역에서 주선율이 없는 시대, 즉 다원화의 시대가 전개되고 있다. 이는 사상의 자유로 나아가는 전야(前夜)이다. 정치적 민주화가 아직도 요원하므로 사상 통제는 조금도 느슨해지지 않고 있다. 이 전야가 굉장히 길 수도 있다. 그러나 역사의 발걸음은 언제나 앞으로 나아간다. 전야가 아무리 길다고 해도 반드시 서광이 밝는다. 40년의 사상 운동사를 회고하면서, 이제 더는 누구도 주선율을 듣고 따르지 않는 현상을 보면서 그러한 시대가 성큼 다가오고 있음을 알게 된다.19)

리훙린은 사상 운동이라는 열쇠말로 중국공산당의 통치사를 일목요연하게 정리했다. 1940년대부터 중국공산당은 사상 개조라는 명분 아래 전 인민의 생각을 획일적으로 규제하는 사상 운동을 끊임없이 전개했다. 그 과정은 쉴 새 없이 인간의 개인성, 창의성, 고유성, 개별성, 독립성을 허무는 전체주의적 폭력의 연속이었다. 리훙린은 그 험한 역사를 반자유화라는 한마디로 요약한다. 1989년 대학살 10주년에 출판된 그의 저서는, 그후 긴 세월이 흘렀음에도 2020년대 중국의 현실을 설명하는 중요한 참고서로 남아 있다. "리훙린의 붓"은 중국공산당의 급소를 찌르는 비판 정신의 창이다.

제11장
팡리즈의 별, "민주는 쟁취하는 것"

1989년 베이징 톈안먼 민주화 운동의 발생과정을 설명하기 위해서는 중국인의 뇌리에 새겨진 자유와 민주의 기억을 들춰내야만 한다. 당시 톈안먼 광장에 운집한 시민들은 분명 1919년 5월 4일 그곳에서 "평화조약 무효", "배신자 처단"과 함께 "덕선생(德先生 : 민주, 덕은 democracy에서 de의 음역)"을 부르짖었던 선배의 음성을 기억했다. 더 가까이로는 1976년 4월 5일 톈안먼 광장에서 "민주를 원한다! 파시스트는 물러가라!"를 외쳤던 성난 군중의 울부짖음을 되새기고 있었다. 중국공산당이 톈안먼 민주화 운동의 기억을 지워서 "인민 망각 공화국"을 만든 이유가 거기에 있다. 자유의 맛을 본 노예는 달아나거나 반항한다는 사실을 잘 알기 때문이다.

팡리즈와 리수셴의 중국 탈출기

비판적 지식인을 향한 중국공산당의 억압과 탄압에는 아량도 금도(襟度)도 없다. 앞에서 살펴보았듯, 1979년 2월 중국공산당 영도자의 임기를 제한하는 규정을 제안해서 덩샤오핑을 설득한 중국사회과학원의 철학자 옌자치는 톈안먼 민주화 운동에 동조했다는 이유로 수배당했다가 부인 가오가오와 함께 홍콩을 거쳐 미국으로 망명했다. 1980년대의 저명한 천체물리학자 팡리즈 교수와 베이징 대학의 물리학자였던 그의 부인 리수셴(李淑嫻, 1936?-) 교수의 서글픈 망명 혹은 잔혹한 추방 역시 그 못지않게 극적이다.

팡리즈는 1956년 베이징 대학 물리학과를 졸업한 후 마오쩌둥의 엄명으로 추진된 핵무기 제조 작업에 참여했고, 최연소로 중국과학원의 회원이 된 탁월한 천체물리학자였다. 1958년 8월부터 1987년 1월까지 28년 4개월 동안 중국 과학기술대학에서 근무한 팡리즈 교수는 두 번이나 공산당원으로서의 당적을 박탈당했다.

첫 번째 당적 박탈은 백화제방에 이은 반우파 운동 때였다. 1957년 12월 그는 허베이 성(河北省)의 오지에 하방되어 8개월간 중노동을 한 후 1958년 대학으로 복귀할 때 절차도 없이 원인도 모른 채 당적을 박탈당했다. 이후 문혁의 광풍이 10년간 불고, 마오쩌둥이 죽고, 사인방이 체포되고, 개혁개방이 개시될 1979년 2월 23일에야 중국과학원 당 위원회에서 21년 전의 당적 박탈 결정이 착오였다는 통보가 날아왔다.1)

당적을 되찾은 팡리즈는 다양한 국제학회에 참가하며 연구 실적을 쌓아 1984년 중국 과학기술대학의 부총장까지 올랐다. 그는 부총장으로서 대학생들 앞에서 연설할 때마다 교육의 목적은 당에 충성하는 아이들이 아니라 독립적인 성인을 길러내는 데에 있음을 강조했다. 무엇보다 그는 모든 인간이 생각하고 교육받을 수 있는 권리를 타고났음을 역설했다. 당시 그의 연설에는 통상 이런 대목이 포함되었다.

당이 우리에게 무엇을 주었다는 말인가? 당이 그 모든 권리를 주었다는 말은 봉건적 정신을 반영한다. 경제학적 측면에서 보자. 중국 노동자들의 임금은 그들이 생산한 가치보다 낮다. 차액은 세금으로 가져가는데, 그 세금은 우리의 교육비를 다 충당하고도 남는다. 당은 교육을 제공하지 않는다. 더 정확하게 말하면, 정부에는 우리가 지급한 금액만큼 우리에게 돌려주어야 할 의무가 있다……. 여러분의 교육은 당이 위에서 베푸는 것이 아니라 우리가 낸 돈이 당으로 올라가는 과정이다.2)

당의 영도력보다 학문의 독립성, 개인의 창의성, 인간의 기본권을 강조하는 그의 연설은 대학가에 커다란 반향을 일으켰다. 1986년 11월 30일부터 학생들은 인민대표를 뽑는 선거제도를 개혁하라는 대자보를 써 붙이고 시위를 시작했다. 학생들은 중국의 헌법 조문을 근거로 정부가 임명한 후보자들을 부정했다. 학생들의 합법적인 주장에 선거위원회는 정해진 투표를 취소하고 경선대회를 열기로 했다. 12월 4일, 경선 후보자들의 연설회에 1,000여 명쯤 되는 과학기술대학 학생들이 모여들었다. 당시 현장을 잠시 둘러보러 간 팡리즈는 학생들의 요구에 이끌려 단상에서 즉흥으로 연설했다. 그때 그는 "민주는 [위에서] 내려주는 것이 아니다!"라는 유명한 말을 남겼다.3)

민주는 확실히 우리 스스로 쟁취해야만 가질 수 있다. 민주는 여러분의 각오에 달려 있다. 우리가 직접 쟁취해야만 비로소 굳건해질 수 있다. 그렇지 않고 누군가 여러분들에게 베풀어준 것이라면 곧 회수할 수 있다. (긴 시간 환성과 박수 지속) 오늘 여기 이러한 상황에서 모두가 자유롭게 경선하며, 자신의 견해를 말할 수 있으니 확실히 진보가 이루어진 셈이다. 6년 전, 베이징 대학에서 자유 경선을 치렀다. 결과는? 2명의 학생이 선출되었다. 그러나 그들에게는 전혀 어울리지 않는 나쁜 일이 주어졌다. (청중 야유) 그런 훼방꾼들은 여기에도 있다. 민주화의 진전을 저해하는 자들이 있다.

따라서 우리 과학기술대학이 오늘 이렇게 경선을 통해 각자 서로 다른 의견을 발표할 수 있게 된 데에는 중대한 의의가 있다. 오늘 이 대회야말로 민주주의의 작동 방식이다. 나는 부총장으로서 오늘 밤 이 자리에서 선거인과 피선거인은 물론 다양한 관점과 의견을 발표한 모든 이들을 보호하겠다고 보증하련다. (군중의 긴 박수)…….4)

    팡리즈의 연설에 감동하여 격앙된 학생들은 바로 다음 날인 12월 5일 거리시위에 나섰다. 팡리즈는 학생대표들과 만나서 안전을 위해 교정 밖 시위는 자제해달라고 부탁했지만, 집회에 모인 학생의 60퍼센트는 계획대로 거리시위를 벌였다. 과학기술대학의 시위는 곧 중국 전역으로 번졌다. 앞에서 언급했듯, 정부의 보수적 집계로도 2만에서 4만 명이 시위대에 동참했다. 12월 17일 상하이에서 학생들이 시위의 자유를 주장하며 거리로 나가자 상하이 당국은 이른 새벽 경찰을 투입해 농성 중인 시위대를 강제로 해산했다. 이게 격분한 과학기술대학 학생들은 12월 23일 다시 거리로 나가서 길바닥에 주저앉아 무력 충돌 직전까지 시위를 벌였다.5)
    베이징의 중공중앙은 팡리즈 문제를 논의하는 회의를 열었다. 12월 29일 저녁 7-9시 팡리즈는 양자역학에 관한 마지막 수업을 하고, 곧이어 당시 상황에 대해 홍콩 언론과 인터뷰를 진행했다. 12월 29일 밤 11시, 과학기술대학의 선거 결과가 발표되었다. 인민대표로 선출된 인물은 팡리즈였다. 팡리즈가 베이징으로 향한 12월 30일, 덩샤오핑은 팡리즈의 실명을 거론하며 당적을 파버리라고 명령한 후 유혈 진압의 필요성까지 언급했다. 덩샤오핑의 담화문은 1987년 제1호 문서가 되어 전국에 배포되었고, 신년 첫날 지면에 대서특필되었다. 1월 17일, 전국 언론에는 팡리즈가 학생들을 선동한 자산계급 자유화의 배후로 지목되어 당적을 또 박탈당했다

1987년 베이징에서 학생들과 대화를 나누며 웃고 있는 팡리즈. (AIP Emilio Segre Visual Archives/Ge Ge)

는 기사가 실렸다.6) 팡리즈는 마르크스를 원용해서 자조했다. "진정 역사는 반복되나? 첫 번째는 비극으로, 두 번째는 희극으로?"7)

당적을 박탈당한 후, 팡리즈는 과학기술대학에서 직위 해제를 당하고 베이징 천문대에서 근무하게 되었다. 천문대에서 하늘을 관측하며 중국의 앞날을 우려하던 그는 1989년 1월 6일 덩샤오핑 앞으로 공개 서신을 발송했다. 이 서신에서 그는 "건국 40주년", "5-4 운동 70주년", "프랑스 대혁명 200주년"을 맞는 1989년 "자유, 평등, 박애, 인권의 이상"을 실현하기 위해서 웨이징성을 비롯한 모든 정치범이 석방되어야 한다고 요구했다. 서신을 우체통에 넣은 다음 날인 1월 7일, 베이징을 방문한 전 프린스턴 대학 교수 페리 링크(Perry Link, 1944-)가 팡리즈의 집을 방문했다. 페리는 팡리즈의 서신을 영어로 번역하여 배포했고, 전 세계 여러 언론에 그 전문이 실렸다. 이 사실이 알려지자 1989년 2월 중국의 저명한 지식인들이 팡리즈의 뒤를 이어 중공중앙에 공개 서신을 써서 올리는 시위를 이어 갔다. 노작가 빙신(冰心, 1900-1999)과 철학자 왕뤄수이 등 33인이 공개 서신을 발표하여 팡리즈를 지원했다.[8]

마침 그때 즈음 팡리즈의 부인 리수셴 교수가 베이징 대학이 위치한 하이뎬 구의 인민대표로 당선되었다. 팡리즈와 리수셴의 민주화 운동은 불과 2개월 후 톈안먼 민주화 운동에 나서게 될 학생 대표들에게 직접적인 영향을 끼쳤다. 4월 15일 전 중공 총서기였던 후야오방이 갑작스럽게 세상을 떠나면서 톈안먼 민주화 운동에 불이 붙었을 때, 중국공산당은 민주화 운동을 조종한 배후의 흑수(黑手)로 팡리즈를 지목했다. 이로써 톈안먼 광장 근처에도 가지 않고 2개월이 넘도록 자택에서 연구에만 몰두하고 있던 팡리즈와 리수셴은 점점 조여오는 중공중앙의 압박에 신변의 위협을 느꼈다.

결국 톈안먼 대학살 발발 직후인 1989년 6월 6일 두 사람은 미국 대사관에 보호를 요청했고, 곧바로 백악관 대변인이 두 사람의 행방을 전 세계에 알렸다. 내 나라에서 외국 공관에 망명하는, 흡사 구한말 고종(高宗, 재위 1863-1907)의 아관파천을 연상시키는 기묘한 피신 생활이었다. 전례 없는 두 사람의 피신 생활은 정확히 384일 10시간 30분 동안 이어졌다. 베이징 미국 대사관에 숨어 살던 팡리즈에게 덴마크, 스웨덴, 미국, 이탈리아, 벨기에 등 국제사회는 다수의 인권상과 명예 학위를 수여했다. 팡리즈는 대사관에서 불안감을 물리치며 천체물리학 논문 한 편을 집필한 후, 1989년 10월 27일부터 자서전을 쓰기 시작했다.[9]

몰아치는 민주의 해일

톈안먼 대학살이 발생하기 3개월 전인 1989년 2월 28일 저녁, 베이징 셰라톤 호텔에서 당시 방중 중이던 조지 H. W. 부시(George Herbert Walker Bush, 1924-2018) 미국 대통령이 중국 각계 500여 명의 인사들을 초청해서 텍사스 바비큐 파티를 열었다. 그날 초청장을 받은 사람들 사이에는 이제 중국 민주화 운동의 상징이 된 팡리즈와 그의 부인 리수셴도 포함되어 있었다.

팡리즈와 리수셴은 중국공산당이 예의주시하는 부르주아 자유주의 사상을 가진 반정부 인사들이었다. 이를 잘 아는 미 대사관은 그날 만찬장에서 팡리즈에게 인권에 관한 연설을 부탁해둔 상태였다. 그러나 팡리즈가 중국의 유명 인사 500명 앞에서 보편적 인권을 연설한다면 중국공산당으로서는 곤란할 수밖에 없었다. 이에 중국 측은 미국에 공식적으로 항의하면서 팡리즈가 참석하면 만찬을 거부하겠다고 으름장을 놓았다. 그러나 미국 측은 팡리즈를 초청한다는 계획을 철회하지 않았고, 당일 점심께 팡리즈와 리수셴 부부가 예정대로 만찬에 참여하기로 했다고 중국 측에 알렸다.

이에 중국은 미국과 정면충돌하는 대신 경찰을 동원해서 팡리즈 부부의 진입 자체를 무력으로 막기로 했다. 텍사스 바비큐는 그대로 두고 팡리즈 부부만 불참시키면 된다는 발상이었다. 경찰은 만찬장으로 향하던 팡리즈 부부의 앞길을 막더니 다른 차량을 이용할 수 없게 했다. 팡리즈 부부가 지지 않고 살을 에는 베이징의 삭풍을 맞으며 걸어가기 시작하자 경찰은 3시간이나 따라붙으며 그들의 걸음에 훼방을 놓았다. 그날 만찬은 결국 팡리즈 없이 진행되었다.

당시 현장을 취재하던 서구 기자들은 일제히 팡리즈 부부가 불참한 이유를 파헤치는 기사를 쏟아냈다. 대통령은 베이징을 떠나기 전 "유감"이라는 한마디를 하는 데 그쳤지만, 미국 국가안보고문은 대통령 대신 당시 주중 미국 대사에게 모든 책임을 물었다.

미국이 중국에 공식적으로 항의한다면 중국은 내정간섭이라며 반발했을 터였다. 중국과의 마찰을 원하지 않은 미국은 이 문제를 덮고 가려 했다. 당시 팡리즈 부부의 초빙을 배후에서 건의하고 주선했던 페리 링크 전 프린스턴 대학 교수의 해석에 따르면, 부시 대통령은 사전에 그 계획을 허락했음에도 중국과의 외교 마찰로 인한 임기 초 지지율 하락을 우려해서 대사 문책 정도로 넘어갔다고 한다.

미국 정부는 팡리즈 부부의 인권이 짓밟혔음에도 "유감"이라는 한마디로 슬쩍 덮어버렸다. 적어도 미, 중 관계는 순조롭다는 인상을 대중의 머리에 심기 위함이었다. 그때만 해도 미국 정부 내의 그 누구도 한 달 보름 후에 베이징을 통째로 삼킬 거대한 민주화의 태풍이 일어나리라는 사실을 전혀 예상하지 못했기 때문이다.

1989년 4월 15일, 전 중국공산당 총서기 후야오방이 사망했다. 이틀 후, 대학생 수만 명이 자발적으로 민주의 광장에 모였다. 학생들은 반부패와 정치개혁의 상징적 인물 후야오방의 죽음을 애도하면서 동시에 자유의 확대와 정치개혁을 부르짖었다.

4월 18-21일 나흘에 걸쳐서 베이징에서 발생한 민주의 돌개바람은 순식간에 전국의 다른 도시들로 불어갔다. 대학가의 학생들이 움직이자 노동자와 관료들이 시위에 동참했다. 민주의 구호 아래 집결한 노동자들은 인플레이션, 저임금, 치솟는 집값 등 생계 밀착형 화두를 내걸고 격렬하게 반정부 시위를 이어갔다.10)

중공중앙은 시위가 사회적 혼란을 부추겨 큰 반란으로 폭발될까 우려할 수밖에 없었다. 리펑(李鵬, 1928-2019) 총리를 위시한 당내 보수파는 자산계급 자유화 세력의 흑수가 민주화 운동의 배후라고 주장했다. 자오쯔양 등 소수의 당내 개혁파는 학생 대다수는 정신이 올바르며 애국적이라며 두둔했다. 싹부터 잘라야 한다면서 선제 진압을 요구한 리펑과 달리, 자오쯔양은 후야오방 추모식까지만 지켜보자며 유화책을 제안했다.

1989년 4월 19일 학생들은 톈안먼 광장에서 동쪽으로 불과 1-2킬로미터 떨어진 중난하이를 향해서 행진했다. 중난하이는 중공중앙의 집무실이 밀집해 있는 중국 정치의 심장이었다. 학생들이 그 부근에서 농성을 벌이자 경찰이 몰려와서 충돌이 일어났다.

4월 22일 후야오방 장례식이 거행될 때, 10만 명 이상의 학생들이 인민대회당 앞에 결집했다. 학생 3명이 손수 작성한 청원서를 들고 인민대회당 계단에 올라가서 리펑과의 만남을 요구했지만, 리펑은 무응답으로 일관했다. 격분한 학생들은 동맹휴학에 돌입했고, 여러 대학의 대표들이 모여서 중국에서는 불법화된 학생조직을 결성했다.

4월 25일 자오쯔양이 북한을 방문하러 떠나자 리펑은 정치국 회의를 열고 강력한 사전 진압을 주장하며 실질적인 최고영도자 덩샤오핑을 설득했다. 덩샤오핑은 학생들이 체제 전복을 기도한다는 강경파의 주장을 수용하고 강력한 선제 진압을 결정했다. 4월 26일, 「인민일보」는 제1면에 학생들을 반란 세력으로 몰아가며 "선명한 깃발로 필시 동란을 반대해야!" 라는 사설을 실었다.

편파 보도에 격분한 15만 명의 학생들은 경찰 저지선을 뚫고 톈안먼 광장으로 몰려갔다. 다음 날에는 이에 호응한 인민들이 전국에서 시위에 나섰다. 이때부터 톈안먼 민주화 운동은 점점 범시민적 총궐기의 양상을

人民日報

RENMIN RIBAO 第14900期 (代号1-1)

1989年4月
26
己巳年三月廿一
北京地区气预报
晴天 晴转多云
风向 北风
风力 二、三级
风迷度

人民日报社出版

落实治理整顿措施

铁路重点区段治

必须旗帜鲜明地反对动乱

社论

"선명한 깃발로 필시 동란을 반대해야!" 1989년 4월 26일 「인민일보」 제1면의 사설. 이 사설이 발표된 후 시위는 더욱 확대되었다.

띠었다. 당시 베이징에서 현장을 취재하던 캐나다 기자 얀 웡(Jan Wong, 1952-)에 따르면 베이징 시민 10명 중 1명이 시위에 참여했다. 의사, 간호사, 과학자, 심지어 군인까지 시위에 동참하는 놀라운 상황이었다.

4월 29일에서 5월 3일까지 서구 언론에는 날마다 톈안먼 민주화 운동과 관련된 보도가 홍수를 이루었다. 중공중앙은 시위를 진압할 방법을 두고 양분되었다. 자오쯔양은 학생들의 정치개혁 요구를 수용하자고 했고, 리펑은 개혁 이전에 사회 안정이 급선무라며 맞섰다.

5월 4일, 10만 명의 학생들이 70년 전 5-4 운동을 기리며 톈안먼 광장으로 모여들었다. 그들은 표현의 자유와 민주를 부르짖었고, 이에 호응한 자오쯔양은 학생들의 애국심에 지지를 표명했다. 자오쯔양의 그런 행동은 중공중앙의 보수파를 격분하게 만들었다. 5월 5일 금요일부터 1주일간 광장에 모인 학생들은 일단 학교로 돌아갔지만, 교정은 지도부가 없는 중구난방이었다. 학생 가운데 일부는 더 큰 시위가 필요하다며 단식투쟁을 계획했다.

한편 중공중앙은 5월 중순으로 예정된 소련 당서기 고르바초프(Mikhail Gorbachev, 1931-)의 방중을 앞두고 바짝 긴장한 상태였다. 덩샤오핑은 고르바초프가 도착하기 전까지 광장을 모조리 비워야 한다고 강조했다. 군사 진압의 기미를 감지한 자오쯔양은 시위를 취소하라고 학생들을 설득했으나 학생들의 저항은 완강했다. 5월 13일, 중공중앙은 단식투쟁하는 학생들을 철저히 무시했다. 그러자 이에 격분한 학생들이 단식투쟁에 동참해서 그 수가 1,000여 명에 달하게 되었다.

1989년 5월, 고르바초프의 방중

1989년 5월 15-18일 베이징에서 중, 소 정상회담이 개최되었다. 1959년 9월 흐루쇼프(Nikita Khrushchyov, 1894-1971)의 방중 이래 중국과 소련 사이의 정상회담은 재개되지 않았는데, 이후 중, 소 분쟁이 격화되어 1969년 3월 만주 우수리 강의 전바오다오에서 군사충돌이 발생했고, 이로 인해서 6개월 가까이 일촉즉발의 대결 국면이 이어지기도 했다. 중, 소 분쟁 사이에서 미국은 중국을 끌어안았다. 그러한 의미에서 덩샤오핑의 개혁개방은 중국이 소련을 등진 채 적극적으로 미국으로 향하는 중, 소 분쟁의 신국면이었다.

전통적으로 소련은 미, 중 사이에 쐐기를 박고 틈새를 벌려 공산권의 맹주로 군림하고자 했다. 단적인 예로 1950년 스탈린은 마오쩌둥을 유도해서 한반도에서 미국과의 전쟁을 성사시키는 군사, 외교적 묘략을 펼쳤다. 돌이켜보면 미국의 대중국 포용정책을 원천적으로 차단하는 스탈린의 생존전략에 미, 중이 놀아났다고도 할 수 있다. 브레즈네프(Leonid Brezhnev, 1906-1982) 집권기였던 1964-1982년 소련은 제한주권론이라는 명분으로 바르샤바 조약기구의 동맹군으로서 체코를 침공해 프라하의 봄을 짓밟았고, 아시아 공산권 전체를 아우르는 안보조약을 이루려는 강경노선으로 일관했다.

1985년 3월 집권한 이후 고르바초프는 바로 그러한 구소련의 외교노선을 전면 수정했다. 그는 미국과의 군사 및 외교 관계를 개선하고, 아시아, 유럽에 문호를 열어 소련 경제를 살리는 실용적 개혁노선을 취했다. 특히 그는 표현의 자유를 보장하고 정부를 향한 비판을 허용하는 글라스노스트(Glasnost : 개방) 정책으로 소련 정부의 투명성과 신뢰를 제고하고, 과감한 페레스트로이카(Perestroika : 구조개혁) 정책을 실시하여 소련 경제의 고질병을 치료하고자 했다. 1986년 7월 28일 그는 몽고, 동러시아 및 아프가니스탄에서 소련군을 철수한다는 블라디보스토크 선언을 했으며, 중국을 향해서는 아무르와 우수리 강 유역 중국 측 강둑을 중, 소 국경선으로 삼겠다는 러브콜을 보냈다. 얼마 후, 중국과 소련은 각각 레닌그라드와 상하이에 영사관을 설립했다. 1988년 7월 바르샤바 외교회의에서 고르바초프는 미국에 군비 감축을 제안했다.

1989년 5월 15-18일, 급기야 고르바초프는 양국의 물밑 협의를 거쳐 중국을 방문했다. 중공중앙은 톈안먼 시위를 정리하고 광장에서 성대한 환영식을 거행하고자 했지만, 그 계획은 공항에서의 약식 환영 행사로 대체될 수밖에 없었다. 덩샤오핑과 고르바초프는 사전 조율에 따라서 화기애애한 분위기 속에서 양국의 국교 정상화를 선언했고, 양국 공산당 총서

텐안먼 광장에서 "글라스노스트" 러시아어 플래카드를 들고 고르바초프를 환영하는 시위 군중. (www.balticasia.lt/en/straipsniai/tiananmen-square-protests-2/)

기 자오쯔양과 고르바초프는 중국공산당과 소련공산당의 당 대 당 관계의 회복을 확인했는데……

　텐안먼 광장의 시위가 거세지자 중, 소 관계에는 미묘한 난기류가 흘렀다. 덩샤오핑은 베트남이 캄보디아를 괴뢰처럼 지배하고 있다며 베트남에 철군을 요구했지만, 고르바초프는 내정간섭이라며 중국 측 요구를 거부했다. 한편 고르바초프는 텐안먼 민주화 운동에 대해서는 판단 중지를 선언하고 한발 물러섰지만, 광장의 시위대는 고르바초프를 "민주주의의 대사"라고 칭하며 그의 방중을 대대적으로 환영했다. 당시 상황에서 글라스노스트와 페레스트로이카가 텐안먼 민주화에 끼치는 큰 영향은 중, 소뿐만 아니라 신문과 방송을 통해 당시 상황을 주시하던 전 세계 사람들도 쉽게 파악할 수 있었다.

고르바초프는 표현과 언론의 자유를 확대하고 경제적 분권화를 추진한 소련 해체의 주역이었다. 그는 동유럽의 몰락에 대한 군사적 개입을 거부했고, 독일의 통일을 방치했다. 또한 1989-1990년 동유럽의 공산국가들이 민주화를 이룰 때 무력으로 진압하는 구소련 공산 제국주의의 전철을 밟지 않았다. 그는 냉전을 종식하고, 군축을 개시하고, 소련의 정치적 자유를 확대한 공로로 1990년 노벨평화상을 수상했다. 무엇보다 그는 1991년 12월 25일 공식적으로 크렘린에서 소련 깃발을 내리고 러시아 깃발을 올린 인물이었다.

고르바초프의 방중을 전후해서 톈안먼 광장의 대학생들은 더욱 기민하게 국제정세의 변화를 감지했다. 그들은 외신 기자를 향해 "절대 권력은 절대 부패한다!" "자유가 아니면 죽겠노라!"라는 구호를 들이대면서 당시 공산권 전역으로 확산되던 자유화의 훈풍을 들이마셨다. 돌이켜보면, 바로 그때 광장의 대학생들은 가장 정확하게 세계사의 도도한 물결을 타고 있었다.

1989년 벽두부터 동유럽에서 일어난 자유화의 물결은 거대한 해일로 자라나 공산권의 독재정권을 뒤흔들었다. 폴란드와 헝가리에서는 엘리트 주도의 선거개혁으로 공산주의 압제가 종언을 고했다. 동독과 체코슬로바키아에서는 독재정권이 도도한 민중의 봉기 앞에서 무릎을 꿇었다. 1989년 11월 9일 베를린 장벽이 무너졌고, 1991년 12월 26일 사회주의 종주국 소련이 해체되었다. 요컨대 톈안먼 민주화 운동은 냉전이 종식되고 공산주의의 망령이 퇴각하는 세계사의 큰 변화 속에서 일어난 국제적 사건이었다.

당시 전 세계 인류를 통합하는 위대한 이념은 자유, 민주, 인권의 세 단어로 압축되었다. 자유의 깃발은 공산 전체주의의 견고한 둑을 깨는 날카로운 창이었다. 민주의 깃발은 독재의 손발을 묶는 굵은 밧줄이었다. 인권의 깃발은 인간을 압살하는 낡은 이념, 헛된 약속, 거짓 유토피아의 망념을 깨부수는 거대한 망치였다. 중국의 민중은 비로소 동유럽과 구소련의 민중과 연대하고 있었다. 그들은 자유의 칼을 들고, 민주의 밧줄을 쥐고, 인권의 망치를 휘두르며 인류의 이름으로 중국공산당을 압박했다. 그렇게 위대한 중국 인민의 각성과 기의(起義)를 중국 밖의 세계 시민들은 숨죽이며 바라보고 있었다.

무너지는 광장의 공화국

5월 17일과 18일에는 100만 명 이상이 광장으로 모여들었다. 기자, 교수, 법조인, 관원 등 전문직 종사자는 물론 평범한 시민들과 노동자들도 대거 시위에 가세했다. 도심을 가로지르며 긴박한 소식을 알리는 노동자들의 오토바이 부대도 등장했는데, 당시 시민들은 그들을 비호대(飛虎隊)라고 불렀다(이 책의 표지 사진을 참조하라). 결국 중공중앙은 톈안먼 광장을 향해 군대를 보냈는데……. 놀랍게도 학생과 시민은 다가오는 군용 차량을 맨몸으로 막으며 굶주린 군인들에게 음식을 나눠주고, 형제, 아들, 조카 같은 그들을 향해 민주와 자유에 대해서 설교하기 시작했다.

절대 함구의 명령을 받은 군인들은 처음에는 돌부처처럼 트럭 짐칸에 앉은 채 눈길도 주지 않았다. 그러나 시민과 학생들이 계속 말을 붙이고 음식을 주자 그들 역시 점점 마음을 풀고 담소까지 나누는 상황이 벌어졌다. 군부에서도 반발 조짐이 일자 중공중앙은 군대에 즉각 퇴각을 명령했다. 문혁 때처럼 군과 민이 결합하는 상황이 생길 수 있었기 때문이다. 복귀한 군인들은 재투입될 때까지 2주일에 걸쳐 혹독한 이념 교육을 받아야 했다.

5월 30일에는 톈안먼 광장의 한복판에 석고를 빚어서 만든 대형의 "자유 신상"이 세워졌다. 학생과 시민이 세운 "광장의 공화국"의 짧은 역사에서 가장 빛나는 순간이었다. 아니, 100여 년 중국의 현대사에서 인민이 광장의 주인이 된 그 순간보다 더 자유롭고 민주적인 공화정의 순간은 없었다.11)

6월 2일, 탱크와 무장 병력을 앞세운 인민해방군이 베이징을 향해서 돌격했다. 이번에 군은 군인들에게 사복을 입힌 후 대중교통을 타거나 걸어서 개별적으로 광장에 잠입하게 하는 작전을 펼쳤다. 시민과 학생에 휩싸여 퇴각할 수밖에 없었던 2주일 전의 수모를 재현하지 않기 위함이었다. 군부는 내부를 개조한 시내버스에 다량의 무기를 가득 채우고서 몰래 광장 주변으로 진입했다. 사복을 입고 톈안먼 광장으로 들어간 군인들은 1명씩 서둘러 광장 서쪽 인민대회당의 지하실에 결집했다. 그들은 건물 안에서 군복으로 갈아입었다.

당시 17세 어린 병사로서 톈안먼 광장에 있었던 천광(陳光, 1971-)의 증언에 따르면, 6월 3일 자정 즈음 각 군인들에게 40-50발의 실탄이 지급되었다. 광장에 나가면 언제든 발포해도 좋다는 명령과 함께였다. 대기 중인 군인들은 너무나 당황한 나머지 실내에서 오발탄을 쏘기도 했다(이후 천광은 톈안먼의 경험을 화폭에 담아서 중국공산당에 항의하는 반체제 예술가가 되었다. 천광의 이야기는 차차 소개하겠다).12)

6월 3일 밤 10시를 전후해서 베이징 거리에서는 산발적인 총성이 들리기 시작했다. 베이징 곳곳에서 총을 맞고 쓰러진 시민들이 들것에 실린 채로 응급실로 옮겨졌다. 병원마다 치명상을 입은 시민들의 시신이 쌓여 갔다. 6월 4일 이른 새벽, 군대는 톈안먼 광장을 모조리 치우는 청장(清場)

을 감행했다. 군대와의 담판 끝에 광장의 시위대는 철수했기 때문에 다행히 광장에서는 대량 학살이 일어나지 않았다.13)

1989년 6월 5일, 수배자 명단 맨 위에 오른 팡리즈 부부는 베이징 미국 대사관을 찾아가서 신변 보호를 요청했다. 미 대사관의 최고위 외교관들이 3시간 동안 팡리즈 부부와 대화를 나누면서 우회적으로 난감함을 표현했다. 결국 팡리즈 부부는 그날 밤 호텔에 머물렀는데, 다음 날 아침 미국 대사관 직원이 그 호텔로 찾아와 부시 대통령의 손님으로 미국 대사관에 머물러도 좋다고 통보했다.

미국 대사관은 만에 하나 팡리즈 부부에게 비상사태가 발생한다면 미국 역시 인권유린을 방조한 책임을 면할 수 없다며 백악관을 설득했다. 부시 대통령은 1989년 6월 20일 대학살을 규탄하며 미, 중 정부 사이의 교류를 금지했다. 그러나 1개월 후 극비리에 베이징으로 사절단을 보냈고, 이 사실은 백악관의 엠바고 때문에 5개월 후에야 미국 언론에 공개되었다. 예나 지금이나 민주주의의 정치인들이란 그저 자신들의 인기 관리에 혈안일 뿐이다.

팡리즈는 관저에 갇힌 채로 물리학 연구에 몰두했고, 1989년 9월 논문을 완성해서 미국의 저널에 기고했다. 그의 논문 초고가 학계에 배포되면서 중국의 동료들은 팡리즈가 어딘가에서 연구를 계속하고 있으며 무사하다는 사실을 알게 되었다. 팡리즈가 베이징 미국 대사관에 피신했다는 사실을 알게 된 중공중앙은 기뻐했다고 한다. 팡리즈가 미국 대사관에 피신했음을 미국이 팡리즈를 통해서 톈안먼 시위를 일으켰다는 증거로 선전하여 미국의 내정간섭을 규탄할 수 있기 때문이었다. 이는 팡리즈 문제가 심각한 외교 사안으로 비화될 수 있음을 의미했다. 중국 언론은 연일 팡리즈를 배신자로 몰아가는 선전전을 펼쳤다. 덩샤오핑은 1989년 11월 2일과

14일 베이징에서 닉슨(Richard Nixon, 1913-1994) 전 미국 대통령과 헨리 키신저 전 국무장관을 따로 만나서 팡리즈 문제를 해결할 방법을 고지했다. 팡리즈는 중국을 떠날 수 있는데, 그전에 팡리즈가 잘못을 고백하고 다시는 중국 정부에 반대하지 않겠다고 약속해야 한다는 내용이었다. 이어서 덩샤오핑은 6-4 대학살 이후 미국이 가한 경제 제재를 풀고, 팡리즈의 고백을 받아달라며 미국을 압박했다.

1990년 6월 22일, 팡리즈와 리수셴은 결국 출국 지원서를 제출했다. 그 지원서에는 ① 계급투쟁의 정치체제를 지탱하는 4항 기본 원칙에 반대하며, ② 외국에 가면 학술 교류와 공동 연구에 전념할 계획이며, ③ 중국 사회의 발전에 기여하는 활동은 기꺼이 하겠지만, 그에 반대되는 활동, 곧 중국에 반대하는 활동은 하지 않겠다는 세 가지 요점이 담겼다. 덩샤오핑은 잘못을 고백하고 본래 중국 정부에 반대하지 않겠다는 약속을 하라고 요구했지만, 팡리즈와 리수셴은 덩샤오핑의 4항 기본 원칙을 부정한 후 중국 정부가 아니라 중국에 반대하는 활동을 하지 않겠다고만 약속했다. 이로써 중공중앙 수배 명단 제1호의 두 중죄인은 384일 만에 베이징의 미국 대사관저를 벗어나서 미국 비행기를 타고 중국을 떠났다.[14] 팡리즈와 리수셴이 풀려나면 미국이 아니라 작은 섬으로 가야 한다는 덩샤오핑의 요구에 따라 두 사람은 영국으로 가서 6개월을 머문 후, 초청장을 받아서 미국 뉴저지의 프린스턴 대학으로 향했다. 미국에 망명한 직후 애리조나 대학의 교수로 부임한 천체물리학자 팡리즈는 역시 물리학자인 부인 리수셴과 공동 집필한 천체물리학 서적 『우주의 창조(Creation of the Universe)』를 싱가포르에서 출간했다. 그는 애리조나 대학에서 20년간 교수 생활을 하면서 162편의 논문을 공저했다.[15]

팡리즈는 물리학자로 남기를 원했지만, 과학적 진실조차 탐구할 수 없게 막는 중국공산당의 일당독재에 대해서는 과감하게 저항했다. 팡리즈는 물리학 논문 집필을 한시도 게을리하지 않으면서 필요할 때면 언제나 정치 시론을 통해서 대중을 일깨웠다. 그의 시론 속에는 주옥같은 명언이 수북하다.

인권이 민주의 핵심 문제이다.[16]

중국 특색의 현대화란 없다. 중국 특색의 물리학이 있을 수 없듯이.[17]

사회주의를 사랑하지 말고 탐구해야 한다![18]

자유, 평등, 박애, 민주, 인권 등 그 좋은 모든 말이 부르주아적이라면 대체 우리에게는 무엇이 남나?[19]

인권을 침해하는 경제대국의 부상은 평화를 위협한다.[20]

오늘날에도 중국 안팎에서 내재적 접근을 운운하며 중공의 일당독재를 미화하는 시대착오적 지식분자들을 향해 팡리즈가 울부짖는 듯하다. "바보들아, 중국 인민도 자유, 인권, 민주를 원한다!"
물리학자 팡리즈는 과학과 정치가 분리될 수 없음을 알았다. 자유로운 토론과 창의적인 사유 없이는 과학의 발전이 이루어질 수 없다. 마찬가지로 정치가 발전하기 위한 필수 조건은 창의적 사유와 개방된 토론이다. 자유가 인간의 상상력을 자극하고, 민주가 인류의 지성을 향상시킨다. 정신적 자유를 빼앗긴 과학자는 과학적인 탐구를 할 수 없다. 스탈린 정권에 억압당했던 물리학자 솔제니친(Aleksandr Solzhenitsyn, 1918-2008)은 시베리아에서 문학가로 거듭났다. 마찬가지로 하늘의 별을 보면서 물리학자의 꿈을 키운 팡리즈는 결국 과학과 정치를 자유, 민주, 인권의 세 가지 색실로 엮어서 스스로 중국 민주화의 별이 되었다.

제12장
우런화의 펜, 30년 역사전쟁

1989년 6월 3일 늦은 밤에서 다음 날 이른 새벽까지 베이징의 톈안먼 광장 부근에서는 총성이 끊이지 않았다. 군인들이 쏘아대는 AK-47의 총탄에 맞아 수많은 사상자가 발생했다. 탱크에 깔려서 압사하거나 회복 불능으로 다친 사람들도 있었다. 톈안먼 대학살은 중국공산당의 폭력성과 악마성을 전 세계에 드러낸 중대한 사건이었다. "인민 해방"의 군대가 어떻게 비무장 상태로 평화 시위를 이어가는 수많은 인민을 군사 무기로 학살할 수 있는가? 개혁개방에 나선 지 불과 10년밖에 되지 않은 중국공산당은 왜, 어떻게, 무엇을 바라고 그런 무참한 대학살을 자행해야만 했는가?

몇 명이나 죽고, 몇 명이나 다쳤나?

1989년 6월 6일, 국무원 대변인 위안무(袁木, 1927-2018)는 기자회견에서 군대 사상자가 5,000명, 군중 사상자 2,000명이며, 총사망자는 300명을 넘지 않으며, 학생 사망자는 불과 23명이라고 발표했다. 당시 상황을 잘 아는 현장 기자들은 그 발표를 믿지 않았고, 한 사람은 "괴벨스네, 괴벨스야!"라고 소리치기도 했다.[1] 6월 30일 베이징 시장 천시퉁(陳希同, 1930-2013)은 학생 36명을 포함한 200여 명이 사망하고 3,000여 명의 비(非)

군인이 상해를 입었으며, 경찰과 군인 부상자는 6,000명 이상이라고 발표했다.2) 그때부터 중국 정부는 시위대가 먼저 군인들에게 폭행을 가했고, 수세에 몰린 군인들의 발포는 정당방위였으며, 그 결과 군경의 사상자가 민간인 사상자보다 많았다고 주장하고 있다.

중국 정부의 통계는 전혀 미덥지 못하다. 중국 정부가 발표한 2022년도 인구 관련 통계조차 그 신빙성이 의심스러운데,3) 1989년 6월 톈안먼 광장의 사상자에 관한 중국 측 통계를 어떻게 액면 그대로 믿을 수 있을까? 6월 4일 아침 중국 적십자가 외국 기자단에 발표한 사망자의 수는 2,600여 명에 달한다. 베이징의 병원들을 직접 돌며 사망자를 확인한 스위스 대사는 사망자의 수를 2,700명이라고 증언했다. 소련 기자들은 1만 명 정도로 파악했다.4) 캐나다의 사학자 티머시 브룩(Timothy Brook, 1951-)이 현장 답사, 목격자 증언, 병원 기록 등을 조사해서 추산한 사상자의 규모는 사망자가 최소 2,800여 명, 부상자가 최소 7,400여 명이다.5) 2017년 10월 공개된 주중 영국대사 앨런 도널드(Alan Donald, 1931-2018)의 비밀 보고서에 따르면 1989년 베이징의 민간인 희생자는 최소 1만 명에 달했다고 한다.6)

요컨대 톈안먼 대학살의 인명 피해에 관해 지금껏 나온 추측을 보면 최소 300여 명에서 최대 1만 명이 사망했다고 볼 수 있다. 그중 병원 기록을 토대로 추산한다면 사망자를 3,000명 정도로 볼 수 있지만, 문제는 그 역시 정확할 수 없다는 점이다. 베이징 사상자 중 통계에서 누락된 사람들이 충분히 있을 수 있다. 당시 중국에서는 처벌이 두려워서 유가족이 몰래 시신을 지방으로 옮겨서 화장하는 사례도 적지 않았고, 정부의 만행을 폭로하기 위해서 희생자의 장례를 늦추는 경우도 있었다. 부상자의 경우 수술이나 응급 치료가 필요하지 않으면 상처를 입은 채로 숨는 일도 허다했

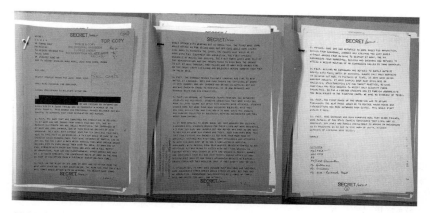

2017년 12월 20일 보도된 도널드 주중 영국대사의 극비 보고서. 홍콩 언론 「홍콩(香港) 01」 기자가 영국의 기록보관소에서 이 문서를 찾아내 보도하면서 세상에 알려졌다. (hk01.com)

다.7) 병원 기록 자체가 부정확할 수도 있다. 의료진은 경찰에 체포되지 않도록 부상자의 신원을 숨겨주고자 했으며, 정부의 요구에 따라서 엑스레이 등 의료 정보를 파괴했다는 증언도 있다.8)

　게다가 위의 수치들 속 사상자들이 모두 베이징에 국한되어 있다는 점도 큰 문제이다. 물론 1989년 민주화 운동의 중심은 베이징의 톈안먼이었지만, 당시에는 지방의 대도시에서도 베이징과 연동되어 크고 작은 시위가 일어났다. 일례로 쓰촨 성의 청두에서도 격렬한 시위가 잇따랐다. 베이징과는 며칠의 시차를 두고 전개되었던 청두의 시위는 6월 4일 톈안먼 대학살 소식이 전해지자 들불처럼 거세게 타올랐고, 그 과정에서 민간인 시위대와 경찰 사이에 격렬한 충돌이 발생해 사망자가 속출했다. 중국 정부는 당시 청두의 사망자가 8명이라고 주장하지만, 미국 외교관들은 10명에서 30명, 목격자들은 수십 명에서 100명에 달한다고 증언한다.9) 현장에 있었던 미국 미시간 대학의 인류학자 칼 후터러(Karl Hutterer)는 1989년

6월 23일 「뉴욕 타임스(*The New York Times*)」에 실린 "청두 나름의 톈안먼 학살"이라는 투고문에서 비무장한 시위 군중을 향한 군경의 무자비한 진압 과정을 고발하고, 300명에서 400명이 곤봉과 칼에 맞아 죽었다고 증언했다.10) 이 글은 1989년의 중국을 이해하기 위해서는 수도에 국한된 협소한 시각을 넘어서는 대륙적 시각이 필요함을 보여준다. 『망각의 인민공화국(*The People's Republic of Amnesia*)』의 저자 루이자 림(Louisa Lim)의 탄식처럼 "중국만큼 큰 나라에서 이 말고도 잊힌 희생자가 또 얼마나 많았겠는가?"11)

망각에 맞서는 기억의 투쟁

1989년 4월 중순부터 일어난 베이징의 봄은 20대 초반 학생들이 주도했지만, 그들과 함께 광장에서 투쟁했던 원로급 이사들과 중년 지식인도 적지 않았다. 이미 앞에서 다룬 자오쯔양 캠프에서 자유파 철학자 옌자치와 상흔 문학의 기수 정이, TV 다큐멘터리 「하상」의 작가 쑤샤오캉 외에도 자유파 언론인 바오쭌신(包遵信, 1937-2007), 경제개혁 이론가 천이쯔(陳一諮, 1940-2014), 기업인 완룬난(萬潤南, 1946-) 등이 있었다. 대학살 이후 이들은 모두 "배후의 흑수"로 수배되었는데, 바오쭌신만 체포되어 5년을 복역했고, 나머지는 모두 미국이나 프랑스로 망명했다.

중년층의 활약도 두드러졌다. 작가이자 인권운동가로서 2010년 노벨평화상을 수상한 류샤오보(劉曉波, 1955-2017), 베이징 대학 사회학연구소 강사 저우뒤(周舵, 1947-), 베이징 사범대학 교수 가오신(高新, 1955-), 타이완의 유명 가수 허우더젠(侯德健, 1956-) 등 일명 "사군자"는 1989년 6월 2일 오후 4시 톈안먼 광장 인민영웅기념비 앞에서 단식 선언식을 거행

하여 대학살 하루 전의 열기를 고조시켰다.[12)]

베이징 대학 사회경제과학연구소를 설립한 천쯔밍(陳子明, 1952-2014)과 왕쥔타오는 그해 4월 중순부터 대학생들과 긴밀히 소통하며 운동에 필요한 자금을 지원하고 시위를 기획한 톈안먼 민주화 운동의 주요 인물이었다. 두 사람은 정권전복죄와 반혁명 선전선동죄로 기소되어 13년형을 선고받았다. 톈안먼의 "반혁명" 지식분자 중에서는 최고형이었다.

왕쥔타오와 베이징 대학에서 만나 친구가 된 인물 중에는 우런화(吳仁華, 1956-)도 있었다. 1989년 당시 그는 정치와 거리를 두고 온종일 고전(古典)의 세계에 빠져 살던 중국 정법대학 문헌학 교수였다. 문혁이 일어나던 시절 정치에 환멸을 느낀 나머지 그는 1978년 베이징 대학에 입학한 뒤로 고전 문헌학 외길을 걸었다. 1980년 내내 순수 학문에 몰두하며 정치와는 거리를 두고 지내던 우런화의 인생은 1989년 봄에 극적으로 바뀌었다. 그해 4월 15일 후야오방이 세상을 떠나자 이틀 후부터 베이징의 대학가는 추모 열기로 술렁였다. 그가 근무하던 정법대학 학생들이 거의 제일 먼저 움직였다. 4월 17일이 오후 1시 정법대학 교정에 집결한 600여 명의 학생들은 교기를 들고서 자유, 민주, 법치를 외치며 톈안먼 광장으로 행진했다. 이들을 이끌던 법학과 청년 강사 천샤오핑(陳小平, 1963-)은 사회경제과학연구소 연구원 출신으로 천쯔밍, 왕쥔타오와 긴밀하게 연결되어 있었다.[13)]

왕쥔타오와 친구였던 우런화는 마침내 고서를 덮고서 분연히 일어났다. "중국의 젊은 지식분자들이 그때까지도 개인의 이익만 생각하고 일어나지 않는다면, 중국에는 희망이 없을 듯했기" 때문이었다. 무엇보다 그는 후야오방이 세상을 떠난 후 중국이 다시 반개혁의 폐쇄적 사회로 바뀔까 우려했다. 최소한 교직을 잃거나 심하면 투옥될 수 있음을 알았지만, 그는 비장한 결심을 하고 청년 교수의 자격으로 정법대학 600여 학생 틈에 섞여서 톈안먼 광장으로 행진했다. 그때부터 6월 초까지 그는 열정적으로 시위에 참여했다. 문혁의 광기에 질려서 정치를 멀리했던 한 고전학자가 자유와 민주의 투사로 거듭나는 과정이었다.

톈안먼 대학살 발생 직전이었다. 1989년 6월 3일 점심께 우런화는 베이징 대학에서 개최한 애국 호헌 연석회의에 참가했다. 각계 민주화 활동가들이 모이는 비밀회의였다. 우런화는 그 단체의 성원은 아니었지만 왕쥔타오와 천쯔밍과의 인연으로 그 자리에 참석했고, 그곳에서 홍콩 침례교 대학 사회학과 추옌량(丘延亮, ?-) 교수를 만났다. 타이완 출신의 노동운동가인 추옌량은 당시 홍콩 교수/학생 대표단으로 톈안먼 광장을 방문한 참이었다. 그는 톈안먼 시위의 주요 인물들과 긴밀하게 교류하고 있었는데,[14] 실제로는 무엇인가 중요한 임무를 수행하는 중이었다. 추옌량은 우런화에게 큰 관심을 보이면서 이름, 직장, 직위 등을 수첩에 기록했다. 이후 드러난 바에 따르면 당시 홍콩의 인권 단체는 머지않아 중국에 닥칠 공안 정국을 대비해서 중국의 민주 인사들을 홍콩으로 빼돌려 서구로 내보내는 극비의 대탈주를 기획하고 있었다. 황작 행동(黃雀行動)이라고 불린 이 작전에는 미국의 비밀정보부(SIS)와 중앙정보부(CIA)도 참여하고 있었다. 누런 참새를 의미하는 황작은 "사마귀가 매미를 잡는데, 그 뒤에 누런 참새가 있다(螳螂捕蟬, 黃雀在後)"는 고사에서 따왔다. 『장자(莊子)』「산목(山木)」에 나오는 널리 알려진 이야기이다. 여기서 사마귀는 중국공산당이고, 매미는 중국의 민주 운동가들이며, 그 뒤에서 사마귀를 노리는 누런 참새는 홍콩의 인권 운동 단체를 가리킨다고 할 수 있다. 홍콩 운동가들의 예상대로 톈안먼에서는 대학살이 일어났고, 열흘이 채 지나기도 전에 베이징 시 공안국은 수배자 명단을 발표했다. 그렇게 검거 열풍이 중국 전역을 휩쓸자 곧바로 사전 준비에 따라 황작 행동이 개시되었다.

왕쥔타오와 긴밀히 연결된 우런화도 물론 수배자 명단에 올랐다. 수배자들은 모두 공안의 추적을 피해서 일단 "잠수를 탔다." 1989년 6월 5일 우런화는 고향 저장 성(浙江省) 원저우(溫州)로 향했지만, 좁혀오는 수사망을 피해서 계속 피신처를 옮겨야만 했다. 1990년 2월, 반년의 도주 끝에 그는 광둥 성 최남단 주하이(珠海)에 당도했다. 이곳에서 바닷속으로 들어간 우런화는 파도를 가르며 4시간 넘게 헤엄쳐서 가까스로 마카오의 해변에 닿았다.15)

당시 전국으로 흩어져서 줄행랑친 수배자 중에는 우런화처럼 황작 작전으로 중국을 탈출하는 데 성공한 사례가 많았다. 기업가, 유명인, 일반 대중의 기금으로 운영된 황작 작전에는 40명 이상의 비밀 요원이 활약했고, 그 덕분에 톈안먼 관련 수배자 가운데 150명 가량이 중국을 벗어날 수 있었다. 대학살 직후 수배 명단에 올랐던 21명 학생 지도자 중에서 6-7명이 황작 작전을 통해서 홍콩을 거쳐 미국이나 프랑스로 망명했다. 제1호 수배자였던 왕단(王丹, 1969-)를 비롯한 6명은 구속되어 최소 1년에서 최대 6년을 복역한 후 중국을 떠나 서구로 향했다. 구속되어 형을 살고도 중국에 남은 사람은 7명이었다.16)

홍콩에서 자유의 몸이 된 우런화는 1990년 7월 미국으로 망명했다. 이후 그는 "권력에 대한 인간의 저항은 망각에 맞서는 기억의 투쟁"이라는 밀란 쿤데라(Milan Kundera, 1929-2023)의 한마디를 늘 가슴에 새기며 살았다. 민주중국진선(The Federation for a Democratic China)의 성원으로서 해외에서 중국의 민주화를 위한 정치적 실천을 게을리하지 않은 그는 기록의 의무를 한순간도 잊지 않았다. 그는 1989년 톈안먼 광장에서 직접 보고, 듣고, 느낀 역사의 실상을 정확한 언어로 상세하게 기록하기 시작했다. 30년에 걸친 그의 기록투쟁은 2019년 톈안먼 민주화 운동과 6-4 대학살에 관한 3권의 방대한 역사서로 정리되었다.

제1부는 2007년 미국 캘리포니아에서 출판된 『톈안먼 광장 유혈 철거 내막(天安門廣場血腥淸場內幕)』으로, 1989년 6월 3일 오후 3시 40분부터 4일 오전 10시까지 톈안먼 대학살의 실상을 분 단위로 상세하게 기록한 474쪽의 대작이다. 2009년에 출간된 제2부 『6-4 사건 중의 계엄부대(六四事件中的戒嚴部隊)』는 1989년 당시 베이징, 선양(瀋陽), 지난(濟南), 난징 등에서 차출된 20만여 병력의 실체를 부대별로 상세하게 파헤친 독보적인 저작이다. 톈안먼 대학살 30주년을 맞는 2019년 5월, 우런화는 마침내 1989년 4월 15일부터 1989년 6월 30일까지 주요 사건을 날짜별로 정리한 643쪽의 제3부 『6-4 사건 전 과정 실록(六四事件全過程實錄)』을 출판했다.

신화를 해체하는 역사가의 노동

우런화는 왜 첫 책에서 1989년 6월 3일 저녁부터 6월 4일 아침까지의 짧은 시간에 500쪽의 지면을 할애했을까? 중국공산당의 교묘한 역사 왜곡과 조직적인 선전, 선동을 차단하기 위함이었다. 1989년 6월 3일 밤에서 6월 4일 새벽까지 중공중앙은 20만의 병력을 동원해서 베이징을 점령하고 평화 시위 중이던 학생과 시민들을 학살했다. 그 직후에는 민주화의 확산을 막기 위해서 본격적인 선전전에 돌입했다. 중공 기관지가 총동원되는 중공중앙의 선전, 선동은 역사를 신화로 만들고, 거짓을 진실로 바꾸고, 희생자를 가해자로 둔갑시키는 이데올로기 공작이다. 우런화가 맞서 싸우는 대상이 바로 중공의 중앙선전부이기 때문에 그의 투쟁은 그만큼 치열할 수밖에 없었다.

대학살 닷새 후인 6월 9일, 공식 행사에 모습을 드러낸 덩샤오핑은 계엄군의 공로를 치하하며 "인민해방군은 진정 당과 국가를 지키는 철의 장성"이라고 치켜세웠다. 그는 톈안먼 시위는 동란(動亂)이 아니라 반혁명 폭란(暴亂)이라고 규정한 후, 군경의 희생을 애도하고는 민간인 희생자들에 대해서는 한마디 언급도 없이 비무장 시민들을 무차별 학살한 군대를 인민을 위해서 피 흘린 피해자로 뒤바꾸었다.

> 이 사건의 처리는 우리 군에 매우 엄중한 정치적 시험이었소. 우리 해방군이 시험에서 합격했음은 이제 실천적으로 증명되었소. 만약 탱크로 깔아뭉갰다면, 전국에서 시비가 혼탁해질 수 있소. 따라서 우리는 해방군 전투병들이 바로 그렇게 [자신을 희생하는] 태도로 이 폭란을 처리했음에 감사해야 하오. 큰 손실은 우리의 가슴을 쓰리게 하지만, 우리는 인민을 얻을 수 있었고 시비가 분명하지 못한 이들의 생각을 고칠 수 있었소. 여러분, 해방군은 대체 어떤 사람들이오? 그들이 톈안먼에서 철철 피를 흘리지 않았소? 그 피는 대체 누구의 것이요?……해방군은 인민의 자제병(子弟兵)이오.…… 우리에게 얼마나 큰 손실이 있었든, 어떻게 다시 바뀌든, 우리 해방군은 영원히 당의 영도 아래 있는 군이며, 영원히 국가와 사회주의를 보위하고, 영원히 인민의 이익을 보호하는 가장 사랑스러운 사람들이요. 또한 우리는 영원히 잊지 말아야 하오. 우리들의 적인이 얼마나 흉악하고 잔악한지를. 그들에 대해서는 손톱만큼의 용서도 없어야 하오!17)

덩샤오핑의 연설은 중앙선전부에 하달되는 이념적 지침이 되었다. 1989

년 6월 30일 중공중앙 정치국 위원이자 베이징 시장 천시통은 "동란 제지와 반혁명 폭란의 종식에 관한 정황 보고"에서 다음과 같이 발언했다.

> 1989년 6월 3일 오후 5시경 불법조직 베이징 고교(대학교 이상) 학생 자치 연합회와 베이징 노동자 자치 연합회의 우두머리들이 톈안먼 광장에서 과도, 비수, 쇠몽둥이, 철제 체인, 죽창 등을 나눠주며 군경을 모두 잡아서 죽여버리자고 외쳐댔다![18)

대학생과 노동자들의 불법조직이 선제적으로 사회주의를 파괴하는 반혁명 폭란을 일으켰기 때문에 군대가 정당방위로 무력을 사용해서 많은 군인 희생자가 발생할 수밖에 없었다는 주장이었다. 모든 증거와 정황을 비춰보면 이는 허위에 불과하지만, 중국공산당은 인민의 귀를 막고, 눈을 가리고, 입에는 재갈을 물리고 전 인민을 망각의 강물 속으로 밀어넣었다. 그 결과 오늘날 중국의 젊은 세대는 톈안먼 대학살에 대해서 거의 듣고 본 바가 없다.

1989년 6월 4일 새벽의 학살

우런화는 3부작 중 제1부의 400여 쪽을 1989년 6월 3일 오후 3시부터 6월 4일 오전 10시까지 하루가 채 되지 않는 짧은 시간에 모두 할애했다. 3일 밤 11시가 지나 톈안먼 광장에서 동쪽으로 6킬로미터쯤 떨어진 무시디(木樨地) 근방에서 발생한 대량 학살에 관해서는 이미 많은 연구가 축적되어 있다. 400여 쪽의 치밀한 기록 중에서도 우런화가 가장 절실하게 세상에 알리고자 한 증언은 책의 맨 마지막 두 장에 있다. 바로 6월 4일 오전 6시경에 그가 패잔병처럼 숙소로 돌아가는 군중과 함께 목격한 잔인한 학살이었다. 그 생생한 기억을 세상에 전하기 위해서 그는 이 사건의 기록을 마지막에 배치했다. 이렇듯 과감한 구성은 긴박한 불협화음이 끊임없이 고조되다가 절정에 이르러 장엄한 여음을 끌며 끝도 없이 이어지는 랩소디의 피날레를 연상시킨다.

톈안먼 시위 진압을 위해서 중공중앙은 해군을 제외한 전군의 각종 부대를 출동시켰다. 그중에는 장갑병, 탱크병, 육군, 공군, 포병부대도 속해 있었다. 1989년 6월 4일 새벽 6시경, 수만 명 규모의 계엄부대가 톈안먼 광장을 전면 통제했다. 광장의 모든 진입로가 막혔다. 탱크와 장갑차가 도열하고, 중무장한 계엄군이 광장을 점령했다. 6월 4일 아침까지 시위대를 모두 내쫓고 광장을 완벽하게 비우라는 지시를 받은 계엄군은 단식투쟁을 이어가던 톈안먼의 시위대를 향해서 최후통첩을 선포했다. 그들은 시위대를 향해 즉시 광장에서 떠나지 않으면 즉각 무차별 발포하겠다고 협박했다.

시위대의 다수가 결사항전을 외쳤으나 지난밤 11시 무렵부터 들려오는 총성은 갈수록 잦아지고 있었다. 격렬한 반대에도 불구하고 학생들은 해산을 결정했고, 광장의 한 모퉁이를 통해서 열을 맞춰 모두 빠져나갔다. 7주일 동안 이어진 톈안먼 광장의 민주화 운동은 그렇게 군대의 총칼 앞에서 서글프게 막을 내렸다. 당시 현장에서 마지막 순간을 지키던 우런화는 젊은 학생들과 함께 톈안먼 광장을 빠져나갔다. 그들은 북서쪽으로 10.5킬로미터 떨어진 중국 정법대학의 숙소로 힘겹게 걸음을 옮겼다. 밤새 총성을 들으며 불안과 공포 속에서 생사의 결단을 내리느라 학생들은 지칠 대로 지쳐 있었다.

……톈안먼 광장의 동남쪽 가장자리에 20명쯤 되는 민중이 가로수길 철제 난간을 사이에 두고 1개 중대 병력의 계엄군과 대치하고 있었다. 40세 정도 되는 지휘관이 권총을 손에 든 채 대오 주위를 어슬렁거렸다. 그때 중키에 통통한 40대 여성들이 철제 난간을 잡고 서서 군인들을 향해 눈물과 콧물을 흘리면서 꾸짖었다.

"학생들이 무슨 죄가 있어요? 당신들 형제잖아요. 왜 그렇게 악랄하게 그들에게 총을 쐈어요? 누가 당신들에게 총을 쏘라 했다고, 쏘라고 명령했다고, 어떻게 그렇게 쏠 수가 있어요? 양심도 없어요? 생각해봐요. 당신들이 누구에게 총을 쏴야 하나요? 적에게 쏴야지, 지금 누구한테 총을 겨누고 있어요?"

격정적인 여인의 울부짖음에 주변의 군중도 모두 한마디씩 거들었다. 그 상황에서 입을 다물고 있던 군관이 총을 빼 들고는 허공을 향해 발포하겠다는 경고의 동작을 취했으나 차마 방아쇠를 당기지는 못한 채 총을 거두었다. 발포 협박에 놀란 민중은 "쏴, 쏴!" 하고 소리쳤다. 그 여성도 "무섭지 않다! 쏴라!" 하고 소리쳤다. 인민의 기세에 겁먹은 군인은 저항하듯 총을 든 손을 하늘로 쭉 뻗더니 허공을 향해서 발포했다. 탕, 탕, 탕! 굉음이 터지자 사람들은 입을 꾹 다물고 그 군인에게 경멸의 눈빛을 보냈다. 그때 4명의 베이징 아주머니들이 전혀 겁먹지 않은 얼굴로 격분하여 소리쳤다. "좋아, 망나니야, 진짜 해봐라. 오냐, 한번 보자, 인민은 너희가 하나도 무섭지 않아! 파시스트야, 총을 쏴라! 인민은 너희가 무섭지 않아!"

여인들은 눈물을 펑펑 쏟으며 울부짖었다. 4명의 여인들은 군인들을 향해서 큰소리로 쉴 새 없이 따졌고, 군인들은 입을 꾹 닫은 채 그 자리에서 한마디 대꾸도 하지 못했다.……19)

1989년 6월 4일 새벽 6시경 톈안먼 광장에서 서쪽으로 불과 1.5킬로미터밖에 떨어지지 않은 류부커우(六部口)를 지날 때였다. 우런화는 바로 그 현장에서 직접 눈으로 목격하면서 처절하게 겪었던 사건을 담담한 어투로 기록했다.

3대의 탱크가 황색 매연을 뿜는 독기탄(毒氣彈)을 쏘면서 달려오더니 줄을 맞춰 걸어가던 수천 명 학생의 대오를 쾌속으로 따라와서 자전거 길을 통해 돌아나갔다. 일순간 창안대 거리에 황색의 연무가 자욱하게 깔렸는데, 최루가스 같지는 않았다. 자극적인데 눈물은 나지 않고 일단 들이마시면 가슴이 막히고 호흡 곤란이 와서 숨을 쉴 수 없었다. 황색 연기를 마신 수많은 학생이 고통스럽게 인도 위에 엎어져서 구역질을 했다. 현장에 있던 정법대학의 젊은 여교수 장리잉(張麗英)은 그 가스를 마시고 실성하여 병원으로 실려 갔다. 한 학생은 황색 연무의 냄새가 고등학교 시절 화학 실험 때 맡아본 염소(鹽素) 냄새와 흡사하다고 했다. 염소탄이라면 인체에 영구 상해를 입히고 심지어는 죽일 수도 있어서 국제법으로 금지되는 화학 무기의 일종이었다.[20)

이어서 우런화는 탱크가 광장에서 철수하는 학생 대오를 따라와서 짓밟는 장면을 목격했다.

탱크가 지나간 후 우리가 있던 곳보다 약간 뒤에서 따라오던 학생 중 11명이 탱크에 깔려서 참혹하게 죽었다. 수많은 학생이 부상을 당했는데, 그중 2명은 탱크에 깔려 두 다리를 잃었다. 군중이 급히 두 사람을 병원으로 데려갔지만, 부상이 심해서 소생할 가능성은 없어 보였다. 그 비극이 발생한 장소는 류부커우였다.

나는 탱크가 광장에서 철수하는 학생들을 따라와서 깔아뭉갠 류부커우 사건의 목격자이다. 내 눈으로 직접 세 대의 탱크가 학생들을 따라와서 압살하는 장면을 목격했다. 류부커우에서 탱크가 철수하는 학생들을 따라와 압살한 사건의 목격자와 물증은 너무나 많다.[21)]

그는 만면에 눈물을 쏟으며 공포에 질린 학생들과 함께 정법대학의 교정으로 돌아갔다. 그날 아침 10시경 톈안먼 광장에서 마지막까지 민주화운동에 투신했던 학생과 교수들이 중국 정법대학의 교정에 도착했을 때, 밤새 계속된 날카로운 총성에 잠을 이루지 못한 수천 명의 정법대학 교수와 학생들이 가슴을 졸이며 그들을 기다리고 있었다. 교정 동문으로 들어서는 순간, 우런화는 교정 중앙 건물 앞 의자 위에 눕혀진 5구의 시신을 보았다. 바로 그날 아침 탱크에 깔려서 급사한 5명의 학생들이었다. 일순간 교정은 울음바다가 되었다.[22)]

우런화는 그 참혹한 현장에서 시신 앞에 무릎을 꿇고서 목 놓아 통곡했다. 그의 마음속으로 반복해서 한마디를 읊조렸다. "영불유망(永不遺忘 : 영원히 잊지 않으리)!"[23)]

톈안먼 대학살과 관련해서 아무런 말도 꺼낼 수 없는 중국공산당의 부당한 폭력 앞에서 집체적인 망각에 맞서는 한 지식인의 무서운 저항이 아닐 수 없다. 미국에 거주하는 한 망명가의 저항은 군경을 독점한 중공의 큰 권력 앞에서는 한갓 풀벌레의 울음만큼 미약해 보이지만, 한 시대의 역사란 그 시대를 살아간 수많은 무명씨가 한 사람씩 비문 새기듯 세상에 남겨놓은 생생한 목격담과 뼈아픈 체험담, 절절한 증언과 진실된 고백, 적나라한 폭로와 충격적인 고발, 신랄한 비판과 격렬한 항의가 모두 한데 모여 큰 물줄기로 흘러가는 기록의 대하(大河)이다. 지금이야 비록 중국공산당의 권력이 막강해 보이지만, 우런화의 정직한 기록을 절대로 이길 수 없다. 독재정권의 인권유린과 정치범죄에 분노하는 이 세상 사람들이 허위의 장막을 걷고 인간의 진실을 찾아 우런화의 기록을 읽을 것이기 때문이다.

마오쩌둥이 세상을 떠난 뒤 1년밖에 지나지 않은 1977년 9월, 덩샤오핑은 문화혁명 시기에 발생한 억울한 사건 300만 건 이상의 진상을 규명하고 피해자를 구제하는 발란반정 운동을 개시했다. 반면 30여 년 전에 벌어진 톈안먼 대학살에 관해서 중공중앙은 오늘도 탄압과 검열의 고삐를 조이고 있다. 왜 중공중앙은 과거사의 오류를 인정하고 유가족의 슬픔을 달래주는 정치적 출구를 찾을 수 없는가? 여기에는 두 가지 이유가 있을 듯하다.

첫째, 톈안먼 대학살의 과오를 시인할 경우 중공중앙은 1989년 민주화 운동의 정당성을 인정할 수밖에 없기 때문이다. 그렇게 되면 언제든 대규모 시위가 일어나서 독재 권력을 공격하고 비판할 수 있다.

둘째, 지난 수십 년 동안 중공중앙이 톈안먼 대학살의 규모를 축소하고 실상을 왜곡해왔기 때문이다. 영국의 비밀 외교문서에 적혀 있듯 "민간인 희생자가 최소 1만 명"에 달한다면, 중공중앙은 절대로 있는 그대로의 사실을 밝힐 수 없다. 그 사실이 백일하에 드러나는 순간 중공중앙은 통치의 정당성을 잃고 무너질 수밖에 없기 때문이다.

이 두 가지 이유가 아니라면, 중공중앙은 왜 이미 33년이나 지나버린 과거사에 대해서 언론의 보도는 고사하고 학술적인 토론조차 할 수 없도록 감시와 처벌을 강화하고 있을까?

톈안먼 대학살, 왜 짓밟고 쏘아야 했나?

1989년 베이징의 봄이 전 세계에 보도되고 있을 때, 중국공산당은 민주, 자유, 부패 척결을 외치며 평화롭게 시위하는 학생과 시민을 향해 탱크와 장갑차로 무장한 20만 병력을 투입했다. 그 20만 병력은 국가의 수도를 에워싸고 들어와서 포위망을 좁히다가 일격에 도심을 탈취하는 군사작전으로 군중을 학살하고 진압했다. 중공중앙이 대학살을 감행할 때, 그들에게 진정 시위를 해산하고 인민을 겁줘서 굴복시키려는 일차원적 의도밖에 없었을까? 그 목적이 전부였다면 인명 피해는 최소화하면서 시위대를 해산하는 전술이 없었을 리 없다. 비근한 예로 1976년 4월 톈안먼의 시위를 진압할 때에는 단 1명의 사망자도 발생하지 않았다.

13년 전 이미 군 동원 없이도 톈안먼 광장의 시위를 진압한 중공중앙이 1989년 6월에는 20만 병력을 동원하는 대규모 군사작전을 펼친 이유가 무엇일까? 1949년 1월 국공내전 당시 중국공산당의 군대가 베이징을 해방한 이래, 그토록 대규모의 병력이 수도를 점령한 사례는 없었다. 덩샤오핑은 무슨 생각으로 20만 병력의 출동을 명했을까?

먼저 당시 동원된 병력을 구체적으로 살펴보자. 표 1과 같이 베이징 주위 경기(京畿) 지역 방위부대 외에도 랴오닝 성(遼寧省)의 선양, 산둥 성의 지난, 심지어는 베이징에서 1,000킬로미터 이상 떨어진 난징에서도 대규모의 부대가 동원되었다.

우런화는 톈안먼 대학살의 최종 결정자인 당시 중앙군사위원회 주석 덩샤오핑과 중공중앙 보수파가 난징의 병력까지 끌어와서 시위를 진압할 수밖에 없었던 더 중요한 이유가 있었음을 지적한다.

| 표 1 | 톈안먼 대학살에 동원된 군부대

지역	소속 부대
베이징 군구(軍區)	육군 제24집단군, 제27집단군, 제28집단군, 제38집단군, 제63집단군, 제65집단군, 포병 제14사(師)
선양(瀋陽) 군구	육군 제39집단군, 제40집단군, 제64집단군
지난 군구	육군 제20집단군, 제26집단군, 제54집단군, 제67집단군
난징 군구	육군 제12집단군
중앙군사위원회 직속	낙하산병 제15군
베이징 위술 구(衛戍區)	경위(警衛) 제1사, 경위 제3사
톈진 경비 구(警備區)	탱크 제1사
베이징 시	무장경찰 부대 베이징 시 총대(總隊)
도합 병력 총수	20만 이상

吳仁華, 『六四事件中的戒嚴部隊』(眞相出版社, 2009), 8.

덩샤오핑과 양상쿤(楊尙昆, 1907-1998)이 이처럼 방대한 병력을 동원해서 주도면밀한 군사작전을 감행한 데에는 분명 평화롭게 시위하는 학생들과 그들을 성원하는 시민들을 진압하려는 목적뿐만 아니라 중공 당내에서의 정변을 막고 군대의 병변(兵變)을 막으려는 의도도 있었다.24)

덩샤오핑과 양상쿤의 입장에서 정변을 획책할 수 있는 당내의 요주의 인물은 중국공산당 총서기 자오쯔양과 중공중앙 정치국 상위의 후치리(胡啓立, 1929-), 중앙서기처 서기 루이싱원(芮杏文, 1927-2005), 통전부(統戰部) 장관 옌밍푸(閻明複, 1931-) 등이었다. 정변이란 권력투쟁을 통해서 정부의 권력이 교체되는 상황을 이른다. 병변이란 군대가 일어나서 정치 권력을 탈취하는 군사 쿠데타를 의미한다. 1989년 봄의 대혼란 속에서 공산당 총서기 자오쯔양이 군부의 지지를 이끌어내 정권을 다시 장악하는 사태가 발생할 가능성은 충분히 있었다. 바로 그러한 상황에서 덩샤오핑은 대규모 병력을 기민하게 움직여 수도를 포위함으로써 군부의 반발 의지를 미연에 꺾어버리는 선제적인 무력시위를 펼쳤다는 설명이 가능하다.

개혁개방 초기인 1979년부터 덩샤오핑은 흡사 날개를 단 새처럼 좌우에 마르크스-레닌주의와 마오쩌둥 사상을 견지하는 보수파와 시장주의 자유화를 지향하는 개혁파를 끌어안고 있었다. 그러다 1980년대 중반부터는 보수파에 기울어 1987년 1월 15일 개혁파의 영수 후야오방을 공산당 총서기직에서 파면했다. 후야오방에 이어 개혁파 영수 자오쯔양 역시 6-4 대학살 이후 가택연금을 당해야만 했다.

덩샤오핑은 군 동원이야말로 일거에 개혁파를 제압할 수 있는 가장 강력한 방법임을 알고 있었다. 권력이 총구에서 나옴을 누구보다 잘 알았던 그는 공산당 총서기, 국가주석, 국무원 총리의 직책을 모두 아랫사람에 양보한 채로 오직 중앙군사위원회 주석의 직위만을 가지고 있었다. 인류사의 경험을 돌아보면, 중국뿐 아니라 어떤 국가든 군권을 거머쥐고 병력을 움직이는 세력이 정치 권력을 장악하게 마련이다.

미국의 경우 대통령이 군대의 최상위 통수권자이지만, 의회도 동시에 군대의 명령계통을 결정하고 군사조직을 창설하거나 개편할 수 있는 강력한 권한을 가진다. 견제와 균형의 원리를 통해서 군의 정치적 개입을 원천 차단하는 근대 입헌주의의 군사체제라고 할 수 있다. 미국과 달리 중국은 정부 내의 권력 분립을 이념적으로 부정하기 때문에 270만 중국 인민해방군은 중국공산당에 귀속된다.

1989년 톈안먼 대학살은 최고영도자가 정변 시도를 원천 차단하기 위해서 20만 병력을 동원해 수도를 통째로 점령할 수 있었음을 보여주는 중대한 사건이다. 중국은 민주적 절차에 따른 국민 총선거가 아니라 내전을 통해서 세워진 나라이기 때문에 더더욱 그러하다. 중국에서조차 군권의 장악은 절대로 쉬운 일일 수 없다. 당내 권력의 역학에 따라서 군대에 대한 당의 지배력 자체가 언제든 바뀔 수 있기 때문이다.

이미 언급했듯, 덩샤오핑으로서는 군권을 완벽하게 장악하기 위해서 군사훈련을 넘어 실제적인 군사작전을 수행할 필요가 있었다. 무엇보다 1989년 5월 말부터 톈안먼 진압을 명령받은 군부 장성들이 중공중앙의 부당한 명령에 항거하는 조짐이 일기 시작했기 때문이다.

인민해방군 참모총장 뤄루이칭(羅瑞卿, 1906-1978)은 문혁 당시 최초로 군부의 반혁명 수정주의자로 지목되었던 비운의 장성이었다. 홍위병의 가혹 행위에 시달리다 투신한 후 불구가 되었음에도 그는 들것에 실려 계속 조리돌림을 당해야만 했다. 1989년 당시 그런 뤄루이칭의 딸 뤄뎬뎬(羅點點, 1951- , 본명 峪叮)은 해군 병원 문진과의 주임으로 복무하고 있었다. 중공중앙이 군대를 투입해 시위 군중을 진압하려 한다는 사실을 확인한 뤄뎬뎬은 강력하게 반발했다.

뤄뎬뎬은 아버지 뤄루이칭의 군맥(軍脈)을 총동원하여 군부의 중요한 인물들과 곧바로 접촉했다. 1989년 5월 22일 단 하루 만에 그는 1955년 장군 직위를 수여받은 해방군 상장(上將 : 중장과 대장 사이 계급) 가운데 7명의 서명을 받아냈고, 곧이어 계엄 지휘부에 톈안먼 광장에 대한 군대 투입을 반대하는 연명(聯名) 성명서를 작성해 올렸다. 물론 해방군 원로 상장 7인의 연명 성명서 관련 뉴스는 중국 관영매체에서는 전혀 보도되지 않았다. 반면 무력 진압을 주장해온 덩샤오핑 등 중공중앙의 강경파는 군부의 반대 세력을 확인할 수 있었다(한편 뤄뎬뎬은 그후 긴급 체포되어

1년 이상 수감당한 후에야 덩샤오핑의 딸의 도움으로 간신히 풀려날 수 있었지만, 군직은 박탈당했다).25)

군부 원로의 반발에 부딪혀 무력 진압을 포기한다면 중공중앙의 군권 장악력은 급속히 저하될 수밖에 없었다. 덩샤오핑과 양상쿤은 더욱 강경한 무력 진압을 결정했다. 1983-1988년 덩샤오핑의 아래에서 국가주석을 수행한 리셴녠의 사위로서 당시 우한 군구의 공군 정치위원이었던 류야저우(劉亞洲, 1952-)는 이후 내부 보고서를 통해서 당시 상황을 다음과 같이 설명했다. 베이징 군구 병력은 수도 지역에 오래 주둔하여 당시 베이징 사정에 훤한 데다가 학생 운동의 정황도 잘 알아서 학생들을 동정하고, 심지어는 학생 운동에 연계될 가능성도 있으므로 계엄령을 집행하기에 적합하지 않았다. 그는 "다행히 영명하신 덩샤오핑이 베이징 군구의 부대 외에도 다른 군구에서 대규모의 병력을 수도에 진주시켜서 큰 문제가 발생하지 않을 수 있었다"라고 지적했다.26) 덩샤오핑이 베이징 군구 외에도 선양, 지난, 난징의 부대까지 불러와서 계엄군을 구성함으로써 수도 사정에 밝은 베이징 병사와 학생, 시민의 연대를 차단하고, 나아가 군부대 간 감시와 견제를 통해 병변의 가능성을 최소화하고자 했다는 설명이다. 상식적으로 여러 지역의 다양한 군구에서 병력을 동원하면, 군부대 사이에서 감독과 견제가 이루어지기 때문에 다른 지역 군구 간의 횡적 연대를 통한 병변의 발생 가능성이 낮아진다.27)

실제로 1989년 5월 말 계엄군을 1차 투입했을 때, 학생과 시민들은 군사 차량을 몸으로 막으면서 굶주린 병사들에게 음식을 나눠주며 절대로 시민들에게 폭력을 쓰지 말라고 설득했다. 진입이 막혀버린 계엄군은 즉각 군부대를 철수해야 했다. 이처럼 시행착오를 겪은 후 1989년 6월 초 계엄군을 새로 정비한 중공중앙은 새로운 전술을 통해서 톈안먼 대학살을 자행하기에 이르렀다.

또한 톈안먼 대학살을 감행함으로써 덩샤오핑은 당내의 반대 세력을 무력화함과 동시에 군부의 저항 집단을 선제적으로 제거할 수 있었다. 덩샤오핑으로서는 일거양득의 권력 게임이었지만, 중국의 민주화 운동은 비참하게 끝날 수밖에 없었다. 요컨대 톈안먼 대학살은 중국공산당 대 인민의 대립만으로는 도저히 설명될 수가 없다. 제아무리 독재정권이라도 인민을 향해 총질하는 만행을 쉽게 결정할 수는 없다. 오직 중공중앙 내부에서 벌어지는 치열한 권력투쟁과 중공 대 군부 사이의 긴장을 함께 살펴보아야만 당시 85세의 덩샤오핑이 잔혹한 대학살을 감행한 복합적 이유가 밝혀질 수 있다. 동서고금을 막론하고 권력을 쥔 자에게 가장 절실한 문제는 그 권력을 놓치지 않는 것이기 때문이다.

기억을 억압하는 중국공산당

톈안먼 민주화 운동 33주년을 앞두고 베이징 인민정부 산하 톈안먼 지구 관리위원회는 5월 25일에서 6월 15일까지 톈안먼 광장의 당일 방문 예약을 모두 중단시켰다. 광장에 군중이 운집할 가능성을 사전에 전면 차단하고자 하는 의도였다. 톈안먼 어머니회 등 톈안먼 희생자 유가족은 특히 삼엄한 감시를 받았다. 해외로 망명한 톈안먼 민주 인사는 중국 내의 가족들과 자유롭게 전화도 하지 못했다.

2021년 7월 후베이 지방 법원은 인권 운동가 잉쉬안(尹旭安, 1974-)에게 4년 6개월 형을 선고했다. 법원은 그가 트위터에 올린 톈안먼 추모식 사진을 결정적인 증거로 채택했는데, 죄명은 "싸움을 걸고 문제를 일으켰다"는 의미의 심흔자사죄였다. 오늘날 심흔자사죄는 인권 운동가와 민주

인사를 체포하고 처벌할 때 적용되는 이현령비현령(耳懸鈴鼻懸鈴)의 법이다.28)

같은 해인 2021년 10월 광둥 지방 법원은 인권 운동가 장우저우(張五洲, 1969-)에게 톈안먼 일인 추모식을 거행하고 홍콩 국가안전법에 반대를 표명했다는 이유로 2년 6개월 형을 선고했다. 장우저우에게도 공무집행방해죄와 심흔자사죄가 적용되었다.

2021년 12월 쓰촨 성 청두 지방 법원은 인권 운동에 전념해온 블로거 천윈페이(陳雲飛, 1967-)에게 심흔자사죄로 4년 형을 선고했다. 1989년 톈안먼 민주화 운동에 적극적으로 참여했던 천윈페이는 2015년 톈안먼 희생자 추도회를 기획했다는 이유로 이미 체포된 전력이 있었다. 당시 고작 20명이 참석한 추모식의 현장에 100명의 경찰이 들이닥쳐서 그를 국가권력전복선동죄와 심흔자사죄로 체포했다. 2019년에야 만기 출소한 천윈페이는 불과 2년 만에 다시 갇힌 몸이 되었다.29)

역시 톈안먼 민주화 운동에 참여했던 황치(黃琦, 1963-)는 톈안먼 실종자를 찾기 위한 톈왕(天網) 인권센터를 세운 인권 운동가이다. 그는 1999년 중국의 인권 상황을 감시하고 고발하는 인터넷 사이트 "6-4 톈왕"을 창시했고, 2000년 국가기밀 불법보유죄로 체포되었다. 2006년 출옥한 그는 곧바로 다시 "톈왕"을 재건했지만, 그해 8월 18일 불의의 사이버공격으로 사이트가 폭파되어버렸다. 2019년 황치는 고의성 국가기밀 누설죄와 불법성 국가기밀 해외누설죄로 12년을 선고받고 복역 중이다.30)

이외에도 중국 당국은 해외에서 체류하는 톈안먼 민주화 운동가들을 여전히 감시하고 압박하고 있다. 베이징 대학 법대생으로서 톈안먼 민주화 운동에 참여했던 슝옌(熊焱, 1964-)은 19개월간 죄명도 없이 악명 높은 친청 감옥에서의 수감 생활을 감내해야만 했다. 출옥 후 그는 기독교도가

1989년 6월 베이징 톈안먼에서 시위를 진압하기 위해 몰려드는 탱크 부대. (공공부문)

되어 1992년 미국으로 망명했다. 이후 미군에 입대하여 군목으로 복무한 그는 최근 뉴욕 시 하원 선거구에 민주당 대표로 출마했는데, 이때 5명의 중국 정부 요원들이 그를 스토킹하면서 회유와 협박을 가하고 있다고 폭로했다.31)

1989년 이래 자유의 허브 홍콩에서는 톈안먼 대학살의 진상을 규명하고 희생자를 추모하는 등 민주와 인권과 관련된 활동이 끊이지 않았다. 홍콩의 교회에서는 해마다 6-4 희생자 추도예배가 거행되었고, 빅토리아 공원에서는 대규모 시민들이 참여하는 추모식이 거행되어왔다.

2020년 6월 3일 베이징에서 개최된 전국인민대표대회에서 홍콩 국가안전법이 통과되었다. 2021년 3월 30일에는 홍콩 선거제가 베이징의 입맛에 맞게 개편되었다. 이후 홍콩 정부는 베이징의 눈치를 보면서 노골적으로 톈안먼 관련 활동 전반에 대대적인 압박과 탄압을 가하기 시작했다.

해마다 열리던 빅토리아 공원의 톈안먼 희생자 추모제는 2020년 이래 금지되었다. 2021년 홍콩 경찰은 톈안먼 희생자 추모대회를 개최한 26명의 민주 인사들을 구속했다.

2014년 우산혁명의 젊은 영웅 조슈아 웡(Joshua Wong, 1996-), 반중 기업인인 동시에 「빈과일보(蘋果日報)」의 발행인인 지미 라이(Jimmy Lai, 1947-), 2019-2020년 홍콩 시위를 심층 보도한 언론인 귀네스 호(Gwyneth Ho, 1990-) 등 26명의 민주 인사들이 4개월에서 14개월의 실형을 선고받았다. 이들의 죄명은 대부분 선동죄였다. 2020년 톈안먼 대학살 추모식에 타인들을 참석하라고 권유했다는 이유였다.

2022년 초 홍콩 법원은 인권변호사 초우항텅(Chow Hang-tung, 1985-)에게도 2020년과 2021년 톈안먼 추모회에 참석해서 대중을 선동했다는 죄명으로 22개월의 실형을 선고했다. 초우 변호사는 애국민주 운동을 지지하는 홍콩 시민 운동 연합회의 부의장이다. 2021년 6월 홍콩 경찰은 이 단체가 운영해온 6-4 기념관을 폐쇄하라고 명령했고, 홍콩 시민 운동 연합회가 불응하자 3개월 후 기념관을 습격해서 강제로 폐쇄했다.[32]

2021년 12월 23일 홍콩 대학에서 "치욕의 기둥"이 사라졌다. 청동, 구리, 콘크리트로 제작된 "치욕의 기둥"은 높이 8미터에 무게가 약 2톤인 대형 조형물이다. 1997년 홍콩 반환을 몇 주일 앞두고 덴마크 조각가 옌스 갈쉬어트(Jens Galschiot, 1954-)가 완성한 이 작품은 1997년 6월 3일 톈안먼 8주기 추모식에 맞춰 홍콩 빅토리아 공원에 처음으로 전시되었다. 이후 "치욕의 기둥"은 1998년 12월 홍콩 대학으로 옮겨져서 23년간 그 자리를 지켰다.[33]

이 작품은 멀리서 보면 울퉁불퉁 땅 위로 솟아오른 원통 모양이지만, 자세히 보면 꿈틀꿈틀 사람들이 하늘을 향해 절규하는 형상이다. 누가 보아도 톈안먼 대학살의 희생자를 기리는 작품으로, 자유와 인권을 상징한다. 이 작품의 밑동에는 "6-4 도살"이라는 큰 글씨 옆에 "늙은이가 어찌 젊은이를 다 죽일 수 있으랴(老人豈能夠殺光年輕人)!"라는 글귀가 초서체로 새겨져 있다.

최근 수년간 중공중앙은 홍콩의 민주주의를 파괴하는 극단적인 조치를 취해 세계를 경악하게 했다. 급기야 자유, 인권, 민주주의를 생명으로 하는 대학이 어떤 압력에 시달렸는지 "치욕의 기둥"까지 철거했다. 소식을 전해 들은 갈쉬어트는 작품을 덴마크로 옮겨오려고 했지만, 정부의 보복이 두렵다며 어느 운송업체도 나서지 않았다. 학생들은 항의하며 경찰의 감시를 피해 "번개" 집회를 열기도 했지만, 톈안먼 대학살의 기억을 지우려는 홍콩 정부의 시도는 거세지기만 했다.

"치욕의 기둥"은 중국어로 흔히 "국상지주(國殤之株)"라고 번역된다. 중국어에서 국상(國殤)은 흔히 순국열사를 가리키지만, 여기서 상(殤)자는 본래 일찍 죽는다는 뜻이다. 국상이라는 단어는 국가 때문에 요절했다는 항의의 의미와 함께 나라를 위해서 일찍 순절했다는 안타까운 칭송의 의미를 동시에 담고 있다. 국가를 위해서 싸우다가 국가폭력으로 꽃다운 젊은 나이에 목숨을 잃었다는 뜻이다.[34]

이제 홍콩의 거의 모든 대학에서는 톈안먼 민주화 운동을 기리는 조형물이 자취를 감추었다. 자유의 허브 홍콩에서 톈안먼 대학살을 규탄하고 희생자를 추모하지 못한다면, 이제 중국 영토 내에서 6-4의 기억을 유지할 수 있는 곳은 없다. 어둠의 기억을 제거하려는 중국공산당의 만행이 중국의 인민을 망각의 늪으로 밀어넣고 있다.

홍콩에서 톈안먼 희생자를 추모할 수 없다면 대안은 무엇일까? 1989년 톈안먼의 민주투사들은 2022년부터 타이완에서 톈안먼 추모식을 거행하기로 결정했다. 2022년 3월 21일 국제 중국 민주화 운동 단체 화인 민주서원의 대표들은 타이완에 모여 홍콩 대학에서 철거된 치욕의 기둥을 재건하겠다고 선포했다. 또한 그들은 원작자 갈쉬어트를 초빙해서 제막식을 거행하기로 했다. 톈안먼 민주화 운동의 학생대표였던 왕단 역시 이 움직임에 동참할 의사를 밝혔다.[35]

30년에 걸쳐 톈안먼 대학살에 관한 3부작의 역사서를 저술한 재미 망명가 우런화는 이날 현장에서 인권에는 국경이 없다며, 인간이라면 누구나 출생지와 상관없이 국가폭력의 희생자들을 추모할 수 있어야 한다고 말했다. 그는 비록 중국에서 태어났지만 1명의 인간으로서 1980년 한국 광주의 희생자들과 1947년 타이완의 2-28 사건 희생자들의 고통을 추모할 수 있다고 덧붙였다.

톈안먼 대학살이 중국에서 일어난 중국만의 사건이 아니라 인류가 희생당한 범인류적 사건이라는 자각이다. 우리는 모두 한 국가의 국민이기 이전에 인류의 구성원이라는 깨달음이다. 때마침 국제 앰네스티는 금지된 홍콩의 추모대회를 대신하기 위해서 2022년부터 샌프란시스코, 워싱턴, 런던, 파리, 서울, 타이베이, 울란바토르, 시드니, 오슬로, 암스테르담 등 세계 각 도시에서 동시다발적으로 열리는 글로벌 추모대회를 거행한다. 중국공산당은 중국인의 뇌리에서 어둠의 기억을 지우려고 하지만, 절대로 인류의 공동 기억을 파괴할 수는 없다.[36]

문혁 이후 정치를 외면하고 고전의 세계에 몰두했던 우런화는 광장의 군중 속에서 공민으로 거듭났다. 대학살의 현장을 목격한 후 그는 망각의 유혹에 맞서 30년간 잔혹한 독재정권의 만행을 기록하는 역사투쟁을 이어갔다. 주하이의 해변에서 바닷속으로 걸어 들어가 홍콩까지 헤엄칠 때 그는 무슨 생각을 했을까. 중공중앙의 영도자들이 보기에는 미천한 지식분자에 불과했겠지만, 그는 칼보다 강한 펜의 힘을 굳게 믿고 있었으리라. "절대로 잊지 않으리"라는 그날의 맹세가 그 30년의 세월 그를 지탱해준 기둥이었다.

　뜻이 있음에 길이 있다 했던가. 그날 세운 뜻에 따라 "우런화의 펜"은 30년의 세월 역사의 사실을 밝히는 기록의 전쟁을 치렀다.

제13장

예술가의 혼, "권력은 짧고 예술은 길다!"

1980-1990년대 독재정권에 일상적으로 예술혼을 억압당한 중국 예술가들이 개척한 시니컬 리얼리즘의 메시지를 한마디로 줄이면……. "권력은 짧고 예술은 길다"이다. 독재자가 폭력으로 사람들의 입을 잠시 막는다고 해도, 머릿속에 떠오르는 생각과 상념까지 모조리 지울 수는 없다. 머릿속 이미지는 언제 어디서든, 어떤 방식으로든, 바위 틈새로 빠지는 물살처럼 마음 밖으로 표출될 수밖에 없다. 때로는 인간의 표현욕이 식색(食色)의 욕구를 압도하고, 죽음의 공포도 물리칠 수 있다. 1989년 6월 중공정부는 톈안먼 대학살로 권력을 유지했지만, 예술가의 표현욕을 막을 수는 없었다. 인간사를 돌아보면 정권은 불꽃처럼 단명하고, 기록은 산맥처럼 오래 남는다. 권력은 예술을 이길 수가 없다. 권력은 허망하고 예술은 거룩하다.

1989년 2월, 중국/아방가르드 전시회

톈안먼 대학살이 자행되기 4개월 전인 1989년 2월 5일 오전 9시, 베이징의 중국미술관에서는 "중국/아방가르드(China/Avant-garde) 전시회"가 개막을 선포했다. 이 전시회는 중국 전역 186명 예술가들이 창작한 300여 점의 작품을 선보일 예정이었다. 개막식 직후 긴 머리로 새우를 파는 인물이

206

등장하고, 관객을 향해서 콘돔을 던지는 퍼포먼스가 연출되었다. 미국의 레이건 대통령이 그려진 세숫대야에 발을 씻는 행위예술도 펼쳐졌다. 엄숙한 사회주의 리얼리즘의 나라 중국에서 이는 커다란 도발이었다.

오전 11시 10분경, 전시장 한편에 자리한 설치미술 작품 "대화 (Dialogue)" 앞에 20대 여인이 나타났다. 2개의 공중전화 부스에 각각 여자와 남자라는 표시가 있고, 그 사이에 큰 거울이 배치된 묘한 작품이었다. "대화"라는 제목과 달리 두 사람 사이의 불통이 묘사된 듯한 이 작품 앞에서 여인은 중간의 거울을 정조준해서 권총의 방아쇠를 두 번 당겼다. "캉! 캉!" 폭발음을 내는 가짜 화약총에 불과했지만, 그 효과는 가히 충격적이었다. 황급히 달려온 사복 경찰은 관련자를 즉시 체포하고 전시관을 긴급 폐쇄했다.[1] 여인은 거울 속에 투영된 자신의 모습을 향해서 방아쇠를 당겼다. 평론가들이 흔히 말하듯 상징적 자살의 연출일까? 이 작품의 시대적 배경을 보면 "대화"에는 정치적 함의가 없을 수도 없다.

총을 쏜 여인은 "대화"의 작가인 샤오루(肖魯, 1962-)였다. 샤오루는 전시회 뒷문으로 빠져나가서 버스에 몸을 싣고 도시를 돌다가 그날 4시경 중국미술관으로 돌아가서 자수했고, 설치미술의 개념을 충분히 소명한 후 나흘 만에 겨우 풀려났다. 샤오루의 도발로 "중국/아방가르드 전시회"는 허망하게 막을 내렸지만, 경찰 당국이 이례적으로 관용을 베풀어 예정된 폐막식까지 두 차례 전시회가 열릴 수는 있었다.[2]

1979년에서 1989년까지 마오쩌둥 사후 개혁개방의 첫 10년이 진행되는 동안 중국 예술계에는 싱싱(星星), 북방예술군체(北方藝術群體), 지사(池社) 등 다양한 아방가르드 집단들이 생겼다. 그들은 마오주의적 사회주의 리얼리즘을 벗어나 중국 고유의 문화와 전통적 사유 위에서 서구의 다양한 양식을 다채롭게 접목하는 실험적 창작열을 보였다.[3]

샤오루의 아방가르드 설치미술 작품 "대화", 1989. (xiaoluart.com, 작가 제공)

"중국/아방가르드 전시회"는 1985년 이래 중국 미술계의 신예술 사조가 이룬 첫 번째 결실이었다. 1978년 12월 개혁개방 이후 중국의 예술가들은 이념의 족쇄를 벗고 독특한 개성과 복잡한 감정을 표현하는 예술가로 거듭날 수 있었다. 그들은 상상의 나래를 펴고 창작의 세계를 날았다. 그들의 신사조는 "실험미술"이라고 불렸다.

중국의 미술가들이 대규모 작품전을 계획한 것은 1986년 광둥 성 주하이에서였다. 그들은 새로운 작품들의 슬라이드를 함께 감상한 후 전시회의 시기와 장소를 1987년 7월 베이징으로 정했지만, 그해에 중공중앙이 반(反)자산계급 자유화 운동을 벌이면서 계획을 실현하지 못했다. 그러나 미술가들은 계속 논의를 이어갔고, 결국 1989년 2월에 "중국/아방가르드 전시회"를 개최했다.

중국의 통념을 깨는 아방가르드 전시회가 톈안먼 대학살을 4개월 앞두고 베이징 중국미술관에서 열렸다는 사실은 민주화와 자유화가 당시 중국의 시대정신이었음을 방증한다. 예술가들로서는 그들의 영혼을 억누르는 교조적인 사회주의 리얼리즘과의 투쟁이었다. 샤오루가 남긴 두 발의 총성은 이후 1989년 톈안먼 최초의 총성이었다고 회자되고는 한다. 샤오루는 당시 학생들이 정부와의 진솔한 대화를 요구하고 있었기 때문에 작품의 제목을 "대화"라고 붙였다고 한다.4)

사회주의 리얼리즘을 넘어서

사회주의 리얼리즘에 따르면, 예술가는 노동자, 농민 계급의 이익을 대변해야만 한다. 예술가는 사회주의 혁명에 적극적으로 기여해야만 밥을 먹을 자격을 얻는다. 농부가 땅을 갈고 노동자가 기계를 만지듯 예술가는 손을 놀려 혁명 정신을 고취해야 한다. 유희의 예술, 탐미적 예술, 예술을 위한 예술, 자기표현으로서의 예술은 부르주아 퇴폐주의로 간주된다. 예술가가 그러한 유혹에 넘어가면 반혁명분자라는 낙인을 피할 수 없다. 사회주의 리얼리즘은 예술을 정치의 시녀로 삼는다. 공산주의는 그렇게 인간의 개성을 말살하고 예술가의 예술혼을 억압한다.

1989년 톈안먼 대학살 이후 중국공산당을 비판하는 작품으로 국제적인 명성을 얻은 중국 수묵화의 대가 옌정쉐(嚴正學, 1944-)는 1960-1970년대 약 20년 동안 중앙선전부의 명령에 따라 삼엄한 감시 아래서 날마다 마오쩌둥의 초상화를 그렸다. 그는 "예술가로서 남이 시키는 대로 매일 같은 것만 그려야 했던 시절은 지옥과 같았다"고 회상한다. 1980년대 이후 그는 척박한 중국의 예술적 토양에서 새롭게 움튼 아방가르드 운동에 동참했다. 그리고 전통 수묵화의 기법으로 추상적 이미지를 표현하며 왕성

텐안먼 대학살을 고발하는 옌정쉐의 작품 "89.6!!!! Tian'anmen" (작가 제공)

하게 작품 활동을 했다.

1989년 텐안먼 대학살 이후 충격에 휩싸인 옌정쉐는 공개적으로 중공중
앙과의 투쟁을 지속했고, 결국 20년간 열두 차례 이상 구속되는 수모를
겪었다. 1993년 구속되어 가혹한 구타를 당한 그는 예술가가 감히 중국공
산당 정부를 고소하는 "행위예술"을 연출했다. 이에 따라 또다시 노동교화
형에 처해졌지만, 굴하지 않고 영어의 몸으로 100여 점의 작품 활동을 이
어갔다. 텐안먼 대학살을 규탄하고, 중국공산당을 비판하는 작품이 주종

이었다. 감옥에서 어렵게 빼돌린 그의 작품은 정치적 탄압 아래서 잔뜩 얼어붙은 중국 미술계에 크고 작은 파문을 일으켰다.

그의 대표작 "89.6!!!! Tian'anmen"은 제목대로 톈안먼 대학살의 광기를 고발한 작품이다. 중후한 수묵화 기법으로 표현된 검은 태양, 진물이 흐르는 핏줄, 쇠사슬의 이미지는 중국공산당에 맞서는 그의 저항 정신을 극적으로 보여준다. 옌정쉐는 석방된 후 2007년 다시 국가체제전복이라는 죄명으로 구속되었다. 당시 그는 자살을 생각할 정도의 심리적 침체기를 겪었지만, 2009년 석방된 후에는 또다시 저항적 작품 활동을 이어가고 있다.

1989년 이후 "시니컬 리얼리즘"

톈안먼 대학살은 중국의 예술인들을 다시금 궁지로 몰아넣었다. 다채로운 예술 실험으로 막 기지개를 켰던 예술가들은 다시 감시와 검열에 시달렸다. 톈안먼 대학살을 공개적으로 비판하는 작품 활동은 예술적 자살 시도와 같았다. 그렇다고 아무 일 없었던 듯 태연자약하게 작품 활동에 몰두할수도 없었다. 1970년대 한국의 저항시인 김지하가 말했듯, 정치적 탄압에 맞닥뜨린 예술가는 "풍자냐, 자살이냐"라는 실존적 물음에 직면할 수밖에 없다. 김지하 시인처럼 중국의 예술가들은 자살 대신 풍자와 해학에서 새로운 출로를 찾았다.

1989년 이후 새롭게 일어난 중국의 미술 사조는 "시니컬 리얼리즘"이라는 이름을 얻었다. 그 누구도 탱크 부대를 보내서 인민을 압살하는 정권에 정면으로 부딪혀 싸울 수는 없다. 그러나 무지몽매한 정치 권력을 비웃고, 조롱하고, 풍자할 수는 있다. 여기서 풍자란 정치 권력의 검열을 피해서 대중에 다가가는 은밀하고도 기발한 소통의 방법이다. 정부로서는 딱히 처벌의 빌미를 찾을 수 없는데, 대중은 그 작품들 속에 숨어 있는 비판과 풍자의 코드를 읽어낼 수 있다.

1989년 이후 웨민쥔(岳敏君, 1962-)이 찾은 예술적 출로는 폭소였다. 팝아트와 초현실주의를 결합한 듯한 그의 작품 세계에는 세상의 부조리를 향한 유쾌한 조롱, 건강한 해학이 담겨 있다. 사람들은 그의 작품에서 정치적 의미를 과도하게 해석하지만, 웨민쥔은 자신의 작품이 "시니컬하지도, 부조리하지도 않다"며 넌지시 한발 물러나 있을 뿐이다. 그렇다고 그의 작품이 비정치적이라고 할 수 있을까? 작가의 의도와 무관하게 의미를 찾는 관객은 어느 작품에서건 원하는 메시지를 읽어낼 수 있다. 현재 웨민쥔은 2,000여 명의 예술가들이 모여서 사는 베이징 동쪽 교외의 쑹좡(宋莊) 예술구에서 작품 활동을 이어가고 있다.

1989년 신예술 사조의 선두주자로 1990년대 문화 운동을 이끈 팡리쥔(方力鈞, 1963-) 역시 시니컬 리얼리즘의 기수로 꼽힌다. 그의 트레이드마크는 대머리 인간 군상의 다양한 얼굴들이다. 부드럽고 따뜻한 분위기에서 잔잔한 미소를 머금고 있는 그의 작품 속 대머리 인간 군상은 무엇인가 무료한 분위기를 뚫고 슬그머니 불량기를 드러내는 "건달의 해학(潑皮幽默)"의 상징으로 읽힌다. 그는 1992년 이후 베이징 북서쪽의 위안밍위안(圓明園) 마을에서 일군의 예술가들과 함께 작품 활동을 하고 있다.

광장의 어린 병사, 민주의 넋을 보다!

1989년 6월 3일 밤 10시경 톈안먼 광장 북쪽 장안(長安)에서 처음 울린 총성은 밤새 멈추지 않았다. 수많은 사람들이 총탄을 맞고 쓰러졌다. 고궁 주변의 큰길 콘크리트 바닥에는 총탄을 맞고 즉사한 사람들이 붉은 선혈을 흘리고 있었다. 베이징 시내 병원 응급실마다 피투성이로 들것에 들려, 수레에 실려, 동료의 등에 업혀 부상자들이 헐떡이다가 한 사람씩 세상을 떠났다.

정치개혁과 자유화, 민주화를 외치며 단식투쟁을 하던 톈안먼 광장의 시위대는 1989년 6월 4일 새벽 군부대의 최후통첩 앞에서 7주일 동안 지켜온 "광장의 공화국"을 버리고 철수했다. 시위대가 모두 빠져나간 광장은 이제 군대에 맡겨졌다. 한 달 넘게 광장을 점령하고 투쟁을 이어가던 시위대는 텐트, 침구, 자전거 외에도 수많은 개인 용품을 남겨두고 떠났다. 광장을 청소하라는 명령을 받은 군인들은 텅 빈 광장에 남겨진 시위대의 물품들을 싹싹 쓸어 모아 불을 질렀다.

그때 불길 속으로 고철이 다된 자전거 한 대가 휩쓸려 들어갔다. 그 자전거의 바퀴살에는 누구의 것인지, 어쩐 일인지, 곱게 땋아 붉은 고무줄로 묶은 한 여인의 잘려나간 머릿단이 끼어 있었다. 불길 앞에서 군복을 입고 광장을 청소하던 17세의 어린 병사 천광의 시선은 바퀴살에 걸린 그 머릿단에 머물렀다. 만성 설사에 시달리던 병약하고 섬세한 천광은 총 대신 카메라를 들고 역사의 현장을 촬영하는 사진병이었다. 안타깝게도 그가 재빨리 카메라를 들이댔을 때에는 바퀴살에 걸려 있던 머릿단이 불길에 휩싸인 다음이었다. 그날 이후 머릿단의 이미지는 어린 천광의 의식에서 떠나지 않았다.

잔인한 시간이 급물결로 흘러가도 기억은 암초처럼 뇌리에 박혀 있다. 기억은 기름진 의식의 땅에 뿌리를 내리고 날마다 자라난다. 기억의 나무는 열매를 맺고 씨앗을 뿌려 방대한 서사의 숲을 이룬다. 그날 천광의 뇌리에 심긴 기억의 씨앗은 그의 예술혼을 깨웠다. 밤새 멈추지 않던 총성, 매캐한 화약 연기, 어지럽게 찢긴 채 나뒹구는 깃발들, 잿더미로 불태워진

1989년 6월 4일, 천광은 톈안먼 광장에 투입된 병사 중 한 사람이었다. 이후 그는 그날 현장을 청소하면서 목격했던 장면들을 화폭에 옮겼다. (Louisa Lim, *The People's Republic of Amnesia*.)

시위 군중의 옷가지들……. 그날의 모든 기억은 의식의 밑바닥에 뿌리를 내리고, 싹을 틔우고, 줄기를 뻗으며, 가지를 쳤다.

　1989년 가을 천광은 고흐의 "해바라기"를 모방한 작품으로 그림 실력을 인정받아서 군사예술학원에서 수학할 기회를 얻었다. 1992년에는 톈안먼 광장에서 몇 걸음 떨어지지 않은 베이징 중앙미술학원에 입학했다. 그러나 15년간 줄곧 1989년 톈안먼의 기억을 피해서 도망 다녔음에도 과거의 기억은 더욱 생생하고 또렷하게 그의 의식을 점령했다. 결국 천광은 신내림을 받은 무당처럼 예술혼이 이끄는 대로 큰 폭의 캔버스에 그날의 기억을 옮겨 담았다.5)

　벌이가 빠듯한 순수 예술가로서 금지된 영토로 들어선 천광은 혹독한 대가를 지불해야 했다. 그의 그림은 현재 중국 내에서는 전시될 수도 없고, 온라인에 게시될 수도 없었다. 2014년 5월 10일경 톈안먼 대학살 25주년을 앞두었을 때에는 긴급 체포되어 구금 상태에서 한 달을 넘게 보내기도 했다. 정부 당국이 어떤 명분으로 그를 구금했는지에 대해서는 아무도 알지 못한다. 그러나 금지된 기억을 표현한 죄 말고는 어떤 이유도 있을 수 없었다. 천광은 오늘도 가시밭길을 걷고 있지만, 그는 결코 패배하지 않았다. 역사를 돌아보면 미래를 알 수 있다. 대학살을 덮으려는 독재정권의 몸부림은 비겁하고 뻔뻔하다. 대학살의 진상을 밝히려는 예술가의 손길은 용감하고 당당하다. 비겁한 권력은 용감한 예술을 이길 수가 없다. 권력은 허망하고 예술은 거룩하다.

공산정권의 사회주의 리얼리즘은 예술가들을 혁명의 전사로 바꾸고, 예술 작품을 선전, 선동의 매체로 삼았다. 농부가 땅을 갈아 식량을 생산하듯, 예술가들은 그림을 그리거나 돌을 깎아서 혁명의 무기를 생산해야 한다는 도구론적 예술관이었다. 당의 지침을 따라서 혁명적 예술 작품의 생산에 종사해온 중국의 예술가들은 1980년대 변화된 현실에서 새롭게 내면에 꿈틀대는 창작의 욕구를 발견했다. 공산당 정권은 당(黨)을 위해 사(私)를 버려라, 집단을 위해 개체를 죽이라 가르치지만, 인간의 창작 욕구는 그런 식으로 조작될 수가 없다. 아무리 막고 뒤틀어도 "예술가의 혼"은 바람처럼, 물처럼 자유롭기 때문이다.

제 3 부

헌정민주의 꿈

1911년 민국혁명 직후부터 중국 지식인들은 "헌정민주" 논쟁을 벌였다. 이 논쟁은 신생 공화국의 정치질서와 사회경제적 제도를 수립하는 국가의 기본 이념과 법제를 짜는 입헌 담론었다. 당시의 시대정신은 민주, 과학, 자유, 진보, 진취, 개방, 실리라는 구호로 압축되었다. 그들은 일인지배의 전제주의를 타파하고 공민 주도의 민주주의를 구현하기 위해서 분투했다.

1930–1940년대 일제의 침략과 이어지는 국공내전 속에서 헌정민주 담론은 크게 위축되었다. 1949년 이후 중국공산당이 마르크스-레닌주의를 절대화하면서 설 자리를 잃었기 때문이다. 헌정민주 담론을 이끌었던 주역들은 국민당 정부와 함께 타이완으로 떠났고, 대륙에 남은 나머지는 정치적 박해에 시달려야 했다.

개혁개방 이후 중국의 지식인들은 다시금 정치 자유와 민주적 법제정을 요구했지만, 중국공산당은 1989년 톈안먼 대학살을 저질러 베이징의 봄을 짓밟았다. 그후 지하로 숨어든 중국 지식계는 놀랍게도 2008년 이른바 "08 헌장"을 반포했다. 인권, 자유, 민주를 최고의 가치로 선양하는 "08 헌장"은 중국공산당 일당독재를 전면 부정했다. 2010년대에 이르자 중국 지식인들은 짧은 해빙의 시기를 맞아 본격적으로 헌정 논쟁을 재개했다. 잊었던 헌정민주의 꿈이 되살아난 셈이다.

오늘날 중국에서 헌정민주를 부르짖는 지식인들은 과연 누구인가? 그들은 어떤 동기, 어떤 목적, 어떤 논리로 공산당 일당독재를 비판하는가? 또 그들은 어떤 이념적 가치와 제도적 대안을 제시하고 있는가? 헌정민주 담론은 과연 어떤 역사적 의의를 가지는가?

제14장

"08 헌장"의 속, "자유, 인권, 민주, 법치"

다양한 생각, 다원적 가치가 공존하는 열린사회냐? 획일적 이념, 일원적 가치가 지배하는 닫힌사회냐? 여전히 인류에게는 그것이 문제이다. 오늘날도 인류의 18.47퍼센트, 거의 5명 중 1명이 마르크스-레닌주의의 획일적 이념과 마오쩌둥 사상의 일원적 가치를 강요하는 공산당 일당독재 아래서 살아가고 있기 때문이다. 더 큰 문제는 중국공산당의 대민 통제와 인권 탄압이 디지털 시스템의 발달에 힘입어 갈수록 더욱 심해지고 있다는 사실이다.

일당독재에서 일인지배로

학계에서는 이미 2002-2013년 후진타오 정권에 비해서 2013년 이후 시진핑 정권에서 사상 통제와 인권유린이 심화되었다는 연구가 속속 발표되고 있다. 후진타오 정권 시절에도 2008년에는 "08 헌장" 서명자들이 구속되고, 티베트 시위가 진압되었으며, 2009년에는 신장 폭동이 진압되는 등 중공중앙에 의한 광범위한 탄압이 자행되었지만, 시민 단체의 자발적인 시위, 청원, 불법조직의 구성과 활동에 대해서는 지방정부가 큰 재량을 가지는 이른바 지방분권적 통제가 실시되었다. 덕분에 시민 단체 활동가

들은 정치 탄압에 시달릴지언정 쉬이 조직 자체를 와해당하지는 않았다.[1]

이와 달리 시진핑 정부는 중앙정부에 의한 체계적이고 강고한 억압체제를 구축했다. 후진타오 정부가 "화해"를 내걸고 시민사회 활동가들에 대해서 산발적으로 사후 통제를 가했던 반면, 시진핑 정부는 국가 안전이라는 명분으로 시민 활동가들의 활동을 범죄시하며, 불법조직의 결성 및 활동을 전면 금지하고, 선제적으로 탄압하는 강경책으로 일관해왔다.

시진핑 정부 출범 이후 중국 사회는 사상, 교육, 지식, 문화, 연예, 방송 등 거의 모든 분야에서 표현의 자유가 더욱 위축되었고, 국가 주도의 이념교육은 마오쩌둥 시대 이후 최고로 강화되었다. 반면 개혁개방 40여 년 동안 경제적 자유화가 급속도로 진척되었다.

중공중앙은 이것이 중국 특색 사회주의라고 변명하지만, 중국 밖의 학계와 언론계에서는 중국식 경제체제를 "중국 특색 자본주의"라고 부른다. "중국 특색 자본주의"는 갈수록 규모가 커지고 있는데, 정치적 자유와 민주화의 정도는 10년 전보다 후퇴했다. 돌이켜보면, 대민 통제의 강화는 시진핑 정권 출범 직전부터 예견되었다.

2011년 3월이었다. 중앙정치국 상임위원이자 전국인민대표대회 위원장인 우방궈(吳邦國, 1941-)가 중공중앙의 기본 이념과 국정 방향을 압축한 "팔확립(八確立)"과 "오불고(五不搞)"를 발표했다. 여덟 가지 기본 원칙은 반드시 확립하고, 다섯 가지 사항은 절대로 실행하지 않는다는 의미였다.

팔확립의 내용을 보면 다음과 같다. 중국 특색 사회주의 법률체계는 헌법과 법률의 형식에 따라서 ① 국가의 근본 제도와 근본 임무, ② 중국공산당의 영도적 지위, ③ 마르크스-레닌주의와 마오쩌둥 사상, 덩샤오핑 이론과 장쩌민의 "세 가지 대표 사상" 등의 지도적인 지위, ④ 노동자 계급이 영도하는 노동자, 농민의 연맹에 기초한 인민민주독재 국가체제, ⑤ 인민대표대회를 중심으로 하는 정치체제, ⑥ 국가의 모든 권력이 인민에 귀속되며, 공민은 법에 따라서 광범한 권리와 자유를 향유한다는 점, ⑦ 중국공산당의 영도하에 다당 합작과 정치협상, 그리고 민족 구역 내의 자치제와 인민대중의 자치제, ⑧ 공유제를 중심으로 삼는 다양한 종류의 경제 공동 발전의 기본 제도, 그리고 노동 분배를 기본으로 하는 다양한 방식의 분배제도, 이상 여덟 가지를 확립한다.[2]

한편 오불고에서는 중국의 정세에서 출발해 다음 다섯 가지를 진중하게 표명한다. 그에 따르면 중국은 ① 여러 정당의 교체 집권, ② 지도이념의 다원화, ③ 삼권 분립 및 양원제, ④ 연방제, ⑤ 사유화, 이상 다섯 가지를 절대로 실시하지 않는다.

일면 새롭게 보이기도 하지만, 그 내용을 잘 뜯어보면 이는 2008년 중앙정치국 상임위원 리창춘(李長春, 1944-)이 발표한 "여섯 가지 왜"의 연장임을 쉽게 알 수 있다. 그 "여섯 가지 왜"는 다음과 같다.

1. 왜 마르크스주의를 지도이념으로 견지해야 하며, 사상의 다원화는 추진할 수 없는가?
2. 왜 사회주의만이, 오로지 중국 특색 사회주의만이 중국을 발전시킬 수 있으며, 민주, 사회주의나 자본주의는 절대로 실행할 수 없는가?
3. 왜 인민대표대회제도를 견지해야 하며, 삼권 분립은 실행할 수 없는가?
4. 왜 중국공산당 영도하의 다당 합작과 정치협상제를 견지해야 하며, 서방식 다당제는 절대 실행할 수 없는가?
5. 왜 공유제를 주체로 삼는 다양한 종류의 소유제의 공동 발전을 기본 경제제도로 견지해야 하며, 사유화나 "더욱더 순수한" 공유제는 절대 행할

수 없는가?

6. 왜 개혁개방은 한 치의 동요도 없이 견지되어야 하며, 다시 되돌릴 수 없는가?3)

리창춘의 "여섯 가지 왜"도 역시 새롭지 않기는 마찬가지이다. 1970-1980년대를 경험한 중국인들이라면 누구나 이것이 1979년 3월 30일 덩샤오핑이 천명한 "4항 기본 원칙"의 부연, 설명임을 대번에 알 수 있기 때문이다.

덩샤오핑이 말한 "4항 기본 원칙"은 ① 사회주의 노선, ② 무산계급전정(1982년 이후 "인민민주독재"로 변경), ③ 중국공산당의 영도, ④ 마르크스-레닌주의와 마오쩌둥 사상의 견지를 이른다. 당시 막 역사적인 미국 방문을 마치고 돌아와서 개혁개방의 경제혁명을 개시하려고 할 때, 덩샤오핑은 전 중국의 인민을 향해 마르크스-레닌주의 및 마오쩌둥 사상에 입각한 중국공산당의 일당독재는 절대로 흔들릴 수 없는 최고의 가치임을 재천명했다.

1978년 11월부터 베이징 시민들은 베이징 시단의 담장에 대자보를 빼곡히 붙이면서 정치적 자유화와 민주화를 요구하는 본격적인 정치투쟁에 돌입했다. 문화혁명이 막을 내린 지 불과 2년 만에 갑작스럽게 찾아온 베이징의 봄이었다. 중국공산당을 향한 비판의 수위가 점점 높아지자 상황을 예의주시하던 덩샤오핑은 미국 방문을 마치고 돌아와서 곧바로 베이징의 봄을 강력하게 짓밟고 주동자들을 구속해서 중형으로 다스렸다.

요컨대 시진핑 정권의 강력한 대민 통제 및 사상 탄압은 정상 궤도의 일탈이 아니라 개혁개방 이후 40년간 중국공산당이 추진해온 "4항 기본 원칙"에 입각해 있었다. 그런 관점에서 보자면 오히려 후진타오 정권의

"화해"야말로 중국공산당의 기본 노선을 살짝 벗어났다고 평가될 소지가 있다.

중국 지식계의 대반란 : "08 헌장"에서 헌정 논쟁으로

2011년 3월 우방궈가 "팔확립 오불고"를 발표한 이유는 무엇일까? 그 내용을 곰곰이 짚어보면, 중공중앙이 작심하고 중국 내 모종의 반대 세력을 겨냥해서 본격적인 이념투쟁에 나선 느낌을 받는다. 중국공산당이 겨냥한 반대 세력이란 중국 내의 비판적 지식인들과 이들을 전폭적으로 지원하고 응원하는 중국 밖의 자유주의 세력이었다. 중공중앙이 이들을 겨냥한 결정적인 계기는 스웨덴 한림원이 2010년 중국의 대표적 인권 운동가 류샤오보를 노벨평화상 수상자로 지명한 데에 있었다.

류샤오보는 2009년 6월 23일 중국 검찰에 정권전복 선동죄로 체포되었으며, 같은 해 12월 25일 베이징 인민법원에서 11년 형을 선고받았다. 류샤오보의 노벨평화상 수상은 중공정부의 인권유린을 향해 국제사회가 표한 가장 강력한 항의였다. 류샤오보가 저질렀다는 "정권전복 선동죄"가 고작 4,300자, A4용지 3장 반 분량의 "08 헌장"의 공동 저자로 참여한 일에 불과했기 때문이다.

2008년 12월 10일, 303명의 중국 지식인들은 UN의 세계인권선언 60주년을 맞아 중국공산당의 일당독재를 정면으로 비판하며 자유, 평등, 인권, 민주, 공화, 헌정을 전면에 내세운 19개 조항의 "08 헌장"을 발표했다. 중후한 고전 문체로 작성된 "08 헌장"의 서문은 다음과 같이 시작한다.

올해는 중국 입헌 100주년, UN의 세계인권선언 60주년, 민주장 운동 30주년, 중공중앙의 "공민의 권리 및 정치 권리 국제 공약" 승인 10주년이다. 긴 세월 인권유린과 간난고초(艱難苦楚)의 항쟁을 거친 후에야 중국의 깨어 있는 공민들은 더욱 분명히 인식하게 되었다. 자유, 평등, 인권은 인류 공동의 보편가치이며, 민주, 공화, 헌정은 현대 정치제도의 기본 구조이다. 이러한 보편가치와 현대 정치제도의 기본 구조를 버린 현대화는 인간의 권리를 박탈하고, 존엄을 무너뜨리는 재난이다. 21세기 중국은 장차 어떤 방향으로 나아갈 것인가? 이와 같은 권위주의 통치하의 현대화를 계속할 것인가? 아니면 보편가치를 인정하고 주류 문명에 융화되어 편입되는 민주적 정치체제를 건립할 것인가? 이는 결코 회피할 수 없는 중요한 결정이다.4)

이처럼 "08 헌장"은 중국공산당 일당독재를 권위주의 통치하의 현대화라고 비판하면서 인류의 보편가치를 실현하는 민주적 정치체제의 건립을 촉구했다. 이어지는 문장에서는 19세기 중엽 이래 중국 근대사 100년의 과정이 공화정의 실패와 권위주의의 득세의 역사라는 해석을 제시한다. 이는 중국 헌법의 전문(前文)에 정면으로 반대되는 도발적인 주장이다.

19세기 중기 역사의 큰 변화는 중국 전통의 전제주의가 낡고 썩었음을 폭로했으며, 중화 대지에 수천 년간 일찍이 없었던 대변화의 서막을 열어젖혔다. 물질 영역의 개량에 국한된 양무 운동과 청일전쟁의 패배는 다시금 구체제가 이미 시효를 다했음을 폭로했다. 무술변법은 제도 측면의 혁신을 시도했지만, 완고파의 잔혹한 진압으로 결국 실패하고 말았다. 공화국의 정체가 잠시 구현되기도 했지만, 내우외란의 조건에 갇혀서 곧 전제주의가 되살아났다. 서구 기물의 모방과 제도를 개혁하려는 시도가 모두 실패하면서 사람들은 문화적 병폐의 뿌리를 돌아보게 되었고, 마침내 과학과 민주를 기치로 삼는 5-4 신문화 운동이 일어났지만, 내전이 빈발하고 외적의 침입이 이어져서 중단되고 말았다. 항일전쟁의 승리 이후 중국은 다시금 헌정의 과정에 들어섰지만, 국공내전의 결과 오늘날 중국은 극심한 권위주의의 심연으로 빠져들고 말았다.5)

이어지는 문단에서는 중국공산당 정권의 역사적 과오를 강력하게 비판한다. 아울러 1978년 개혁개방 이후 경제성장과 법제개혁의 성과는 긍정하지만, 동시에 법률은 있지만 법치는 없고, 헌법은 있으나 헌정은 없는 중국의 현실을 개탄한다.

1949년 건립된 "신중국"은 명의상 "인민공화국"일 뿐, 실질적으로는 "당(黨) 천하"였다. 집권당이 모든 정치, 경제, 사회 자원을 농단하고, 반우파 운동, 대약진 운동, 문화대혁명, 6-4 톈안먼 대도살을 일으키고, 민간의 종교 활동과 기본권 수호 운동을 탄압하는 등 일련의 인권 재앙을 초래했다. 그 결과 수천만 명이 목숨을 잃고 국민과 국가가 모두 참혹하고도 엄중한 대가를 치러야만 했다.

20세기 후반의 개혁개방은 중국이 마오쩌둥 시대의 보편적인 빈곤과 절대 권력에서 벗어나고, 민간의 재부와 민중의 생활 수준을 큰 폭으로 회복하며, 시민사회도 형성할 수 있게 했다. 아울러 개인의 경제적 자유와 사회적 권리 또한 일정 부분 회복했으며, 시민사회가 성장하면서 민간에서도 인권과 정치 자유를 요구하는 목소리가 날로 커져가고 있다. 집정자들 역시 시장화와 사유화로 가는 경제개혁을 진행하고 있다.6)

"08 헌장"은 중국공산당의 권위주의 통치를 극복하기 위한 방안으로 자유, 인권, 공화, 민주, 헌정이라는 기본 이념 위에서 19항의 기본 주장을 조목조목 펼친다. 그 19항은 각각 ① (보편가치를 구현하는) 헌법 개정, ② 삼권 분립, ③ 입법부의 민주화, ④ 사법부의 독립, ⑤ 군경의 정치적 중립, ⑥ 인권 보장, ⑦ 공직 선거, ⑧ 지역 평등 및 거주, 이전의 자유, ⑨ 결사의 자유, ⑩ 집회의 자유, ⑪ 언론의 자유, ⑫ 종교의 자유, ⑬ 보편가치에 입각한 교육, ⑭ 재산 보호, ⑮ 재산세 개혁, ⑯ (교육, 의료, 양로 등) 사회 보장, ⑰ 환경 보호, ⑱ (홍콩과 마카오의 자치를 유지하는) 중화연방공화국의 성립, 마지막으로 ⑲ 양심수 석방, 명예회복, 피해 보상 등의 개혁적 정의의 실현이다.

중국 국내외 303명 지식인이 서명한 "08 헌장"은 중국공산당 일당독재에 대한 전면 부정을 담고 있다. 중공정부는 이 헌장을 그대로 수용할 수 없었다. 중화인민공화국 헌법 총강 제1조에 따르면, "사회주의는 중화인민공화국의 근본 제도이다. 중국공산당의 영도는 중국 특색 사회주의의 가장 본질적인 특징이다. 사회주의 제도를 파괴하는 활동은 그 어떤 조직이나 개인이라도 금지된다." 베이징 인민법원은 바로 이 헌법적 근거를 들어서 류샤오보에게 정권전복 선동죄를 선고했다.

"08 헌장" 발표 이후 중국 지식계에서는 헌정 논쟁이 뜨겁게 달아올랐다. 2010년 12월 류샤오보는 옥중에서 노벨평화상을 받았고, 중공중앙은 대륙의 자유인들과 연대를 이룬 국제사회를 향해 중국은 마르크스-레닌주의, 마오쩌둥 사상을 이념의 기반으로 삼는 사회주의 국가임을 재천명했다. 2013년, 중공중앙은 보편가치, 권력 분립, 헌정, 서방식 자유주의 등 일곱 가지 민감한 사항에 대해서는 입도 벙긋하지 말라는 이른바 "칠불강(七不講)"을 하달했다. 시진핑 정권의 출범은 그렇게 보편가치와의 투쟁 속에서 막을 열었다.

그 과정을 얼핏 보면, 중국공산당은 가볍게 승리했고, "08 헌장"을 발표한 민주화 세력은 처절하게 패배했지만, 이 상태가 영원히 갈 수는 없을 듯하다. 역사가 말해주듯 영원한 정권은 없고, 모순과 역설로 가득 찬 이론은 허물어진다. 중공중앙은 군경의 힘으로 물리적 통제를 강화하고 있지만, 그럴수록 중국 인민의 의구심은 커져만 간다.

언젠가 중국 인민이 스스로 중국공산당의 일당독재를 딛고 일어나 새로운 나라의 헌법을 쓰게 될 때, 중국의 지식인들은 다시금 2008년의 헌정 담론을 펼쳐들 것이다. 20세기 초기부터 중국인들이 염원해 마지않았던 자유, 민주, 인권, 법치의 이상이 "08 헌장의 속"에 간명하게 적혀 있기 때문이다.

제15장

민국의 땅, 민국혁명의 추억

톈안먼 대학살 이후 지하로 숨었던 중국의 민주화 세력은 2008년 "08 헌장"을 선포함으로써 전 세계에 중국의 지성이 멀쩡히 살아 있음을 과시했다. "08 헌장"의 선포는 1989년 민주화 운동의 연장선에 있지만, 그 지적 기원을 추적해보면 더 멀리 1910년대 중국의 지식계로 소급된다. 공산당 정권의 출현으로 30-40년 단절의 세월이 펼쳐졌지만, 아직도 중국 지식인들의 마음속에는 2,000여 년의 황제지배체제를 종식한 민국혁명의 기억이 강렬하게 남아 있다. 바로 그 민국혁명의 이상이 "08 헌장"의 조문으로 표출되었다.

신해년(1911) 민국혁명 이후 황제의 사직(社稷)이 무너지고 국민의 무대가 펼쳐지자 중국의 청년 지식인들은 다시금 백가쟁명(百家爭鳴)의 시대를 열어젖혔다. 서구에서 쏟아지는 다양한 사상과 새로운 문예 사조는 2,000여 년간 유가의 경전을 읊조려온 중국의 지식인들을 뒤흔들었다. 그들은 공화국을 꿈꾸었다. 공화국을 꿈꾸는 사람은 절대 권력의 명령에 복종하는 신민이 아니라 스스로 정치에 참여하는 공민이다. 공민이란 자발적으로 공적인 사고, 공적인 판단, 공적인 활동을 할 수 있는 자율적 주체를 말한다. 신민이 되려면 제국의 이념과 질서에 길들여져야 하듯, 공민이 되려면 누구나 공화국의 가치와 제도를 학습하고 체득해야 한다. 그렇다

면 어떻게 중국의 다수 대중이 오랜 신민의 노예 근성을 버리고 공민의
자유 의식을 가지게 될 수 있을까? 1910년대 중국의 지식인들은 이성의
능력과 계몽의 효력을 믿었다.

"신청년"의 이상

1915년 9월 상하이에서 『청년잡지(靑年雜志)』(1년 후 『신청년(新靑年)』
으로 개칭)를 창간한 천두슈(陳獨秀, 1879-1942)는 창간사에서 당시의 시
대정신을 여섯 가지 구호로 정리했다.

1. 노예적이지 않고 자주적인 (自主的而非奴隸的)
2. 보수적이지 않고 진보적인 (進步的而非保守的)
3. 퇴영적이지 않고 진취적인 (進取的而非退隱的)
4. 쇄국적이지 않고 세계적인 (世界的而非鎖國的)
5. 허황되게 꾸미지 않고 실리적인 (實力的而非虛文的)
6. 공상적이지 않고 과학적인 (科學的而非想象的)[1]

2,000여 년간 존속되어온 황제지배체제가 갓 무너진 중국에서 천두슈는
이처럼 자주, 진보, 진취, 세계, 실리, 과학을 부르짖었다. 1910-1920년대
중국 지식계를 강타한 신문화 운동은 서구의 근대 문명을 정신적 모태로
삼아서 발흥한 일대의 정신혁명이었다. 당시 중국의 청년 지식인들은 민
주를 향한 열망으로 황제지배체제를 비판했고, 과학의 정신으로 전통 사
상의 불합리와 모순을 타파하고자 했다. 그들은 전통과 구습에 얽매인 정
신적 노예 근성을 극복하고, 이성을 가진 독립적 개인으로서 자립적으로,

자율적으로, 자유롭게 생각하고, 판단하고, 스스로 미래를 결정하는 계몽적 합리성에 사로잡혀 있었다.[2)]

군벌이 할거하는 분열기의 중국에서 그들은 민주적이고, 자유롭고, 개방적이고, 진취적이고, 개방적인 공화국을 건설하려는 열정으로 충만했다. 그들은 공화국의 자유 시민이 자율적으로 주도하는 민주적 정치체제를 확립하기 위해서 근대 서구의 입헌주의 이론을 수용하여 이른바 헌정, 민주의 담론을 전개했다. 요컨대 1911년 민국혁명 이후 중국 지식인들은 헌정민주의 꿈을 꾸었다. 그 꿈은 중국공산당이 지배하는 오늘날의 중국에서 여전히 요원한 이상으로 남아 있다.

다시 찾아온 백가쟁명의 시대

중국사에서 춘추전국시대(기원전 8세기-기원전 3세기)는 다양한 사상가들이 길항하며 각축하던 백가쟁명의 시대로 기억된다. 이 시기는 다양한 지역에서 여러 학파가 경쟁적으로 생겨나서 인생의 의미와 자연의 섭리에 관한 다양한 이론을 설파하고, 저마다 소리 높여 경세의 방법과 치국의 정책을 제창하던 사상과 철학의 황금기였다.

안타깝게도 고대 중국의 제자백가는 진나라와 한나라를 거치면서 대부분 명맥이 끊기거나 재야로 밀려났다. 한나라의 기틀을 닦은 무제(武帝, 재위 기원전 141-87)가 다양한 학파를 모두 억압해서 축출하고, 유가의 가르침만을 떠받들어 국교의 지위에 올렸기 때문이다. 그후 2,000여 년 중국 사상사는 유교를 중심으로 전개되었다. 물론 2,000년 유가 경학사에서도 탁월한 학자들이 출현해서 정교한 논변을 펼치고 심오한 지혜를 쌓아갔지만, 춘추전국시대와 같은 백화제방의 논단(論壇), 백가쟁명의 각축은 재현되지 않았다. 통일 제국의 지원을 받은 유교의 절대 권위가 사상의 다양성, 생각의 독창성, 실험적 창의성을 위축시켰음은 부정할 수 없다.

1916년 두 차례에 걸쳐 『신청년』에 발표된 "공자평의(孔子評議)"에서 이바이사(易白沙, 1886-1921)는 한나라 이래 2,000여 년간 공자만을 존숭하며 제자백가의 다양한 사상을 사장해버린 중국 사상사의 문제점을 날카롭게 파고들었다.3) 그는 "문호가 닫혔던 시기 동중서(董仲舒, 기원전 179-104)가 강압적인 수단으로 백가를 억눌러 몰아내고, 유술(儒術)만을 드높였다"는 유명한 문구를 남겼다.4)

신문화 운동의 전성기에 대담하고도 파격적인 전통 비판을 감행했던 중국 지식인들은 유가가 득세하기 전인 선진(先秦) 시대 중국의 사상적 다양성을 재발견했다. 20세기 신문화는 단일한 이념이 아니라 다양한 사상, 다원적 가치, 다수의 견해를 요구했기 때문이다. 유가 경학의 속박에서 벗어난 중국의 지식인들은 거리낌 없이 서구 지식계의 다양한 철학과 새로운 문예 사조를 열광적으로 빨아들였다. 다시금 중국의 사상계에 백가쟁명의 전환기가 마련되었다.

나라가 산산이 조각난 군벌 시기의 혼란 속에서 민간의 지식인들은 오히려 더 큰 사상적 자유를 누리며 새로운 사유를 실험하는 창조적인 역동성을 발휘했다. 1919년 5-4 운동 이후 1920-1930년대 중국의 지식인들은 다양한 사상과 이념의 격랑 속에서 다채로운 논쟁을 벌였다. 당시 중국 지식계를 휩쓴 다양한 사조들을 열거해보면, 공화주의, 입헌주의, 계몽주의, 자유주의, 박애주의, 경험주의, 합리주의, 실증주의, 회의주의, 실용주의, 민족주의, 애국주의, 범아시아주의, 세계주의, 공리주의, 자유방임주의, 개인주의, 평등주의, 상대주의, 허무주의, 무정부주의, 공동체주의, 염세주의, 인본주의, 진화론, 사회진화론, 복고주의, 전통주의, 모더니즘, 사회주의, 낭만주의, 마르크스주의, 레닌주의, 트로츠키주의, 반제국주의, 반봉건주의, 반전통주의, 반외세주의 등등 헤아릴 수 없이 많았다.5) 대학가는 첨단의 사상과 신사조로 홍수를 이루었다. 지식인들은 날마다 새로운 논쟁을 이어갔다. 중국 사상사에 그보다 더 다채롭고 활력 넘치는 백화제방의 시대는 일찍이 없었다. 1949년 중국공산당이 "천하통일"을 이루기까지 20세기 전반기의 중국 지식인들은 개방의 시대를 살면서 상당히 자유롭고 민주적인 분위기 속에서 다양한 사상을 계발하고, 창의적인 담론을 전개했다.6)

1920−1930년대 휘황하게 타올랐던 중국 지식계의 불길은 내전과 공산혁명 속에서 사위어버리고, 1949년 중화인민공화국의 출범과 더불어 암흑기를 맞이했다. 역사적 합법칙성을 발견했다고 주장하는 마르크스와 엥겔스의 역사적 유물론과 레닌의 제국주의론은 20세기 역사를 통해서 생각의 다양성, 가치의 다원성을 전혀 인정하지 않는 전체주의적 독단론으로 귀결되었다. 1950년대 중국의 토양에서도 마르크스−레닌주의와 마오쩌둥 사상은 통일적인 이념이 되어 5−4 운동 시기에 수용되었던 다양한 사유와 새로운 사조를 몰아냈다.

1956년 마오쩌둥은 다양한 사상이 다채로운 들꽃처럼 만개해야 한다며 지식인들을 유혹해 정부를 비판하게 했다. 그가 주도한 백화제방 운동은 곧 모든 비판자를 색출해서 처벌하는 반우파 투쟁으로 이어졌다. 그 과정에서 최소 55만 명의 지식인들이 우파로 낙인찍혀 20여 년의 세월 동안 강제노동을 해야 했다. 지식인의 입을 틀어막은 결과 "대약진"이라는 엉터리 집산화 정책이 대기근을 몰고 왔을 때에도 어느 누구도 나서서 잘못된 정책을 비판하지 못했다. 이후 10년간 중국 전역을 휩쓴 문화혁명의 광풍은 중국의 지식인들을 정신병적으로 협소하고 폐쇄적인 획일적인 이념의 늪지대로 몰아넣었다.

1976년 마오쩌둥이 사망한 이후, 중국의 지식인들은 의식의 한구석에서 아련하게 가물거리는 5-4 운동의 기억을 되살렸다. 1970년대 후반 개혁 개방의 시대가 시작되자 당시 40대에서 60대에 이르던 광범위한 분야의 지식인들은 다시 한번 자유롭고 개방적인 백화제방의 시대를 열었다. 특히 1910-1930년대에 태어나 분열기의 혼란 속에서 성장기를 보낸 세대의 활약이 두드러졌다. 그들은 다양한 사조가 꽃피던 1930-1940년대의 지적 분위기를 기억했다. 그들의 가슴 속에는 5-4 운동의 시대정신이 깃들어 있었다.

언론인 거양(戈揚, 1916-2009), 철학자 왕뤄수이, 경제학자 마오위스 (茅于軾, 1929-), 천체물리학자 팡리즈 등등……. [7] 많은 지식인이 본격적으로 마오쩌둥 시대의 유산을 비판하면서 새로운 시대정신을 모색하기 시작했다. 개혁개방의 깃발 아래 경제적 자유화가 급물살을 타면서 일당독재의 구조적 모순을 혁파하고 민주화를 앞당기는 정치개혁에의 열망이 끓어올랐다. 1978년 베이징의 봄에서 1989년 톈안먼 민주화 운동까지 10여 년간 중국에서는 정치개혁을 요구하는 민간의 민주화 운동이 전개되었다. 1989년 6월 4일, 중공중앙은 탱크 부대를 급파해서 톈안먼 대도살을 일으켰다. 이 사건으로 광장의 군중은 흩어졌지만, 민주주의를 향한 중국인들의 열망을 뿌리 뽑을 수는 없었다.

헌법 투쟁 : 민주 세력의 수정노선

1989년 5월 톈안먼 광장의 군중은 민주와 자유를 외쳤다. "자유가 아니면 죽음을 달라!" "민주는 죽지 않고 자유는 영원하다!" "민주는 중국의 희

망!" 등등. "자유가 아니면 죽음을 달라!"라는 구호는 1775년 미국의 독립
혁명 시기 구호였다. 당시 시위대는 자유의 여신상까지 들고 있었다. 중공
중앙은 시위대가 미국식 민주주의를 동경하는 서방 자유주의의 추종자라
며 거센 비판을 쏟아냈다. 자유, 민주를 외치며 배수진을 치고 결사 항전
을 외쳤지만, 막강한 중공중앙에 탄압의 빌미를 제공하는 결과를 초래한
셈이 된 것이다.

1989년 톈안먼 대도살 이후, 중국공산당은 경제성장의 과실로 지식인들
을 유혹했다. 중국 인민은 정치적 자유를 포기하고, 대신 경제적 보상을
갈구하기 시작했다. 1989년과 1993년 베이징 대학의 교정을 방문한 어느
미국 교수는 베이징 대학이 1989년에는 반전시위가 끊이지 않던 1960년
대 미국의 버클리 대학을 연상시킨 반면, 1993년에는 날마다 돈 벌 궁리만
하는 하버드 경영대학원 같은 분위기였다고 회고했다.[8]

1980년대 민주개혁의 열망이 흩어진 후, 중국에서는 중공중앙과 유기적
으로 연계된 군중 집단의 과격한 반외세 애국주의 운동이 일어났다. 한편
1989년 이후 지하로 숨어든 중국의 민주 세력은 중국공산당에 탄압의 빌
미를 제공할 수 있는 자유, 민주의 구호 대신 헌법에 보장된 기본권을 보
장하라는 구체적인 의법투쟁(依法鬪爭)과 의헌투쟁(依憲鬪爭)을 시작했
다. 1989년의 민주화 운동에 비하면 소극적인 저항처럼 보였지만, 막강한
중공중앙의 일당독재 치하에서는 다른 방법이 없었다.

2008년 12월 10일, 303명의 중국의 민주투사 및 인권 운동가들은 1948
년 세계인권선언 60주년을 맞아 "08 헌장"을 발표했다. "08 헌장"은 중국
공산당 일당독재체제를 근본적으로 개혁하는 입헌혁명의 기획안이었다.
그 속에는 헌법 개정, 삼권 분립, 입법부의 민주화, 사법부의 독립, 국경의
정치적 중립, 인권 보장, 지역 평등 및 거주, 이전의 자유, 결사의 자유,

집회의 자유, 언론의 자유, 종교의 자유, 보편가치에 입각한 교육, (교육, 의료, 양로 등) 사회 보장, 환경 보호, (홍콩과 마카오의 자치를 유지하는) 중화연방공화국의 성립, 양심수 석방 및 명예회복, 피해 보상 등의 19개 항목이 담겨 있었다. 그 결과 2010년대 중국에서는 대규모의 헌정 논쟁이 강렬하게 일어났다.

중국공산당의 일당독재가 총서기 일인의 지배로 바뀌는 중국의 현실에서 공화국의 유령은 여전히 광활한 대륙을 배회하고 있다. 오늘도 중국공산당은 부강한 국가 건설을 외치며 중화민족의 위대한 중흥을 "중국몽"이라고 선전하지만, 중국 지식인의 의식 속에는 여전히 헌정민주의 꿈이 회색 암석에 배인 붉은 핏자국처럼 선연히 남아 있다.

20세기 중국의 역사는 민국의 건립으로 시작되었다. 황제가 지배하는 제국을 무너뜨리고 민중이 지배하는 민국을 세웠다는 사실이 중국인의 자긍심이었다. 20세기 초 중국은 그렇게 "민국의 땅"이 되었는데, 오늘날 중국은 명실공히 다시 제국의 영토로 바뀌어 있다. 민국혁명의 기억은 흐릿하기만 하다. 2010년대 헌정 논쟁은 바로 그 흐릿한 민국혁명의 기억을 되살리는 데에서 출발했다. 이제 중국 지식인의 헌정 논쟁에 귀를 기울여 보자.

제16장

여기는 당의 섬, "중국에서는 보편가치를 말하지 말라!"

자유와 인권은 UN 헌장에 명시된 인류의 보편가치이다. 중국은 1971년 이래로 과거 중화민국을 이어서 UN 안전보장 이사회의 상임이사국으로 활약하고 있다. 그러한 오늘날의 중국이 인류의 보편가치를 논하지 말라고 요구하고 있다. UN 상임이사국이 UN 헌장에 반하는 주장을 펼치는 기묘한 상황인데, 세계는 그런 중국의 모순을 어떻게 논박할 수 있을까?

애국자와 이방인의 대화

2019년 겨울 중국 중세사를 전공하는 한 중국인 교수와 나눈 대화이다. 1년간 캐나다를 방문하고 돌아가기 직전 그 교수는 작심한 듯 부드럽지만 단호한 목소리로 내게 말했다.

"물론 중국은 인권이 제한되어 있지만, 중국 나름의 안정되고 효과적인 치리(治理) 방법이 있어요. 외부에서는 중국이 잘못되었다고 비판해도 중국에서 살아가는 우리로서는 그렇게 인구가 많은 나라가 그 정도로 일사불란하게 돌아가고 있다는 사실에 감탄하지 않을 수가 없지요. 불과 얼마 전까지만 해도 상하이에서 베이징까지 기차를 타면 밤을 새우고 가야 했는데, 이제 고속철을 타면 5-6시간밖에 걸리지 않아요. 중국은 아편전쟁을 치르고, 난징 대학살을 당하고, 제국주의 열강에 둘러싸여 '박이 쪼개지듯' 산산이 조각난 나라였는데, 얼마나 큰 발전인가요? 여전히 많은 문제가 있지만, 중국은 매우 잘하고 있고, 향후 최소 50년간은 이대로 승승장구하리라고 봅니다. 저는 애국자입니다. 한국인도 모두 애국자가 아닌가요?"

한 "애국자"의 진정 어린 질문에 타국의 "이방인"으로서 나는 겨우 이렇게 대답할 수밖에 없었다.

"네, 이해할 수 있어요! 한국인도 대다수가 애국자겠지만, 문제는 사람마다 애국하는 방법이 극과 극으로 다르다는 점이겠지요. 중국 역사를 돌아보면, 8년간 항일전쟁을 주도했던 장제스도 애국자이고, 공산혁명을 일으켰던 마오쩌둥도 애국자잖아요? 매번 선거 때만 되면 한국인들은 장제스와 마오쩌둥처럼 두 패로 갈라져서 꼭 전쟁을 치르듯이 싸우지요. 모두가 자기편이 옳다고 우겨대면서 말이죠!"

보편가치를 논하지 말라!

2016년 12월 말 중국의 한 대학에서 남송(南宋, 1127-1279) 시기 『주례(周禮)』 경학(經學)의 권력 분립 이론을 강연할 기회가 있었다. 유가 13경 중 하나인 『주례』는 고대 국가의 이상적인 관료조직이 직관별로 매우 상세하게 묘사하고 있다. 정부조직을 천, 지, 춘하추동 여섯 부서의 360개 관직으로 분류하고, 각 직관에 따른 역할과 책무를 시시콜콜한 의식, 음식, 의복에 이르기까지 상세하게 규정하고 있다. 360개 관직에 달린 관원의 숫자를 모두 합하면 9만3,000명이 넘는다. 세계사에 보기 드문 신비로운 고대 관료제의 청사진이다.

『주례』에서 가장 중요한 직책은 「천관(天官)」의 총재(冢宰) 혹은 태재(太宰)로, 이후 동아시아 관료제의 재상, 승상, 영의정의 경전적 근거가 되었다. 현대어로 풀면 수상 혹은 총리라고 할 수 있다. 800~900년 전 중국의 정치 사상가들은 총재의 직책에 비상한 관심을 보였는데, 무엇보다 총재와 왕의 관계에 주목해 양자 사이의 견제와 균형에 관해 정교하게 논변해왔다. 이 과정에서 그들은 국가의 권력이 황제 한 사람에게 집중될 때에 발생하는 권력 전횡 및 남용의 문제를 직시하면서, 총재는 왕권을 제약하고, 왕은 총재의 권력을 감시하고 통제해야 한다는 논리를 정교하게 발전시켰다. 황권과 신권의 상호 견제, 상호 감시가 정부의 부패와 실패를 막는다는 유교 경전에 바탕을 둔 권력 분립 이론이었다.

이미 수 편의 논문을 통해서 학계에 소개한 바 있는 내용이기 때문에 나는 더욱 설레는 마음으로 중국의 학인들에게 남송대 권력 분립 이론을 알리고 싶었다. 근대 입헌주의 논쟁보다 수백 년 앞서 권력 분립 이론을 구성했던 남송대 경학자들을 칭송하려는 의도도 있었지만, 그보다는 권력 분립을 용인하지 않는 중국공산당의 일당독재에 이의를 제기하려는 의도였다. 800년 전 중국의 학자들도 권력 분립을 역설했다는 점을 중국 학생들에게 알리면, 큰 호응이 있으리라 기대했다.

강연이 시작되자 이내 청중의 표정이 심각하게 굳어 있음을 감지할 수 있었다. 발표가 끝나자 질문이 쏟아졌는데, 경계와 적의가 섞인 문책성 질문의 연속이었다. 내용과 상관없이 제목부터 시빗거리였다. 강연의 제목을 "『주례』와 보편가치 : 남송대 권력 분립 이론"으로 뽑았던 것이 화근이었다. 그 제목에는 보편가치와 권력 분립이라는 2개의 금칙어가 포함되어 있었다. 정치적으로 민감한 주제임은 알고 있었지만, 그 정도로 거센 반발이 일지는 예상하지 못했다.

공산당원이 아닐까 추측되는 한 청년이 오늘날 중국에서 서구 대학의 현직 교수가 권력 분립을 강조하는 행위 자체가 문화 침략이 아니냐고 따졌다. 당황한 나는 서구의 근대 입헌주의보다 700–800년 앞서서 황제지배체제의 중화제국이 권력 분립 이론을 구성했다면 중국인으로서 자랑스러워할 일이 아니냐고 되물었다.

이어서 다른 학생이 날카롭게 따지는 목소리로 질문했다. "강의 제목을 『주례』와 보편가치라고 붙였는데, 정치적 의도가 무엇인가?" 그 기세에 질려 나는 작은 목소리로 『주례』의 세계사적 의의를 인류 보편의 관점에서 적극적으로 해석하려는 의도일 뿐이라고 답했다. 그 학생은 질세라 다그치듯 물었다. "대체 그 보편가치가 구체적으로 무엇인가?" 순간 머리가 텅 빈 느낌이었다. 수많은 청중 앞에서 말문을 잃고 궁지에 몰리는 느낌이었는데, 머리에서 위기를 빠져나갈 묘한 꾀가 떠올랐다. 나는 겨우 어색한 미소를 지으면서 말했다.

"요사이 중국 어디에나 붙어 있는 '사회주의 핵심 가치관 열두 가지'가 생각나네요. 부강, 민주, 문명, 화해, 자유, 평등, 공정, 법치, 애국, 경업(敬業), 성신(誠信), 우선(友善), 이 열두 가지 모두가 보편가치가 아닐까요? 캐나다 대학생들도 이 열두 가지 가치관을 흔쾌히 받아들일 듯합니다. 특히 민주, 자유, 평등, 공정, 법치는 인류의 보편가치라고 UN 헌장에도 나와 있지요."

그렇게 답하자 청중은 비로소 웃음을 터뜨리고 나에 대한 적의를 어느 정도 거두었다. 강연이 끝나고 만찬이 이어질 때 주최 측 담당 교수가 나에게 다가와 "보편가치"와 "권력 분립"은 모두 정치적으로 매우 민감한 용어이기 때문에 상부에 강의 내용을 보고할 때에는 제목을 좀 바꾸려 한다며 넌지시 동의를 구했다. 결국 그날 강연의 제목은 주최 측의 뜻에 따라서 "남송대 주례 경학사 논쟁" 정도의 상투적이고 평범한 학술 용어로 사후 수정되었다.

2013년 "헌정민주"의 추억

2013년 여름 "헌정" 논쟁 혹은 "헌정민주" 논쟁이 중국 인터넷을 뜨겁게 달구었다. 중국 안팎에서 법학, 역사학, 철학, 정치학 등 다양한 분야의 전공자들이 참여하면서 논쟁은 중국의 헌법체계, 통치구조, 사회경제적 제도를 둘러싼 포괄적인 정치 담론으로 확장되어갔다. 당시 나는 항저우 사범대학에서 단기 방문학자 자격으로 강의하고 있었는데, 주변의 지식인들이 흥분된 목소리로 나에게 정치개혁을 둘러싼 큰 논쟁이 진행 중이라고 알려주었다. 얼마 후 중국공산당은 부랴부랴 산불을 진화하듯 헌정 논쟁을 잠재우기 위해서 중앙당교의 이론가들을 논쟁에 투입했다.

당교의 이론가들은 헌정 논쟁이 서구 자유민주주의를 동경하는 무책임한 자유파의 줏대 없고 무분별한 서구 추종일 뿐이며, 무엇보다 중국 특색 사회주의를 향한 심대한 도전이라고 일갈했다. 이미 그해 5월 중국공산당은 중국 대학에 일곱 가지 사항에 대해서는 아예 언급조차 하지 말라는 "칠불강"을 비밀리에 하달한 상태였다. 상하이 화둥 정법대학의 법학자 장쉐중(張雪忠, 1976-) 교수가 그 사실을 인터넷에 폭로하면서 서구 언론에까지 "칠불강"과 관련된 보도가 잇달았다. 중국공산당이 직접 나서서 금지한 일곱 가지는 바로 서구식 헌정민주, 보편가치, 시민사회, 신자유주의, 언론의 자유, (중국공산당의 역사를 부정하는) 역사 허무주의, (중국 특색 사회주의와 개혁개방을 비판하는) 중공 특권층의 이른바 권귀(權貴 : 권력 귀족) 자본주의 등이었다.

중국공산당에 우호적인 학자들은 오늘날 중국의 정치체제를 다양한 방식으로 정당화해왔다. 가령 상하이 푸단 대학의 정치학자 장웨이웨이(張維爲, 1957-)는 중국은 서구와 기타 아시아의 민족국가와는 전혀 다른 세계사 유일의 "문명형 국가(civilization state)"라고 주장해왔다. 또한 중국의 통치에 대해서는 민주와 독재라는 서구식 이분법의 적용 자체가 무의미하며, 오로지 "양정(良政 : 좋은 정치)과 열정(劣政 : 나쁜 정치)"의 평가만이 가능하다고 주장했다.[1]

비슷한 맥락에서 일군의 고전학자와 정치학자들은 유교의 지혜를 되살려 중국의 문화와 전통에 부합하는 중국 특색의 헌정체제를 재건해야 한다고 부르짖어왔다. 일면 설득력이 있지만, 이들의 주장 역시 서구식 입헌주의는 중국의 통치 모델로 적합하지 않다며 중국만의 예외성과 특수성을 강조할 뿐이다. 과연 중국은 세계사의 예외적인 "문명형 국가"인가?

중국공산당의 개입으로 이후 헌정 논쟁은 위축되었지만, 적어도 그해 여름까지는 논쟁의 불길이 거세게 타오르고 있었다. 1989년 톈안먼 대학살 이래 잠잠했던 중국의 지식계가 다시금 헌정민주라는 화두를 들고 정치개혁을 요구하기 시작했다. 특히 1920-1930년대에 태어난 80대 원로들의 활약이 돋보였다. 그 원로들은 "해방" 이후 태어나 문혁을 겪은 세대와는 달리 1930-1940년대 중국의 다양한 논쟁을 경험한 세대였다.

중국 민주파의 혈맥을 찾아서

2013년 당시 헌정 논쟁이 일자 80대 원로학자들 몇 명이 논쟁의 핵심에 섰다. 그들은 아마 젊은 시절 자신들을 격동시켰던 5-4 운동의 지적 혁명을 다시금 구현하고 싶어한 듯하다. 나는 그중 특히 2명의 활약에 주목했다. 1990년 은퇴할 때까지 중앙당교 이론연구소의 부주임을 역임했던 두광(杜光, 1928-2023)과 프린스턴 대학의 명예교수였던 위잉스(余英時, 1930-1921)이다.

1928년 저장 성에서 태어난 두광은 1946년 베이징 대학에서 수학한 후 자발적으로 화북 지방의 공산군 해방구로 들어갔다. 신념 있는 청년 마르크스주의자였던 그는 1957년 반우파 운동 때 우파로 몰려서 20여 년 동안 정치 박해를 당했다. 1979년에야 겨우 당교로 복귀해 정치 이론가로서 다시 활약한 그는 1990년 퇴직한 후 왕성하게 헌정민주 담론을 이끌었다. 정통 마르크스주의 관점에서 중국공산당 일당독재의 이론적 모순과 반인류적 독재를 정면으로 비판했고, 중국 현행 헌법을 근본적으로 뜯어고치는 전면적 정치개혁을 요구했다.

두광은 여러 편의 글을 통해서 오늘날 중국에서 정치개혁의 중책을 감당해야 할 개혁파 혹은 민주파의 정신적인 계보를 밝혔다. 그의 연구에 따르면 중국의 민주파는 5-4 운동에서 기원했으며, 이후 중국공산당 치하에서도 1957년 백화제방 당시의 5-19 학생민주 운동, 1976년 톈안먼 광장의 4-5 민주 운동, 베이징 시단의 민주장 운동, 1986년 민주 운동, 1989년 톈안먼 민주화 운동으로 질기게 명맥을 이어왔다. 두광은 보편가치에 입각한 입헌민주주의의 실현이야말로 중국 헌정사의 종착점이라고 주장했다.

한편 2013년 당시 위잉스는 이미 10년 넘게 일당독재를 비판하고 보편가치를 선양하는 중후한 시론들을 꾸준히 발표하고 있었다. 특히 "민주중국"이라는 제목으로 연재된 그의 문장은 대륙의 지식인들 사이에서 널리 회자되었다. 당시 중국 지식인들은 위잉스의 학술 저술뿐만 아니라 정치 평론도 탐독했다. 2014년 9월 27일 위잉스가 홍콩 중문대학의 좌담회에서 발표한 "대륙에서 제창하는 유교는 죽음의 입맞춤"이라는 제목의 짧은 글은 큰 파장을 일으켰다. 결국 2014년 10월 중국공산당은 위잉스의 저작들을 금서 목록에 넣을 수밖에 없었다.

1930년 톈진에서 태어나 안후이 성에서 유년기를 보낸 위잉스는 젊은 시절 5-4 운동의 거장 후스(胡適, 1891-1962)의 영향하에 자유주의의 분위기를 익힌 신청년 세대였다. 1950년 홍콩으로 탈출한 그는 중국학의 거장 첸무(錢穆, 1895-1990) 밑에서 공부했고, 1955년 도미해서 하버드 대학에서 박사 학위를 취득했다. 이후 위잉스는 영미 학계에서 최고의 영예를 누린 중국학의 거장이 되었다.

2010년대 중국에서 5-4 운동의 정신을 기억하는 80대의 거장들이 헌정 민주 담론을 이끌었다는 사실은 오늘날 중국 사상사에서 특별히 중요한 의미를 가진다. 그들은 지금도 5-4 운동 이후 중국 지식계에 일어났던 헌정, 민주, 자유, 법치의 담론을 생생하게 기억한다. 민국혁명 이래 중국의 지식인들은 "민주"와 "과학"을 부르짖던 계몽적 근대인들이었다. 그들의 눈에 비친 중국공산당 일당독재의 반민주적, 비자유적 통치는 중국 사상사의 정통에서 벗어난 비지성적, 반민주적, 반민주적 일탈일 뿐이다.

지금도 중국공산당은 지식인들을 향해서 중국 안에서는 절대로 "보편가치를 말하지 말라!"며 윽박지르고 있다. 자유, 민주, 인권, 법치 등 보편가치는 오늘날 중국의 이념적 기초를 허물 만큼 커다란 정치적 파괴력을 가지고 있다고 중국공산당 지도자들 스스로 생각하기 때문이 아닌가? 보편가치를 거부하는 그들의 의식 밑바탕에는 중국이 통째로 외부와 단절된 큰 대륙이라는 폐쇄적이고 배타적인 낡은 사유가 깔려 있다. "여기는 당의 섬"이니까 섬 밖에서 유행하는 "보편가치를 말하지 말라!"는 강짜이다.

제17장

두광의 창(唱), 중공 이전의 헌정민주

오늘날 중국에는 먼 옛날 중국 지식계의 헌정 논쟁을 또렷하게 기억하는 사람들이 있다. 그들 대다수는 중국공산당이 집권하기 이전에 태어나 외침과 내전의 참화 속에서 유년기를 보낸 1920–1930년대생이다. 어린 시절 마르크스주의에 사로잡히고 레닌주의에 경도되기도 했지만, 그 세대는 5–4 운동 전후로 중국에 들어왔던 서구의 다양한 사상과 문예 사조를 익숙하게 알고 있었다. 무엇보다 그들은 신문화 운동의 영향 아래 민주, 과학, 자유, 인권, 법치, 실리, 개방을 시대정신으로 받아들였다. 중국공산당 집권 이후 진시황의 분서갱유보다 가혹한 마오쩌둥의 사상 통제가 시행되었을 때, 그들의 모든 생각과 말은 감시와 처벌의 표적이 되었다. 오랜 세월이 지나 인생의 황혼에 선 이 세대는 젊은 시절 꾸었던 헌정민주의 꿈을 다시 꾸고 있다.

1940년대의 한 노랫말에 담긴 자유의 메시지

1940년대 후반 중국 대학가에서 널리 불린 노래 중에 "차관소조(茶館小調)"라는 서사 가곡이 있다. 신바람 나는 리듬에 촌철살인의 풍자가 담겨 있어 꼭 조선 후기의 사설시조 같은 느낌을 풍기는 곡이다.

244

밤바람 불어오는 싸늘한 시간

동쪽 거리 찻집은 참으로 시끌벅적

위층과 아래층에 손님들이 북적이며

"주인장, 끓는 물 좀 주소!" 소리치네.

찻잔과 접시 부딪히는 소리

딩딩 당당, 딩딩 당당!

어떤 이는 잡담하고, 어떤 이는 언쟁하고,

어떤 이는 고뇌하고, 어떤 이는 나랏일을 논하고,

어떤 이는 불평을 늘어놓네!

이렇게 흥겹게 시작한 노랫말은 슬슬 정치판을 비꼬기 시작한다.

오직 찻집 주인만 간이 작아서

다가와서는 작고 가는 목소리로 속삭이는데,

"여러분들, 제발 장사 좀 할 수 있게

나랏일 이야기할 때에는 좀 작게 말씀하세요!

나랏일을 이야기하면 곤란해져요.

나, 너, 우리 모두 힘들어져요…….

그러다 철창신세를 질 수도 있죠!"

찻집에 모인 사람들이 모두 흥겹게 큰 목소리로 국사를 논하는데, 겁에 질린 주인장이 손님들에게 다가가서 정치 이야기는 제발 하지 말아달라고 허리를 굽혀 가며 당부하는 장면이다. 바로 그때 담력이 큰 한 손님이 벌떡 일어나서 "통쾌하고 큰 목소리로 또렷하게" 소리 지른다.

"우리를 압박하고, 우리를 갈취하고,

우리의 말할 자유를 빼앗는 악당들,

모두 뿌리째 뽑아버리자!

우리의 말할 자유를 빼앗는 악당들,

모두 뿌리째 뽑아버리자!"

헌정민주를 외치는 당교 출신 이론가

2015년은 을미년 청양 띠의 해였다. 그해 11월 16일 당시 87세였던 두광은 베이징의 한 강연장에서 수십 명의 젊은 청중을 상대로 "양떼(羊群) 강연"을 마친 후, 청중의 부탁에 호응해 자리에서 일어나 "차관소조"를 흥겹게 불렀다. 노래를 부르기 전 두광은 이 노래가 1940년대 쿤밍(昆明)에서 학생들이 즐겨 부르던 노래라고 했다.

당시 쿤밍에는 국립 시난 연합 대학이 있었다. 중일전쟁 발발 후인 1938년부터 1946년까지 무려 8년 동안 전란을 피해서 교정을 남방으로 옮겨야만 했던 베이징 대학, 칭화 대학, 난카이 대학 등이 국민당의 지원 아래 세운 전시의 국립 합동 대학이었다. 1946년 이후 세 대학이 베이징과 톈진으로 복귀하자 이 노래는 베이징과 톈진의 청년들 사이에서도 애창되었다고 한다.

두광은 1946년 17세의 나이로 베이징 대학에 입학해서 1948년까지 2년 동안 수학했다. 국공내전이 한창일 때 베이징의 국민당 정부는 공산당 요원들을 색출해서 처형하는 공포 정치를 이어가고 있었다. 그러한 상황에서 "차관소조"는 사람들의 자유를 탄압하는 국민당 정부를 희화하고 비판하는 풍자의 민요였다.

2015년 11월 15일 두광이 거의 70년 전의 노래를 기억의 창고에서 다시 불러낸 이유는 무엇일까? 불과 석 달 전인 2015년 8월 25일, 그가 언론사에 기고한 칼럼 "노인들의 식사 모임을 금지하는 안전부의 불법 행위에 대한 항의"에 그 이유가 잘 드러나 있다.1)

두광은 2010년쯤부터 70-80대의 친구들과 함께 봄, 여름, 가을 세 계절 동안 매달 한 번씩 모여서 차를 마시며 대화를 나누고 오찬을 가진 후 헤어지는 친목 모임을 열어왔다. 때로는 "우국애민"의 충정이 일어나 "정치가 맑아지고 사회가 안정되는 태평의 생활"을 갈망하기도 했지만, 이 모임은 대체로 "세간의 정에 맞고, 이치에 맞고, 법도에 맞는" 작은 행사일 뿐이었다.

특히 2015년 그날 모임은 5년 전 타계한 전 인민대학 부총장 셰타오(謝韜, 1922-2010)의 추모일이었다. 그날 모임에는 고인의 기일에 맞춰 추모집 출판을 준비한 딸 셰샤오링(謝小玲, ?-)이 참석해서 별도의 출판 기념식을 열 예정이었다. 그러한 정황을 파악한 베이징 안전부는 셰샤오링에게 세 차례나 추모회에 가지 말 것을 요구하고, 사복 경찰을 풀어서 식당 문 앞을 감시하고, 식당에 압력을 넣어 예약을 취소하게 했다. 베이징 안전부의 노골적인 정치 탄압에 격분한 두광은 공민의 기본 권리를 박탈한 당국을 향해서 항의의 내용을 담은 격문을 작성했다.

베이징 공안이 우리에게 가한 박해는 의법치국(依法治國)의 정신에 완전히 위배된다. 묻건대, 그대들은 대체 어느 법률, 무슨 조항에 근거해서 사람들이 식사 모임을 하는 자유까지 박탈하는 권력 남용을 자행하는가? 우리가 서로 모여서 얼굴을 마주 보고 함께 차를 마시며 담소하는 행위가 대체 어느 법률, 어느 조항에 어긋난다는 말인가? 설마 우리의 권리는 헌법과 법률의 보호를 받을 수 없다는 말인가? 대체 왜?2)

불과 10개월 전 중국공산당 제18기 중앙위원회 제4차 전체회의에서는 "의법치국"을 전면에 내세우면서 "인민이 법에 의거해서 광범위한 권리와 자유를 누릴 수 있도록 보장할 의무"를 만장일치로 결의했다. 두 선생은 중공중앙을 다음과 같이 꾸짖었다.

> 우리가 직접 겪어 느낀 바 이는 10개월 전 [중공중앙이] 승인한 바에 정면으로 위배되는 불법적 행위이다. 소위 "의헌치국(依憲治國 : 헌법에 의거한 국가의 통치)"과 "의법치국"의 기본 정신은 공민의 권리를 보장하고, 권력의 집행을 규제하는 데에 있다. 더 정확하게 표현하자면, 권력의 운용을 규제함으로써 공민의 권리를 보장한다는 뜻이다. 공민의 권리를 침해하는 행위의 뿌리는 결국 정치 권력에 있다. 예컨대 이는 권력과 지위를 가진 자산계급에서 발생하는데, 우선 그들이 권력을 가지기 때문이다. 권세를 믿고 횡포를 부리는 호강(豪强) 자산계급이 출현하면 그들은 정경유착으로 권력을 매수한다.3)

베이징 안전부가 두광의 사회 활동을 감시하고 제재한 이유는 다름 아니라 그가 1990년대부터 줄기차게 중국공산당 일당독재를 비판해온 대표적인 헌정민주주의자라는 점과 무관할 수 없다.

2013년 이래 중공중앙은 당시 중국 지식계에 거세게 타오르던 헌정민주의 불길을 잡기 위해서 이념적 진화에 혈안이 되어 있었다. 두광은 2010년대 헌정 논쟁의 중심에 섰던 인물이다. 보편가치, 사법 독립, 중국공산당의 어두운 과거사, 개혁개방 이후 정부의 문제점, 입헌주의, 권력 분립 등

2013년 4월 둥관(東莞)의 노동자와 농민 청년들이 거리로 나와서 민주, 자유, 인권, 헌정을 외치고 있다. 왼쪽 종이의 구호는 "정당은 국가보다 못하고, 중공은 인민보다 못하다"이고, 오른쪽 종이의 구호는 "민선(民選) 없는 정당은 모두 불량배 집단이다" 이다. (홍콩 인터넷)

등 중국공산당이 금기시하는 민감한 주제들을 그는 논설, 서간, 강연, 논문 등의 다양한 형식으로 꾸준히 논해왔다.

2015년 8월에 이르자 급기야 베이징 안전부가 두광이 지인들과 함께하는 식사 모임까지 감시하고 제재하는 무리수를 두었다. 불과 2개월 전인 2015년 6월 11일에 중공중앙의 거물 저우융캉(周永康, 1942-)이 뇌물 수수, 직권 남용, 국가기밀 누설이라는 죄명을 쓰고 무기징역형을 선고받았는데, 두광은 70-80대 노인들의 식사 모임까지 문제 삼는 베이징 안전부의 무리수가 저우융캉의 구속과 무관하지 않다고 판단한 듯하다. 저우융캉은 중공중앙 정치국 상무위원회 9인 중 1명으로 중국의 사법부와 경찰 등 국가 안전 부문 책임자였다. 베이징 안전부 역시 저우융캉의 관할하에 있었음이 관련자의 구속, 수사를 통해서 밝혀진 상황이었다.

항의서의 마지막에서 두광은 만약 공민의 권리 회복을 바라는 자신의 기대가 수포가 되어버린다면, "중국 사회는 여전히 저우융캉이 없는데도 저우융캉의 어두운 그늘에 덮여 있음을 보여줄 뿐"이라며 한탄했다.[4]

국가 권력의 제약, 공민 권리의 신장

두광의 항의가 중국공산당을 움직였을까? 그해 가을 베이징 안전부는 두광에 대한 감시와 제재의 고삐를 살짝 풀었다. 2015년 8월 말, 두광의 항의서가 홍콩, 타이완의 언론에 보도되면서 중공정부에 적지 않은 부담을 주었기 때문이다. 상세한 내막을 알 수 없지만, 2015년 11월 16일 두광은 수십 명의 젊은 관객들 앞에서 흥겹게 큰 목소리로 "차관소조"를 부를 수 있었다. 그 사실만으로 불과 2-3개월 만에 상황이 극적으로 바뀌었음을 감지할 수 있다.

앞의 항의서에서도 잘 드러나지만, 두광은 헌정민주의 정신을 간명하게 요약한다. 헌정이란 국가 권력을 제약하고 공민의 기본권을 확대하는 인류의 보편가치이다. 민주란 공민이 자발적인 정치 참여를 통해서 정당한 권력을 창출하는 공민 주권의 실현이다.

두광은 인민도 국민도 아닌, 공민을, 공민 사회의 중요성을 강조한다. 왜일까? 인민은 마르크스주의에 입각한 계급적 개념이다. 중국의 초, 중, 고 교과서에 따르면, 인간은 사회주의 혁명에 동조하는 "인민"과 반대하는 "적인"으로 나뉜다. 국민은 1920-1940년대 중국에서 국민당이 이미 선점한 개념인 데다가 개인보다 국가를 우선시하는 뉘앙스가 있다. 인민은 계급적인 의미가 강하고, 국민은 민족주의 색채가 짙다.

지난 20년간 줄기차게 중국에서 헌정민주 담론을 이끌어온 전 중앙당교의 이론가 두광. (twitter.com)

　반면 공민이란 공공 영역에서 공익을 위해서 자발적으로 공적 담론에 참여하는 깨어 있는 사람들의 범칭이다. 누구나 생득적 권리로 공화국의 시민이 될 수는 있지만, 그 자체로는 충분하지 않다. 공민이 되기 위해서는 공적 시민으로서 교육받고, 공적 담론에 참여해야 한다. 그 과정을 통해서 인간의 기본권과 인류의 공공선을 인식할 때, 개인은 공화국의 시민, 곧 공민으로 거듭날 수 있다.

　그렇다면 "공인"이 아니라 "공민"이라고 쓰는 이유는 무엇인가? 그 연원은 1911년의 민국혁명으로 소급된다. 1911년 황제의 지배 속에서 2,000년간 신민으로 길들여진 중국인들이 떨쳐 일어나 "제국(帝國 : 황제의 나라)"을 부수고 "민국(民國 : 국민의 나라)"을 건설했다. 황제의 나라가 공민의 나라로 바뀌었다. 두광은 20세기 초반부터 100년 역사를 파헤쳐 헌정

민주를 부르짖고 있다. 그 속에 중국공산당 일당독재를 해체할 수 있는 무서운 사상의 폭약이 내장되어 있다. 두광 선생의 저서를 읽어보면 더 분명히 알 수 있다. 이제 두광이 말하는 헌정민주의 내용을 깊이 살펴보자. 언제 읽어도 두광의 글은 명쾌하고, 강렬하고, 건강하다!

중국 정치의 핵심 문제

두광에 따르면, 20세기 초부터 오늘날에 이르기까지 중국 정치의 핵심 문제는 "개혁 대 반개혁, 민주 대 반민주, 농단 대 반농단, 독재 대 반독재의 대립, 투쟁"이다. 두광은 중국의 근현대사에서 "개혁, 민주, 자유, 반농단, 반독재"를 향한 범국민적 열망이 1908년 청나라 황실에서 반포된 『헌법대강(憲法大綱)』으로 이미 표출되었다고 말한다. 입헌군주제의 헌법으로서 많은 한계가 있지만, 『헌법대강』은 언론, 저작, 출판, 집회, 결사의 자유를 보장하고, 불법적 체포, 구속, 처벌을 전면 금지하는 등 신체의 자유, 거주 및 이전의 자유, 나아가 개인의 재산권 등 근대 민법의 기본 권리를 구체적으로 천명하고 있기 때문이다.

1911년 민국혁명 이후 쑨원은 『중화민국 임시약법(中華民國臨時約法)』을 통해서 "국민주권"의 원칙하에 인신, 재산, 거주, 이전, 언론, 출판, 집회, 결사, 통신, 신앙의 자유와 선거, 피선거, 청원, 소송의 권리를 명시했다. 곧 이어진 5–4 운동의 열기 속에서 자유와 민주를 향한 대중적 열망은 최고조에 달했다. 그러나 이어지는 침략 전쟁과 내전의 소용돌이에서 중국의 헌법적 기초는 쉽게 뿌리내리지 못했다.

1949년 중화인민공화국 성립 이래 1954년, 1975년, 1978년, 1982년 네 차례에 걸쳐 헌법 개정이 이루어졌지만, 두광은 현행 중국 헌법의 입법의도와 법리 원칙은 오히려 입헌주의 정신을 근본적으로 훼손한다고 비판한다.

> 현행 중국 헌법은 모순으로 충만한, 양면적인 헌법 조문뿐이다. 민주와 독
> 재가 본문의 자구(字句) 및 행간에 공존하고 있는데, 실제로는 독재가 민주
> 를 압도한다. 따라서 헌법이 규정하는 공민의 권리는 보장되지 않고, 정치
> 권력은 헌법의 제약을 받지 않아 도처에서 권력 남용이 일어난다. 이것이
> 헌법이 있음에도 헌정이 실현되지 못하는 근본원인이다.5)

직접 언급하지는 않지만, 두광은 청나라 말기의 『헌법대강』에서 『중화
민국 임시약법』을 거쳐 5-4 운동 시기 다채로운 사상으로 만개했던 100
년 중국 헌정사의 적통이 중화인민공화국이 아니라 중화민국으로 이어졌
음을 넌지시 암시하는 듯하다. 바로 그 점에서 중국의 정치체제가 변화하
기를 기다리는 중국 안팎의 모든 이들은 2010년대 시진핑 정권 출범을
전후해서 활발하게 일어났던 헌정민주 담론을 주시해야 한다.

"우리의 말할 자유를 빼앗는 악당들, 모두 뿌리째 뽑아버리자!" 70여
년 전 중국의 학생들이 부른 노랫말 속에 중국 현대사의 시대정신이 담겨
있다. "두광의 창"은 중공이 중국을 점령하여 중화인민공화국을 세우기 전
사상의 다양성과 표현의 자유가 상당히 보장되었던 중국의 시대정신을 되
살리는 노래이다.

제18장

장첸판의 법, "치욕의 기둥에 독재자의 이름 새겨야!"

중국도 인권과 기본권을 인정하는 자유민주주의 국가가 될 수 있을까? 만약 그렇다면, 중국의 민주화는 도대체 언제쯤 실현될까? 중국의 정치 현실을 바라보는 중국 안팎 관찰자들의 인내심은 이제 한계에 달한 듯하다. 1989년 이후 중국의 민주화를 열망해온 지식인들의 낙관이 2010년대 후반까지도 전혀 실현되지 않았기 때문이다. 가령 한국의 한 헌법학자는 시진핑 정권 제3기의 출범을 앞두고 나에게 이렇게 물었다.

"중국에는 중공의 일당독재를 비판하고 헌법으로 국가 권력을 제약해야 한다고 주장하는 사람이 없나요? 중국만큼 큰 나라라면 비판적 지식인들이 분명히 있을 텐데, 좀처럼 소식이 없어서요. 법학자, 특히 헌법학자 중에 중국의 권위주의 헌법을 정면 비판하는 인물이 없지 않을 듯합니다. 근대 헌법학의 핵심은 국가 권력의 제약임을 그들도 모를 리가 없는데요."

그 질문을 받는 순간 나의 머리에는 베이징 대학 법학대학원의 저명한 헌법학자 장첸판(張千帆, 1964-)의 얼굴이 떠올랐다.

베이징 대학 법학대학원의 헌법학자 장첸판

장첸판은 2011년 9월 27일 베이징 대학 법학대학원에서 "신해혁명과 중국

254

헌정"이라는 제목으로 강연했다.1) 장첸판이 말하는 헌정이란 헌법에 근거한, 헌법의 통치, 곧 법의 지배를 의미한다. 반면 시진핑 정권이 내세우는 의법치국은, 직역하자면 법에 의한 국가 통치로 그 의미가 미세하게 다르다. 물론 두광처럼 의법 통치가 곧 법치라는 적극적 해석으로 시진핑 정부에 법치를 요구하는 학자들도 있다. 반면 엄격한 헌법학자인 장첸판은 의법치국과 법치가 같을 수 없다고 생각한다. "법의 지배"란 법의 정신을 구현하는 입헌주의의 요체이지만, "법에 의한 지배"는 법을 구실로 인민을 통제하는 독재 권력의 수단으로 악용될 수 있기 때문이다.

2011년 당시 장첸판는 이미 중국공산당 일당독재를 비판한 중국의 대표적 헌법학자로 중국 안팎에 널리 알려져 있었다. 이날 장첸판의 강연은 시쳇말로 "대박"을 쳤다. 큰 강의실에 앉을 자리가 없어 강의실 밖에서 까치발을 딛고 강연을 듣는 학생들도 있었다. 장첸판은 엷은 미소를 머금은 얼굴로 학생들을 보면서 온화하지만 단호한 음성으로 말문을 열었다.

앞으로 2주쯤 후면 신해혁명 100주년이 됩니다. 모두가 신해혁명에 큰 관심을 보입니다.……이러한 주제를 베이징 대학에서 말할 수 없다면, 누가 어디서 이야기할 수 있겠습니까? 만약 베이징 대학이 이 주제를 거론하지 않는다면, 베이징 대학의 치욕이라고 생각합니다. 오늘 제 강연의 주제는 바로 치욕에 관한 것입니다. 저는 베이징 대학이 치욕이 없어서 좋았습니다. 이번에 베이징 대학 당국은 저명한 역사학자 위안웨이스(袁偉時, 1931-) 교수의 "신해혁명 100년 헌정"과 같은 강의를 허용했어야 합니다. 실상 위안 교수는 저보다도 훨씬 온건합니다.

이어서 장첸판은 말로 하면 격해질 수 있기 때문에 마음속의 생각을 글

2014년 베이징 대학 법학대학원의 저명한 헌법학자 장첸판. (wikipedia.org)

로 써왔다며 준비된 원고를 낭독했다. 첫머리부터 그는 명징한 문장으로 청중의 귀를 사로잡았다.

> 신해혁명이 황제지배체제를 무너뜨리고 100년이 지났지만, 중국은 아직도 부패와 위기에 빠져 있다. 우창(武昌) 봉기는 쓰러져가는 대청제국을 무너 뜨리고 수천 년간 지속되어온 황제의 통치를 종식했건만, 황권의 종결은 진정한 공화의 시작이 아니었다. 100년 동안 중국은 전란에 휩싸였고 백성 은 도탄에 빠지고 인민은 반복해서 커다란 겁탈을 겪었으며, 헌정의 운명은 기구했다.[2]

장첸판은 신해혁명 이후 100년을 "민권이 신장되지 않고 공권만 무한 팽창한" 역사라고 규정했다. 100년 전 "제국"을 무너뜨리고 "민국"을 세웠는데, 대륙은 지금도 독재정권의 통치 아래 놓여 있기 때문이다. 장첸판은 비장한 어조로 헌정의 당위를 역설했다.

> 지난 100년의 풍파와 앞날의 불행은 모두 인민을 노예로 부리는 독재에서 기인한다. 독재는 참으로 교활하고 완고하다. 혁명을 일으켜도 타파되지 않는다. 정반대로 혁명은 왕왕 더욱 강대한 폭정을 낳는다. 청나라의 멸망에서 얻을 수 있는 교훈은 때에 맞춰 헌정개혁을 시행해야만 혁명의 비극을 피할 수 있다는 점이다. 만약 집정자가 미욱해서 깨닫지 못하고 개혁을 거절하면, 불을 가지고 놀다가 스스로를 태우는 데 머물지 않고 중국 사회 전체가 혁명과 폭정의 악순환에 휘말린다. 중화민족의 문명이 문란해진다. 부패가 횡행한다. 자원이 고갈된다. 환경이 파괴된다. 급기야 인민은 안심하고 살 수 없는 지경에 이른다. 100년 역사가 충분히 증명한다. 오직 헌정만이 중국을 구할 수 있다.3)

장첸판은 헌정의 실현을 위해서는 독재를 타파해야 한다고 말한다. 헌정은 독재를 막고 국가 권력을 제약하는 법의 지배를 이른다. 법의 지배를 실현하기 위해서는 법 위에 군림하는 독재자들을 끌어내려야 한다. 장첸판은 그 주체가 인민이라고 주장한다. 그는 주권재민의 원칙을 다음과 같이 쉽고 명료하게 정의한다.

> 전제를 타파하기 위해서는 반드시 인민에게 의존해야 한다. 헌정을 세우기 위해서 인민은 스스로 각자의 존엄을 확립해야 한다. 개인의 존엄은 국가 헌정의 기본 조건이다.……전제의 가장 큰 죄악은 인간의 존엄을 짓밟는

데에 있을 뿐만 아니라 개인이 스스로 존엄을 회복할 능력 자체를 박탈하여 개개인이 기꺼이 타락하여 음험한 독재 권력에 복종하도록 만든다는 데에 있다.4)

장첸판은 간명한 언어로 입헌 자유주의의 핵심 논리를 설파했다. 그에 따르면 요컨대 헌정의 주체는 정부가 아니라 존엄성을 가진 인간 개개인이다. 기본권을 보장받은 자유로운 개개인의 자발적 참여를 통해서만 헌정이 실현될 수 있다. 존엄성을 상실한 인간은 독재정권의 노예로 전락하고 만다. 독재 권력을 무너뜨리지 않고서는 인간의 존엄이 확립될 수 없다. "제국"을 무너뜨리고 "민국"을 세운 민국혁명 이후 100년의 과정에서 중국이 극심한 전쟁의 폐해와 혁명의 광란을 겪었음에도 인간 존엄은 여전히 요원한 꿈이다. 중국공산당이 헌법 위에 군림하며 독재를 이어가기 때문이다.

마오쩌둥 비판, "헌정 파괴자, 치욕의 기둥에 새겨야"

강연 막바지에서 장첸판은 비장한 어조로 다음 문장을 낭독했다.

진보를 압살하고, 인민에게 대항하고, 헌정을 억압하고, 개혁을 거절한 자는 아무리 생전에 자신을 신성한 지위에 봉했다 할지라도 중국 역사의 치욕을 적는 기둥에 영원히 그 이름을 새겨야 한다.

이 문장을 읽자 약 2-3초 정도의 짧고 무거운 침묵이 흘렀다. 장첸판이 잠시 한 모금 물을 마시자 학생들은 갑자기 뜨겁게 손뼉을 쳤다. 연사와 청중이 자발적으로 주고받은 미묘한 대화였다. 장첸판은 왜 그때 물을 마셨을까? 청중이 보인 그 짧은 침묵의 의미는 무엇일까? "생전에 자신을 신성한 지위에 봉한 자"는 누구일까?

물론 장첸판은 실명을 언급하지 않았지만, 중국인이라면 누구나 마오쩌둥을 떠올릴 수밖에 없었다. 아마도 학생들은 장첸판이 중국 현대사의 "인격신" 마오쩌둥을 "진보를 압살하고, 인민에게 대항하고, 헌정을 억압하고, 개혁을 거절한 자"라고 비판했음을 자각하고는 순간 당황했던 듯하다. 감동을 박수로 표현하기까지는 대략 2-3초의 시간이 필요했다.

마오쩌둥은 중국 역사 속 그 어떤 황제보다 더 큰 권력을 누린 일인지배의 화신이었다. 그는 스스로 황제가 되어 헌정을 억압하고 민국의 꿈을 파괴한 전제군주였다. 그는 살아서 자신을 신격화했지만, 장첸판은 당당하게 그 이름을 역사의 치욕을 기록하는 기둥에 새겨야 한다고 말했다. 이어서 장첸판은 헌정의 실현을 위한 중국 인민의 궐기를 촉구하는 말로 강연의 대미를 장식했다.

모든 중국인이 일어나서 개인의 존엄과 후대의 행복과 민족의 앞날을 위해 스스로 인간으로서의 책임을 지고, 권리를 지키고, 각자의 양지(良知)와 용기를 발휘하여 공평하고 정의로운 국가질서를 창조하고, 각성과 행동을 통해서 중화문명에 비치는 헌정의 서광을 맞이하자! 한국, 타이완, 구소련, 동유럽, 남아프리카, 칠레, 인도네시아, 타이, 네팔, 이집트, 튀니지, 리비아의 인민이 할 수 있다면, 중국 인민도 반드시 할 수 있다!

학생들은 환호성을 지르며 큰 박수를 보냈다. 한국, 타이완은 민중이 자발적인 노력 끝에 군부의 독재를 종식한 성공적인 자유민주주의 국가이다. 2011년 봄에는 이집트, 튀니지, 리비아 등 북아프리카의 이슬람 국가들에 민주화의 열풍이 불었다. 장첸판은 바로 그 아랍의 봄을 의식하며 중국 인민도 독재정권을 타도하는 민주화의 주체가 될 수 있다고 부르짖었다. 이 강연의 영상 밑에는 다음과 같은 댓글이 달려 있다.

> 장첸판이 2011년 9월 이 강연을 할 때, 시진핑은 아직 국가주석이 아니었다. 10년의 과거를 돌아보면, 장첸판이 했던 말이 오늘날 한 치의 차이도 없이 100퍼센트 실현되었다. 그의 강단과 혜안에 존경을 표한다. 당시의 학생들은 이제 30세 전후가 되었다. 그들이 오늘날의 극심한 국가적 타락을 보면서 어떤 생각을 할까 궁금하다. 당시는 후진타오와 원자바오(溫家寶, 1942-)의 시대였다. 사상, 언론의 자유가 그래도 어느 정도 있었다. 만약 요즘 같았다면, [장첸판은] 탄압당하고 투옥되었을 듯하다.[5)]

2011년 9월 27일 장첸판의 강연 영상은 잠시 널리 퍼져나가다가 이내 모조리 삭제되었다. 지금은 중국에서는 볼 수 없는 유튜브를 통해서만 장첸판의 강연을 볼 수 있으며, 중국의 대표적인 비디오 플랫폼에서는 장첸판의 강연이나 인터뷰를 아예 찾아볼 수 없다.

장첸판의 인물과 사상

베이징 대학 법학대학원의 장첸판은 저명한 헌법학자이다. 1980년 열여섯 살의 나이에 난징 대학 물리학과에 입학했고, 1984년 스무 살의 나이로 미국 유학길에 올라 1989년 카네기멜런 대학에서 물리학 박사 학위를 취득한 수재였다. 2년 후 그는 어떤 이유에서인지 미국의 메릴랜드 대학 법학대학원에 입학했는데, 이내 비싼 등록금을 감당할 수 없어 자퇴했다. 대신 그는 그 대학의 컴퓨터 센터에서 일하면서 주경야독하듯 법학대학원 수업을 청강했다. 이후 1995–1999년 그는 미국 텍사스의 오스틴 대학에서 정치 이론으로 박사 학위를 취득했다. 1999–2002년 난징 대학 법학대학원에서 교수로 강단에 섰고, 2003년 이래 베이징 대학 법학대학원의 교수가 되어 헌법학, 비교 헌법학, 중국 헌법 및 헌정 원리 등을 가르치며 연구해왔다.

시진핑 정권 출범 직후, 중국공산당 중앙당교의 이론가들은 당시 활발하게 일어나던 헌정 담론을 집중적으로 공격했다. 그후 장첸판은 인터넷 매체나 대중을 상대로 한 강연을 자유롭게 할 수 없게 되었다. 그러나 헌법학자로서 그는 조금도 굽히지 않고 저술 활동을 이어갔다.

중국공산당 일당독재를 개인의 존엄성을 해치는 독재정치라고 비판하는 장첸판을 시진핑 정부가 그대로 둘 리 없었다. 2019년 1월 말 중국 정법대학의 한 교수는 중국에서 가장 널리 사용되던 장첸판의 교과서 『헌법학 도론(憲法學導論)』이 "서구의 가치관을 선전하고 사회주의를 조소한다"는 이유로 정부 당국에 고발했다. 결국 중국 정부는 중국의 모든 대학에서 이 책이 교과서로 사용될 수 없게 했고, 금서 목록에 올려 인터넷 서점에서도 자취를 감추게 만들었다. 중공중앙은 왜 장첸판의 『헌법학 도론』에 금서라는 낙인을 찍었을까? 중국공산당은 왜 그토록 상식적이고, 보편타당한 "장첸판의 법"을 두려워하는가? 그의 명저 『헌법학 도론』 속으로 들어가보자.

제19장

장자의 도, "헌법은 권리의 수호신!"

논리의 힘이 없는 정권은 힘의 논리를 쓴다. 논리의 힘은 다수 국민의 자발적인 동의를 유도하지만, 힘의 논리는 거센 반발과 민심 이반을 초래한다. 1989년 6월 4일 톈안먼 대학살이 증명하듯, 독재정권은 힘으로 반대 의견을 억누르고 저항과 시위가 거세지면 군을 투입해서 인명을 살상한다. 9,500만 당원을 자랑하는 중국공산당은 명실공히 세계 최대 규모의 막강한 정치조직이다. 그렇게나 강력한 집단이 왜 헌법에 보장된 표현의 자유조차 허용하지 못할까? 덩치만 클 뿐 논리의 힘이 없기 때문이다.

힘의 논리가 법의 논리를 이길 수 있나?

장첸판의 『헌법학 도론』은 중국의 여러 대학에서 널리 사용되어온 중국의 대표적인 헌법학 교과서이다. 장첸판은 2004년 중국 사법부 직속의 법률 출판사에서 이 책의 초판을 출간한 후, 2008년과 2014년에 내용을 보강하여 증보판을 펴냈다. 15년간 중국의 유수 법학대학원에서 널리 사용되던 이 책은 2019년 1월 돌연 중국공산당에 의해서 금서로 지정되었다. 이 책이 "서방의 가치를 선양한다"는 이유였다. 현재 중국에서는 인터넷 서점에서도 이 책을 구매할 수가 없다. 중국공산당은 대체 왜 그런 무리한 조치를 취했을까?

700쪽에 달하는 방대한 분량의 『헌법학 도론』을 정독해보면 그 이유를 쉽게 알 수 있다. 이 책이 간명하고도 재기 넘치는 문장으로 중국의 독자들에게 헌법이란 국가폭력으로부터 인간의 존엄과 개인의 권리를 지키는 가장 강력한 방어의 무기임을 명쾌하게 설명해주기 때문이다. 무엇보다 이 책은 견제와 균형, 삼권 분립, 연방주의, 선거를 통한 민주적 권력 창출의 절차 등 헌법의 통치, 곧 헌정 실현의 필수 조건을 상세히 논구한다.

헌법학 자체가 중국 전통의 산물이 아니라 서구 근대에서 발전한 입헌주의의 전통에서 나왔다. 헌법학자라면 중국인이든 인도인이든 국가 권력을 제약하고 개인의 기본권을 보장하기 위한 정교한 이론의 그물을 짤 수밖에 없다. 장첸판은 바로 그런 이론가이다. 중국공산당은 그를 서방 이론을 추종한다고 비난하지만, 장첸판은 되레 한 세기가 넘는 중국 헌정사의 전통을 내세워 중국공산당이 헌법을 유린하고 있다고 비판한다.

1908년 망해가던 청 왕조가 『헌법대강』을 반포한 이래 중국 지성계는 줄곧 헌정을 실현할 방법을 모색해왔다. 장첸판은 오늘날 중국 헌법이 중국공산당 집권 이전부터 꾸준히 축적된 헌정 담론의 결과임을 논증한다. 오늘날 중국 헌법의 이론적 근거를 파헤쳐보면, 근대 서구의 입헌주의 전통은 물론, 신해혁명 이후 국민당 통치 시기의 영향도 발견된다. 공산주의 국가 "중화인민공화국"의 헌법이 "공민의 기본권"을 구체적으로 천명하고 있다는 사실에서 그 점을 확인할 수 있다. 오늘날 중국의 근본 문제는 바로 그 헌법의 권리 조항을 중국의 인민들이 현실에서 제대로 누릴 수 없다는 데에 있다.

2019년 2월 15일 중국공산당 기관지 『구시』에 게재된 강화(講話)에서 시진핑 총서기는 "중국은 절대로 서방의 헌정, 삼권 분립, 사법 독립의 길을 갈 수 없다"고 주장했다. 장첸판의『헌법학 도론』이 판매 금지 처분을 받은 지 채 한 달이 되지 않은 시점이었다. 두 사건은 긴밀하게 묶여 있는 듯하다. 중국공산당은 베이징 대학 법학대학원의 헌법학 교수가 중국 헌법의 독재성을 비판한다는 사실을 받아들일 수가 없는데, 그렇다고 장첸판의 이론을 반박할 논리력도 없다. 부당한 폭력으로 장첸판의 책을 없애려는 힘의 논리만 휘두를 뿐. 힘의 논리가 법의 논리를 이길 수 있을까?

헌법은 공민 권리의 수호신이다!

흥미롭게도 장체판은『헌법학 도론』서두에서『장자』「지북유(知北遊)」편에 나오는 동곽자(東郭子)와 장자(기원전 369-289?)의 대화를 인용한다.

동곽자가 장자에게 물었다.

"도는 대체 어느 곳에 있나요?"

장자가 말했다.

"도는 어디에나 있다오."

"예를 들어서 구체적으로 말씀해주시죠!"

"개미 몸 위에 있소."

"어째서 그처럼 하찮은 곳에 있습니까?"

"강아지풀과 논에 자라는 피에도 있소!"

"어찌 더욱 하찮은 곳에 있나요?"

"깨진 기와나 벽돌에도 있소!"

"어째서 더욱 심해집니까?"

"오줌도 똥에도 있소!"

장첸판이『장자』의 고사를 인용한 의도는 도가 세상 어디에나 있듯이 헌법 또한 인간사 어디에나 적용되는 기본 원칙임을 알리기 위함이다. 헌법이 어디에나 있고, 모든 사건에 적용될 수 있음을 안다면 중국 인민은 스스로의 권리를 지킬 무기를 가지게 된다. 그는 중국에서 철거민들이 당하는 불이익을 중국에 흔하디흔한 사건 하나로 보여준다.

당신의 집이 곧 철거된다. 정부는 일부 보상을 받고 정해진 시한 내에 인근 도시에 들어서는 새 주거지로 이주해야 한다고 통지한다. 당신은 이사할 생각이 없다. 정부가 주는 이사 비용도 턱없이 부족하다고 느낀다. 또 정부의 관리와 개발업자가 막후 교역으로 당신과 주변 이웃의 정착 비용을 침탈해서 이윤을 나눠 먹는다고 의심한다. 그래서 당신은 마을 대표를 찾아서 의견을 전하려고 하지만, 그가 누구인지 알 길이 없다. 주변에 물어봐도 아무도 모른다. 긴박한 상황에서 당신은 불만을 품은 이웃을 찾아내고, 함께 정부 청사까지 몰려가서 항의하지만, 투입된 전투 경찰에 의해 해산되고 현지 책임자에게 "군중을 모아서 소동을 일으켰다"는 혐의로 피소된다. 이어서 사회에 나쁜 영향을 조장했다는 죄목으로 공안국에 붙잡혀서 이틀간 구류를 살고 또 샅샅이 조사까지 당한다. 풀려나기 직전에는 주의 사항을 듣고 경고를 받는다.

……철거일이 임박해서 개발업자들은 "대표 정부"를 만들어서 "신속 철거! 이주 촉진!"이라는 구호 아래 철거를 강행하고, 철거민들은 큰 피해를 본다. 당신은 지방 법원에 이 사태를 고발하지만, 관련 행정 부문이 법원에 압력을 행사하고, 상급 법원도 통지문을 하달해서 사건의 수리 자체를 거부한다. 정부 내의 부패 집단과 민간 개발업자가 결탁하여 자신의 권리를 박탈한다고 생각한 당신은 법관과 관리를 고발하는 격문을 언론에 발표한다.

그 결과 당신이 먼저 타인을 고소하지도 않았는데 타인들이 당신을 명예훼손죄로 고소한다. 결국 1심 판결에서 패배한 당신은 갈 곳 없는 지경까지 내몰린다.[1]

오늘날 중국에서 흔히 발생하는 일이다. 지방 관리, 개발업자, 법원, 행정기관, 공안국까지 관련된 총체적 부패의 고리가 빤히 보이지만, 자신의 집에서 쫓겨난 미약한 개인이 어떻게 거대 권력에 맞서서 투쟁할 수 있을까? 장첸판은 이 부패 사건이 바로 헌법 문제임을 설명한다.

도가 하찮은 사물에 깃들어 있다고 말하는 장자처럼 장첸판은 헌법이 "닭털이나 마늘 껍질"처럼 "작은 사건"에도 적용된다고 주장한다. "헌법이 이렇게 작은 일에 관여할 수 없다면, 큰일에도 관여할 수 없다!" 장첸판은 중국의 공민이 헌법을 잘 이용하면 거대 권력에 의해서 박탈당한 권리를 되찾을 수 있음을 알리고자 한다.

위 사례처럼 부당하게 집을 빼앗긴 철거민은 헌법을 무기로 삼아 정부와 싸울 수 있다. 바로 "공민의 주택은 침범될 수 없다"(제39조), "공민의 합법적 사유재산권은 침범될 수 없으며", "공민의 합법적 사유재산은 침해될 수 없다"(제13조)는 조항이 헌법 속에 명기되어 있기 때문이다.

지방정부가 공안을 동원해서 개인의 언론 활동을 제약한 조치 역시 위헌이다. 중국 헌법 제35조는 언론의 자유를 보장한다. 철거민을 잡아서 구류한 공안국의 조치도 위헌이다. 중국 헌법 제37조에 따르면, "공민의 인신 자유는 침범될 수 없으며, 불법 구금 및 기타 방법에 따라 부당하게 공민의 인신 자유를 박탈하거나 제한하는 행위는 금지된다."[2]

강제로 공권력을 사용해서 철거민들의 시위를 해산시킨 점 역시 헌법 35조에 보장된 결사의 자유를 침해한다. 게다가 중국 헌법 41조는 "공민에게는 어떤 정부기관이나 공무원도 비판하고 항의할 수 있는 권리가 있다"
고 규정한다. 법원이 행정 부문의 압력 아래서 철거민의 민원을 거부한
점 역시 헌법 제126조에 명시된 사법 독립의 보장 규정에 저촉된다.

마지막으로 장첸판은 위의 사건에서 철거민이 마을 대표를 찾아도 알
수 없는 상황 역시 헌법에 어긋남을 지적한다. 헌법 제97조에 따르면, 공
민은 유권자의 직접 선거를 통해서 각 구역의 인민대표를 선출할 권리를
가지기 때문이다.

장첸판은 헌법이 "현묘하고 고원한 이론이 아니라 실생활에 관계되는"
필수 불가결의 법망이라고 강조한다. 눈에 보이지 않는 공기처럼, 어디나
편재(遍在)하는 섭리처럼, 헌법은 인간 사회 모든 일상사의 밑바탕에 놓여
있다. 안타깝게도 중국의 많은 사람은 바로 그 무소부재(無所不在)의 헌
법을 제대로 알지 못한다. 헌법을 모르기 때문에 정부가 때리면 맞고, 빼
앗으면 뺏기고, 잡아가면 잡혀간다.[3] 중국의 헌법학자들이 흔히 말하듯,
"헌법은 있으나 헌정은 없다!"

그 근본 이유는 개개인이 헌법적 기본 권리를 잘 모른다는 데에 있다.
장첸판은 선언한다. "헌법은 공민 권리의 수호신!"이라고. 공민이 모두 헌
법의 권리를 자각할 때 그 수호신이 강림한다. 헌법이라는 수호신이 인민
을 보호할 때가 오면, 인민은 모두 신체의 자유, 사상 및 언론의 자유, 결사
및 집회의 자유를 누릴 수 있게 된다. 장첸판의 『헌법학 도론』은 미약한
인민을 헌법이라는 수호신과 연결하여 막강한 공민으로 거듭나게 하는 접
신(接神)의 매개체와도 같다. 공산당은 인민의 수호신을 무력화하기 위해
서 그 책을 금서로 만들었다. 논리에서 밀리기 때문에 힘의 논리로 법의
논리를 무너뜨리려 한다. 힘의 논리가 과연 언제까지 법의 논리를 누를 수
있을까?

계속되는 장첸판의 헌정투쟁

2019년 1월부터 그의 책은 금서가 되었지만, 장첸판은 굴하지 않았다. 2021
년 2월 그는 중국의 헌정 담론을 정리한 『헌정중국 연강록(憲政中國講演
錄)』1-3권을 출판했다. 도합 738쪽의 이 방대한 책은 2010년대 이래 중국
에서 뜨겁게 일어난 헌정 담론의 주요 논문, 대담, 강연을 집대성하고 있다.

물론 이 책은 베이징에서는 출판될 수 없었다. 장첸판은 정부의 검열을
피해서 홍콩에서 이 책을 출판했다. 이 책의 서문에서 그는 홍콩 성시 대
학 출판부의 사장 주궈빈(朱國斌)의 성원과 편집부의 노고에 감사를 표하
며 아래와 같이 썼다.

> 바로 그들의 노력으로 이 책이 광대한 독자들을 만날 수 있게 되었으니
> 중국의 헌정이 한류(寒流)를 만난 이때, 헌정 탐색의 온기와 생기가 유지될
> 수 있다.4)

"중국의 헌정이 한류를 만났다"는 표현은 시진핑 정권의 사상 탄압이
극심해지고 있음을 의미한다. "헌정 탐색의 온기와 생기가 유지된다"는 문
장에서는 정치적 탄압에 맞서는 도전과 저항의 정신이 읽힌다. 사상의 해
방구로서 비판적 지식인의 무대였던 홍콩은 지금 시진핑 정부의 공격을
받아서 함락 직전의 요새가 된 듯싶다.

전국인민대표대회는 2018년 3월 99.8퍼센트의 찬성률로 1982년 헌법
제79조에 명시된 국가주석의 임기조항을 삭제하면서 시진핑 종신 집권의
길을 열었다. 2020년 5월에는 99.7퍼센트의 찬성률로 홍콩의 정치적 자유
를 근본적으로 제약하는 홍콩 보안법을 통과시켰고, 2021년 3월에는

99.97퍼센트의 찬성률로 홍콩의 선거제를 베이징의 입맛에 맞게 뜯어고치는 법안까지 통과시켰다. 이후 시진핑 정권은 반민주 법안을 칼날처럼 휘둘러 민주화 인사들을 대거 구속하고 있다.

이런 맥락에서 『헌정중국 연강록』이 2021년 홍콩에서 출판되어 여전히 전 세계 인터넷 서점에서 판매되고 있다는 사실은 중요한 정치사적 의의를 지닌다. 이 책은 사법개혁, 법치의 확립, 중앙과 지방의 권력 분립, 언론의 자유 등 중국공산당이 금기시하는 "헌정" 의제를 논하고 있다. 또한 이 책에 수록된 글의 저자들은 이구동성으로 중국공산당의 독재를 비판하는 지식인들이다. 2021년 초에 이 책이 홍콩에서 나올 수 있었다는 사실은 중국의 지식인들이 홍콩 지식인들과의 연대 속에서 중앙정부에 대항하는 저항과 투쟁을 이어가고 있음을 보여준다.

장첸판은 중국의 법제를 근본적으로 개혁하기 위해서는 현행 중국 헌법 속에 담긴 근대 서구의 입헌주의적 요소를 적극적으로 해석할 필요가 있다고 강조한다. 오늘의 현실에서 무력을 독점한 중공과 정면으로 투쟁해서 법제를 바꿀 가능성은 희박하다. 다만 중국 사회가 법적 정당성과 논리적 일관성을 추구하다 보면 자연스럽게 중국 헌법 속에 내포된 입헌주의적 합리성이 발현될 수도 있다. 장첸판은 바로 그 점에서 중국공산당의 독재를 극복하는 가장 현실적인 대안은 헌법학의 합리화라고 믿는다. 총칼을 들 필요 없이 논리로 최고 권력을 제약하는 가장 강력한 무기가 헌법 속에 들어 있기 때문이다. 이 세상 어느 곳에서나 끊임없이 현현하는 "장자의 도"처럼, 헌법의 정신은 단 한 순간도 인민의 삶을 떠나지 않는다.

제20장
헌법의 뜻, 반독재 투쟁의 무기

오늘날에도 한국의 다수 정치인들은 헌법 전문(前文)에 특정 과거사에 관한 평가를 삽입해야 한다는 시대착오적 강박을 드러낸다. 이러한 강박은 진리를 독점하고 정의를 선점하려는 인간 내면의 뿌리 깊은 독단과 아집에서 기인한다. 상식적으로 자유민주주의 국가는 다양한 사람들이 공존하는 다원화된 사회를 지향하기 때문에, 헌법 전문에는 특정 과거사를 언급할 필요가 없다. 헌법이 특정 과거사에 관해서 전 국민에게 똑같은 생각과 획일적인 가치를 강요한다면, 사상의 자유, 양심의 자유, 표현의 자유를 침해하는 이념적 독재가 되고 만다.

독재 국가는 헌법 전문이 길다!

2013년 6월 장첸판은 이상적인 헌법 전문의 양식에 관해서 다음과 같이 주장했다.

> 사회주의 국가의 헌법 전문은 일반적으로 매우 길다. 자유주의 국가의 헌법 전문은 대체로 간결하다. 바람직한 헌법 전문은 오로지 제헌 주체, 제헌 목적 및 헌법의 기본 원칙만을 간결하게 기술해야 한다. 그래야만 헌법 전

문이 사람들에게 장중하고도 엄숙한 인상을 줄 수 있으며, 뒤에 이어지는 헌법 본문의 내용이 국가가 신중하게 이행해야 하는 법적 의무임을 느끼게 할 수 있다.1)

장첸판의 지적대로, 독재 국가의 헌법은 일반적으로 전문이 장황하다. 반면 자유 국가의 헌법은 대체로 전문이 간략하다.2) 중국의 중화인민공화국헌법과 타이완의 중화민국헌법 역시 이와 비슷한 대조를 보인다.3) 중화인민공화국헌법의 전문은 1,898자로 200자 원고지 10매를 넘는 분량인데, 중화민국헌법의 전문은 75자에 불과하다. 중화인민공화국헌법 전문은 마르크스-레닌주의, 마오쩌둥 사상, 덩샤오핑 실용주의, 장쩌민의 "세 가지 대표 사상" 등등 중공중앙이 공식적으로 채택한 국가적 기본 이념을 구체적으로 명시하며, 아편전쟁 이래 현대사에 관한 중국공산당 특유의 역사관을 줄줄이 나열한다. 그뿐 아니라 사회주의 건설이라는 국가의 궁극 목적, 노동자, 농민, 지식인의 기본 책무, 중국공산당 일당독재의 당위성, 타이완과의 통일 의무까지 기재되어 있다.

이와 달리 1946년 12월 25일에 제정된 중화민국헌법은 다음 한 문장으로 이루어져 있다.

중화민국 국민대회는 전체 국민의 뜻에 따라서 중화민국을 건립한 쑨원 선생의 유교(遺敎)에 의거해서 국권 확립, 민권 보장, 사회 안녕 및 인민 복리의 증진을 위해 다음 헌법을 제정하여 모두가 준수할 수 있도록 전국에 반포한다.

타이완은 오늘날 세계 최고의 민주주의를 구현하고 있지만, 중국의 민주주의 지수는 세계 최하위 수준이다. 헌법 전문의 길이와 국민이 누리는 자유 정도가 대체로 반비례함을 극적으로 보여주는 사례이다. 왜 그러할까? 자유주의 헌법일수록 높은 추상 수준의 기초 원리만을 기술하는 반면, 비자유주의 헌법일수록 이데올로기적, 종교적 내용이 다수 포함되기 때문이다. "슬픈 중국" 시리즈 제1권의 다음 문단을 상기해보자.

> 정치철학자 마이클 월저(Michael Walzer)의 표현을 빌리면, 자유주의 헌법 전문은 얇고(thin), 비자유주의 헌법 전문은 두껍다(thick). 자유주의 헌법은 최대한 많은 구성원, 최대한 다양한 집단을 포용하기 때문에 전문이 얇아질 수밖에 없다. 반면 비자유주의 헌법은 특정 역사관, 종교관, 사상까지 강요하기 때문에 전문이 두꺼워질 수밖에 없다. 얇은 헌법은 그만큼 다양한 집단, 다양한 사상에 대하여 개방적이다. 구성원에게 더 많은 요구조건을 내거는 두터운 헌법은 역으로 한정적이고 폐쇄적이다.4)

헌법 전문에서 "4항 기본 원칙"을 삭제하라!

중국의 다수 법학자, 철학자, 언론인이 중국 헌법의 문제점을 모를 리 없다. 적지 않은 전문가들이 장황하고도 독선적인 중국 헌법 전문을 공개적으로 비판해왔다. 젊은 시절 다양한 사상을 접하고 반우파 운동 당시 우파로 몰려 20년의 세월 동안 고초를 겪은 두광은 이미 2009년 인터넷 포럼에 올린 글에서 다음과 같이 일갈했다.

> [중국] 헌법에서 가장 큰 문제는 바로 긴 전문이다. 이 전문은 중국공산당이 영도하는 신민주주의 혁명과 사회주의 개조의 성취를 나열하고, 나아가 중

국공산당이 계속 사회주의 혁명을 영도해야 한다고 강조하며, 계급투쟁, 통일전선, 민족의 단결, 국제관계 등의 문제를 다룰 기본 방침까지 기술한다. 이러한 서술의 목적이 일당독재의 합법성 확립이라는 점은 명백하다.

……또한 전문에서 마르크스–레닌주의, 마오쩌둥 사상, 덩샤오핑 이론과 "세 가지 대표 사상"(장쩌민 이론) 등 4항 기본 원칙의 견지를 직접 언급한다는 점도 큰 문제이다. 소위 4항 기본 원칙은 이론적으로 그릇되어 정교한 분석을 견딜 수 없으며, 실천적으로도 유해하다. 이것을 전국의 인민에게 강제하여 헌법 속에 담긴 민주성의 실현을 저해할 합법적 근거는 없다. 특히 (장쩌민이 설파한) "세 가지 대표 사상"처럼 졸렬하고, 이론적, 논리적으로 결함투성이인 세 구절을 전 인민의 지도이념으로 만드는 행위 자체가 공민의 지능에 대한 모욕이자 국내외의 웃음거리이다. 그런 구절을 헌법에 삽입하는 일은 일당독재를 분식(粉飾)하고 공민의 권리를 말살할뿐더러 헌법이라면 반드시 갖춰야 할 장엄함과 신성함을 파괴한다.5)

2011년 5월 13일 화동 정법대학에 재직했던 장쉐중은 헌법 제41조에 규정된 "공민 건의권"을 활용하여 당시 중국의 교육부 장관에게 공개 서한을 보냈다. 이 서한에서 장쉐중은 다음과 같이 건의했다.

중국인의 이성과 양지 방면의 무상 주권을 존중하고, 중국인의 사상의 자유를 확대하고, 중국인의 개체 존엄을 빛내고 드높이기 위해서 교육부는 학사 및 석사 과정 입시에서 정치 과목을 철폐하고, 마르크스주의 철학 원리, 마오쩌둥 사상 및 덩샤오핑 이론 등의 과정을 대학생 공통 필수 과목에서 폐지해주시기를 바랍니다.6)

장쉐중은 형식적으로 사상의 자유를 인정하는 중국의 헌법을 들어서 국가가 마르크스주의와 같은 신념체계를 개인에게 강요할 수 없음을 근거로 들었다. 그는 인간이 정부를 구성한 목적은 개개인의 안전을 보장하고, 자신의 복리를 촉진하고, 만인이 만인과 투쟁하는 무법 상황을 막기 위함이기 때문에, "신념의 문제에서는 정부가 그 어떤 권위도 향유할 수 없다"는 고전적인 자유주의 논변을 펼쳤다.

두광과 장쉐중의 박진감 넘치는 문장은 후진타오 정권 말기 중국의 인터넷을 뜨겁게 달군 헌정 논쟁의 단면을 보여준다. 당시 중국의 지식인들은 중국공산당 일당독재의 위헌성을 폭로하면서, 입헌민주주의의 원칙에 입각해서 마르크스-레닌주의, 마오쩌둥 사상, 덩샤오핑 이론까지 정면으로 비판하고 나섰다.

헌법은 정치개혁의 무기

시진핑 정권이 막 출범하던 2013년 1월 중국의 대표적인 비판 매체『염황춘추』의 편집부는 신년호 권두에 "헌법은 정치체제 개혁의 공통 인식"이라는 제목의 신년 헌사를 게재했다. 좌우 2단 한쪽을 차지한 짧은 글이었지만, 이 시론에는 중국에서 법치를 실현하려는 많은 사람의 염원이 압축되어 있었다. 중국 헌법과 중국공산당 일당독재의의 괴리를 날카롭게 파고든 이 글의 내용은 다음과 같이 요약된다.

중국 헌법 제57조는 전국인민대표대회를 최고의 권력기관이라고 규정하고, 제62조는 전국인민대표대회의 15개 직권을 명시하며, 제63조는 국가주석, 국무원 총리 등을 파면할 수 있는 권력까지 부여하지만, 실제로 전국인민대표대회는 중공중앙 정치국의 거수기에 불과하다. 헌법 제13조에서 국가는 법률 규정에 따라서 공민의 사유재산권과 상속권을 보장하지만, 현실에서는 사유재산을 침범하는 악성 사건이 끊이지 않는다. 헌법 제33조는 국가가 인권을 존중하고 보장한다고 규정하지만, 폭력적인 집행과 간섭이 창궐하고 있다. 헌법 제35조는 언론, 출판 등 여러 자유를 보장하지만, 중국에서는 언론, 출판의 자유를 제약하는 수많은 인권 침해가 일상적으로 발생하고 있다. 헌법 제126조는 법원의 독립성을 규정하지만, 법원은 공신력을 이미 상실한 상태이다.

결국 이 시론의 요지는 헌법과 현실의 괴리를 극복하고, 헌법에 명시된 권리와 자유 규정을 중국의 현실에서 실현해야 한다는 이야기이다. 문제는 헌법 자체가 아니라 헌법을 자의적으로 악용하는 공산당 일당독재의 전횡이라는 지적이다.

> 모든 법치 국가는 정치체제를 설계할 때에 반드시 헌법을 근거로 삼아야만 한다. 헌법을 공허하게 방치하면, 중국 인민의 신뢰를 잃을 뿐만 아니라 국제사회의 신뢰도 상실하게 된다. 국가는 무신불립(無信不立), 즉 신뢰를 잃으면 존립할 수가 없다. 헌법이 신뢰를 잃는 상황은 반드시 바꿔야 한다. 헌법은 국가의 근본 대법이다. 헌법의 권위는 지고무상(至高無上)이다. 헌법에 근거해서 정치체제의 개혁을 추진해야 한다는 점에 대해서는 쟁의가 있을 수 없다. 이미 헌법은 정치체제 개혁의 공통된 인식이다. 우리는 반드시 행동에 나서야 한다. 공허하게 방치된 헌법을 현실의 제도 및 법률로 되살려야 한다. 그러한 의미에서 정치체제 개혁은 실질적으로 헌법을 보위하는 행동이다.[7]

"공허하게 방치된" 헌법을 정치개혁의 무기로 활용하자는 선언이다. 두광이 주장했듯이, 중국의 헌법은 민주성과 독재가 결합되어 있다. 문제는 중국공산당의 권위에 의해서 독재가 민주성을 짓밟고 있다는 사실이다. 결국 이 시론은 중국 헌법이 독재에 굴복하기보다는, 그 안의 민주성을 적극적으로 해석해서 정치체제 개편을 시도해야 한다는 헌법 보위의 투쟁 선언이다. 일당독재의 무기로 악용되었다고 해도 현행 중국 헌법에는 공민의 기본권과 사상, 언론, 출판의 자유가 적어도 형식적으로는 보장되어 있기 때문이다.

이는 1960년대 미국의 인권 운동가 킹(Martin Luther King Jr., 1929–1968) 목사가 미국 "독립선언서"의 문구 "모든 인간은 평등하게 창조되었다"를 인종차별에 대한 저항의 무기로 활용했던 바로 그 투쟁의 전술이다. 가장 효율적인 논쟁의 출발점은 상대와 내가 동시에 인정하는 상식의 기반에 올라서는 것이다. 중국인들은 바로 그 상식의 기반을 공식(共識 : 공통된 인식)이라고 부른다.

2010년부터 중국의 인터넷에서 진행된 헌정민주 담론이 중국공산당과의 법리투쟁으로 전개될 조짐을 보였다. 많은 지식인들은 『염황춘추』의 당당한 논조와 정치한 논리에 열광했다. 2014년 가을 집계로 『염황춘추』의 판매 부수는 거의 20만 권에 달했고, 2008년 이래 홈페이지에 게재된 거의 모든 기사가 조회수 1,000만 이상을 달성했다. 물론 시진핑 정부가 날로 커져가는 『염황춘추』의 영향력을 방치할 리 만무했다. 헌법의 보위를 외치며 기본권의 보장을 주장하는 대륙의 자유인들을 중국공산당은 인신공격, 음해공작 등 갖은 방법을 써서 억압하고 박해하고 있다. 중국 헌법에 비추어봐도 인권 탄압의 법리와 법적 조항은 그 근거가 부족한 까닭이다.

모름지기 헌법이란 한 나라의 가장 큰 법이다. 헌법을 정확하게 해석하

2014년 8월 9일, 후베이 성 우한의 한 가판대. 오른쪽에 "『염황춘추』가 이미 도착했음"이라는 문구가 보인다. (theinitium.com/article/20160719-mainland-birthofyanhuang/)

면, 권력의 타락과 전횡을 막는 강력한 사상적 무기를 되찾을 수 있다. 중국의 헌법학자들은 중국공산당 일당독재를 옹호하는 중국의 헌법 속에 교묘하게도 자유와 민주의 이념을 심어두었다. 국가의 원칙으로서 큰 법이라는 "헌법의 뜻" 속에 중국공산당 일당 독재를 허물 이론적 근거가 담겨 있다.

제21장

차이샤의 적, "시진핑이 물러나야 중국이 산다!"

2022년 봄, 중국은 광기의 끝으로 치닫고 있었다. 2,600만 인구의 상하이 지역 전체가 3개월 넘게 완전히 봉쇄되었다. 누구도 그 광란의 끝을 내다볼 수 없었지만, 중국 인민의 다수는 그 모든 억압과 통제가 2022년 10월 중순에 개최될 중국공산당 제20차 전국대표대회와 무관할 수 없음을 직감했다. 집에 갇힌 채 무료한 생활을 버티던 중국의 지인들은 나에게 제20차 전국대표대회 이후에는 방역 규제가 풀릴 것이라고 장담하고는 했다. 중국 안팎의 대다수 언론이 제3기 시진핑 정권의 출범을 내다보던 때였다. 당시 일부 서구권 언론은 제20차 전국대표대회가 결국은 시진핑 황제의 대관식이 되리라고 비꼬고 있었다. 바로 그 시점에서 "시진핑이 물러나야 중국이 산다!"라고 외치는 용감한 지식인이 있었다.

시진핑의 약점 : 중국의 미래를 위협하는 허영과 편집증

2022년 9월 6일 미국의 대표적인 국제정치 저널 『포린 어페어스(*Foreign Affairs*)』에 전 중앙당교의 저명한 이론가 차이샤(蔡霞, 1952-)의 기고문 "시진핑의 약점 : 중국의 미래"가 실렸다. 25장에 달하는 장문의 시론이었다. 차이샤는 중국을 위해서 가장 바람직한 시나리오가 제20차 전국대표대회에서 시진핑 대신 새로운 인물이 등장해서 경제 자유화와 정치 민주화를 추진하는 것이라고 주장했다. 심지어 차이샤는 시진핑이 낙마할 수도 있다는 전망까지 조심스럽게 밝혔다.[1] 물론 그 역시 그럴 가능성은 크지 않다고 보았지만, 어느 나라에서든 정치는 살아 꿈틀대는 생물이며, 중국 정치도 예외일 수는 없기 때문에 누구도 시진핑의 낙마 가능성이 전혀 없다고 예단할 수는 없었다. 그 점에서 차이샤는 정치국 상임위원의 집단 반발이나 원로들의 훼방으로 새로운 인물이 추대될 수도 있다는 희망 섞인 전망을 슬그머니 내비쳤다. 차이샤의 전망은 빗나갔지만, 그의 발언은 시진핑 정권 제3기가 출범하더라도 절대로 순탄한 길을 갈 수는 없으리라는 엄중한 경고였다.

차이샤는 어떤 근거로 시진핑 정권의 궁극적 몰락을 예언했을까? 그는 시진핑 정권이 과학을 부정하고, 상식을 거부하고, 국제질서를 무시하고, 민간 경제의 자율성을 파괴하고, 최첨단 디지털 기술을 악용해서 전 인민을 감시하고 통제하는 전체주의 정권이라고 비판했다. 그리고 그 아래에는 시진핑이라는 권력에 중독된 일개인의 허영과 편집증이 깔려 있다고 지적했다.

중국 국무원의 한 지인을 통해서 차이샤가 알아낸 바에 따르면, 지난 2월 코로나-19의 변종 오미크론이 상하이에 퍼져나갈 때 중국 내 60여 명의 방역 전문가들은 온라인 회담을 통해서 민생을 살리고 바이러스를 통제하는 유연한 방역 기준에 이구동성으로 합의했다고 한다. 상하이의 당 간부들과 의료 전문가들 역시 유연한 접근법에 흔쾌히 동의했는데, 문제는 역시나 최고영도자의 아집이었다.

전문가 집단이 결정한 유연하고 실용적인 방역정책을 들은 시진핑은 격노하여 "청령(淸零)을 실시하라!" 소리쳤다. 청령이란 제로-코로나의 중국어로, 확진자의 수가 0명에 달할 때까지 전 도시를 봉쇄하고 바이러스를 청소하라는 전제군주의 칙령과도 같다. 이 일인지배의 불합리가 2,600만 명을 포로로 잡는 광기를 낳았다. 서구 선진국이 바이러스에 당해서 속수 무책으로 무너질 때, 중국은 가장 효율적이고 치밀한 방역으로 14억 인구를 안전하게 보호한다고 선전해왔다. 지금 이 시점에서 물러나면 시진핑의 제로-코로나 정책은 세계의 웃음거리가 되고 만다. 정책 실패를 자인하면 연임을 포기해야 할지도 모른다. 지금도 제로-코로나를 외치며 수천만 명이 거주하는 대도시를 전면 봉쇄하는 시진핑의 권력욕은 허영이다. 권력자의 편집증이다.

홍위병 세대의 최고 권력자 비판

중국공산당 중앙당교에서 40년간 마르크스-레닌주의와 중국공산당의 이념을 연구하고 가르쳐온 차이샤는 시진핑 정권의 폭정과 실정을 통렬하게 비판해온 중국의 대표적인 자유파 지식인이다. 시진핑보다는 한 살 연상으로, 두 사람은 문혁의 절정기에 10대 중반의 나이로 날마다 "마오 주석 만세!"를 외치며 교정 바깥 광장의 정치집회에서 머리가 굵었던 소위 홍위병 세대이다.

중공 8대 원로라 칭송되는 시진핑의 부친 시중쉰(習仲勛, 1913-2002) 정도는 아니지만, 차이샤의 부모도 출신 성분이 좋았다. 부친은 난징에서 인민해방군 부대 간부로 복역했고, 모친은 난징 정부의 관원이었으며, 외조부는 제1차 국공합작 때 공산당에 입당해서 1927년 상하이에서 지하운동을 했다. 차이샤는 스스로가 시진핑과 함께 고급 간부의 자제인 홍이대(紅二代)에 속한다고 말해왔다. 홍위병 세대의 홍이대로서 차이샤는 자신이 시진핑이라는 한 개인의 성장 배경, 지적 편력, 사고방식, 정치 경력, 처세술과 권모술수에 이르기까지 빠삭하게 꿰고 있음을 강조한다.

무엇보다 차이샤는 강렬하고 직설적인 문체로 신격화된 시진핑 신화를 해체해왔다. 중국 안팎에서 시진핑은 정치적 박해에 시달리던 부친 밑에서 고난의 소년기를 보내면서도 탁월한 총명함과 남다른 성실함 덕분에 최고 명문인 칭화 대학에 들어가고, 지방정부의 여러 직위에서 탁월한 업적을 쌓아서 자력으로 최고영도자의 지위를 쟁취한 입지전적 인물이자 불세출의 영웅으로 알려져 있다. 그러나 차이샤에 따르면, 시진핑의 정치적 출세는 오로지 아버지 시중쉰의 후광과 인맥에 따른 지위의 세습일 뿐이었다.

가령 1980년대 초 시진핑이 30대 초반의 나이로 허베이 성에서 일개 현(縣) 간부로 근무할 때, 그의 모친은 허베이 성 당 서기에게 아들의 진급을 부탁하는 청탁 서신을 보냈다. 마침 청탁 및 뇌물 수수를 비난하는 정치 운동이 일어나던 때였다. 인사 비리가 발각된 후 시진핑은 정치적 위기에 봉착했는데, 시중쉰이 푸젠 성(福建省) 당 서기와의 친분을 통해서 시진핑을 푸젠 성으로 피신시킬 수 있었다. 1988년 시진핑은 지방선거에서 상무 부시장에 출마했다가 낙선했다. 이후 근무 실적이 부진해서 지방관청에 묶여 있던 시진핑은 다시 한번 모친의 도움을 받아서 푸젠 성 정부에 입성할 수 있었다. 중공의 관계에서는 지방관청을 벗어나 성급(省級) 정부에 진입하는 장벽이 매우 높다. 차이샤에 따르면, 시진핑은 부친의 관시(關係)와 모친의 치맛바람으로 그 높은 장벽을 넘을 수 있었다. 중국 안팎의 친중 세력은 중국공산당의 통치를 합리적인 능력주의라고 미화하지만, 차이샤는 이처럼 정치 권력의 세습과정을 까발린다.

물론 중국공산당이 차이샤가 휘두르는 우상 파괴의 필봉을 그대로 내버

젊은 시절 지방 관원으로 복무할 때의 시진핑. (공공부문)

려 둘 리 없었다. 2016년 차이샤 교수의 모든 글은 중국 인터넷에서 모조리 삭제되었다. 중국인의 표현을 빌리면, 차이샤는 전망봉살(全網封殺)의 박해를 받았다. 인터넷 전체에서 그의 모든 글이 봉쇄되고 말살되었다는 이야기이다. 전망봉살의 핍박을 당하면서도 차이샤는 당당하게 중국공산당과 최고영도자 시진핑을 향한 비판을 멈추지 않았다. 결국 중국에서 구속을 피할 수 없었던 차이샤는 2019년 이래 미국으로 옮겨가서 쉬지 않고 중국공산당과 시진핑을 향한 비판을 쏟아내고 있다.

시진핑이 물러나야 중국이 산다!

2018년 3월 전국인민대표대회는 99.8퍼센트의 찬성률로 중국 헌법 제39조에 명기된 국가주석의 임기조항을 삭제하기로 결정했다. 그때부터 중국 안팎에서는 시진핑의 제3기 연임이 기정사실로 받아들여지고 있다. 시진핑은 집권 초기부터 강력한 반부패 운동으로 당, 정, 군 내부의 반대 세력을 모조리 숙청하는 권력투쟁을 이어갔다. 막강한 시진핑의 권력에 도전장을 던질 세력은 보이지 않는다.

"당, 정, 군, 민, 학 그리고 동, 서, 남, 북, 중 일체를 당이 영도한다!" 지난 2월 13일 중국공산당이 당 대회에서 들고나온 강력한 레닌주의 구호이다. 일찍이 레닌은 프롤레타리아 혁명의 전위부대로서 공산당이 사회 전 분야에서 전면적인 영도력을 발휘해야 함을 강조했다. 레닌주의 원칙에 따라서 마오쩌둥 또한 당의 영도를 강조했지만, 실제로 그는 스스로 황제의 지위에 올라서 종신토록 전 인민을 지배했다. 시진핑은 이제 당의 지배를 내걸고 스스로 황제가 된 마오쩌둥을 답습하려고 한다. 레닌의 공산주의 혁명 이론이 21세기 중국에서 여전히 일인지배의 거짓 명분으로 악용되는 현실이다.

일체를 지배하는 당의 영도는 전체주의적 통제를 지향한다. 당이 나서서 어린 학생들의 비디오 게임 시간까지 규제하고, 전 인민의 행적을 추적해서 사회신용등급을 매긴다. 표면상 중국공산당의 영도력은 조금도 흔들림이 없고, 최고영도자 시진핑은 막강한 권력을 휘두르고 있다.

그러나 시진핑의 권력 기반은 완벽하게 안전한가? 진정 강력한 권력이라면 인민들을 자유롭게 방임할 수 있다. 고대로부터 가장 교묘한 법가의 통치술은 도가풍의 무위(無爲)로 구현된다. 마오쩌둥의 막강한 권력은 결국 문혁의 광기로 표출되었을 뿐 절대 오래 지속될 수 없었다. 인민이 국가의 간섭을 느끼면 느낄수록 정부의 권력 기반은 그만큼 불안하다고 할 수도 있다. 시진핑이 쉬지 않고 권력의 칼날을 거칠게 휘두른 이유는 무엇인가?

당시 정치국 상무위원 7인의 행적만 살펴봐도 권력투쟁의 조짐을 읽을 수 있다. 국무원 부주석 한정(韓正, 1954-)은 장쩌민계 상하이방(上海幫)으로 시진핑과 대립각을 세운 인물로 널리 알려져 있었다. 경제관료 출신인 국무원 총리 리커창(李克强, 1955-)은 이미 여러 번 암울한 중국의 경제지표를 적시하며 시진핑과 대립각을 세우고 있다. 2000년 5월 리커창은 중국 인구의 43퍼센트에 달하는 6억 명 이상의 월수입이 1,000위안(140달러) 이하라는 통계를 폭로해서 중국 안팎에 큰 충격을 주었다. 2022년 5월 그는 당 간부 10만 명이 접속한 온라인 회의에서 현재 중국의 경제 상황이 심각하다며 시진핑을 압박했다. 게다가 리커창과 그의 수하 인물들은 코로나 정책에 반대를 표하기 위해서 마스크를 벗고 다니기도 했다. 4월에는 장시 성 난창(南昌)에서 리커창이 연설할 때, 그의 비서들이 참석자들에게 마스크를 벗으라고 말했다.

차이샤는 최고 엘리트 집단의 알력과 갈등이 언젠가는 시진핑의 전체주의 독재에 반감을 품은 정부 각층 및 사회 각계로 확대될 수 있기를 희망한다. 그의 분석에 따르면, 마르크스-레닌주의와 마오쩌둥 사상을 추종하는 중국의 좌파는 시진핑 정부의 노동자 탄압에 실망해서 돌아선 상태이다. 당, 정의 내부 개혁을 요구해온 중국의 중도파는 시진핑의 반동적 노선에 환멸을 품고 돌아섰다. 1980년대 후야오방과 자오쯔양 이래 자유, 민주, 헌정을 부르짖은 중국의 우파는 시진핑 집권 이후 침묵을 강요당해 왔지만, 이들의 비판과 저항은 땅 밑으로 도도히 흐르고 있다.

좌, 우, 중도를 막론하고 오늘날 중국의 정치 세력은 모두 시진핑에 반감을 품고 있다. 무엇보다 시진핑을 향한 엘리트 집단의 실망이 중국의 일반 민중에게 전파되고 있다. 바로 그 점에서 차이샤는 중국 정치의 미래에 아직 희망이 있다고 전한다.

그는 중국공산당의 최고위 권력 집단을 마피아에 비유하고, 9,500만 당원을 자랑하는 중국공산당을 통째로 "정치 좀비"라고 비판한 당차고도 건강한 자유파 지식인이다. 그가 세계를 향해 던지는 메시지는 단 두 마디로 요약된다.

권력이 교체되어야 나라가 선다!
시진핑이 물러나야 중국이 산다!

"차이샤의 적"은 시진핑인가? 차이샤와 시진핑이 같은 세대라는 점만 보면, 차이샤의 시진핑 비판이 사사로운 감정에 휘둘린 동년배의 시기로 해석될 여지도 있다. 그렇기 때문에 더더욱 "차이샤의 적"은 시진핑이 아니라 중국공산당이라는 전제적 정치조직이라는 점을 명확히 할 필요가 있다. 차이샤가 당적을 버리고 미국으로 망명하여 목숨을 걸고 시진핑을 비판한 이유는 당, 정, 군, 학, 민을 모두 지배하는 일인지배의 불합리성을 부수기 위함이다. 바로 그 점에서 "차이샤의 적"은 시진핑보다 더 큰 마오쩌둥이며, 나아가 마오쩌둥이 만들고 이끌었던 중국공산당이다.

제22장

쉬장룬의 시, "중국은 표류하는 외딴 배"

시진핑 일인지배가 강화되어가는 모습을 보는 중국 지식인들은 지금 어떤 심정일까? 오랜 정치적 훈습과 세뇌 때문에 마오쩌둥식 일인지배를 승인할까? 칭화 대학 법학대학원의 쉬장룬은 중국공산당의 사상 탄압에 맞서서 비판과 쓴소리를 멈추지 않는 진정한 대륙의 자유인이다. 베이징 대학의 장첸판과 함께 2010년대 중국의 헌정 논쟁을 주도했던 그는 중국 헌법학계의 대표적인 자유파 지식인으로 꼽힌다.

쉬장룬의 절대 권력 비판

시진핑 총서기의 제3기 연임 확정을 전후해서 해외 체류 중인 중국 지식인들 사이에서는 쉬장룬이 2년 전인 2020년 5월 발표한 글이 다시 퍼져나갔다. "세계 문명의 큰 바다 위 중국이라는 외딴 배"라는 제목의 시론에서 쉬장룬은 무리하게 제로-코로나 정책을 펼치는 시진핑 총서기를 강력하게 비판했다. 유장한 운율을 밟는 그의 문장은 중국공산당과 일인지배를 저격하는 자유의 총탄이다.

  이젠 그만! 이 썩은 신격화 운동, 부패한 수령 숭배는,

시진핑 정권의 독재를 통렬하게 비판한 후 강제로 파면당한 전 칭화 대학 법학대학원의 쉬장룬. 그는 2020년 이후 미국 하버드 대학 페어뱅크 중국학 센터에 방문학자로 있다. (twitter.com)

이젠 그만! 이 무도한 칭송의 가무, 썩어빠진 몰염치는,

이젠 그만! 하늘을 뒤덮는 거짓, 끝도 없는 고난은,

이젠 그만! 흡혈의 홍조(紅朝) 정치, 탐욕의 당국체제는,

이젠 그만! 7년의 황당한 착란, 거슬러 뒤로 가는 걸음은,

이젠 그만! 70년의 시체 산과 피바다, 전대미문의 홍색 폭정은.1)

　　"7년의 황당한 착란"이란 2020년 당시 꼬박 7년째를 맞는 시진핑 정권의 실정과 반동을 가리킨다. "거슬러 뒤로 가는 걸음"이란 역사의 정도를 거슬러 거꾸로 치닫는 광포한 일인독재의 착오를 의미한다. "70년의 시체 산과 피바다"는 1949년 이래 중국공산당이 저지른 정치범죄와 인권유린의 희생자들을 비유한다.

　　오늘날 중국 땅에서 중국공산당 70년의 폭정과 시진핑 정권의 실정에 대해, 특히 제로-코로나 정책에 대해서 이보다 강력한 직격탄을 가한 지식인을 만나기는 쉽지 않다. 결국 쉬장룬은 억울한 누명을 쓰고 구속되었다가 1주일 만에 석방된 후 교수직을 박탈당하고 가택연금 상태에 놓이게 되었다.

막강한 권력의 중국공산당은 왜 일개 대학 교수의 입에 재갈을 물려야만 할까? 지식인의 비판도 허용하지 못하는 시진핑 정권의 전체주의적 통치는 역으로 중국공산당의 이념적 허약성을 보여준다. 인류 역사에서 공산주의 이론은 이미 구소련의 해체와 더불어 산산이 조각났다. 중국공산당이 이미 파산 선고를 받은 구시대의 낡은 이념에 집착하는 이유는 오직 하나, 권력의 독점과 일인지배를 강화하기 위함이다. 과연 언제까지 중국에서 신스탈린주의 일인지배가 지속될 수 있을까? 향후 10년 시진핑 정권의 미래는 어떻게 될까?

적중한 쉬장룬의 정세 예측

많든 적든 수십 년간 쌓은 재산을 지킬 수 있을까? 지금까지의 생활방식을 유지할 수 있을까? 법이 정하는 재산관계는 입법을 통해서 선포한 바대로 보장받을 수 있을까? 실권을 가진 인물에게 밉보이면 기업이 도산하고 집안이 파산하고 사람이 망하는 일은 없는가? 최근 몇 년간 시간이 갈수록 더욱 불확실해져서 아래든 위든 모두가 공황 상태이다. 제일 먼저 타격을 입는 부류는 개혁개방의 큰 물결에서 돈을 모아 성공한 인사들이다. 부자들의 대규모 이민 현상은 이에 대한 대응이다.2)

2018년 7월 말 칭화 대학 법학대학원의 법학자 쉬장룬은 "우리 앞의 우려와 기대"라는 시론을 발표했다. 인민대표대회가 헌법에 명기된 국가주석의 임기조항을 삭제하고 시진핑 종신 집권의 길을 연 지 4개월 된 시점이었다. 위의 인용문은 이 시론의 첫머리에 나온다. 쉬장룬은 헌정민주의 핵심에 경제적 자유가 있음을 강조한다.

중국 헌법 총강 제12조는 "사회주의의 공공재산은 신성하고 침범할 수 없다"이고, 제13조는 "공민의 합법적 사유재산은 침해될 수 없다"이다. 사회주의의 공공재산이 공민의 사유재산보다 우위에 있음을 보여주는 헌법적 근거이다. 공산당 일당독재 치하 사회주의 중국에서 한 지식인이 공개적으로 사유재산권 보장을 강조하기란 쉽지 않다.

쉬장룬은 정치적 탄압의 위험을 무릅쓰고 재산권을 위협하는 시진핑 정권에 정면으로 맞섰다. 1950-1960년대 중국의 경험에 비추어보았을 때, 사유재산권을 상실한 인간은 기본권을 전부 빼앗겼음을 누구보다 잘 알고 있었기 때문이다. 2018년 7월 쉬장룬은 분명 차후 전개될 중국 정치의 강경화를 내다보고 있었다. 시진핑 정권은 방역 독재로 공민의 기본권을 침해하고 있으며, 부자들은 중국을 뜨기 위해서 이민 준비를 서두르고 있다.

다시 2018년 시론 "우리 앞의 우려의 기대"를 살펴보자. 이 글에서 쉬장룬은 "4항 기본 노선", "여덟 가지 우려"와 "여덟 가지 기대"를 명료하게 전달한다. 먼저 4항 기본 노선은 ① 기본 치안 유지, ② 사유재산권과 재부(財富) 추구권 보장, ③ 시민 생활의 자유 용인, ④ 정치 임기제의 실행이다.

여덟 가지 우려는 ① 개인의 재산권 박탈, ② 경제건설 대신 권위주의 정치의 부활, ③ 계급투쟁 고양, ④ 쇄국정책의 강화, ⑤ 민생 파탄의 대외 원조 강화, ⑥ 지식인 탄압, ⑦ 군비 경쟁 강화 및 전쟁 발발 가능성, ⑧ 개혁개방의 폐기와 전체주의적 사회 통제의 강화이다.

여덟 가지 기대는 ① 일대일로 사업 등 비실용적인 해외투자 폐기, ② 외교적 사치 축소, ③ 당 간부의 비밀 특권 폐지, ④ 특권 계급 특별 대우 폐지, ⑤ 정부 관원 재산 공개, ⑥ 시진핑 인격숭배 폐지, ⑦ 국가주석 임기제 부활, ⑧ 1989년 6-4 민주화 운동 진상규명 및 재평가 등 전반적 국가개혁의 청사진이다.

요컨대 쉬장룬은 시진핑 정권의 복고적 권위주의를 통렬하게 비판했다. 개인의 사유재산권과 표현의 자유 등 중국 공민의 기본 인권을 지키기 위함이었다. 2021년 7월 24일, 쉬장룬은 그보다 3년 앞서서 자신이 지적했던 여덟 가지 우려가 모두 현실이 되었으며, 여덟 가지 기대는 요원한 꿈으로 남아 있다고 썼다.

이 글이 인터넷을 통해서 널리 퍼져나가자 2019년 3월 칭화 대학은 쉬장룬의 직무를 전면 중단시키고 조사에 착수했다. 쉬장룬은 더는 강의도 할 수 없고, 연구도 할 수 없게 되었다. 2019년 4월 쉬장룬에게 출국 금지령이 떨어졌다. 쉬장룬은 굽히지 않고 2020년 2월 중공중앙의 방역 독재를 비판하는 문어체의 격문 "분노의 인민은 다시 두려울 것이 없다"를 발표했다.

이어서 그의 위챗 계정이 삭제되고, 그는 가택연금 상태에 놓였다. 2020년 7월 4일 쉬장룬은 자택에서 3명의 공안 요원들에게 붙잡혀 끌려갔다. 중국 공안은 쉬장룬에게 성매매 혐의를 씌웠지만, 이는 비판적 지식인들의 입에 재갈을 물리려는 판에 박힌 수법이었다. 이 사건이 해외 유수 언론에 보도되면서 국제적으로 압박이 들어가자 중공중앙은 쉬장룬을 풀어줄 수밖에 없었지만, 쉬장룬은 8월 20년간 강의해온 칭화 대학에서 해고되면서 34년의 교수 생활을 마감해야 했다.

2020년 8월 13일 쉬장룬은 미국 하버드 대학 페어뱅크 중국학 센터에서 방문학자 초청을 받았다. 칭화 대학에서 해고 통지를 보낸 후 며칠이 지나지 않은 시점이었다. 쉬장룬은 지금도 하버드 대학에서 연구와 집필에 몰두하고 있다.

상소와 항의, 중국 지성사의 오랜 전통

전근대 중국의 사대부 지식인들은 정부를 비판하고 더 좋은 제도와 법제를 제안하는 오랜 상소와 항의의 전통을 이어갔다. 사대부 지식인들은 상소문을 집필해서 정부의 부패와 오류를 규탄하고, 문제점을 파헤치고, 제도적 개선책을 제시할 수 있었다. 멀리 선진 시대까지 소급되는 상소와 항의의 전통을 살펴보면, 전근대 사대부들은 오늘날 중국의 지식인들보다 더 큰 사상적 자유와 표현의 권리를 누렸다.

물론 전통시대의 지식인들은 사상, 표현의 자유를 법적으로 보호받지 못했으나, 오랜 전통과 관행은 실질적으로 정치적 표현의 자유를 보장했다. 그들은 일상적으로 상소문을 써서 황제에게 진상했고, 강직한 유자(儒子)의 훌륭한 상소문들은 지성계에서 널리 읽혔다. 중화제국이 2,000년 존속할 수 있었던 이유도 바로 거기에 있다.

그 오랜 전통은 바로 오늘날 중국공산당 일당독재의 현실을 살아가는 중국의 지식인들에게도 전해지고 있다. 1950-1960년대 마오쩌둥의 전체주의적 통치를 비판한 철학자 량수밍(梁漱溟, 1893-1988)이 대표적이다. 신유가 철학과 유식(唯識) 불교까지 섭렵한 량수밍은 청년기를 농촌 재건 운동에 헌신했던 실천가였다. 건국 초기 그는 마오쩌둥에게 정부의 문제점에 관해서 직언했다. 마오쩌둥도 처음에는 그를 쟁우(諍友)라고 칭했지만, 이후 그의 직언이 심해지자 직접 그를 비판해서 파면했다. 2018년 1월

1950년대 마오쩌둥에게 직언을 고하고 함께 격론을 벌였던 중국의 철학자 량수밍.
(공공부문)

18일, 쉬장룬은 한 인터뷰에서 량수밍에게 다음과 같은 찬사를 보냈다.

량수밍 선생은 민중을 일으키기 위해서 전국을 누볐다. 그와 같은 진정한 유자는 스스로 힘써 행함으로써 유가 학설을 실천에 옮긴다. 그들은 일종의 종교적인 구세(救世)의 열정을 보인다. 오늘날에도 신유가 학자들이 등장해서 어디를 가나 자신 또한 유자임을 자칭하지만, 말하고 나면 곧바로 노래방으로 노래를 하러 간다. 량수밍 선생은 가정, 국가, 천하를 관통하는 유가 사상을 통해서 구체적인 현실의 문제를 고민하고 생각했다. 그러한 거대한 비전, 안목 없이 시끄럽게 떠들어봐야 무슨 소용인가? 이는 보통 사람들이 쉽게 간과하는 문제이다.

2020년 5월 쉬장룬은 뉴욕의 보덴 출판사를 통해서 2018년의 기록을 담은『무술육장(戊戌六章)』을 발표했다. 그리고 2021년 8월 같은 출판사에서 코로나-19 방역의 광풍이 전 세계를 휩쓸던 2020 경자년에 집필한 10편의 서간문을 모아서『경자십차(庚子十箚)』를 출판했다.

그 두 번째 서간은 "하버드 대학의 제군" 앞에 부친 감사의 서신이다. 앞에서도 말했듯이, 시진핑 정권에 대한 날 선 비판을 이어가다 칭화 대학 교수직을 박탈당한 그는 하버드 대학 페어뱅크 센터에서 방문학자로 와달라는 초청장을 받았다. 이에 그는 중후한 고문체(古文體)로 헌정민주의 꿈을 다음과 같이 전했다.

내가 지표로 삼는 바는 독립 정신, 자유의 사상과 불굴의 인격이외다. 정신의 독립 없이는 세속의 굴레를 벗어날 길이 없소. 자유의 사상 없이 어찌 멀리 내다보는 활달한 정신이 있겠소?……학술은 천하의 공기(公器)이니 법의 정신으로 이치를 밝히는 것이 나의 소임이외다. 법학을 업으로 삼아서 법학대학원에서 40년을 기거했으니 그 교훈을 받들어 잠시도 해이해짐 없이 진리를 추구하고 공의(公義)를 보위함을 임무로 삼겠소이다. 이는 천하 서생의 공통된 본성이며, 자유 사상의 근본이외다…….

돌아보건대 우리 나라의 인문적 교화와 우아한 풍속은 근원이 깊고 역사가 장구할뿐더러 쇳물이 녹아 흐르듯 찬란하여 조상을 빛내고 후손을 깨우쳤건만, 근세 들어 낙오하면서 몰락하고 쇠퇴하였소.……불행하게도 최근 들어 좌충우돌하면서 갑작스레 법가와 마르크스, 엥겔스와 스탈린의 시험장이 되어버렸고, 소비에트 악정의 식민지로 전락해버렸소. 온 나라가 식민지가 되었으니 억만 창생이 인질이 되고 납세하는 노동 인력이 되었소. 인민은 소실되어 주권자의 자리를 잃었으며, 참정(僭政)이 당도하여 남은 것이라고는 호구의 숫자와 조세의 단위뿐이오.

극단의 권력과 전횡의 패도가 잔혹하고 광폭한 독재를 펼치고 있고, 공산당 국가는 거짓말로 나라를 다스리고 있소. 야만이 팽배해져 인문적 교화가 퇴락하여 백성은 도탄에 빠졌고, 수십 년간 수천만의 동포가 고향에서 굶어 죽고 조국에서 싸우다 죽었소. 신의 분노와 인민의 원망을 어찌 다시 말하리오.

뒤늦게 온 소위 개혁개방은 그 의미가 시대의 대세를 직면하자는 취지였으니, 반성하고 깨닫는 바가 있었으며, 겸허하게 그 뜻을 받들어 점차 정도(正道)로 회귀할 수 있었고, 그로써 모두가 잠시 안온한 생활을 할 수 있었지만, 안타깝게도 강산은 쉬이 변할지라도 독재의 본성이 바뀌기는 난망하여 전체주의의 자기 중심주의가 그 본질을 온전히 보전하고서 평화적인 정치적 진화를 불가능하게 하고 있소. 이에 역사적 대전환의 파도가 꼬리를 물고 이어지고, 마지막 문지방을 오르는 발이 보여 두 눈은 충분히 충혈되었지만, 다시 그 야심이 불타올라서 오로지 강산 두 글자만 외고 있소. 현대의 보편문명에 줄곧 항거하면서 현대 국가를 세우는 근본이 되는 인민 주권과 공화의 이념을 거절하고, 겨우 반동적으로 극권과 독재만을 고수하려했소. [시진핑 정권은 지난] 8년간 거꾸로 치닫고 역으로 내달려 또다시 화하(華夏)의 치도(治道)를 입헌민주주의와 인민의 공화국이라는 보편적 정도(政道)의 반대편에 두었고, 앞선 억만 국민이 피땀을 흘려 쌓아 올린 것을 멋대로 허비해버렸소. 여러 세대 사람들이 온 힘을 다해 고생하여 쟁취한 화평을 하루아침에 파괴해버렸소. 역사의 전개를 돌아보면, 국운이 몹시 위태롭고, 민생은 재앙을 면할 수 없음이 뻔히 눈앞에 보이오.[3]

중후한 고문으로 에둘러 표현하지만, 입헌민주주의와 국민주권의 공화정을 부정하는 시진핑 정권의 시대착오적 독재를 이보다 더 강력하게 비판한 문장을 만나기란 쉽지 않다. 중국에서는 출판될 수 없어 부득이 이역만리 미국의 뉴욕에서 책으로 묶여 나왔지만, 쉬장룬의 문장은 오늘날 중국 지식인의 심금을 울리고 있다.

쉬장룬의 고문체 문장은 한줄 한줄 장엄한 시적 운율을 밟는다. 정치언어로서 압축된 운문은 장황한 산문보다 훨씬 강력한 효과를 발휘할 수 있다. 법학자가 시적 언어로 정치를 비판해야 하는 이유가 단지 정부의 검열과 탄압을 피하기 위함만은 아닐 듯하다. 날카로운 칼날보다 더 예리한 "쉬장룬의 시"는 독재정권의 심장을 베는 언어의 무기이다.

제23장
쉬유위의 눈, 광기와 불합리를 투시

진정한 철학자는 역사의 경험을 깊이 살펴서 현실의 인간을 실존적으로 탐구한다. 사이비 철학자는 역사를 외면하고 현실에 등을 돌린 채로 경전 문구만 읊조리고 죽은 사람의 어록만 답습한다. 모든 철학적 사유는 구체적인 경험에 대한 반성에서 시작하지만, 정치의 시녀가 된 강단의 철학자들은 경험적 탐구 없이 관념의 유희에만 빠져든다. 철학적 교조주의는 그렇게 역사와 경험을 무시한 채 과거의 문헌만 끼고 사는 지식인의 직무유기와 지적 태만에서 생겨난다.

비판 정신을 상실한 공산정권의 관제 철학자들

1950-1960년대 중국의 철학자들은 공산당의 지시에 따라서 사회주의 혁명 이데올로기의 제작에 동원되었다. 그들은 마르크스와 엥겔스의 변증법적 유물론과 역사적 유물론이 절대 진리라는 대전제 위에서 교조적 혁명 이론을 만들었다. 중국공산당의 요구에 따라서 관제 이데올로기를 제작했기 때문에 그들은 철학의 정신을 버리고 권력에 기생하는 선전부대의 요원으로 연명했다.

특정 이론을 절대 진리라고 믿는 순간 인간의 비판적 사유는 마비되어 종교적 독단에 빠져든다. 과학철학자 포퍼(Karl Popper, 1902-1994)는 과학과 비과학의 차이를 논하면서 "반증 가능성 원칙"을 제시했다. "모든 백조는 하얗다"는 명제의 오류는 검은 백조가 출현하는 순간 경험적으로 반증된다. 반면 "신은 전지전능하며 편재(遍在)한다"는 믿음은 경험적으로 반증될 수 없는 종교적 교리일 뿐이다.

20세기 공산국가의 관제 철학자들은 중세 신학의 대전제 대신 "마르크스주의의 유물변증법이 절대 진리"라는 대전제를 맹목적으로 받아들였다. 마르크스주의자들은 입만 열면 과학적 사회주의를 외치지만, 마르크스의 이론을 신성시했기 때문에 비과학의 수렁에 빠져들고 말았다. 공산권 전체주의 국가는 고분고분한 철학자들을 시켜서 교조적 혁명 이론을 만들게 한 후 그들이 제작한 폐쇄적인 이념으로 전 인민을 세뇌하는 선전, 선동을 이어갔다.

지난 70여 년 중국공산당은 사상의 획일화를 위해서 이데올로기 공작을 펼쳐왔지만, 그 어떤 정권도 인간의 비판 정신을 말살할 수는 없다. 시베리아 집단수용소에서 8년간 강제노동에 시달렸던 솔제니친은 스탈린 정권의 만행을 고발하여 노벨문학상을 수상했다. 심오하고도 영롱한 그의 문장이 웅변한다. 반성적 존재로서의 호모사피엔스는 극한의 상황에서도 지성과 판단력을 잃지 않을 수 있음을.

마오쩌둥이 죽었을 때 나는 너무나 기뻤다!

중국 문화혁명을 직접 겪은 홍위병 세대에도 당시 계급혁명의 광기 속에서 스스로 범한 갖은 오류와 모순을 돌아보며 평생에 걸쳐 참회와 각성의 기록을 남긴 깨어 있는 지성들이 적지 않다. 과거 중국 사회과학원 철학연

2014년 쉬유위. (China Change)

구소에서 연구원으로 있다가 2015년 이래 도미하여 뉴욕의 뉴스쿨, 밴쿠
버의 브리티스 컬럼비아 대학에서 방문학자로 활약 중인 쉬유위(徐友漁,
1947-)가 대표적인 사람이다. 쉬유위는 마오쩌둥의 사망 당시의 상황을
다음과 같이 회고한다.

> 1976년 9월 마오쩌둥이 죽었다는 소식을 접하고 곧바로 집으로 돌아오면서
> 나는 너무나 기뻤다. 이제 우리 세대도 구제받을 수 있다는 생각이 들었다.
> 마오쩌둥 통치 아래서 우리는 실제로 온전히 10년을 허비했다. 그때 마오쩌
> 둥이 죽지 않았다면 이 모든 변화는 없었으리라. 바로 그 점이 중국 정치의
> 슬픔이다. 단 1명의 존재가 억만 명이 정상적으로 살 수 있느냐, 비참하게
> 사느냐를 결정했다. 그 분기선이 단 1명의 생사로 결정이 되었다.[1]

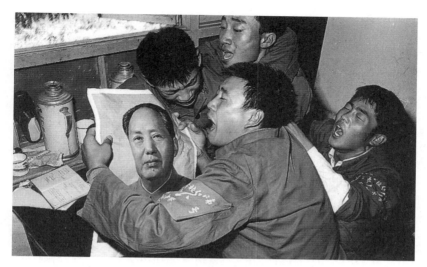

마오쩌둥 사망 후 사진을 잡고 울부짖는 청년들. (공공부문)

그는 마오쩌둥 사후에야 서른이 넘은 나이로 대학에 입학했다. 이후 40여 년의 세월 그는 비판적 철학자의 일로를 걸었다. 그의 철학은 중국 현대사의 부조리와 중국 사회의 불합리를 타파하는 강력한 이념적 무기이다. 그는 그 무기를 적극적으로 활용하여 청년기 그가 직접 경험한 문화혁명의 광기를 역사적으로 파헤쳤다. 날카로운 그의 붓끝에서 "마오쩌둥"이라는 허구의 인격신은 벌거벗은 임금님이 되어버린다.

홍위병 출신 한 철학자의 문화혁명 연구서

프랑크푸르트 학파 등 서구의 정치철학과 사회 이론 전문가인 쉬유위는 중국의 대표적인 자유주의 철학자이며 비판적 사상가이다. 1989년 톈안먼 민주화 운동 당시 쉬유위는 광장에서 학생들과 함께 있었다. 탱크 부대가 도심을 뚫고 들어와 대학살을 벌이기 직전까지 그는 학생들에게 숙소로 돌아가라고 설득했다. 천진난만한 학생들은 "인민해방군이 인민을 설마 죽이겠어요?" 하며 완강히 버티었고, 바로 다음 날 탱크 부대가 대학살을 자행했다.

이후에도 쉬유위는 자유와 민주를 향한 염원을 버리지 않았다. 2008년 12월 중국 국내외 반체제 지식인과 민주 활동가들은 UN의 세계인권선언 60주년을 맞이하여 중국공산당 일당독재에 맞서 근본적인 헌정개혁을 요구하는 "08 헌장"을 발표했는데, 쉬유위 역시 이 헌장의 서명자 303인으로 참여했다. 2014년 1989년 6-4 운동 관련 세미나를 주최한 후 잠시 구속되었던 쉬유위는 이듬해 뉴욕 법학대학원에 초빙되어 도미했다. 그해 쉬유위에게 스웨덴의 올로프 팔메(Olof Palme) 인권상이 수여되었다. 오늘날까지 쉬유위는 뉴욕에 머물면서 중국의 자유화를 위한 투쟁을 활발히 전개하고 있다.

쉬유위는 관념의 아성에 머물기를 거부한 진정한 철학자이다. 수준 높은 철학 논문을 꾸준히 발표하면서도 문화혁명에 관한 기념비적 저작을 출판했다. 1999년 출판된 책의 제목은 『형형색색의 조반 : 홍위병 정신 밑바탕의 형성과 변천(形形色色的造反)』이다. 이 책을 펼치면 문화혁명의 10년간 극단의 역사를 직접 연출했던 수억 인간 군상의 천태만상이 파노라마로 펼쳐진다. 책의 서문에 나오는 문장이다.

문혁은 10억에 가까운 사람들이 휘말린 군중 운동이었다. 광대한 군중의 참여야말로 문혁 연구의 가장 중요한 지점이다. 당시 그들은 왜 그토록 기괴하게 거동하고 열광적인 심리를 보였는가? 초특급 마술사의 최면술에 걸려든 결과인가? 아니면 사회, 역사, 문화 등 여러 방면의 원인이 있는가?

300

문화혁명 시기 홍위병 집단의 내전에 관해서 강의하는 쉬유위. 오른쪽은 홍위병 운동을 탐구한 그의 역사서. (공공부분)

그들을 광기 상태에 빠뜨려서 "너 죽고 나 죽자"며 싸우게 만든 마력은 과연 이데올로기였던가, 아니면 개인이 당면한 이익이었던가?2)

제1장 서두에는 다음 문단이 나온다.

교회를 깨부수고 서적을 불태우고 스승을 구타했던 노(老) 홍위병이나 긴창이나 기관총을 손에 들고 살상을 저지르며 눈이 충혈되었던 조반파 홍위병이나 문혁 시기 홍위병은 모두가 파괴적 행동으로 세상을 경악하게 했다.……무엇이 그들의 일탈을 부추기고, 야만적이고 황당한 행동거지를 자연스럽게 여기도록 만들었는가? 민족의 심리적 특징인가? 전통문화의 영향인가? 혹은 청춘기 특유의 격동과 일탈 심리였나? 초인적 영수의 최면술과 같은 혹세의 마력이었나?

쉬유위의 관심은 홍위병의 파괴적인 행동과 광적인 심리를 규명하는 데에 있다. 그가 홍위병의 심리를 파헤치는 이유는 궁극적으로 인간의 본성을 경험적으로 탐구하기 위함이다. 실험실에서 청개구리를 해부하는 방식으로는 인간의 본성을 알아낼 수가 없다. 맹자처럼 측은지심을 강조한들 성선(性善)의 대전제를 증명할 길은 없다.

인간의 본성을 제대로 논하려면 우선 현실의 인간을 깊이 살펴보아야한다. 구체적인 역사에 던져진 실존적 개체의 행동과 생각을 관찰하고 분석해야만 인간 본성을 직시할 수 있다. 그 점에서 쉬유위의 홍위병 연구는 교조적인 마르크스주의 인간관을 해체하는 인간 본성에 관한 경험적 탐구라고 할 수 있다.

문혁의 광기, 젊은 쉬유위의 번민

최근 쉬유위는 유튜브 채널 왕단(王丹) 학당의 영상 "구술 역사 공정"에서 문화혁명이 발생했던 청년기에 그 자신이 겪었던 고뇌와 번민에 대해서 회고했다.

쉬유위는 1947년 3월 17일 쓰촨 성 청두에서 태어났다. 그는 학교 공부에서는 늘 우등생이었지만, 계급천민이라는 태생적 한계 때문에 갖은 차별과 멸시를 당했다. 고등학교 3학년이었던 1966년 문혁의 돌풍이 일어나서 이후 10년간 그 세대는 대학에 진학할 수가 없었다. 대학 입시 자체가 폐지되었기 때문이었다. 도시의 청년들은 멀리 산간벽지에 하방되어 자기계발의 기회를 박탈당한 채 중세의 농노와 같은 고된 삶을 살아야만 했다. 1979년에야 그는 서른 살의 나이로 쓰촨 사범대학에 입학했다.

초등학교 시절까지 그는 스스로 행복한 나라에서 열심히 잘살고 있다고 굳게 믿었다. 남달리 총명하고 성실했던 그는 학업에 전념해서 교사들의 총애를 얻었고, 덕분에 학급 반장도 될 수 있었다.

그의 행복한 유년 시절은 1963년 급작스럽게 막을 내렸다. 대약진 운동의 실패 이후 잠시 행정의 일선에서 물러난 마오쩌둥이 국가주석 류사오치를 앞세워 사회주의 교육 운동(1963-1966)을 벌였기 때문이다. 530만여 명의 지식인들이 탄압받고 그중 8만 명 가까이가 목숨을 잃은 이 가혹한 정치 운동은 일시에 중국 사회에 계급투쟁의 광풍을 몰고 왔다. 문혁의 전초전이었다.

전 중국에서 계급노선이 강조되자 중, 고등학교도 영향에서 자유로울 수 없었다. 그때부터 학생들의 성적은 학습 능력과 생활태도가 아니라 집안의 배경과 출신 성분으로 결정되었다. 출신 성분이 나쁜 학생은 절대로 우수한 성적을 받을 수 없었다. 특히 정치 과목이 그랬다. 밤을 새우고 공부해서 모범 답안을 적어내도 쉬유위는 결코 좋은 성적을 받지 못했다. 출신 성분이 좋지 않았기 때문이다. 문혁 발발 후 상황은 더욱 심각해졌다.

1966년 8월부터 중국 전역에서 집안 배경에 따라 개개인의 혁명성이 결정된다는 "혈통론"이 널리 퍼지기 시작했다. 공산당 고급 간부의 자제들은 "붉은 귀족"이 되어 과거 조부모나 부모가 지주나 반혁명분자로 분류된 계급 천민의 자제들을 멸시하고 조롱했다. 인종차별만큼 가혹한 출신 성분 차별이었다.

부모가 영웅이면 아이는 호걸이고! (老子英雄, 兒好漢)
부모가 반동이면 아이는 먹통이다! (老子反動, 兒混蛋)

사회주의 신분제를 고착화하는 황당무계한 구호 아래서 출신 성분이 나쁜 학생들은 배제되고 소외되었다. 마오쩌둥 배지를 달지도 못했다. 음지로 밀려난 쉬유위는 날마다 『마오쩌둥 어록』을 읽으며 반혁명적 사유를 버리려고 노력했지만, 집안 배경 때문에 2등 공민이 되어야 하는 불합리를 받아들일 수는 없었다.

1967년 이후 문혁이 절정으로 치달으면서 출신 성분이 나쁜 학생들도 홍위병 조직을 결성해서 적극적으로 혁명투쟁에 나서기 시작했다. 출신 성분이 나쁜 학생들은 사회적 편견에 맞서서 자신들의 이념적 선명성을 증명하기 위해서 더욱 강렬하게 투쟁했다. 쉬유위 역시 밤낮으로 계급투쟁을 고취하는 선동문을 작성했다.

한편 그는 그렇게 차별받고 배제되었기 때문에 1966년 홍팔월(紅八月)의 폭력에 참여하지 않는 행운을 누렸다. 당시 홍위병들은 계급 천민의 마을로 쳐들어가서 민가를 초토화하는 대량 학살을 저질렀다. 그해 8–9월 베이징에서만 1,772명이 홍위병의 손에 학살당하고, 민가 3만3,695호가 파괴되고, 8만5,000명 이상이 추방되었다.

만약 내가 출신 성분이 나쁘지 않아서 초기부터 홍위병이 되었더라면, 다른 홍위병들과 달리 나쁜 짓을 하지 않을 수 있었을까? 당시 나 자신의 도덕관 념상 그럴 수는 없었을 듯하다. 대세에 휘말려서 나쁜 짓을 했으리라. 낄 수가 없어서 나쁜 일을 하지 않았으니 큰 다행이라고 생각한다.[3]

2035년 중국 민주화 가능성

두광, 위잉스, 차이샤, 장첸판, 쉬장룬, 쉬유위 등의 사례에서 알 수 있듯이, 대륙의 자유인들은 지금도 헌정민주를 꿈꾸고 있다. 비관론자들은 중국공산당의 막강한 권력에 비하면 이들 지식인의 저항은 바위에 던져진 달걀처럼 미약하다고 생각한다. 과연 그러할까.

표면상 시진핑 정권은 막강한 권력을 장악하고 앞으로도 굽힘 없이 일인지배의 독재를 강화해갈 듯하다. 그러나 권력을 향한 독재자의 집착은 위기 의식의 발로일 수 있다. "중국공산당 제20차 전국대표대회 정치 보고"에서 시진핑은 안전이라는 단어를 89차례나 반복하며 강조했다. 그는 "정치 안전"이라는 구호 아래 강력한 권력 독점 의지를 표명하고, "국토 안전"이라는 구호 아래 군사력 증강과 타이완 병합의 가능성을 시사하고, "사회 안전"이라는 명분으로 제로−코로나 정책에 더욱 박차를 가하겠다는 의지를 밝혔다.

시진핑은 왜 그토록 안전에 집착하는가? 중국 밖의 전문가들은 이미 수년 전부터 시진핑 정권이 중국의 위기를 자초하고 있다고 지적한다. 시진핑은 지난 10년간 무리한 정책을 펼쳐 스스로 경제적 위기, 사회적 위기, 외교적 위기를 초래해왔기 때문에 도리어 목소리를 높여 안전을 외치고 있다. 역사가 증명하듯, 독재정권은 국민의 안전을 명분으로 삼아서 대민 지배의 고삐를 당긴다.

개혁개방 43년, 세계 제2위의 경제규모를 자랑하는 중국은 현재 1인당 GDP 1만2,500달러의 중진국이다. 1989년 톈안먼 대학살 이후 지금까지 중공중앙의 통치는 정치제도의 개혁 없이도 급속한 경제성장에 성공한 이례적인 사례로 역사에 기록될 듯하다. 중국의 경제규모는 1990년 총생산량 3,600억 달러에서 2019년 14조3,000억 달러로 무려 40배의 급성장을 보여주었다.

그러나 영어권 학자들의 표현을 빌리면, 중공정부는 얼어붙은 후기 전체주의(frozen post-totalitarianism)의 덫에 걸려 실질적인 정치적 제도개혁을 멈춘 상태이다. 경제성장이라는 실적 합법성을 정권의 통치 기반으로 삼고 있을 뿐이다. 문제는 이제부터이다. 민주화 없는 중국식 성장 모델이 과연 언제까지 유지될 수 있을까? 시진핑 일인지배로 재출발하는 중국의 미래는 향후 10년간 어떤 과정을 거칠까?

1950년대 미국의 정치사회학자 시모어 립셋(Seymour M. Lipset, 1922-2006)은 민주주의의 사회경제적 조건을 논하면서 경제발전의 중요성을 강조했다. 한 국가가 경제적으로 발전할수록 민주주의로 진화할 가능성이 커진다는 가설이었다. 그에 따르면 경제발전은 도시 인구의 팽창, 교육 수준의 향상, 대중매체의 발달, 교통, 통신 시설의 확충, 거주 및 이전의 확대 등을 불러와서 결국 민주화를 향한 사회적 요구를 촉진하고 민주주의를 제도적으로 정착시킨다. 립셋의 가설은 한국과 타이완의 사례를 통해서 가장 극적으로 타당성이 입증되었다. 권위주의 정권하에서 경제발전에 성공한 한국과 타이완은 1980년대 이래 민주화에 성공해서 최소 세 차례 이상 정권 교체를 이루었다.

시진핑 정권 출범 이후 강화된 일인지배를 관찰하는 미국의 정치학자 페이민신(裴敏欣, 1957-) 교수는 조심스럽게 2035년에 중국이 정치적 급변을 거쳐서 민주주의 체제로 변화될 가능성을 예측한다. 그가 주목하는 첫 번째 요인은 일인지배에 따르는 정치적 위험이다. 일인지배는 필연적으로 관료적 수동성, 책임회피, 정책실패의 위험성을 높이며, 극한 정치를 차단할 안전판을 갖추지 못하고 있다. 실례로 그간 시진핑의 전권으로 추진되어온 일대일로 정책, 남중국해 군사기지 구축, 신장 지역 위구르족 탄압, 홍콩 반민주 법안 입법 등은 향후 중공중앙에 큰 부담으로 작용할 전망이다.4)

두 번째 요인은 권력 승계과정의 위험이다. 스탈린이나 마오쩌둥의 사례가 증명하듯, 강력한 카리스마를 갖춘 전제군주가 사라지면 격렬한 권력투쟁이 발생할 위험이 있다. 시진핑의 일인지배가 강화될수록 그만큼 권력의 공백에 수반되는 정치적 위험이 커진다는 이야기이다.

세 번째 요인은 고령화 및 서방과의 무역갈등에 따른 경제성장률의 저하이다. UN 통계에 따르면 2030년 중국 인구의 17퍼센트 정도가 65세 이상이 된다. 국제적으로 신냉전 분위기가 고조되면서 전체주의 일인지배의 중국과 서구 자유주의 진영 사이의 경제적 공생관계가 약해지면 중국 경제는 심대한 타격을 입을 수밖에 없다.

마지막 요인은 향후 10년간 중국의 중산층이 더욱 확대되리라는 전망에 있다. 중국 경제가 최소 3퍼센트의 성장을 이어간다면 2035년쯤 한 해 1인당 GDP가 구매력 기준으로 2만5,000달러를 웃돌게 된다. 또한 10년 후에는 대학을 졸업한 인구가 전체의 20퍼센트를 넘어서게 된다.

중공중앙은 지금 정치개혁을 완강하게 거부하며 신스탈린주의의 일인지배로 퇴행하고 있지만, 우리는 앞으로 10년 중국에 닥칠 정치적 급변 가능성을 인지할 필요가 있다.

『역경(易經)』「계사전(繫辭傳)」의 경구처럼, 매사 극단으로 가면 변하게 마련이고, 변화는 막힌 것을 뚫고, 막힌 것이 뚫리면 오래도록 새로운 질서가 유지된다.

"고군(孤君)과 여섯 난쟁이"의 촌극으로 전락한 중국 특색 사회주의는 겉으로야 막강한 폭주 기관차 같지만, 쉬장룬의 지적대로 "세계 문명의 큰 바다 위에서" 풍랑에 휩싸인 "외딴 배"일 수도 있다.

철학자로서 쉬유위는 관념의 허상에 현혹되지 않는 섬세한 눈을 가졌다. 무책임한 철학자들은 인간의 현실에는 아무런 관심도 가지지 않은 채 인간이 빚어놓은 숱한 개념만 파먹으며 무익한 언어 게임에 빠져든다. 프랑크푸르트 학파의 비판 철학으로 무장한 쉬유위는 문혁 시절 왜 스스로 인격숭배와 집단 폭력의 광기에 휩싸였나 분석하기 위해서 홍위병 세대의 정신세계를 파헤쳤다. 그는 진정한 철학적 성찰을 얻기 위해서는 인간의 현실에 대한 경험적인 탐구가 절실하다고 생각했다. 이렇듯 "쉬유위의 눈" 은 인간 사회의 광기와 불합리를 투시하는 날카로운 시선이다.

제 4 부

대륙 봉쇄령

훗날 역사가들은 2020년대의 중국이 "포위된 대륙"이었다고 기록할 듯하다. 팬데믹, 도시 봉쇄, 경제위기, 이상 기후, 가뭄, 지진, 군중시위, 예측 불허의 군사작전 등등 경천동지(驚天動地)의 중국발 뉴스가 날마다 실시간으로 전 세계를 강타한다. 기괴하고 수상쩍은 시절이다. 역병이 돌고, 자연재해가 발생하고, 살림살이가 팍팍해지고, 민심은 흉흉하다. 한나라가 무너지는『삼국지연의(三國志演義)』의 첫 배경처럼 음울하고 불길한 시대이다.

무엇보다 3년간 지속된 제로-코로나 정책은 광활한 대륙의 14억 인구를 송두리째 포로로 잡아버렸다. 이 정책은 퇴로를 막고 앞으로만 달려가는 무절제, 무계획, 무차별, 무대뽀의 폭주 기관차를 연상시킨다. 시진핑 정권은 어떻게 14억 인구를 그토록 철저하게 감시하고 통제할 수 있는가?

이 질문에 답하기 위해서는 현재 "포위된 대륙"에서 전방위적으로 일어나고 있는 중국 특색 방역 독재, 중국 특색 경찰 국가, 중국 특색 디지털 전체주의, 중국 특색 자본주의, 중국 특색 인권 탄압, 중국 특색 사회 통제, 중국 특색 일당독재, 중국 특색 일인지배의 복잡다단한 현실을 관찰해야 한다. 역사의 과거는 현재의 무대 위에서만 되살아나 꿈틀대며 형상을 드러낸다.

제24장

시진핑의 덫, "인민전쟁"

2020년 1월 23일 인구 1,100만의 교통 요충지 우한 시와 인근 지역에서 봉쇄가 시작되었다. 우한 시는 전날 아침 10시에 일방적으로 봉쇄를 통보한 후 반나절 만에 도시 전체를 전격 폐쇄했다. 곧이어 후베이 성 15개 도시 5,700만 인구가 집에 갇혔다. 춘절(春節 : 설날)을 이틀 앞둔 날이었다. 이때가 되면 최소 1,500만 명이 철도를 타고 우한을 지나간다. 게다가 우한은 양쯔 강이 한수이 강과 만나는 중국 최대의 화물 집산지이다. 봉쇄는 76일간 계속되었고, 4월 8일에야 공식적으로 막을 내렸다.[1]

도시 전체를 격리하는 우한 봉성작전(封城作戰)은 이후 바이러스를 샅샅이 추적해서 완벽하게 박멸하는 중국 특색의 역동적 제로-코로나 정책으로 발전했다. 여기에서 역동적 제로-코로나란 전 인민의 감염 여부를 조사해서 모든 바이러스를 말끔히 색출하는 방식으로 중국 전역을 무균 상태로 만든다는 뜻이다. 이후 2년여 동안 중국 전역에서는 소수의 확진자가 발생할 때마다 지역 전체를 통째로 봉쇄하는 제로-코로나 작전이 실행되었다.

2022년 2월 28일, 인구 2,600만의 상하이가 봉쇄되었다. 1개월 하고도 5일이 지난 4월 5일, 상하이 시는 봉쇄를 무기한 연기하겠다고 발표했다. 상하이 봉쇄는 결국 5개월 하고도 7일이 지난 8월 7일에야 막을 내렸다.

오스트레일리아, 타이완 및 한국 수도권의 인구와 엇비슷한 상하이 전 지역을 5개월에 걸쳐 전면 봉쇄한 사례는 세계 질병사에도, 인류의 전쟁사에도 전례가 없는 전체주의적 대민 통제였다.

같은 해 여름, 2,100만 충칭의 시민들도 집에 갇혀버렸다. 머리끝부터 발끝까지 흰색 방호복을 껴입은 방역대원들이 아파트 단지의 철문마다 커다란 자물쇠를 채웠다. 그들은 철문을 두드리며 자물쇠를 풀라고 성난 짐승처럼 소리치는 시민들을 감시하고 통제했다. 70일이나 계속된 폭염, 60년 만의 가뭄으로 양쯔 강의 지류들은 이미 바닥을 드러낸 상태였다. 쓰촨 지역 수력발전소의 전기 생산이 절반으로 줄었고, 중국 남부 9개 성에서 2,400만 명 이상이 물 부족에 시달렸다.[2]

지질학자 경칭궈(耿慶國, 1941-)는 2022년 8월 말 극심한 가뭄으로 땅이 쩍쩍 갈라지자 곧 지진이 닥치리라고 예측했다. 1976년 25만의 인명을 앗아간 당산 대지진을 예측했던 그의 한진(旱震) 이론에 따르면, 가뭄 발생 후 최대 3년 안에 대규모 지진이 일어날 위험이 크다. 놀랍게도 이번에도 그의 예측이 적중했다. 9월 5일 쓰촨 서부에 6.8도의 강진이 덮쳤다.[3] 불행 중 다행으로 피해 지역은 2,100만이 봉쇄당한 충칭에서 500킬로미터 이상 떨어져 있었지만, 충칭의 건물들도 격렬하게 흔들렸다. 놀란 시민들은 황급히 잠긴 철문을 흔들며 건물 밖으로 탈출하려고 시도했다. 그러나 검역 대원들은 완강히 철문을 지키고 있었다.

2022년 여름이면 이미 세계 주요국이 모두 위드-코로나 정책으로 돌아선 후였다. 오직 중국만이 제로-코로나를 외치며 바이러스와의 전면전을 벌이고 있었다. 세계는 이미 의학적 상식에 따라 바이러스와의 불편한 공존을 모색한 후였지만, 중국은 강력한 봉쇄작전으로 전 인민을 통제해야만 했다. 그 결과 2022년 9월 초 중국 전역의 49개 도시에서 거의 3억에

달하는 인구가 집에 갇히거나 이동에 제약을 받는 부조리한 상황이 전개되었다.4)

보이지 않는 "인민의 공적" 코로나-19 바이러스를 잡기 위해서 세계 최대 규모의 대도시들을 통째로 봉쇄해버리는 중국공산당의 방역작전은 중국 현대사의 두 가지 사건을 떠올리게 한다. 첫 번째 사건은 국공내전(1946-1949)이 절정이던 1948년 5월부터 5개월간 지린 성 창춘(長春)을 완벽하게 봉쇄해서 10만의 국민당군을 굴복시키고 수십만 양민까지 아사하게 만든 현대판 공성전 "창춘 홀로코스트"이다.5) 둘째는 1958년 중국 전역에서 전 인민을 동원해서 20억 마리의 참새를 박멸했다는 "참새 대학살 촌극"이다.6)

중공중앙은 무슨 생각을 하고 있었나? 진정 전 중국을 무균 상태로 만들고자 했나? 전 인민을 인큐베이터 속의 영아들처럼 보호하려는 발상인가? 설령 중국 전역이 무균 상태가 된다 한들 며칠, 아니 몇 시간을 버틸 수 있다는 말인가? 앞으로도 신종 바이러스가 닥칠 때마다 매번 전국의 무균화를 부르짖을 작정이었나? 난해하고 곤혹스러운 질문들이지만, 1950년대 이래 일상적으로 전개된 중국의 정치 운동을 돌아보면 대답의 실마리가 보인다.

1949년 건국 이래 중국공산당은 간단없이 적인을 색출해 박멸하는 정치 운동을 벌여왔다. 매번 대규모 국책사업이 발주될 때면 전 인민을 강제노동으로 내모는 총동원령이 떨어졌다. 인민 총동원령의 가장 극단적 사례로는 최대 4,500만 명이 아사하는 대기근을 불러온 대약진 운동(1958-1962)과 1억1,300만 명이 정치적 타격을 입었다는 문화혁명(1966-1976)을 꼽을 수 있다. 1978년 개혁개방 이후에는 1950-1960년대의 방식으로 전 인민을 총동원할 수는 없게 되었지만, 중공중앙은 틈만 나면 다양한 형식의 정치집회를 쉴 새 없이 일으켰다.

2020년 이래 시진핑 총서기는 코로나-19와의 투쟁을 "인민전쟁, 총체전(總體戰), 조격전(阻擊战, 저지전)"이라고 명명했다. 중국 현대사에서 인민전쟁이란 전면적 위기의 타개책으로 전 인민을 일사불란하게 총동원하는 전시의 비상전략을 의미한다. 시진핑 정권은 바이러스에 대항하는 인민전쟁의 대의를 내걸고 역동적 제로-코로나의 전술을 취해왔다.

한편 중국공산당 기관지들은 날마다 시진핑의 제로-코로나 정책이 놀라운 성과를 냈다며 중국식 방역의 성공을 칭송했다. WHO에 보고된 중국 정부의 공식 통계를 보면, 2020년 1월 3일부터 2023년 2월 28일까지 누적 확진자 총수는 1,000만 명을 약간 밑돌고, 사망자 총수는 12만 명에 못 미쳤다.[7] 물론 중국 측의 수치는 공신력이 없을뿐더러 대규모 봉쇄에 따르는 사회, 경제적 손실, 인권 침해, 방역에 따른 2차 피해의 현황은 고려하지 않은 정치선전용 통계에 불과하다.

단적인 예로 2022년 중국의 사망률은 1,000명당 7.37명으로 2000년 이래 최고치를 경신했으며,[8] 2020년에 비해서 2021년에는 16만 명이, 2022년에는 전해보다 27만 명이 더 사망했다.[9] 복합적 요인이 있겠지만, 봉쇄령 때문에 기저질환자의 병원 내방이 어려워지고, 응급 치료의 실패나 의료 방치의 사례와 무관할 수 없다. 이는 중국의 인민전쟁이 설혹 바이러스의 확산세를 둔화시켰다고 해도 부작용 역시 상당히 컸음을 보여준다.

레닌주의 국가 중국의 참극

제로-코로나 방역은 오직 중국과 같은 강력한 전체주의적 일당독재 국가에서만 실행될 수 있는 전면 통제의 극단적 방법이다. 오늘날 지구상의 그 어떤 나라도 중국식 제로-코로나 방역을 흉내 낼 수 없다. 단 한마디의 명령으로 수천만의 시민들을 가택연금 상태로 묶어놓은 후 군사작전 펼치듯 순식간에 감염자를 색출해내는 빅브라더의 나라는 전 세계에서 중국뿐이다. 중국공산당이 이처럼 막강한 권력을 누리는 이유를 어떻게 설명할 수 있을까?

첫째, 현재 중국은 9,600만 당원을 자랑하는 중국공산당 아래 486만여 개의 기층 당 조직이 있는 탄탄한 레닌주의 국가이다.10) 실제로 중국은 전국 각 지방 오지의 촌락까지 모세혈관 같은 촘촘한 행정망을 갖추었으며, 전 인민을 통제하는 강력한 중앙집권적 전체주의 국가이다.

둘째, 과학기술 혁명의 결과 중국공산당은 최첨단의 디지털 장치를 활용하여 대민 감시 및 통제 능력을 극적으로 강화시켰다. 중공중앙은 이미 인민 다수의 지문, 안면, 홍채, DNA, 심지어 걸음걸이까지 사적인 생체 정보를 집적해서 빅데이터화했으며, 사람들의 재정 상태, 행동 유형, 범죄 이력, 사회 활동 정보까지 끌어모아 개인별로 점수를 매기는 사회 신용 시스템을 구축해가고 있다. 쉽게 말해 개개인 모두가 정부에 크고 작은 약점이 잡힌 상태인 셈이다.

셋째, 중국 사회에는 전체의 이익과 공동선을 위해서라면 개인의 권리와 자유는 희생되어야 한다는 집단주의 문화가 널리 퍼져 있다. 실제로 대다수 중국 인민은 이미 70여 년 동안 당과 국가의 명령에 복종하도록 잘 훈련받았다.

넷째, 중국에서는 중공중앙이 공적 매체를 거의 모두 장악하고 사상과 표현의 자유를 극히 제한하며, 강력한 법적 제재를 통해서 반대 세력 및 비판 세력을 탄압하는 권위주의 통치를 이어가고 있다. 정부가 잘못해도 언론이 비판할 수 없다면, 국가 권력은 제약받지 않는다.

다섯째, 중국공산당은 틈만 나면 판에 박힌 대중 파시즘의 수법으로 국민을 인민과 적인으로 가른다. 그들은 배타적 애국주의와 공격적 민족주의로 젊은 세대의 감성을 파고들어 맹목적인 신(新) 홍위병 군단을 형성시켰다. 이른바 샤오펀훙(小粉紅)은 누군가 정부를 비판하면 매국노나 반민족주의자로 몰고 가는 집단 광기를 부린다.11)

여섯째, 중국 헌법은 중국공산당 일당독재를 천명하고 정당화한다. 일당독재 아래서는 반대 당이 존재할 수 없다. 국가이념상 당은 절대로 오류를 범할 수 없음이 헌법의 기본 전제로 명시되어 있기 때문이다.

일곱째, 중국 현대사에서 중공중앙은 정부 시책에 반기를 들거나 정치 개혁을 요구하는 인민을 무력으로 진압하고 학살해왔다. 특히 문혁 후기 정부가 인민을 제압한 관정민(官整民)의 뼈아픈 기억과 1989년 톈안먼 대학살의 생생한 트라우마는 오늘날에도 중국 인민을 억누르고 있다. 탱크 부대를 파견해서 거리의 시위대를 압살해도 아무 일 없다는 듯 30년 넘게 권력을 유지하는 세력 앞에서 연약한 인민이 쉽게 저항할 수 있을까?

그러나 이상의 일곱 가지 이유를 다 꼽아보아도 중공중앙이 제로-코로나 정책을 추진한 이유나 동력이 다 설명되지는 않는다. 따라서 여덟 번째 이유로 시진핑 일인지배가 날로 강화되어가는 중국 정치의 현실을 고려해야만 한다.

집권 이래 시진핑은 당 총서기이자 군의 통수권자, 국가원수로서 경찰력을 장악하고 있다. 집권 이후 그는 여러 특별위원회를 창설해서 직접 관장하는 방식으로 권력 기반을 강화했다. 공식 직함만 보면 시진핑의 권력이 마오쩌둥이 누린 권력보다 강력하다. 물론 마오쩌둥의 권력은 상징적 존재로서 그가 발휘한 막강한 대중 동원력에서 기인했다. 이를 잘 아는 시진핑은 집권 초기부터 강력한 반부패 운동을 벌여서 정적을 제거하고,

당정을 휘어잡고, 대중의 지지를 확보했다. 권력이 강화되자 자신감을 얻은 시진핑은 2018년 3월 14년 만에 헌법의 임기조항을 파기하고 종신 집권의 길을 열었다. 2022년 10월 말에는 중국공산당 제20차 전국대표대회를 거쳐 시진핑 정권 제3기가 출범했다. 2020년에서 2022년까지 제로-코로나 정책이 시진핑 정권의 권력 연장에 유리하게 작용했음은 부인하기 어렵다.

진정으로 종신 집권을 위해서 전 인민을 볼모로 삼는 목적이었다면, 시진핑 정권의 제로-코로나 정책은 인류 역사상 가장 잔악무도한 전체주의적 권력 게임이라는 비판을 면할 수 없다. 한편 만약 제로-코로나 정책이 진실로 인민의 건강을 지키기 위한 국가의 책무라고 믿었다면, 시진핑 정권은 방역학의 기본을 거스르는 비과학적, 비합리적, 비상식적 권력으로 역사에 기록될 수밖에 없다.

방역 독재의 2차 피해

중국의 제로-코로나 방역은 막대한 2차 피해를 양산했다. 봉쇄령에 따른 경제적 손실은 일면에 불과하다. 활기차게 돌아가던 도시 생태계의 순환이 막히자 예상하지 못한 피해가 꼬리를 물고 발생했다. 코로나-19를 정조준한 "저지전"이 실제로는 숱한 생사람을 잡는 식인(食人)의 "총력전"으로 둔갑하는 상황이 날마다 벌어졌다. 인류사 최대 규모의 도시 봉쇄가 일으킨 피해의 실상은 앞으로 역학(疫學), 인류학, 사회학의 연구 주제가 될 듯하다.

일례로 2022년 봄과 여름 5개월 이상의 세월 동안 상하이 주민들은 격리 상태에서 거의 매일 동네 인근에 설치된 간이 검역소로 불려나가 검사를 받아야 했다. 상하이 정부의 발표에 따르면, 2022년 4월 13일 하루에만 2만7,000명의 확진자가 발생했는데, 그중에서 불과 1,190명(약 4.52퍼센트)만이 증상을 보였다.[12] 코로나 검사로 색출해내는 확진자들은 대다수가 무증상임에도 집을 떠나서 격리시설에 감금당했다. 검사는 거의 날마다 조직적으로 시행되었다. 2022년 4월 10일, 격리 중인 상하이 어느 법률회사의 대표 변호사 제러드 T. 넬슨(Jared T. Nelson)과 그의 가족은 16번째 검사 결과를 받았다는 트윗을 올렸다.[13]

검사를 받은 사람들은 누구든 혹시라도 양성 판정이 나올까 떨 수밖에 없었다. 가족의 품을 떠나 열악한 조건에서 격리 수용되는 고통을 감내해야 했기 때문이다. 방역의 명분 아래서 상하이의 가족들은 가장 힘들고 어려울 때 함께 있을 권리마저 빼앗기고 말았다. 가족의 기본 원리를 무너뜨리는 처참한 인권유린이었으나 정부의 폭력은 완강했다.

방역 독재는 수많은 피해자를 낳았다. 전 도시가 봉쇄된 상태에서는 코로나-19와 상관없이 수많은 인구가 위험에 노출될 수밖에 없다. 특히 통원이나 입원 치료가 절실한 독거노인, 위중증 환자, 응급 환자들은 날마다 생사의 고비를 넘어야 했다.

상하이 응급 의료 센터의 통계에 따르면, 2003년에서 2007년까지 5년간 상하이의 푸시(浦西) 지구에서만 입원 전 치료를 요하는 응급 사태가 58만 5,298건 발생했다. 그중 사고가 36.7퍼센트, 뇌혈관 질환이 23.5퍼센트, 심장혈관계 질환이 15.4퍼센트를 차지했다. 사고를 빼더라도 5년간 22만 7,680명의 환자가 발생하며, 1년 평균으로는 4만5,536명이 뇌졸중, 심근경색 등으로 응급 치료를 요한다. 이 통계는 상하이 지역 전체가 아니라 오직 푸시의 698만(2010년) 인구만을 대상으로 한다. 상하이 전체로 보면, 2000년대 한 해 평균 최소 17만 명 정도가 뇌혈관, 심혈관 질환으로 쓰러졌다는 계산이 도출된다.14) 상하이 위생국 발표에 따르면, 2006년 상하이 지역에서는 하루 평균 32만 명의 응급 환자가 발생했고, 8만 명이 입원 상태였으며, 1,560명이 수술대에 올랐다.15)

2023년 현재 상하이 인구는 2006년 당시보다 500만 이상 증가했다. 2022년의 환자 수도 그만큼 더 늘어났을 터다. 그런 상하이를 5개월 이상 봉쇄할 때, 얼마나 많은 사건, 사고가 터졌을까? 오미크론 변이를 박멸한 다는 명분 아래 시진핑 정권은 더 많은 생명을 위험으로 내몰았다. 실로 불퇴전(不退轉)의 "인민전쟁", 결사옹위(決死擁衛) "총체전", 막무가내 "저지전"이었다.

전면적 도시 봉쇄는 시민들의 정신 건강을 심각하게 위협한다. 장시간 집에만 갇혀 있으면 멀쩡한 사람들도 압박을 견디지 못해 정신 착란을 일으키거나 광기에 휩싸일 수 있다. 고층 아파트에 갇혀 있다가 격분한 시민들은 결국 일제히 창문을 열고 허공을 향해서 고성을 질러댔다. 방역 독재를 규탄하는 집체적, 자발적, 정신병적 퍼포먼스였다. 상세한 통계는 잡히지 않았지만, 장시간 격리에 따르는 고통과 불안감을 이기지 못하고 집안에서 스스로 목을 매거나 고층 건물에서 투신하는 사람들도 속출했다. 그들의 안타까운 마지막 영상은 SNS를 통해서 전 세계로 퍼져나갔다.

특히 2,600만 인구를 모두 집에 가둔 채 사육하듯 음식을 배급했던 방식은 실로 무지막지한 국가 권력의 극한 조치였다. 개개인의 생활 습관, 섭생의 지혜, 먹는 즐거움을 일시에 앗아가는 전체주의적 인권유린이었다. 모든 집의 부엌을 다 없애고 전 인민이 공동식당에서 함께 밥을 먹도록 했던 대약진 운동 시대의 광란을 연상시킬 정도였다. 상하이처럼 국제적인 최첨단 도시에서 어떻게 정부가 모든 사람에게 똑같은 분량의 똑같은 식량을 배급한다는 발상이 가능할까? 이러한 방식은 결국 배급망이 원활하게 돌아가지 않아 음식 부족을 호소하는 사람들을 발생시켰고, 대량의 음식이 쌓여서 썩어가는 사건도 다수 일으켰다.

어린이 학대와 반려동물 학살

SNS를 타고 전 세계로 전달된 상하이의 비극이 지구촌 네티즌들의 가슴을 쥐어짰다. 전신 방역복을 입은 한 어린이가 큰 소리로 윽박지르는 검역관들 틈에서 겁에 질려 방역 버스에 오르는 영상이 트위터를 타고 전 세계로 퍼져나갔다. 누구든 양성 결과를 받으면 증상의 유무와 상관없이 강제 격리소에 감금되었다. 그 결과 부모와 자식이 떨어져야 하는 문제도 발생했다. 국가가 인민의 건강을 위해서 핵가족의 인륜적 질서를 교란할 수 있다는 발상인데, 그 밑바탕에는 개체로서의 인간은 전체로서의 인민에 종속되어야 한다는 사회주의적 집단주의가 깔려 있다.

양성 판정을 받은 사람은 구속되듯이 즉각 집단 격리소로 송치되기 때문에 집에서 키우던 반려동물은 버려지고 말았다. 일부 검역관들은 버려진 동물들이 병균을 옮길 수 있다고 생각하고 직접 동물을 학살하기도 했다. 고양이 떼를 그물에 넣어서 거리에 방치해놓은 영상이나 검역관 여러 명이 개 한 마리를 작대기로 때려죽이는 영상은 가히 충격적이다.

상하이 주민들의 원성이 자자해지면서 전면 통제를 다소 완화하는 분위기도 감지되었지만, 제로-코로나라는 중공중앙의 완강한 정책 기조는 조금도 흔들리지 않았다. 2022년 10월까지 시진핑 총서기 및 중공중앙의 방역 전문가들은 이구동성으로 강력한 제로-코로나 정책의 강화를 외쳤다. 일례로 칭화 대학 교수 출신으로 현재 중국의 방역을 총괄하는 유행병 전문가 량완녠(梁萬年, 1961-)은 "역동적 제로-코로나 정책은 중국의 인민을 우선시하고 생명을 존중하는 중국 정부가 최소 비용으로 최대 다수의 최대 혜택을 보장하는 정책"이라고 역설했다.16)

반면 무리한 방역이 재난을 야기한다며 정부의 제로-코로나 정책을 비판한 한 법학 교수의 격문은 순식간에 인터넷에서 삭제되었다. 제로-코로나 정책을 구현하기 위해서 중공중앙은 인간이라면 누구나 누려야 할 신체의 자유를 박탈하고, 표현의 자유를 억압한다.

인민전쟁이라는 이름으로 전개된 제로-코로나 정책은 인류사 최악의 도시 봉쇄로 귀결되었다. 중공중앙은 군경을 동원한 강력한 물리적 통제로 수억 인민을 일시적으로 억압했지만, 먼 훗날에도 사람들은 대륙 봉쇄령의 암울한 기억을 반추하며 독재정권의 몰상식과 불합리를 규탄할 것이다. 그렇게 본다면, 때아닌 2020년대의 인민전쟁은 시진핑이 파놓은 "시진핑의 덫"이라고 할 수밖에 없지 않겠는가.

제25장

마르크스의 독, 유물론적 인간관

잘못된 철학이 국가이념이 되면 정치적 억압과 경제적 빈곤의 악순환이 계속된다. 개혁개방 이전까지 중국 현대사는 독단적이고 폐쇄적인 마르크스-레닌주의와 마오쩌둥 사상이 빚어낸 공산 전체주의의 잔혹사였다. 중국 현대사의 모순과 부조리를 직시하기 위해서는 무엇보다 마르크스주의 유물론적 인간관을 비판적으로 고찰해야만 한다. 청년 마르크스의 유물론적 독단이야말로 전 중국을 혁명의 광기로 몰아넣은 이념적 바이러스였기 때문이다.

『중국공산당 장정』 총강뿐만 아니라 중국 헌법의 전문(前文)에도 마르크스-레닌주의, 마오쩌둥 사상, 덩샤오핑 실용주의, 장쩌민의 "세 가지 대표 사상", 후진타오의 "과학발전관"에 이어 시진핑의 "신시대 중국 특색 사회주의 사상"이 열거되어 있다. 14억 인민을 향해 7명의 사상을 절대 이념으로 받아들이라는 이념적 강압이다. 누군가 이 전제를 비판하거나 공개적으로 부정하면 중공중앙은 "사회주의 파괴 활동"이라는 죄목으로 그를 처벌할 수 있다.

만약 대한민국 헌법 전문에 이승만 "독립 정신", 박정희 "새마을 정신", 전두환 "정의 사회 구현", 노태우 "보통 사람의 시대", 김영삼 "문민정부론", 김대중 "국민정부론", 노무현 "참여 사상", 이명박 "실용주의", 박근혜

"애국애족론", 문재인 "적폐 청산"에 윤석열 "법과 원칙"까지 전부 명기하면 한국 국민은 어떻게 반응할까? 아마도 전국에 들불처럼 시위가 일어나 즉각적인 헌법 개정에 돌입할 듯하다. 자유민주주의에 익숙한 한국인들은 특정 개인의 사상이 국가의 이념이 될 수 없음을 명확히 알고 있다. 그 어떤 사람도 다른 사람을 이념적으로 지배할 수 없다는 민주적 평등 의식과 개개인의 사상과 가치는 스스로 결정한다는 독립적 자유의지를 체득하고 있기 때문이다.

반면 중국 인민은 개개인 모두가 사회주의 혁명을 완수하기 위해서 희생을 감내해야 한다는 집체주의와 위대한 수령의 교시를 따라야 한다는 영웅주의를 받아들인다. 나라의 모법(母法) 맨 앞에 7인의 사상이 열거되어 있어도 큰 반발이 없는 중국인의 심성을 달리 어떻게 설명할 수 있을까.

영혼을 주조하고 인민을 훈육하라!

지난 10년간 시진핑 정권은 "시진핑 사상"을 만들기 위해서 각 대학에 설치된 마르크스주의 학원을 적극적으로 지원하며 이념 교육을 강화해왔다. 그 밑바탕에는 전근대적인 목민(牧民)의 의도가 깔려 있다. 목동이 양 떼를 돌보듯이 정부가 인민의 생각을 감시하고 교도해야 한다는 전근대적 온정주의(paternalism)이다. 마오쩌둥 이래 중국공산당 정부는 늘 그렇게 중국 인민의 인격, 성격, 가치관 형성에 적극적으로 관여해왔다.

단적인 예로 시진핑은 2016년쯤 강군(强軍)의 건설을 강조하면서 "주혼육인(鑄魂育人)"이라는 신조어를 들고나왔다. 말 그대로 영혼을 주조하고 인민(혹은 인간)을 훈육한다는 의미의 말이었다. 2019년 이래 중국의 관영 매체나 정부기관은 "시진핑 신시대 중국 특색 사회주의 사상을 활용해서

(혹은 견지해서) 영혼을 주조하고 인민을 훈육한다"라는 문구를 상투적으로 써왔다.

마르크스주의 유물론을 철학의 제1명제로 삼는 중국공산당이 거푸집에 쇳물을 부어 철근을 뽑아내듯 인간의 영혼을 주조하겠다고 공공연히 외치고 있다. 유물론자들의 집결소인 공산당이 영혼의 주조라는 표현을 쓰고 있음은 아무리 문학적 수사라고 해도 모순되게 느껴진다.

마르크스는 영혼이란 기껏 물질적 현상이거나 종교적 환상이라고 하지 않았는가. 1843년 12월에서 1844년 1월 사이 스물다섯 살의 마르크스는 "종교는 억압받는 존재의 한숨이며, 비정한 세상의 심장이며, 영혼 없는 조건의 영혼이며, 인민의 아편"이라고 썼다.[1] 그는 비판 정신이 수갑을 가린 가상의 꽃 장식을 걷어냈으니 이제 그 수갑을 부숴야 한다고 호기롭게 말했다.

마르크스 유물론의 가장 큰 맹점은 물질적 존재로서의 인간이 왜 목숨을 걸고 이타적인 혁명에 나서야 하는지 전혀 설명하지 못한다는 데에 있다. 인간의 도덕적 의무감이나 사명감은, 칸트(Immanuel Kant, 1724-1804)의 표현을 빌리자면 사유-필증적인(apodiktisch), 경험적으로 증명할 수는 없어도 이념으로서 요청할 수밖에 없는, 초월적 존재나 형이상학적 가치에서 비롯되기 때문이다. 19세기 말 제정 러시아 말기의 혼란 속에서 도스토옙스키(Fyodor Dostoevskii, 1821-1881)는 이반 카라마조프의 입을 빌어 "신이 없으면 모든 것이 허용된다"는 한마디로 당시 서유럽에 널리 퍼져나가던 유물론적 인간관의 모순과 위험성을 지적했다. 그의 우려는 20세기 수천만의 인명을 앗아간 좌, 우파 전체주의 정권의 정치범죄와 인권유린으로 실현되었다.

유물론적 인간관의 모순

영혼이 없는 순수한 물질적 존재로서의 인간에게 어떻게 혁명적 사명감과 숭고한 도덕심을 불어넣을 수 있을까? 어떻게 물질적 존재로서의 인간을 적진으로 뛰어들어가 "인민 만세!"를 외치며 기꺼이 자폭할 수 있는 공산혁명의 전사로 거듭나게 할 수 있을까?

인간이 기껏 육체적 존재이고 정신세계도 물질적 현상에 불과하다면, 알라의 영광을 위해서, 내세의 심판이 무서워서, 인과응보의 카르마를 벗어나고자, 태양처럼 밝은 마음의 양지(良知)가 발동해서 영웅적으로 사리사욕을 극복하고 이타적 희생을 감내한 사람들은 종교적 환상에 속거나 유심론적 오류에 빠져서 일신을 망친 우중(愚衆)으로 전락하고 만다.

불멸의 영혼도 없고, 초월적 존재도 없고, 현생 이상의 그 어떤 세계도 없고, 천당도 없고, 해탈도 불가능하다면, 인간이 대체 왜, 무엇을 위해서 도덕적이고 이타적인 삶을 살아야 하는가? 여왕벌을 살리기 위해서 이타적 자살을 하는 일개미처럼 인간 개개인은 유적(類的) 존재라서? 계급 의식이 그 어떤 종교적 도덕률보다 강렬한 실천의 동기라서? 이기심은 본성이 아니라 부르주아 사상이기 때문에? 인간이 한갓 물질적 존재로서 이 세상에 잠시 살다 가는 존재라면, 그런 벌레 같은 존재가 왜 이념을 위해서 목숨을 바쳐야 하는가? 그 어떤 논리를 짜내본들, 마르크스의 유물론은 인간을 더 세속적이고, 더 이기적이고, 더 탐욕적이고, 더 폭력적이게끔 만들 수 있을지언정 성실하고, 고매하고, 이타적인 영혼으로 고양할 수는 없다.

마르크스주의의 모순이자 맹점은 유물론적 전제 위에서 인간을 물질적 존재라고 단정하고서는, 그러한 인간에게 물질적 한계와 생물학적 본성에 반하는 혁명적 희생을 요구한다는 데에 있다. 바로 그러한 마르크스주의 유물론의 모순과 부조리 때문에 현실의 공산정권은 오로지 두 가지 방법으로 "영혼을 주조하고 인민을 훈육할" 수밖에 없다. 첫째는 영혼 속까지 파고드는 강력한 세뇌 교육이다. 둘째는 반대자를 색출해서 처벌하는 공포의 정치 운동이다.

마오쩌둥에서 시진핑까지 70여 년에 걸쳐 이어지는 중국의 현대사가 이를 웅변한다. 1950년대 반우파 운동과 문화혁명은 2개의 커다란 사례에 불과하다. 개혁개방이 시작된 후, 1982년부터 최소 여섯 차례의 대규모 반부패 운동이 이어졌다. 그중 시진핑 정권의 반부패 운동이 단연 가장 광범위하게, 가장 긴 시간 지속되었다. 2012년 이전까지 차관급 이상 고급 간부 가운데 반부패 운동으로 징계를 당한 경우는 100건 이하였다. 시진핑 정권 들어 그 수가 4배 이상 증가해서 2012년에서 2017년까지 440명의 성급 간부가 조사를 받거나 처벌을 당했다. 반부패 운동의 정치적 효과를 톡톡히 본 시진핑 정권은 2018년 1월부터 2022년 12월까지 범죄 소탕 운동을 대대적으로 전개했다.[2]

마르크스 유물론의 전체주의적 경향

인류 역사에 출현한 공산주의 정권은 전부 예외 없이 국가가 절대 진리를 독점한 후 인민의 의식에 "올바른" 생각, "올바른" 가치, "올바른" 목적의식을 주입하고 세뇌하는 전체주의 체제였다. 1950-1960년대 중국에 넘쳐 나던 "올바른" 구호들은 인민을 혁명의 병정으로 조련해서 죽음의 전장으로 내몰아간 전체주의 정권의 선전, 선동일 뿐이었다. 물론 그러한 "올바름"을 올바르다고 굳게 믿는 사람들은 그 정권의 관원, 시녀, 용병, 하수인

뿐이다.

공산주의 정권의 억압 속에서 고난을 체험한 사람들의 기록을 보면 세뇌 교육과 사상 통제가 아무리 심해도 의심하고 번뇌하고 따져 묻고 항의하는 인간의 비판 정신을 온전히 마비시킬 수 없음을 알 수 있다. 다수 대중은 모든 이념의 허구성을 본능적으로 꿰뚫어 본다. 맨손으로 생존의 기반을 닦아야 하는 무산계급 출신들은 더더욱 재빨리 유토피아의 이상을 파는 공산주의 이념의 비현실성을 눈치챈다. 게다가 공산주의 이론가들은 시작부터 유물론적 인간관으로 초월자를 살해하고, 영혼을 부정하고, 모든 종교와 전통을 단죄하지 않았나. 그렇기 때문에 더더욱 공산주의자들은 무력으로 인민을 윽박질러서 혁명의 벼랑 끝으로 몰아갈 수밖에 없다. 공산주의 이론은 인간의 원초적 욕망도, 이윤 동기도, 사유재산도, 입신출세의 열망도, 수신제가의 의무감도, 치국평천하의 이상도 모조리 부정하고 죄악시하기 때문이다. 진정 그러하다면 모든 기본권을 박탈당한 개인은 대체 무엇을 위해서 이토록 험한 세상에서 자발적으로 근면하고 성실하게 일하며 살 수 있다는 말인가?

우리가 이 세상에 태어나서 성실하게 살 수 있는 이유는 인간이 단순히 물질적 존재라서가 아니라 의식을 가진 이지적 존재로서 우리 자신의 유한성을 인지하고, 범우주적 질서에 경탄하며, 지극한 두려움과 겸손함을 느끼기 때문이다. 『중용(中庸)』의 경구처럼, 하늘이 지극히 성실하기 때문에 인간은 하늘을 본받아서 성실하게 살고자 한다.3) 미욱한 존재로서 돌연히 세상에 던져진 우리는 여기가 어디인지, 어떤 곳인지, 왜 태어나서 살고 있는지, 어디로 가는지는 알지 못해도, 날마다 이른 새벽 동녘에 솟아오르는 해처럼 맡은 일을 해야 한다는 실존적 자각을 얻는다. 초월적 절대자가 있다고 확신할 수는 없어도, 여러 종교의 가르침을 전부 믿을 수는 없어도, 이 세계는 너무나 크고 두렵고, 우주의 법칙은 너무나 신비롭고 엄격하고, 역사의 경험과 전통의 지혜는 너무나 심오하고 광대하기 때문에 우리는 인류의 역사가 통째로 무의미하다고 여길 수 없다. 그러한 무언의 자각 위에서 대다수 인간은 겸허한 마음으로 금도(襟度)를 지키며 근면하고 성실하게 살아가고자 노력한다.

유물론적 인간관은 수십만 년 인류가 이 땅에 살면서 힘겹게 얻은 심오한 깨우침과 긴요한 터득, 정신적 각성과 종교적 영감, 실존적 직관과 전통의 지혜를 송두리째 부정한 청년 마르크스의 치명적 자만에서 기인했다.4) 대학가에서는 흔히 마르크스를 인간 해방의 천재적 이론가라고 미화하지만, 역사 현실을 경험적으로 탐구해보면 유물론적 인간관의 자가당착과 정신병리학적 파괴욕이 번연히 보인다. 20세기 역사는 유물론적 인간관에 기초한 마르크스-레닌주의 공산주의 이론이 가장 억압적이고, 폐쇄적이고, 파괴적인 죽음의 이데올로기였음을 증명한다. 20세기 공산주의 정권들 아래에서 인민은 국가의 농노로 전락한 채 경제적 보상도 없이 밤낮으로 강제노동에 시달렸다. 마르크스에서 레닌, 스탈린에서 마오쩌둥까지 유물론적 인간관이 빚은 디스토피아의 현실이었다.

자유를 부르짖는 중국 인민들

어리석은 공산당의 유물론자들은 스스로가 세상의 정답을 찾았다고 확신하지만, 그들은 실상 가장 중요한 인간의 실존적 물음에 대해서 아무런 대답도 제시하지 못한다. 무지의 자각조차 없기 때문에 그들은 얄팍한 유물론의 국정 교과서로 "영혼을 주조하고 인민을 훈육하려" 든다.

자유주의 국가에서 정부의 최우선 역할은 인간의 기본권과 개인의 자유를 보장하는 데에 있다. 자유주의 이념에 따르면 정상 국가는 개개인에게 표현의 자유, 사상 및 양심의 자유, 종교의 자유, 집회 및 결사의 자유를 보장한 후 물러난다. 국가는 개인의 사생활을 침해할 수 없으며, 사유재산을 침탈할 수 없다. 국가가 물러나면, 개개인은 열린 공론장과 사상의 시장에서 다양한 생각과 이론을 펼치며 경쟁하고 길항한다.

자유주의 국가는 개개인을 스스로 생각하고 판단할 수 있는 성숙한 시민으로 대우한다. 반면 전체주의 국가의 권력자들은 인민을 스스로 생각하고 판단할 수 없는 미성년으로 취급한다. 미성년자를 보호하듯 불온한 사상, 불순한 생각, 그릇된 이념으로부터 인민을 보호해야 한다는 발상이다. 중국공산당은 다수 인민이 당이 원하는 인간형으로 주조되어야만 권력을 영속할 수 있다. 만약 중국 인민의 다수가 자유주의 사상을 받아들인다면, 중국공산당은 무너진다.

2012년 출범 이후 시진핑 정부는 중앙선전부의 역할을 꾸준히 확장하고 초, 중, 고 및 대학에서 사회주의 이념 교육을 강화해왔다. 문제는 중국공산당의 이념 교육이 세상에서 가장 무미건조하고 지리멸렬한 판에 박힌 선전, 선동에 불과하다는 점이다. 모두가 손에 스마트폰을 들고 세상의 온갖 재미난 이야기들을 빛의 속도로 주고받는 세상인데, 진부한 이념을 낡은 방식으로 설파해봐야 큰 효과가 없다. "영혼을 주조하고 인민을 훈육하려는" 시진핑 정권의 시도는 실현 가능성이 없다.

영혼을 부정하면서 영혼의 주조를 외치는 중국공산당 유물론자들의 모순과 억지를 중국 인민이 모를 리 없다. 그 점을 명확히 알기 때문에 중국공산당은 이념 교육의 효과를 신뢰하는 대신 최첨단 장비를 동원하여 인민의 행동거지, 사생활, 사유 방식까지 감시하고 통제하려고 든다. 영혼을 주조하는 일이 현실적으로 불가능하니 육신을 인형처럼 조종하겠다는 발상이다.

시진핑 정권은 2010년대 중국에 "샤오펀"이라는 과격한 애국주의 청년 집단을 탄생시켰다.[5] 정부 편에 서서 과격한 언사로 반대자를 공격하는 그들의 행태를 보면서 시진핑 정권의 이념 교육이 강력한 효과를 발휘한다는 분석이 많았다. 지금도 샤오펀은 사라지지 않았지만, 2022년 말 중국의 청년 문화에는 지각 변동이 일어났다. 이 책의 후반부에서 상세히 살펴보겠지만, 2022년 11월 말 중국 전역 각지에서 20-30대 청년들이 거리로 뛰쳐나와 항의의 표시로 백지를 들고서 공산당 해산과 시진핑 하야를 외치며 시위했다. 돌이켜보면, 중국 현대사의 비극은 청년 마르크스가 세상에 뿌린 유물론적 인간관에서 비롯되었다. "마르크스의 독"을 마신 현대 중국의 지식인들은 자유, 민주, 인권, 법치 대신 계급투쟁을 통한 인간 해방이라는 유토피아의 망념에 빠져들었다. 중국에서 정치개혁이 이루어지려면, 우선 새로운 인간학이 필요한 절실한 이유이다.

제26장

새 혁명의 길? "중화민족의 위대한 부흥"

시진핑 제3기, 철학의 빈곤

현재 『중국공산당 장정』 총강의 둘째 문단은 "중국공산당은 마르크스−레닌주의, 마오쩌둥 사상, 덩샤오핑 이론, '세 가지 대표 사상', 과학발전관, 시진핑 시대 중국 특색 사회주의 사상을 행동 지침으로 삼는다"이다. 여기에서 "세 가지 대표 사상"이란 장쩌민 정권의 기본 원칙을, 과학발전관은 후진타오의 발전전략을 의미하는데, 두 사람의 실명은 삽입되지 않았다. 반면 장쩌민, 후진타오와는 달리 시진핑은 『중국공산당』에 자신의 실명을 명기했다.

중국공산당 제20차 전국대표대회에서 논의된 『중국공산당 장정』 수정안에서 "시진핑 사상"이라는 명시적 표현이 총강에 삽입되었다면, 이는 시진핑의 권력이 절정에 달했음을 보여주는 증거라는 주장이 제기되었다.[1) 시진핑은 결국 시진핑 사상을 마르크스−레닌주의, 마오쩌둥 사상 및 덩샤오핑 이론과 동렬에 올려놓는 낯 뜨거운 자기 예찬은 포기했다. 마오쩌둥이나 덩샤오핑에 대한 존경심이나 겸양의 표현이라고 볼 수도 있다. 그러나 그보다는 아직 스스로도 시진핑 사상의 구체적인 내용을 스스로 정립하지 못한 까닭은 아닐까.

331

한 정치지도자의 사상이란 그의 모든 언행, 정책, 저술, 세계관과 가치관의 집약이다. 그러한 맥락에서 지금껏 드러난 시진핑 사상의 구체적 내용으로는 "중화민족의 위대한 부흥"을 추구하는 중국 특유의 민족주의, 과거 중화제국의 영광을 되살리려는 복고적 제국주의, 국내의 비판 여론을 탄압하고 공민의 기본권을 억압하는 일당독재의 권위주의, 동아시아의 맹주를 넘어 새로운 세계질서를 구축하려는 패권주의, 제2차 세계대전 이후 미국의 주도로 형성된 자유민주주의적 세계질서에 맞서는 반자유적 인민독재, 인류의 보편가치와 인권을 부정하는 반인류적 전제주의, 개인의 권리와 자유를 무시하는 집단주의 등을 꼽을 수 있을 듯하다.

세계 최대의 국가의 이념으로 삼기에는 그다지 참신하지도, 독창적이지도 않아 보인다. 고작 민족주의, 복고주의, 제국주의, 권위주의, 패권주의, 인민독재, 전제주의, 집단주의에 마르크스-레닌주의와 마오쩌둥 사상을 얼버무린 정도인데, 그조차 식초와 기름처럼 잘 섞이지 않는다. 과연 시진핑 사상은 마오쩌둥 사상에 이어 14억5,000만 전 중국 인민의 의식을 옭아매는 21세기 신중국의 통치 이데올로기가 될 수 있을까? "그렇다!"라고 답하기에는 철학의 빈곤이 심각해 보인다. 바로 그러한 이유 때문일까? 시진핑은 오매불망 "중화민족의 위대한 부흥"을 부르짖는다.

중화민족의 위대한 부흥

2021년 7월 1일 베이징 톈안먼 광장에서는 오전 8시부터 두 시간에 걸쳐 중국공산당 성립 100주년 기념식이 거행되었다. 광장에는 전국에서 초청을 받고 몰려온 수만 명의 공산당원과 행사에 동원된 젊은 학생들이 질서정연하게 착석해 있었다. 팬데믹의 상황에서도 광장의 군중 중에는 마스크를 착용한 사람이 거의 없었다.

기념식이 시작하고 20분쯤 지났을 때, 중국공산당의 핵심 지도자들이 톈안먼 성루로 나왔다. 1949년 10월 1일 중국공산당 총서기이자 국가주석 마오쩌둥이 중화인민공화국의 건국을 선포했던 바로 그곳이었다. 성루에 선 영도자들은 맨 얼굴을 드러냈지만, 지근거리에서 취재하는 기자단은 모두 마스크를 착용하고 있었다.

하늘에 여러 대의 헬기가 떠오르고 장엄한 열병식이 거행된 후, 중국공산당 총서기 시진핑의 연설이 시작되었다. 그는 정면을 응시한 채 침착하고 낮은 목소리로 느릿느릿 연설문을 낭독했다. 그의 강설은 무려 1시간 5분간 이어졌다. 200자 원고지 40장에 달하는 긴 글이었다. 한국어로 번역하면 70-80매는 족히 넘을 분량이었다.

2019년 6월부터 2020년 1월까지 시진핑은 중국공산당 전 조직을 대상으로 이른바 주제 교육 운동을 벌였다. 그 주제란 바로 "초심을 잊지 말고 사명을 명심하자!"였다. 100주년 기념식에서도 시진핑은 중국공산당의 초심을 내내 강조했다. 시진핑이 말하는 초심은 다름 아닌 "중화민족의 위대한 부흥"이었다.

마르크스는 계급 소멸의 합법칙성을 주장했고, 레닌은 프롤레타리아 혁명으로 제정 러시아를 무너뜨렸으며, 마오쩌둥은 한평생 "절대로 계급투쟁을 잊지 말라!" 부르짖었다. 지금도 중국공산당은 마르크스-레닌주의와 마오쩌둥 사상을 이념의 기둥으로 삼는 프롤레타리아 계급 정당임을 자임한다. 그렇다면 그들이 "중화민족의 위대한 부흥"을 위해 결성된 조직이라고 볼 수 있나? 시진핑은 무슨 근거로 중국공산당의 초심이 중화민족의 부흥이라고 주장하나? 이러한 문제들에 답하기 전에 우선 중국공산당이 "중화민족의 위대한 부흥"을 부르짖는 사회적 배경과 함의를 짚어보자.

중국공산당이 "꽃미남"을 싫어하는 까닭은?

2021년 7월 창당 100주년을 맞은 중국공산당은 인민 개개인의 사생활을 침해하는 규제의 법망을 조이고 있다. 청소년의 비디오 게임 주 3시간 이하 제한, 과외 활동 및 사교육 시장 제한, 연예인의 인터넷 팬클럽 활동 금지, 음란, 폭력, 배금주의 조장 방송 금지 등등……. 그중에서도 특히 "여성스러운" 남자 연예인들의 방송 노출을 제한하는 법안은 중국 안팎에서 커다란 논란을 일으키고 있다.

오늘날 중국에서는 외모나 언행이 여성스러운 남성을 조롱하고 폄하할 때 흔히 "냥파오(娘炮 : 여성화된 남성)", "나이요우 소생(奶油小生 : 크림 소생)", "사이오셴러우(小鮮肉 : 작고 신선한 육고기)" 등의 인터넷 신조어를 사용한다. 겉모습이 "예쁘장한" 남자 연예인들은 모두 냥파오로 몰려 방송에서 퇴출당할 위험에 직면해 있다. BTS를 비롯한 케이팝 아이돌은 물론, 송준기, 박보검 등 중국 전역에서 인기를 누리는 꽃미남 한류 스타 역시 표적이 될 수밖에 없다.

최근 방송, 통신을 감독하는 중국 국가 광파전시(廣播電視) 총부는 냥파오 연예인의 방송 출연을 규제하고 나섰다. 표면적인 이유는 "남성의 여성화를 막기 위함"이다. 이미 10년 전부터 중국에서는 한국과 일본 팝문화의 "비정상적 심미" 경향을 비판하는 목소리가 고조되어왔다. 급기야 중공정부는 중국공산당 성립 100주년을 맞아 대대적인 풍기 단속에 나섰고, 여성처럼 예쁘장한 꽃미남 연예인들이 곤경을 겪고 있다. 과연 중국공산당은 왜 안팎으로 위기가 중첩되는 지금 인민 개개인의 미적, 성적, 문화적 취향을 규제하려고 할까? 새로운 문혁의 조짐일까?

남성의 여성화를 막아라!

하얼빈 전기공사의 이사장인 쓰쩌푸(斯澤夫, 1958-)는 중국인민 정치협상회의 전국위원회에서 상무위원 300명 가운데 한 사람이다. 마르고 날렵한 체격에 짧은 머리, 군 장성 같은 풍모를 갖춘 고급 관원인 그는 2020년 5월 정치협상회의 상무위원회에서 작심하고 "남자 청소년의 여성화 추세"를 비판하며 나름의 해결책을 제시했다.

문혁이 절정으로 치닫던 1966~1969년 동안 그는 초등학교 고학년이었다. 조반유리(造反有理)의 주역으로 활약하다가 하방당한 홍위병 집단의 주류는 아니라고 해도, 1958년생인 쓰쩌푸 역시 문혁 세대에 속한다. 유년 시절 날마다 『마오쩌둥 어록』을 암송하고 전쟁 영웅을 동경하며 혁명 정신을 벼리고 심신을 단련했던 바로 그 세대이다.

쓰쩌푸의 눈에 비친 오늘날 중국의 "사내아이들은 유약하고, 비굴하고, 담력 없는" 무기력한 존재들일 뿐이다. 그는 "사내아이의 여성 기질화" 혹은 "중국 청소년의 여성화 추세"가 절대로 방치할 수 없는 심각한 국가적 위기라고 본다. 1자녀 정책의 결과 요즘 아이들은 집안에서 응석받이로 자라고, 유년기의 대부분을 여교사의 지도하에서 보내기 때문에 신체를 단련할 기회를 잃었다는 분석이다.

쓰쩌푸는 개탄한다. 나약한 응석받이 소년들은 날마다 모니터 앞에 앉아 일본 만화와 한국 드라마를 시청하며 "비쇼넨(美少年)"과 "꽃미남"을 흉내 내며 닮아간다. 사내라면 강건한 심신으로 국토를 보위해야 하는데, 요즘 남아들은 "밝고 강건한 기질"를 잃고, 여성스러운 기질을 가지게 되었다.

대체 이 문제를 어떻게 해결할 것인가? 쓰쩌푸는 초, 중, 고등학교에 남교사의 수를 늘리고, 체육 교육을 강화하고, 여성화를 부추기는 퇴폐적인 대중문화를 금지해야 한다고 주장한다. 그는 "남성의 여성화"가 "중화민족의 생존과 발전을 저해하는" 사회 병리적 현상이라고 부르짖는다. 중국 밖의 사람들에게는, 꽃미남이 중화민족을 해친다는 주장이 코미디의 대사처럼 들릴 수 있지만, 이는 결코 일개인만의 견해가 아니다. 가령 중국 인터넷에는 다음과 같은 작자 미상의 표어가 널리 퍼져 있다.

사내는 일생 동안 나약하지만 (娘炮軟一生)
굳센 사내는 일세를 강하게 한다 (硬漢强一世)

이 표어에는 꽃미남 연예인에 대한 다수 중국 인민의 반감이 담겨 있다. 오랫동안 중국의 매체들은 꽤나 상투적으로 게임과 대중문화를 정신적 아편에 비유해왔다. 19세기 아편이 중화문명을 파괴하고 "100년 치욕"을 초래했듯이, 외래의 "불량 문화"가 오늘날 청소년의 심신을 해치고 나아가 중화민족의 생존까지 위협한다는 발상이다.

쓰쩌푸의 발언 이후 중국에서는 "남성의 여성화"를 둘러싸고 제법 큰 논쟁이 일었다. 특히 남교사의 비율을 늘리고, 체육 교육은 남교사가 도맡게 해야 한다는 주장은 성차별 시비를 불러일으키기도 했다. 그러나 쓰쩌푸의 주장은 사장되지 않았고, 오히려 중국공산당의 강력한 지지를 얻어 더욱 널리 퍼져나갔다.

2021년 9월 2일, 중국 광파전시 총부는 전국 각지의 방송국에 연예인들의 풍격, 복식, 화장을 엄격하게 관리하고, 특히 냥파오 등의 기형적 심미 취향을 단연히 두절하라는 지시를 내렸다. 2021년 9월 8일, 중앙선전부는 텐센트(Tencent), 넷이즈(NetEase) 등 중국의 대표적 게임 회사들에 "그릇된 가치"를 조장하는 음란, 색정, 폭력, 공포, 배금주의의 콘텐츠와 남성의 여성화 경향을 부추기는 냥파오 불량 문화를 모두 삭제하라고 엄포를 놓았다.

계급 대신 민족

중국공산당은 성립 초기인 1920년대부터 전통시대 사대부의 문약(文弱)을 배격하고 혁명 전사의 상무(尙武) 정신을 강조했다. 1930-1940년대 반제, 반봉건 투쟁 중에는 더욱 강인하고 용맹한 혁명가의 정신이 강조되었다. 문혁 시절에는 여성의 몸치장과 화장도 봉건적 구습이나 부르주아 퇴폐 풍조로 여겨졌다. 젊은 여성들이 여성성을 버리고 남자 못지 않은 남성적 강인함을 발휘해야 했던 시대였다.

문혁 당시의 가치관에 비추어보면 "남성의 여성화"는 절대로 용납될 수 없는 반혁명적 자산계급의 퇴폐 문화이다. 쓰쩌푸는 그 시대의 가치관에 따라서 꽃미남의 대중적 인기를 그대로 방치하면 중화민족의 생존과 발전에 큰 위협이 된다고 말했을 뿐이다.

요컨대 중공중앙은 중화민족 대부흥의 깃발을 들고 "여성스러운 남성"이 판을 치는 연예계에 정풍을 일으키고 있다. 문혁 때에는 중화민족보다는 계급혁명의 완수를 위해서 정풍을 일으켰다. 이제는 중화민족 대부흥이 중국공산당의 최고 의제이다.

2021년 7월 1일 중국공산당 총서기 시진핑은 창당 100주년 기념행사에서 중국공산당의 초심은 "중화민족의 위대한 부흥"이라고 만천하에 선언했다. 시진핑이 생각하는 중국공산당의 존립 근거이자 궁극의 목적은 계급철폐도, 인민 해방도, 공산 사회의 건설도 아닌 바로 중화민족의 부흥이

1961년 중국 영화 「홍색 낭자군(紅色娘子軍)」의 한 장면. (공공부문)

라는 이야기인데, 이는 묘하게도 무산계급의 중국공산당이 계급 정당이기를 포기하고 민족 정당으로 탈바꿈한 인상을 준다. 실제로 오늘날 중국공산당은 공산주의 정당이 아니라 "중화민족의 위대한 부흥"을 외치는 민족주의 정당이다. 민족중흥의 깃발 아래 인민 개개인의 사생활을 감시하고 교정하는 가부장적 국가사회주의 정당이다. 근대 자유주의는 개인의 사생활과 기본권의 보장을 위해서 국가 권력을 제약한다. 반면 중국공산당은 인민 개개인의 사고를 개조하고 인격을 교도하는 가부장적 온정주의의 국가관을 표방한다.

민족중흥과 남성성의 회복을 부르짖는 중국공산당의 모습에서 1930-1940년대 독일의 나치를 떠올린다면 무리일까? 나치는 군사훈련과 스포

츠 교육을 통해서 청소년기 남성들을 강건하고 군기 잡힌 나치 혁명의 주동세력으로 육성하고자 했다. 나치 선전부는 게르만 민족의 번영을 위해서는 건강한 사내들의 "규율 있는 남성성(disciplined masculinity)"이 필수적이라고 주장했고, "건강한 남성성"을 해치는 모든 "비정상적" 성행위를 처벌했다.[2] 1933년 5월 6일 나치의 선전부장이던 요제프 괴벨스(Joseph Goebbels, 1897-1945)는 동성애자들을 모두 제거해야 한다고 말했으며, 1937년 2월 나치 친위대 수장 하인리히 힘러(Heinrich Himmler, 1900-1945)는 동성애자의 숙청을 잡초 제거에 비유한 바 있다. 이후 3년에 걸쳐 거의 9만5,000명이 동성애 혐의로 체포되었다.[3]

"중화민족"을 최고의 가치로 내세운다는 점에서 중국공산당은 레닌주의 볼셰비키와는 확연히 다르며, 오히려 독일 제3제국의 나치와 많은 유사점을 가진다. 현재 중국 대륙에 몰아치는 새로운 문혁의 바람을 이해하기 위해서는 중국공산당이 계급노선을 버리고 민족노선을 취한 근본 이유를 파헤쳐야만 한다. 그 탐구는 "중화민족"을 분석하는 데에서 출발할 수밖에 없다.

"중화민족"은 누구인가?

2002년 여름 월드컵 경기가 한창일 때 나는 중국 저장 성 진화(金華) 지방에서 역사 현장을 답사하고 있었다. 한국 대표단이 16강, 8강에 진입하더니 급기야 이탈리아를 꺾고 4강까지 오르자 중국인들은 한국이 홈그라운드에서 심판을 매수했다며 비분강개했다. 한 지방 신문에는 "부끄럼 없는 한 길"이라는 큰 제목 아래 한국이 편파적으로 경기를 운영한다고 비판하는 기사가 대서특필되었다. 중국 공영방송의 한 앵커는 "한국에 가봤더니 화장실을 사용할 때 돈을 받더라"는 비현실적인 이야기까지 섞어가며 한국인들이 쩨쩨하다고 말하기도 했다. 그후 중국에 갈 때마다 나는 다양한 중국인들로부터 월드컵 4강에 진출할 때 한국이 심판을 매수한 것이 아니냐는 질문을 수없이 받아야만 했다.

중국인들이 한국의 약진을 쉽게 받아들일 수 없는 이유는 견고하게 뿌리내린 중화중심주의 조공체제의 유습 탓으로 여겨진다. 일반적으로 중국인들은 청일전쟁(1894~1895)의 패배로 "조선이 완전무결한 독립국임을 확인하기" 전까지 중국이 한반도를 대대로 지배하고 있었다고 믿는다. 변방에서 중화제국을 보위하던 작은 번국(藩國 : 울타리 나라)이 세계적인 국가로 발돋움한 현실을 인정하기 싫어하는 심리의 발로이다. 북한처럼 가난에 허덕이며 중국이 주는 기름을 받아서 힘겹게 연명해야 당연하다는 생각일까?

2010년경에는 한 중국학자가 사석에서 나에게 "한국은 작은 나라일 뿐"이라고 퉁명스럽게 말한 적도 있다. 인구로 보면 대한민국은 세계 193개 국가 중 28번째로 큰 나라이다. 상식적으로, 한국이 작은 나라가 아니라 중국이 특별히 지나치게 커다란 나라이다. 중국의 총인구는 세계 전체 인구의 18.47퍼센트에 달한다.

문제는 중국공산당이 중국의 총인구 14억5,000만 명과 5,000만 해외 중국계 인구를 모두 합해서 "중화민족"이라고 부르고 있다는 사실이다. 이때의 "중화민족"은 한족(漢族), 위구르족, 티베트족, 몽골족, 조선족, 장족, 묘족 등 중공정부가 공인한 56개 민족을 전부 아우르는 개념이다. 중공정부의 표현을 빌리면, "중화민족에는 56개 민족이 모두가 포함된다." 56개 각기 다른 민족들이 모여서 어떻게 단일의 "중화민족"을 이룰 수 있다는 말일까?

일찍이 량치차오(梁啓超, 1873-1929)는 통일된 국가에서 장시간 살게 되면 다양한 민족들이 결국 혼융되어 다원일체(多元一體)의 "국족(國族)"을 이룬다는 주장을 펼쳤다.[4] 다문화, 다인종, 다언어의 유럽, 북아메리카, 아프리카도 한 나라로 통일되면 결국 "유럽 민족", "아메리카 민족", "아프리카 민족"을 이룬다는 주장이었다. 그 속에는 청나라의 모든 영토를 그대로 유지한 채 다민족의 중국을 단일한 민족국가로 재건하려는 묘책이 깔려 있었다. 량치차오가 발명한 "국족" 개념에 착안하여 중국공산당은 한족, 조선족, 위구르족, 만주족, 티베트족 등 56개 민족을 모두 통틀어 "중화민족"이라고 부르고 있다.

1921년 중국공산당의 초심은?

1921년 7월 23일부터 중국공산당은 코민테른의 지원 아래 상하이 프랑스 조계지에서 제1차 대표대회를 열었다. 당시 전국 각지에서 대표로 참석한 인원은 마오쩌둥을 포함해 13명에 불과했다. 모스크바에서 파견된 2명의 코민테른 참관 요원이 현장에 있었다. 당시 전국 및 재외 당원 수는 다 합쳐야 고작 57명 정도였다. 중국공산당의 시작은 그만큼 불안하고도 미약했다.

그후 100년의 세월 동안 중국공산당은 9,500만 명의 열심 당원을 자랑하는 명실공히 세계 최대 규모의 막강한 정치조직으로 성장했다. 중국공산당을 어느 나라에나 있는 그저 일개 정당이라고 여긴다면 큰 착각이다. 민주 국가의 정당과는 달리 중국공산당은 무장 집단을 조직하고 게릴라 전투로 근거지를 넓히고 내전을 거쳐 전 영토를 점령한 후 중화인민공화국을 세웠다. 당이 군을 만들고 나라를 세웠다. 이러한 맥락에서 중화인민공화국은 중국공산당이 만든 당-국가(party-state)이다.

1921년 7월 말 성립된 중국공산당의 초심은 무엇이었나? 러시아어로 작성해서 공표한 중국공산당 제1강령에 잘 나타나 있다.

1. 혁명군은 반드시 자본가 계급의 정권을 전복하고 노동자 계급을 지원하며, 계급의 구분이 소멸되면 해산한다.

2. 계급투쟁을 종식하고 사회적 계급 구분이 소멸될 때까지 무산계급독재를 승인한다.

3. 자본가의 사유재산 제도를 철폐하고 기기, 토지, 공장 및 반제품 생산 자료 모두를 사회 공유로 귀속한다.[5]

4. [1919년 모스크바에서 창립된] "제3국제(코민테른)"와 연합한다.

950자 남짓한 중국공산당 제1강령의 키워드는 "계급 구분의 소멸", "무산계급 독재", "사유재산 제도 철폐"이다. 그 어디에도 "중화"나 "민족" 같은 단어는 없다. 마르크스, 엥겔스, 레닌 등이 제창한 공산주의의 근본 이념에 따르면, 공산당의 궁극적인 목적은 사적 소유의 폐지, 착취구조의 혁파, 계급모순의 철폐를 통한 공산 유토피아의 건설이다. 마르크스-레닌주의 원칙에 따라서 1921년 중국공산당은 계급철폐와 사적 소유의 폐기, 국제연대 및 공산주의의 실현 등을 창당의 목적으로 삼았다.

물론 동아시아 공산주의 운동의 역사는 민족주의를 배제하고서는 이해될 수 없다. 1920-1940년대 중국공산당은 크게 반제국주의와 반봉건주의의 깃발을 내걸고 투쟁했다. 1917년 레닌은 그 유명한『제국주의, 자본주의의 최고 단계(*Imperializm kak vysshaja stadija kapitalizma*)』에서 서구의 부르주아 자본주의 민족국가들이 내부의 계급모순을 해소하기 위해서 해외 식민지를 건설해 저개발 지역 인민들을 착취하는 제국주의 단계로 접어들었다고 주장했다.

레닌의 명쾌한 설명에 감복한 1920–1930년대 많은 중국의 지식인들은 프롤레타리아 계급투쟁이야말로 민족의 모순을 해결하는 근본적 대안이라 믿고 공산주의 운동에 투신했다. 적어도 공산당원들 사이에서는 계급 의식이 민족 의식에 우선했다. 중국공산당은 노동자, 농민의 이익을 대변하는 계급 정당으로 출발했다.

"중화민족"의 정치사적 함의

봉건 사회가 해체된 이후 서유럽에서 민족국가의 시대가 열리자 마르크스와 엥겔스는 부르주아가 프롤레타리아에게 민족 의식을 심어 계급모순을 얼버무릴 수 있다는 점을 우려했다. 그런 위기감 속에서 마르크스와 엥겔스는『공산당 선언(*Manifest der Kommunistischen Partei*)』에서 "전 세계의 노동자여, 단결하라!"고 외쳤다. 계급모순을 감추기 위해서 각 민족의 연대를 강조하는 부르주아에 맞서 프롤레타리아는 민족 의식을 해체하고 계급적 자각에 기초한 국제연대를 결성해야 한다는 주장이었다.

1950–1960년대 마오쩌둥도 계급모순을 강조했다. 문혁 당시에는 "중화민족"이라는 용어가 널리 사용되지 않았고, 대신 중국인의 범칭으로 "중국인민", "각 민족", "각족(各族) 인민" 등이 상용되었다. 문혁의 정신을 한마디로 압축하면 "계급투쟁"이었다. 계급 간의 갈등이 강조되는 분위기에서

초계급적 민족의 통합과 연대란 있을 수 없었다.

1976년 9월 9일 마오쩌둥이 사망한 후부터 중국에서는 계급투쟁 대신 중화민족이라는 단어가 자주 사용되기 시작했다. 1978년 이래 시장경제가 도입된 상황에서 더는 계급투쟁이 강조될 수는 없었기 때문이다. 게다가 1978년 12월 정치적 자유를 요구하는 민주장 운동이 일어나고 중앙당 내부의 당파 싸움이 발생하자 덩샤오핑은 새로운 이념적 구심으로서 중화민족주의를 선양하기 시작했다. 특히 1982년 일본의 역사 교과서 왜곡 논란이 일었을 때에는 중일전쟁의 기억을 되살려서 본격적인 역사전쟁을 개시했다.6)

시진핑 정권이 중국몽(中國夢)과 "중화민족의 위대한 부흥"을 부르짖는 이유 역시 같은 맥락에서 설명될 수 있다. 오늘날 중국은 세계 제2위 경제 규모를 자랑하지만, 월수입 140달러 이하의 극빈층이 6억 명, 즉 인구의 40퍼센트에 달하는 불평등한 국가이다.7) 극심한 경제적 불평등 속에서 중공중앙은 "중국 인민"이나 "무산계급"을 부르짖을 수 없다. 중국공산당은 표면적으로 무산계급을 대변하는 계급 정당이지만, 중국의 경제는 세계 최대의 빈부격차를 보이는 자본주의 체제이다. 계급투쟁보다 "중화민족"의 화해(和諧)와 화합(和合)이 강조될 수밖에 없다. 계급모순을 감추기 위해서는 부득이 민족모순을 역설해야만 한다. 고전적 의미에서 민족모순은 제국주의와 식민지의 긴장으로 표출되지만, 오늘날 중국의 현실에서 민족모순은 "미 제국주의"와 "중화민족"과의 대결로 인식된다.

그 결과 오늘날 중국공산당은 스스로가 노동자, 농민의 계급 정당임을 슬그머니 감춘 채 "중화민족"의 민족 정당으로 거듭나는 마술을 부리고 있다. "중화민족"은 다민족의 대륙에 민족국가를 세우기 위해서 중국공산당이 고안한 비자연적, 비과학적, 비논리적 정치 언어이다. 실제로 "중화

344

1967년 문화혁명 당시 전국 각 민족의 단결을 촉구하는 선전 포스터. 당시에는 "중화민족"이라는 표현보다 "전국 각 민족"이라는 표현이 더 많이 사용되었다. (chinese posters.net)

민족"은 놀라운 정치적 효력을 발휘한다. 다민족의 대륙을 단일 종족의 민족국가로 뒤바꾸는 정치 마술의 주문과도 같다.

지난 세월 자나 깨나 계급투쟁과 사회주의 혁명을 부르짖던 중국공산당이 발견한 "새 혁명의 길"은 다름 아닌 "중화민족의 위대한 부흥"이다. 잘 생각해 보면, 그것은 "새 혁명의 길"이 아니라 19세기 중엽부터 중국인들이 품어온 부국강병의 목표에 지나지 않는다. 계급 정당이 민족중흥을 외치는 현실, 중국공산당의 이념적 파산을 보여주는 단적인 증거이다.

제27장
계급투쟁의 끝? 화해를 외치는 공산당

중국 현대사 수업을 시작할 때 이따금 학생들의 주의를 집중시키기 위해 내는 퀴즈를 몇 개를 함께 풀어보자.

1. 마르크스와 레닌이 가장 중시했던 단어는? (   )
   ① 세계평화 ② 경제성장 ③ 자유와 인권 ④ 계급투쟁

2. 현재 중국공산당이 가장 중시하는 단어는? (   )
   ① 계급투쟁 ② 평등사회 ③ 인민 해방 ④ 화해

참고로 현대 중국어에서 "화해(和諧)"란 세상 모든 것이 화목하게 조화를 이룬 화목해순(和睦諧順)의 상태를 의미한다. 화합, 안정, 안녕, 화평, 협화, 협조, 협동, 배합(配合), 순화(順和), 해순(諧順) 등의 단어가 모두 화해라는 단어에 압축되어 있다.

퀴즈의 정답은 둘 다 ④이다. 보통 첫 번째 퀴즈의 정답률은 거의 100퍼센트인데, 두 번째 퀴즈의 정답률은 저조하다. 학생들은 중국공산당이 화해를 강조한다는 사실을 쉽게 이해할 수 없는 듯하다. 모름지기 공산당이라면 무산계급과 빈곤층의 이익을 대변하며 사회 불평등의 해소를 위해서 자산계급과 투쟁을 해야 하지 않나.

3. 다음 중 중국 헌법에 명시된 공민의 기본권이 아닌 것은? (   )
① 표현의 자유 ② 종교의 자유 ③ 거주 및 이전의 자유 ④ 파업의 권리

이 퀴즈는 ③, ④가 모두 정답이다. 50퍼센트의 확률이었지만, 학생들의 정답률은 거의 0퍼센트에 가깝다. 대부분은 표현의 자유나 종교의 자유를 정답이라고 생각하기 때문이다. 중공정부가 표현의 자유를 억압하고 종교에 박해를 가한다는 뉴스는 일상적으로 접하지만, 무산계급의 이익을 대표하는 중국공산당이 파업의 권리를 인정하지 않는다고는 생각하기 어렵다. 또한 서구 사회의 학생들로서는 거주이전의 자유가 없는 사회를 상상하기가 쉽지 않다.

노동자, 농민을 사회주의 혁명의 주체로 삼아 계급투쟁을 강조하는 중국공산당이 노동자의 단체행동권을 금지하고 있음은 믿기지 않는다. 기묘하게도 문혁의 막바지에 개정된 1975년 헌법에서는 파업의 권리가 인정되었는데, 개혁개방 이후 개정된 1982년 헌법에서는 그 권리가 삭제되었다. 여러 이유가 있지만, 여기에는 문혁의 사회적 혼란과 어두운 기억도 작용했다. 문혁 시절 노동자 조직들이 벌 떼처럼 들고 일어나 지방정부의 권력을 탈취했고, 심지어는 무장을 하고 여러 패로 갈라져서 내전까지 치러야 했다. 그러한 문혁의 광란을 너무나 잘 알기 때문에 무엇보다 노동자 집단의 정치 세력화를 경계했다.

중국공산당이 본격적으로 "화해"를 선양한 시기는 2004년 제16기 중앙위원회 제4차 전체회의부터이다. 이후 2006년 10월 제16기 중앙위원회 제6차 전체회의에서 "사회주의 화해 사회 건설의 몇 가지 문제에 관한 결정"

이 채택되었다. 이 문건은 "사회의 화해가 중국 특색 사회주의의 본질적 속성"이며, 당은 "사회주의 화해 사회를 건설해야 한다"고 명기한다.

화해의 사회-갈등론

2006년 당시 중국 사회에 발생했던 갖가지 군중시위와 집단행동을 살펴보면, 중국공산당이 왜 화해를 시대의 구호로 선택했는지 짐작이 간다.

중국 정부의 통계에 따르면, 중국에서 공무 집행 방해, 사회질서 교란 집단행동, 군중 폭동, 단체 소요 등 군체성(群體性) 사건은 1993년부터 13년에 걸쳐 10배나 증가했다. 구체적인 수치를 보면, 1993년에는 8,700건이었던 사건이 1999년에는 3만2,000건, 2003년 6만 건, 2004년 7만4,000건, 2005년 8만7,000건으로 크게 늘었다.[1] 중국 정부가 말하는 사회질서 교란 집단행동에는 피케팅, 시가행진, 집단 탄원 등 평화 시위뿐만 아니라 공권력과의 물리적 충돌까지 포함된다. 물론 중국 정부가 발표한 수치는 신빙성이 낮다. 홍콩에서 발행되는 노동 운동 단체의 발표에 따르면, 2003년 한 해에만 중국 전역에서 30만 건의 노동쟁의가 발생했다.[2] 당시 농촌에서 발생한 소요를 몇 가지만 살펴보면……

2004년 10월, 쓰촨 성 야안(雅安)에서 댐 건설로 살 곳을 잃은 1만 명의 농민들이 격렬하게 시위를 벌여서 시위자 1명과 경찰 2명이 사망했다.

2005년 4월, 저장 성 화시(華溪)의 농민 2만여 명이 산업시설의 오염 물질 방출에 항의하는 조직적 시위를 벌이며 경찰과 충돌했다.

2005년 6월, 베이징에서 남서쪽으로 160킬로미터 정도 떨어진 농촌에서 정부에 고용된 약 300명의 부랑배가 발전소 건설 때문에 압류당한 토지 보상액의 인상을 요구하며 진을 치고 시위하던 농민들을 공격해서 6명이 사망했다.

2005년 7월, 광둥 성 광저우 인근의 한 마을에서는 1,500명이 농민들이 500명의 무장경찰과 충돌했다.

2005년 8월 저장 성에서 오염 물질을 방출한 한 배터리 공장에 대한 시위가 발생하자 경찰들이 시위대를 구타했다. 같은 시기, 후베이 성 다예(大冶)에서는 실업자들이 정부 관사를 공격하고 차량을 파괴했다.

2005년 12월, 광둥 성 산웨이(汕尾) 둥저우(東洲) 마을에서는 발전소 건설에 따른 불이익에 항거하는 격한 시위가 발생해서 적게는 3명에서 많게는 20명의 시위대가 무장경찰과 충돌했고, 이 과정에서 목숨을 잃었다.

2006년 1월 광둥 성 싼자오전(三角鎭)의 판룽(蟠龍) 마을에서는 압류당한 농지 보상액에 불만을 품은 농민들 수천 명이 경찰과 충돌했고, 그 과정에서 10대 소녀가 사망했다.3)

도시 노동자들의 투쟁은 이보다 더 과격한 양상을 보였다. 광둥 성 주강 유역의 한 타이완계 운동화 공장에서는 2004년에만 10-12차례의 대규모 파업이 일어났는데, 11월에 이르자 급기야 500여 명의 노동자가 들고 일어나 공장을 파괴하는 사태가 발생하기까지 했다.

2005년 9월 광둥 성 광저우의 한 운동화 공장에서 100여 명의 노동자들이 임금 체불에 항의하던 중 경찰과 충돌하며 차량을 파괴했다. 2005년 7월 광저우의 한 의류 공장에서는 3,000명의 이주노동자들이 임금 인상을 요구하며 시위했는데, 이 사건을 보고한 정부의 보고서에는 "해마다 수천 건의 비슷한 폭발이 일어난다"는 문장이 적혀 있다. 2010년에는 30만 명이 고용된 선전(深圳)의 타이완계 전자 회사 팍스콘(Foxconn)에서 시위가 격해지며 15명이 투신자살하여 세계를 놀라게 했다.4)

2000년대에 진입한 이후 중국의 노동자와 농민은 자신들의 권익을 찾기 위해 적극적인 시위와 집단행동에 나섰다. 경제성장의 결과 계층 간 이해 충돌이 첨예화되면서 사회갈등이 점점 더 과격한 양상으로 치닫고 있음을 알 수 있다. "노동자 계급이 영도하는 노동자, 농민의 연맹에 기초한 인민 민주주의 독재의 사회주의 국가" 중국에서 마침내 노동자, 농민이 무산계 급의 이익을 지키기 위해서 궐기한 셈이다.

바로 이 시기 중국공산당은 계급투쟁이 아니라 화해와 화합을 외치기 시작했다. 사회투쟁이 가열되는 상황에서 안정과 성장을 희구하는 중공이 계급투쟁을 강조할 수는 없다. 그 결과 마르크스-레닌주의와 마오쩌둥 사상을 신봉하는 중공중앙이 앞장서서 화해를 말하는 역설이 발생했다.

공산당이란 본래 계급철폐, 인민 해방, 자본주의 해체를 위해서 창건된 노동자, 농민의 계급 정당 아닌가? 공산당이 마르크스-레닌주의의 기본 테제인 계급투쟁 대신 "화해하라!" "조화롭게 살라!" 외친다면 더는 공산 당이라고 할 수 없다. 환경 파괴를 외치는 녹색당, 불의를 조장하는 정의 당, 사탄을 숭배하는 기독교당, 자본가를 대변하는 노동당만큼, 아니 그보 다도 기묘한 이율배반이자 자가당착이다.

중국공산당의 화해 이데올로기

시진핑 정권 역시 2012년 출범 직후부터 화해를 강조해왔다. 빈도나 강도 면에서 보자면 오히려 후진타오 정권보다 심해진 듯하다. 일례로 2021년 7월 1일 중국공산당 창당 100주년 기념식에서 시진핑 주석은 다음과 같이 말했다.

화평, 화목, 화해는 중화민족이 5,000년 역사에서 한결같이 갈구하고 계승

해온 이념이다. 중화민족의 혈액 속에는 타인을 침략하거나 세계를 제패하려는 유전자가 없다.5)

시진핑 주석의 이 발언을 통해 "화해"는 중화민족 고유의 민족성으로까지 승화되었다. 오늘날 중국이라는 대륙국가의 형성은 유사 이래 헤아릴 수 없이 많았던 침략 전쟁과 영토 병합의 결과였다. 역사적 현실성이 없음에도 중화민족에게는 침략의 유전자가 없다는 시 주석의 발언은 정치 이데올로기로서 무서운 마력을 발휘한다. 무엇보다 전 인민을 향해 중화민족은 본래 갈등보다는 화해를 지향하는 민족이라고 강변할 수 있기 때문이다.

시진핑의 논리에 따르면, 과격하게 시위하는 노동자, 농민, 도시빈민, 분열을 책동하는 소수민족 활동가들, 일당독재를 비판하는 지식인들은 모두 중화민족의 민족성을 벗어난 일탈자들이다. 중공중앙에게 "화해"의 이념은 정치적 반대자와 불만 세력을 억누르는 강력한 무기이다. 그렇기 때문에 오늘날 중국 전역에서는 계급투쟁의 구호가 슬그머니 사라지고 화해의 깃발이 대신 나부낀다. 쾌속으로 중국 전역을 누비는 고속열차의 이름도 "화해"이다. 대도시 마천루의 최고급 레스토랑에도, 산간벽지의 허름한 식당에도 "화해"라는 글귀가 적혀 있다.

중공중앙과 조화롭게 공존하는 일군의 학자들도 "화해"의 선전, 선동에 열성을 다해서 동참하고 있다. 중국의 저명한 원로 철학자 장리원(張立文, 1935-)은 1990년대 중반부터 "화합"이 "중화민족의 민족성이자 중국 전통 철학의 학술적 핵심어"라며 세계를 이끌 중화민족의 화합 정신을 강조해왔다. 2016년 장리원은 스스로 창건한 "화합학"에 관해 다음과 같이 의미심장한 글을 남겼다.

화합학은 내가 터득한 생명의 깨달음이다. 나는 한평생 계급투쟁 속에서 성장했다. 1950년대부터 토지개혁, 토비(土匪) 소탕, 반지주 투쟁, 삼대(三大) 개조 운동에서 문화혁명에 이르기까지 계급투쟁을 깊이 겪으며 이해했다. 화평한 발전의 길을 가야 하는 작금의 현실에서 "문화대혁명"처럼 경제가 붕괴 직전에 이르는 길을 걸을 수는 없다. 이제 화합, 곧 화해 발전의 길을 가야 한다.6)

1950-1960년대 중국공산당 일당독재하에서 계급투쟁의 참혹함을 직접 경험했기 때문에 인간 공동체의 조화로운 공존이 필요함을 절감했다는 설명이다. 문제는 장리원의 "화합학"이 오늘날 일당독재의 중국공산당이 가장 필요로 하는 새로운 이념으로 작동하고 있다는 점이다.

마르크스와 레닌은 계급투쟁이 역사 발전과 인간 해방의 기본 동력이라고 생각했다. 그들이 제창한 "과학적 공산주의"는 계급투쟁을 핵심으로 삼는 모순의 이론, 갈등의 철학이었다. 반면 마르크스-레닌주의를 제1원칙으로 삼는 중국공산당은 더 이상 계급투쟁을 강조하지 않는다. 대신 부자와 빈자, 무산계급과 유산계급, 권력층과 라오바이싱(老百姓 : 평범한 인민)이 함께 어우러져 대립, 갈등, 마찰, 알력 없이 평화롭고 조화롭게 살아가는 공존의 이론, 화해의 철학을 설파한다.

공산당이란 본래 계급철폐, 인민 해방, 자본주의 해체를 위해서 창건된 노동자, 농민의 계급 정당이 아닌가. 공산당이 마르크스-레닌주의의 기본 테제인 계급투쟁 대신 화해를 외친다면 더는 공산당이라고 할 수 없다. 차라리 중국공산당은 마르크스-레닌주의 대신 "화합학"을 지도이념으로 삼고, "중화민족화합당"으로 당명을 개정함이 어떤가? 그래야만 시진핑 주석이 스스로 존경해 마지않는 공자의 정명(正名)을 실현할 듯하다.

공산당이 화해를 부르짖는 현실은 계급투쟁의 끝을 의미하는가? 중국 경제는 이미 세계 최고의 빈부격차를 보이는데, 계급투쟁의 끝이 말이나 되는가? 진정 계급투쟁의 끝이 실현되었다면, 공산당은 왜 아직도 남아 있는가? 본래 공산당의 제1목표는 무산계급에 의한 자산계급의 타도가 아닌가? 자산계급이 공산당원이 되어 공산당의 공권력을 빌려서 무산계급의 단체행동을 막고 있는 중국의 모순과 부조리는 누가, 언제, 어떻게, 무슨 수단으로 해소할 수 있는가? 꼬리를 물고 이어지는 질문에 쉽게 답할 수 없다는 점이 바로 중국 사회의 계급 갈등이 끝나지 않았음을, "계급투쟁의 끝"이 아직도 요원함을 말해준다.

제28장

영구집권의 틀, "탈빈전쟁"

시진핑의 인민전쟁은 중화민족의 위대한 부흥을 중장기적 목적으로 내세워 전개되는 중국 특유의 민족주의 운동이다. 시진핑 정권이 현재 민족주의를 내세운다고 해서 공산당 본연의 계급투쟁을 포기했다고 볼 수는 없다. 중국공산당의 가장 강력한 이념적 무기는 역시나 계급철폐와 공산주의의 실현이다. 중공중앙은 자본가 계급을 견제하거나 부유층을 압박할 필요가 생기면 언제든 전가의 보검처럼 계급투쟁을 벌일 수 있다. 계급투쟁을 강조할 때마다 중공중앙은 일당독재의 이념적 정당성을 확보한다. 중화민족의 중흥을 외칠 때 역시 중공중앙은 중국인들의 경쟁적 민족 의식을 부추겨 권력 기반을 강화할 수 있다. 중공중앙은 민족과 계급을 동시에 틀어쥐고 언제든 인민을 동원할 수 있다. 예리한 양날의 검인데, 그 칼을 휘두르는 중공중앙의 선전술은 능숙하고도 기민하여 웬만해서는 자신을 베지 않는다.

실패한 대동 사회 실험

『예기(禮記)』「예운(禮運)」편에 제시된 "대동"은 대도(大道)가 행해지던 상고 시대 요순(堯舜) 통치의 이상향을 의미한다. 청렴하고 유능한 인재들이 발탁되어 좋은 통치가 이루어지고, 가족의 구분 없이 모두가 서로 돕고 아끼며, 홀아비, 과부, 고아, 노인도 보살핌을 받고, 도둑도, 불량배도 하나 없이 모두가 함께 세상을 누리는 천하위공(天下爲公)의 완전 고용, 완전 복지, 인간 해방, 인격 완성의 아름다운 유토피아이다.

청일전쟁 이후 중국의 지식인들은 무너지는 중화문명을 회복하기 위해서 유교의 이상향인 대동 사회의 건설을 꿈꿨다. 청나라 말기 광서제(光緒帝, 재위 1874-1908)의 지원 아래서 103일간 무술변법을 이끈 캉유웨이(康有爲, 1858-1927)는 평생에 걸쳐서 유토피아의 이상을 담은 『대동서(大同書)』를 집필했다.

1958-1959년 대약진의 구호 아래 전국에 인민공사를 건립할 당시 마오쩌둥은 『대동서』의 유토피아가 바로 "우리 공산주의자들이 건립하고자 하는 이상 사회"라고 말했다. 대동의 꿈은 대약진 운동으로 이어졌고, 인류사 최악의 대기근을 초래했다. 대기근 발생 후 잠시 주춤했던 대동의 꿈은 다시금 문혁 10년간 군중반란, 권력투쟁, 계급투쟁, 무장 충돌, 집단 학살의 광기로 표출되었다.

중국공산당이 대동 사회를 추구하던 1950-1960년대 중국 경제는 바닥 아래 바닥으로 추락했다. 대기근의 참상과 문혁의 광기를 겪고서야 중국공산당은 대동 사회라는 몽상을 버리고 소강(小康) 사회의 실리를 추구하기 시작했다. 유토피아의 몽상이 디스토피아를 초래할 수 있고, 또 새로운 지도층의 등장이 경제적 번영을 실현할 수 있음을 보여주는 단적인 사례였다. 오늘날 중국 지도자들은 그 누구도 대동 사회를 섣불리 외치지 않는다. 대부분이 1950-1960년대 급진 마오주의 정책의 처참한 후폭풍을 직접 겪었고, 개혁개방 이후 40년간 중국공산당이 일관되게 대동의 몽상을 폐기하고 소강 사회의 실현을 추구했기 때문이다.

1976년 9월 9일 마오쩌둥이 사망하고 2년 후 덩샤오핑이 최고영도자로 추대된 후에야 중국공산당은 대동 사회의 강박증에서 벗어날 수 있었다. 1979년 12월 덩샤오핑은 농업, 산업, 국방, 과학, 기술 분야의 "4대 현대화"를 통한 소강 사회의 달성을 현실적인 목표로 제시했다.

작은 평화를 의미하는 "소강"도 『예기』「예운」에서 나왔다. 소강이란 대도가 숨어버린 후 사람들이 스스로 부모를 모시고 자식을 돌보는 천하위가(天下爲家)의 세상이다. 요순의 통치처럼 완전하지는 않지만, 소강 또한 우왕(禹王), 탕왕(湯王), 문왕(文王), 무왕(武王), 성왕(成王), 주공(周公) 등 고대의 성왕들이 다스린 작은 이상 사회이다. 예의가 지켜지고, 질서가 유지되고, 형벌이 바로 선, 완벽하지는 않아도 꽤 살기 좋은 세상이다. 중국공산당은 절대로 언급하지 않지만, 『예기』의 원문을 보면 소강의 세상에서 고대의 성왕들은 "의를 실현하고, 성신을 구현하고, 잘못을 질정하고, 의를 체현하고, 겸양을 선양한다." 그렇지 못한 독재자가 출현하면 권력과 지위를 가진 인민이 그를 재앙의 원흉으로 여겨 축출했다고도 적혀 있다.[1]

1900년대 들어와 장쩌민은 다시금 소강 사회를 경제성장의 현실적 목표로 제시했다. 이후 후진타오 집권기인 2002-2012년 동안 소강 사회는 중국 사회의 중장기 목표로 더욱 강조되었다. 중국몽을 외치며 중화민족의 위대한 부흥을 중국공산당의 초심이라고 강조하는 강력한 권력의지의 시진핑도 감히 대동 사회를 언급하지 않는다. 2015년 시진핑은 "4대 전면 전략 구상"을 발표했는데, 제1조가 바로 "소강 사회의 전면 건설"이었다. 소강 사회의 달성이 여전히 중국공산당의 가장 큰 목표인 셈이다.

현재 중국의 GDP는 세계 2위를 자랑하지만 경제규모는 중국의 평범한 인민이 겪는 현실을 제대로 보여주지 못한다. 미국보다 인구가 4.35배 많은 중국의 GDP가 미국과 같아진다면, 1인당 GDP는 미국의 23퍼센트에도 미치지 못하기 때문이다.

2020년 5월 25일 국무원 총리 리커창은 중국 인구의 40퍼센트에 달하는 6억 명이 월수입 140달러 이하의 빈곤을 벗어나지 못했다고 말했다. 2020년 2월 시진핑이 중국에서 월수입이 28달러 이하인 절대 빈곤층이 완전히 사라졌다고 선언한 지 불과 3개월 만에 나온 당내의 돌출 발언이었다.

중국 안팎에서는 두 사람 사이의 갈등이 표출되었다는 분석도 있었고, 반대로 중공지도부의 잘 조율된 이중 메시지라는 해석도 있었다. 개혁개방의 성과를 선전하는 동시에 경제적 불평등을 의제화함으로써 중공중앙의 적극적인 역할을 강조하는 포석일 수도 있었다. 40여 년간 마구 달려온 결과 2020년 중국의 GNP는 1,000달러를 넘어섰지만, 도농, 지역, 계층 간 소득격차는 여전히 심각하기 때문이다.

2020년 중국 정부의 발표에 따르면 중국의 지니 계수는 0.47에 달한다.[2] 같은 시기 미국의 지니 계수가 0.41임을 상기하면, 중국의 불평등 지표는 심각한 수준이다. 그러나 전문가들은 중국 정부의 통계가 여전히 문제의 심각성을 은폐하고 있다고 지적한다.[3]

2022년 발표된 세계불평등연구소의 보고서에 따르면, 2016년 이래 중국 상위 0.001퍼센트의 자산 규모는 하위 50퍼센트의 자산 총액을 넘어섰고, 그 차이가 점점 더 벌어지는 추세이다. 2021년 상위 0.001퍼센트가 전체 자산의 10퍼센트를 차지하는데, 하위 50퍼센트의 자산 총액은 전체의 6퍼센트를 약간 웃돌 뿐이다.[4]

2021년 1월 중국 정부 발표에 따르면, 중국의 상위 20퍼센트의 소득은 하위 20퍼센트의 10.2배에 달한다. 미국이 8.4배, 독일과 프랑스가 5배 정도임에 비하면 중국의 빈부격차는 실로 극심하다.[5]

부동산 가격의 상승으로 중국 주택 자산의 불평등은 더욱 심각해지고 있다. 2017년 현재 중국 상위 20퍼센트의 주택 자산은 하위 20퍼센트의 63배였다. 상위 10퍼센트, 상위 5퍼센트, 상위 1퍼센트의 평균 주택 자산은 하위 20퍼센트 평균 주택 자산의 각각 99배, 133배, 253배에 달했다.[6]

공동 부유의 함의

중국공산당 총서기, 중화인민공화국 국가주석, 중앙군사위원회 주석 시진핑은 중앙 재경위원회 주임이기도 하다. 2021년 8월 17일 시진핑은 중앙 재경위원회 제1차 회의에서 공동 부유(共同富裕)의 촉진 방안을 논의했다. 그는 "공동 부유는 사회주의의 본질적 요구이자 중국식 현대화의 중요한 특징"이라며, 고도의 경제성장을 이어가면서 동시에 공동 부유를 촉진해야 한다고 강조했다.

공동 부유의 저작권은 역시 마오쩌둥에게 있다. 1955년 마오쩌둥은 "농업 합작화 문제에 관하여"에서 부농 중심의 개체 경제를 전면 폐기해서 농촌 인민이 공동 부유를 누릴 수 있도록 해야 한다고 주장했다. 그런 공동 부유를 시진핑이 국정의 핵심 의제로 제시하자 중국 안팎은 술렁였다. 강력한 카리스마를 발휘해서 철통같은 권력을 유지해온 시진핑 정권의 모습이 여러모로 마오쩌둥 시대를 연상시켰기 때문이다. 그러나 일단 2021년 8월 17일 중앙 재경위원회 회의록을 보면 시진핑의 공동 부유가 마오쩌둥처럼 사유재산을 철폐하는 과격한 사회주의 이상의 선포는 아님이 확실해 보인다.

개혁개방 이후 중국공산당은 번영을 희구하는 치부광영(致富光榮) 구호와 효율적 발전을 위해서 개인적, 지역적 경제 불평등을 용인하는 선부론(先富論)을 들고나왔다. 2002년 이래 중국공산당은 "한 치의 동요도 없이 공유제 경제성장을 공고히 하고 발전시키고", 동시에 "한 치의 동요도 없이 비공유제 경제성장을 북돋우고 지지하고 인도해야 한다"는 "한 치의 동요도 없는 두 가지"를 중국 경제의 기본 원칙으로 천명하고 있다.

시진핑의 공동 부유 역시 그 두 가지 원칙을 벗어나지 않는다. 시진핑의 표현을 빌리면, "공동 부유는 소수의 부유가 아니지만, 획일적 평균주의도 아니다." "공유제를 주체로 삼는 다양한 소유 경제의 공동 발전을 견지하고, 일부의 사람들이 먼저 부를 일군 후, 선부(先富)가 후부(後富)를 이끌고 도와주는" 중국 특색의 사회주의라는 이야기이다.

"공유제 경제"와 "비공유제 경제"를 모두 "한 치의 동요도 없이" 견지한다는 중국공산당의 선언은 자가당착처럼 보인다. 논리적 모순이지만, 중공중앙의 정치 구호는 "민주 독재"나 "사회주의 시장경제 체제"처럼 상충되는 두 원칙을 억지로 합쳐놓은 경우가 흔하다. 중국공산당으로서는 필요에 따라 어느 쪽이든 벨 수 있는 양날의 칼을 쥔 셈이다.

중공중앙은 공유제 경제를 전면에 내세워 언제든지 민간기업을 압박하고 통제하고, 심지어 해체할 수도 있다. 최근 중공중앙은 날로 덩치가 커져가는 대표적인 민간기업의 총수들을 노골적으로 압박하고 나섰다. 특히 기업의 총수가 정부를 비판하는 언행을 보이는 경우에는 정치 보복을 피하지 못한다.

2020년 11월 알리바바의 마윈(馬雲, 1964-)은 기업의 창의성을 해치는 관료 행정의 불합리를 비판했다는 이유로 갖은 압박에 시달렸다. 2021년 5월 3일 메이투완의 총수 왕싱(王興, 1979-)은 SNS에서 진시황의 분서갱유를 비판하는 당나라 시 한 수를 공유하여 시진핑의 정치적 탄압을 우회적으로 비판했다가 바로 그날 주가가 7.1퍼센트나 폭락하는 후폭풍을 맞았다. 이외에도 바이트댄스의 장이밍(張一鳴, 1983-), 핀둬둬의 황정(黃峥, 1980-), 텐센트의 마화텅(馬化騰, 1971-) 등도 경영권을 박탈당하거나 공적 매체에서 자취를 감추었다. 2020년부터 시진핑 정권은 "공동 부유"의 구호 아래 계속 벌어지는 빈부격차를 당장 해소하겠다는 듯이 중앙 기관지들을 총동원하여 민간의 "빅테크"를 조준한 반독점 캠페인을 대대적으로 벌였다. 2021년 가을 중공 중앙위원회 회의에서는 여덟 차례나 "공동 부유"를 강조했다. 중국 기관지들은 날마다 "공동 부유"의 당위성을 선전하고, 그 실현 방법을 논하기에 여념이 없었다.

시진핑이 중국공산당 창당 100주년을 맞아 다시금 공동 부유를 외쳤던 까닭은 무엇일까? 표면상 140달러 이하의 월수입으로 어렵게 살아가는 6억 명 가난한 인민을 구제하겠다는 목적을 내세우지만, 실상은 날로 사회적 영향력을 확장해가는 민간기업을 견제하기 위함일 수도 있다. 당시 세계 언론들은 청년층과 빈곤층의 저항에 부딪힌 중국공산당이 성장 일변도의 경제정책을 버리고 사회적 양극화를 해소하기 위해서 중국 특색 사회주의 건설을 추진하고 있다고 분석했다.

중국공산당 100년, 최대 업적은?

탈빈공견(脫貧攻堅)! 가난에서 벗어나기 위해서 가장 견고한 적의 진지를 공격한다는 뜻이다. 2012년 제18차 전국인민대표대회 이후 시진핑 정부는 소강 사회의 실현을 위한 빈곤과의 전쟁을 최우선의 과제로 내걸었다. 그러고는 2021년 중국공산당 창당 100주년을 맞이하여 탈빈공견의 전투에서 승리했다고 선언했다.

제18차 전국인민대표대회 이래 전국적으로 832개 빈곤 현(縣)이 모두 오명을 벗었다. 12만8,000개 빈곤 촌이 전부 가난의 딱지를 뗐다. 1억 명에 달하는 빈곤 인구가 빈곤에서 탈출했다. 이는 UN이 설정한 2030년 목표치를 10년이나 앞당겨 실현하고, 절대 빈곤을 해결한 역사적 위업이다. 우리는 빈곤층을 줄여가는 인류의 역사에서 기적을 이루었다.

2021년 11월 11일 제19기 중앙위원회 제6차 전체회의에서 발표된 "중국공산당 100년 분투의 중대 성취 및 역사 경험에 관한 결의"에 나오는 문단이다. 시진핑 정부가 지난 10년의 통치를 통해서 중국공산당 첫 번째 100년의 목표인 소강 사회 실현을 달성했다는 자체 평가이다. 이 결의문에 따르면, 시진핑 정부의 이 "위대한" 성취는 "당 중앙의 집중적이고 통일된 영도력" 아래 전국의 모든 인민이 "중국몽"의 실현을 위해서 다 함께 분투해온 결과이다.

중국공산당 첫 번째 100년의 역사는 산간벽지 소비에트의 게릴라 전투에서 시작했다. 28년 만에 천하통일의 대업을 달성한 중국공산당은 조속한 사회주의의 실현을 내걸고 과도한 집산화의 폐해와 문혁의 광기로 이내 곤경에 처했지만, 1978년 개혁개방 이래 연평균 거의 10퍼센트에 달하는 경제성장을 지속해서 세계 제2위 경제규모를 자랑하는 큰 나라로 변모했다.

그 첫 번째 100년 중 최후 10년의 과제는 이름하여 탈빈공견의 전투였다. 시진핑 정부는 10년 동안 전국에 산재해 있던 가난한 인민을 극빈의 늪에서 건져냈다. 소강 사회의 실현이라는 중국공산당 100년의 위대한 업적이란 결국 탈빈, 곧 빈곤 탈출의 서사에 지나지 않는다.

탈빈의 서사 밑바닥에는 중국공산당 일당독재의 논리가 깔려 있다. 중공중앙은 "당의 영도력은 전면적, 체계적, 총체적이며", "당은 개인주의, 분산주의, 자유주의, 분파주의, 적당주의 등" 서구식 자유민주주의 가치를 "방지하고 반대할 것"을 천명한다. 나아가 중공중앙은 인민 개개인의 정신적 각성까지 요구한다. 가령 중공중앙의 2021년 "결의"에는 아래와 같은 문단이 있다.

> 마르크스주의 신앙, 공산주의의 원대한 이상, 중국 특색 사회주의의 공동 이상은 중국공산당에 속한 모든 사람의 정신적 지주이자 정치 영혼이다. 이상과 신념은 중국공산당 모든 사람의 정신적 칼슘이다. 중국공산당 사람들에게 이상과 신념이 없다면, 정신적 칼슘 부족으로 인한 연골증을 일으켜서 반드시 정치적 변질, 경제적 탐욕, 도덕적 타락, 생활상의 부패가 초래되고 만다.7)

개발독재를 경험한 한국인들에게는 "초가집도 없애고 마을 길도 넓히고" "우리도 한번 잘살아보세!" 등의 노랫말처럼 귀에 익은 이야기이다. 빈곤 탈출의 범국민적 염원을 효율적이고도 강력한 중앙집권적 통치를 통해 단기간 내에 실현한다는 전형적인 개발독재의 발상이다. 그 시절 한국인들은 "민족중흥의 역사적 사명을 띠고 이 땅에" 태어났으며, 자주독립, 인류 공영, 문화 창달, 개척 정신, "반공 민주 정신에 투철한 애국 애족을 우리의 삶의 길"이라고 배우며 자랐다.

한국의 경우 경제성장은 정치적 민주화로 직결되었다. 20-30년에 걸친 고도의 경제성장은 견실한 중산층을 형성했고, 중산층은 자유와 민주를 외치며 독재를 종식했다. 사회과학자들은 흔히 한국 모델을 일반화하여 경제성장이 정치적 민주화로 이어진다고 주장하지만, 한국형 민주화 모델이 중국에서 실현될지는 미지수이다. 한국은 국가 성립 초기부터 서구식 자유민주주의를 표방한 반면, 중국은 인민민주독재의 사회주의 유토피아 건설을 지향해왔기 때문이다. 앞으로 중국은 어떤 길을 갈까?

2017년 10월 24일 제19차 전국인민대표대회에서 반포된 『중국공산당 장정』을 보면, 중국공산당 두 번째 100년의 목표는 사회주의 현대화 강국의 전면적 건설이다. 중공중앙의 공식 입장에 따르면, 중국은 이미 소강 사회에 진입했으므로 2022년부터는 공식적으로 사회주의 초급 단계로 들어선다. 사회주의 초급 단계의 기본 노선 역시 중국공산당 일당독재를 벗어나지 않는다.

> 전국 각족 인민을 영도하고 단결시켜서 경제건설을 중심으로 하여 "4항 기본 원칙"을 견지하고, 개혁개방, 자력갱생, 힘들고 어려운 창업 [정신]을 견지하여 우리 나라를 부강하고, 민주적이고, 문명적이고, 조화롭고 아름다운 사회주의 현대화 강국으로 만들기 위해서 분투한다.[8]

여기서 4항 기본 원칙이란 ① 사회주의 노선, ② 무산계급독재, ③ 중국공산당 일당독재, ④ 마르크스–레닌주의와 마오쩌둥 사상 등 4항을 이른다. 이는 1979년 개혁개방을 막 개시한 덩샤오핑이 당시 거세게 일어났던 정치 자유화의 요구를 무마하기 위해서 고심 끝에 밝힌 중국 특색 사회주의의 논리였다. 앞으로 계속 살펴보겠지만, 덩샤오핑의 논리는 오늘날에도 중국공산당 일당독재를 지탱하는 이념적 기반이다.

『중국공산당 장정』에 명기된 중국공산당의 궁극적인 창당 목적은 공산주의의 실현이다. 그 꿈은 아득히 먼 미래에나 실현될 수 있는 원대한 유토피아의 이상이다. 중국공산당은 일당독재가 그 유토피아에 다가가기 위해서 반드시 필요하다는 전형적인 유토피아적 전체주의의 수사법을 구사한다. 공산주의라는 먼 미래의 비전을 담보로 오늘날 인민의 자유를 차압할 수 있기 때문에 중국공산당은 마르크스-레닌주의의 이상이 인민의 "정치 영혼"이라고 선전하고 있다.

시진핑 정부 들어 사상, 이념 교육이 갈수록 강화되고 있다. 중앙선전부와 교육부는 2016년 이래 베이징 대학, 칭화 대학, 산둥 대학, 우한 대학 등 전국의 주요 대학에 "전국 중점 마르크스주의 학원"을 새롭게 건립하고 있다. 먼저 2020년 9월 중국 교육부는 2020년 가을 학기부터 전국 37개 중점 마르크스주의 학원에 "시진핑 신시대 중국 특색 사회주의 사상 개론" 수업을 전면적으로 개설할 계획이라고 발표했다. 2021년 국가교재위원회는 초등학교부터 대학교까지 전 교과과정에 걸쳐서 "시진핑 신시대 중국 특색 사회주의 사상"의 구체적인 교과과정 및 교재 선정에 관한 지침서를 발표했다.9)

개발독재의 경제성장이 정치 자유화로 직결된 한국의 경험과는 정반대로 중국의 경제성장은 사회주의 이념 교육의 강화로 이어지고 있다. 1980년대 한국과는 달리 2020년대 중국에서 "민주화" 세력은 여전히 음지에 숨어 있다. 적어도 겉으로는 풍차를 향해 달려가는 돈키호테처럼 고립된 소수의 반체제 인사만이 산발적인 항의를 이어가는 듯하다. 앞으로 100년 간 중국의 인민은 중국공산당 일당독재 속에서 살아가야만 할까?

사적 소유를 인정하고 자본주의 시장경제를 도입한 나라가 어떻게 사회주의 국가인가? 빈부격차가 OECD 최하위인 칠레보다도 더 심각한 중국을 상식적으로 어떻게 사회주의 국가로 인정할 수 있나?

이러한 근본적 물음에 대한 중국공산당의 대답은 초지일관 확고부동하기만 하다. 바로 중국 특색 사회주의이다. 중국공산당에 따르면 현재 중국은 낮은 단계의 사회주의 국가이다. 더 높은 단계로의 비약을 위해서 잠정적으로 자본주의 경제를 취하고 있을 뿐이다. 일면 그럴싸하게 들리지만, 실은 수사학적 속임수일 뿐이다. 사적 소유와 시장경제를 도입한다면, 사회주의의 폐기가 아닐 수 없다. 사회주의 시장경제란 착한 악당, 소리 없는 아우성처럼 모순어법에 불과하다.

게다가 중국 특색 사회주의는 마르크스주의, 레닌주의, 마오쩌둥 사상, 덩샤오핑 실용주의, 장쩌민의 세 가지 대표 사상, 후진타오의 과학발전관, 시진핑 신시대 중국 특색 사회주의 사상까지 모조리 합친 모순된 이념의 다발, 상충되는 사상의 나열일 뿐이다. 마르크스에서 시진핑까지를 한 줄로 관통하는 철학적 원리는 무엇일까? 다다익선인가? 중국공산당이 직면한 이념적 절대 한계이자 철학의 빈곤이 아닐 수 없다.

극심한 빈부격차는 상대적 박탈감과 빈곤층의 패배감을 부추긴다. 가난한 중국인들은 흔히 자조적으로 돈이 있으면 귀신을 불러서 맷돌을 갈게 할 수도 있다는 속담을 내뱉고는 한다. 사회주의를 표방하는 레닌주의 국가가 세계에서 가장 불평등한 배금주의의 나라가 되어버린 부조리한 현실이다.

모든 독재정권은 영구집권을 위해 갖은 수단으로 교묘한 논리를 만들어 낸다. 중국공산당은 공동 부유나 탈빈전쟁과 같은 말로 언제든 개인의 사적 소유권을 침해할 수 있는 이념적 근거를 확보해놓았다. 부자에게 세금폭탄을 때리거나 중산층의 경제적 욕구를 제약할 때, 중공중앙은 아직도 농촌에서 가난하게 살아가는 6억 명 빈곤층을 언급한다. 빈곤층의 존재를 집권의 근거로 삼는 중국공산당은 빈곤층의 이익을 대변하는 정당인가? 전혀 그렇지 않다. 그 점에서 탈빈전쟁이라는 한마디 안에는 중국공산당이 공고하게 구축해둔 "영구집권의 틀"이 있다.

놀랍게도 2022년 중반에 이르자 "공동 부유"의 구호가 관영매체에서 갑자기 사라져버렸다. 국무원 총리 리커창이 2022년 3월 발표한 장문의 보고서를 보면, "공동 부유"라는 단어가 단 한 번 등장할 뿐이다. 두 달 후부터 시진핑 정권은 "공동 부유" 대신 민간 경제의 활성화를 부르짖었다. 어느 순간 낡은 칼집에 보검을 집어넣듯 다시 공동 부유의 깃발을 접는 꼴이었다. 2022년 12월 시진핑 정권은 "소비-주도 성장"이라는 새로운 구호를 외치기 시작했다.

문제는 "소비-주도 성장" 역시 시진핑 정권의 기본 노선과 장기간 병행될 수 없는 경기 부양의 미봉책에 불과하다는 점이다. 왼쪽에서 "공동 부유"의 깃발을 흔들다가 오른쪽에서 "소비-주도 성장"의 애드벌룬을 띄우는 좌충우돌의 갈지자 돌발 행정이 아닐 수 없다. 2023년, 중국 경제 위기론이 설득력을 얻는 대목이다.[10]

제29장

이토 히로부미의 꾀, 동아시아 발전국가론?

오늘날 중국공산당은 전 세계 개발도상국을 향해서 "차이나 모델(China Model)"을 공격적으로 선전하고 있다. 가난한 나라가 빈곤에서 벗어나려면 미국식 민주주의와 시장주의가 아니라 중국 방식의 국가—주도 성장전략을 취해야 한다는 중국공산당의 일관된 주장이다.

2014년 11월 26일 「인민일보」 사설은 "차이나 모델 2.0판"의 필요성을 강조했다. 마오쩌둥 시대 중국은 소련 모델을 따랐을 뿐 중국 고유의 발전전략이 없었다. 따라서 차이나 모델 1.0판은 개혁개방 이후 덩샤오핑 시대의 성장전략을 이른다. 사설은 신시대 중국 특색 사회주의를 부르짖는 시진핑 정권이 업그레이드된 차이나 모델 2.0판을 만들어야 한다고 주장한다. 덩샤오핑 시대의 한계를 뛰어넘는 새로운 차이나 모델 2.0판이란 무엇인가?

동아시아 발전국가론

시진핑 정권은 2012년 이래 집권 10년간 시장 지향의 경제개혁을 거부한 채 경제에 대한 정부의 간섭을 늘리는 국진민퇴(國進民退)를 추진해왔다. 이를 고려할 때 차이나 모델 2.0판이란 결국 자유화, 민주화, 탈규제 등의 시장주의 개혁 대신 국가 자산 비중을 늘리고 국영기업의 덩치를 키우는 강화된 국가주의로의 회귀라고 할 수 있다. 새로운 이름으로 재포장했을 뿐 하나도 새롭지 않다. 학자들은 동아시아 근현대사에서 흔히 보이는 정부 주도의 발전 형태를 권위주의 개발독재, 민주화 없는 경제성장, 비민주적 발전전략 등 다양한 개념으로 설명해왔다.

그 역사적 연원을 추적해보면, 메이지 시대 일본을 거쳐 독일제국의 프로이센 모델로 소급된다.1) 아래 살펴보겠지만, 덩샤오핑이 쓴 차이나 모델 1.0판은 150여 년 전 메이지 시대 일본이 구사한 비민주적 국가 주도의 산업화 전략을 모방했고, 시진핑 시대 차이나 모델 2.0판은 1930-1940년대 군국주의 일제의 방식을 빼닮았다.

제2차 세계대전 이후 냉전 시대, 특히 1960년대 초반부터 1990년대 초반까지 30년간 일본을 위시한 동아시아 신흥산업국은 공통적으로 국가가 금융 및 기간산업을 장악하고, 전문관료 집단의 경제계획에 따라 수출 중심의 개방형 발전전략을 채택함으로써 단기간에 급속한 경제성장을 이루었다. 급속한 경제성장을 주도한 동아시아 국가를 흔히 동아시아 발전국가라고 부른다.

궁핍한 국민을 되레 착취하는 약탈국가나 시장의 규칙을 제도화하고 법의 지배만을 추구하는 규제국가와 달리 발전국가는 엘리트 전문관료들이 직접 산업정책을 세우고, 민간의 경제 주체와 조율하며 효율적으로 자본과 자원을 배분하여 급속한 경제성장을 달성한다.

동아시아 최초의 발전국가로서 일본은 제2차 세계대전 이후 다시 급속한 경제성장을 이루어서 냉전 시대 동아시아 발전국가의 전범이 되었다. 일본의 급속한 발전 모델을 따라 동아시아 여러 나라는 발전국가의 궤도에 올라탔다. 제1의 물결은 1960년대 초부터 시작된 한국, 타이완, 싱가포르, 홍콩의 경제성장이었다. 제2의 물결은 말레이시아와 타이의 성장이었고, 제3의 물결은 1978년 이후 시작된 중국의 개혁개방과 뒤따른 베트남의 경제성장이었다.

현재 중국은 여전히 비민주적 발전국가로 남아 있다. 그 점에서 제2차 세계대전 이후 일본, 한국, 타이완, 홍콩, 싱가포르와 일정 정도의 공통점이 있다. 다만 오늘날 중국의 전체주의적 통치는 지극히 예외적이고, 일탈적이다. 과거 한국과 타이완의 독재정권과 오늘날 싱가포르의 통치가 권위주의적 연성 독재라면, 오늘날 중국공산당의 일당독재는 전체주의적 경성 독재이다. 따라서 오늘날 중국의 발전국가는 전후 일본의 발전국가가 아니라 군국주의 일제의 발전국가와 더 비슷해 보인다.

독일로 간 이토 히로부미

메이지 유신 이후 1880년대 일본에서는 의회 확립, 국민의 기본권 보장, 참정권 확대, 조세 감면 등을 요구하는 자유 민권 운동이 일어났다. 당시 일본의 정치체제는 민주정이 아니라 군주적 과두정이었다. 다시 말해, 당시 일본에서는 "천황"을 옹립한 메이지 번벌(藩閥)이 국가의 실권을 장악하고 있었다. 1882년 메이지 정부 최고실력자 이토 히로부미(伊藤博文, 1841-1909)는 독일을 방문해서 일본의 헌정체제에 관한 조언을 구했다. 이토는 특히 빈 대학의 사회과학자 로렌츠 폰 슈타인(Lorenz von Stein, 1815-1890)에게서 지대한 영향을 받았다. 이토의 회고에 따르면, 슈타인을 만난 날 아침 "그는 저녁 죽어도 좋을 듯한 도(道)를 들었다."[2]

슈타인은 이토에게 "국가의 궁극 목적이 소수의 윤리적 엘리트가 열등한 다수 국민을 보살피는 것"이며, 의회주의는 계급 사이의 갈등을 일으키고 사회에 분열을 조장할 수 있다고 말했다. 윤리적 국가만이 분열과 체제 전복을 막을 수 있다는 권위주의적 국가론이었다. 슈타인은 그러한 국가 체제를 사회적 군주제라고 불렀다. 이토는 국가란 국민에 복무하는 계몽된 엘리트의 통치기구라는 슈타인의 정의에 매료되었다. 독일에서 돌아와서 1885년 수상에 오른 이토는 당장 1886년 엘리트 관료의 육성을 위해서 제국 대학을 세웠다. 그리고 1889년 입헌군주제를 명시한 메이지 헌법이 반포되었다.3)

슈타인의 국가론은 이토에게 민주주의와 전제주의를 동시에 비껴갈 수 있는 일본식 권위주의 개발독재의 길을 제시했다. 그 길은 민중의 정치 참여가 아니라 소수의 계몽된 엘리트가 주도하는 비민주적 근대화의 길이었다. 이후 동아시아 역사 속 여러 나라에서 추진한 근대화 전략이 대부분 그러했고, 이에 따라 동아시아 발전국가라는 사회과학 개념이 생겨났다. 지난 150년의 역사를 돌아보면 동아시아 및 동남 아시아는 결국 일본식 비민주적 근대화/산업화 전략을 취했다는 이야기이다.

이토가 추진한 비민주적 국가 주도 산업화의 길은 이후 일본의 학자들에 의해서 동아시아 특유의 발전 모델로 칭송되었다. 대표적인 인물로는 1930년대 일본 히토쓰바시 대학의 경제학 교수 아카마쓰 가나메(赤松要, 1896-1974)가 있다. 그는 이른바 안행(雁行) 형태론을 제창했는데, 여기서 안행이란 우두머리 뒤로 V자로 열 지어 날아가는 기러기 편대의 모습을 가리킨다. 영어로는 flying-geese paradigm, 곧 기러기 편대형 이론으로 번역된다.

1935년 기러기 편대형 이론을 제창한 아카마쓰는 1940년 징집되어 싱가포르에 배치되었다. 1942년부터 그는 40여 명의 연구자들을 지휘하며 일제의 명령에 따라서 동남 아시아의 자원 개발과 관련된 연구를 수행했다. 1930년대 아카마쓰는 일제의 만주 점령과 침략을 옹호하고, 일본의 전체주의적 지배를 긍정했다. 전후에 그는 전범 재판을 받았는데, 그의 박사 논문 몇 구절이 "천황"을 모독한 혐의로 일제 당국 검열관에 의해서 삭제되었던 점 등이 참작되어 무죄로 석방되었다.4)

진주만 습격 직후 그는 전쟁에 반대하는 목소리를 내기도 했지만, 그의 기러기 편대형 이론은 일본이 동아시아 경제성장을 주도한다는 대동아 공영권의 경제학적 논리가 되었다. 일본이 맨 앞에 날고 그 뒤를 따라가는 기러기 떼의 이미지는 일제의 대동아 공영권을 정당화하는 커다란 효과가 있었다.

1961년 아카마쓰의 영역 논문 "세계 경제의 불균형 성장"이 세계 학계로부터 주목을 받으면서 그의 기러기 편대형 이론도 널리 알려졌다. 특히 1980년대 일본의 비약적인 상승세가 이어질 때에 아카마쓰의 이론은 일본뿐만 아니라 동아시아 다섯 마리 작은 용들을 설명하는 유력한 패러다임이었다.

이 이론에 따르면, 선진 산업국의 기술혁신이 수출을 통한 국부의 증진으로 이어지면, 미발달 지역은 원자재 수출을 통해서 선진국에서 신상품을 수입하고, 선진국의 기술을 배워서 스스로 경제성장의 후발 주자로 거듭날 수 있게 된다. 그 결과 선두 기러기를 뒤따라가는 삼각 편대의 기러기 떼처럼 후발 주자 역시 세계 경제에 통합되어 발전의 길을 걸을 수 있다. 냉전 시대에 뒤늦게 세계 시장에 편입된 한국과 타이완이 점차 선진국의 기술력을 따라잡아 최첨단 산업생산국으로 거듭난 과정이 대표적인 실례이다.

제2차 세계대전 후 일본은 주요 산업을 시장의 자율에 맡기기보다는 전문 관료의, 특히 통상산업성의 치밀한 계획에 따라서 정부가 직접 육성했

다. 한국이나 타이완의 발전 역시 국가 주도의 경제개발 계획을 통해서
이루어졌다는 점에서 일본식 발전전략을 따라갔다. 결국 동아시아 발전국
가론이란 프로이센 모델의 영향 아래서 전개된 일본식 발전국가론인 셈이
다. 그렇다면 차이나 모델은 결국 과거 일본 모델의 재판이 아닌가? 여기
에서 전후 일본식 발전국가론과 1920-1940년대 쇼와 국가주의의 차이점
에 주목할 필요가 있다.

차이나 모델 2.0판 = 군국주의 일제 모델

일본의 현 체제는 패망 이후 미군정하에서 소위 맥아더 헌법의 제정을 통
해 군국적 전체주의를 벗어난 외인성(外因性) 자유민주주의이다. 한국과
타이완의 현 체제는 권위주의 개발독재의 단계를 거쳐 산업화를 달성하고
1980년대 후반 민주화를 거쳐 세 차례 이상 선거를 통해서 평화적으로
정권 교체를 이룬 자생적 자유민주주의이다.

반면 오늘날 중국은 당, 정, 군의 전권을 장악한 공산당 일당독재 아래
에서 경제적으로 자본주의적 생산양식을 채택하지만, 보편적 인권과 공민
의 기본권은 극도로 제한하는 전체주의적 국가 주도 자본주의의 길을 가
고 있다. 그러한 오늘날의 중국을 일본, 한국, 타이완과 묶어 똑같은 동아
시아 발전국가로 본다면 지나친 일반화이다.

2010년 전후해서 중국 안팎의 친중 성향 이론가들은 베이징 합의(北京
公識)를 말해왔다. 시장 친화적 정책을 추구하는 IMF, 세계은행, 미국 재
무부 등의 워싱턴 합의(Washington Consensus)에 대항하는 중국식 발전전
략인데, 그 내용은 시장친화적 경제성장 대신 국가의 개입을 강화하는 자
본주의, 정치적 자유화의 부재, 공산당 영도력의 강화, 강력한 대민 지배

를 특징으로 한다.

전체주의적 통치체제와 국가자본주의를 결합했다는 점에서 시진핑 시대의 차이나 모델은 전후 일본의 발전국가가 아니라 1920-1940년대 군국주의 일제의 쇼와 국가주의와 가깝다고 할 수 있다. 쇼와 국가주의를 부르는 다른 이름으로는 천황제 파시즘, 쇼와 민족주의, 혹은 일본식 파시즘 등이 있다.

러일전쟁에서 승리를 거둔 이후 해외 식민지 건설에 나선 일제는 점차 군부 주도하에 반민주적 정치질서와 반시장적 국가 주도의 통제경제 (dirigisme)를 추구했다. 1920-1930년대 쇼와 유신은 "천황"에게 직접적인 독재 권력을 주어 아시아의 절대 군주로 군림하게 하려는 일본 제국주의의 전략이었다. 쇼와 국가주의는 결국 제2차 세계대전에서 일본이 패망하면서 물거품이 되었지만, 전후 일본은 국가 주도의 발전전략을 폐기하지 않았다.

이러한 관점에서 보면, 시진핑 시대 차이나 모델 2.0판은 전후 일본의 발전전략이 아니라 1920-1940년대 쇼와 국가주의 혹은 일본식 파시즘과 비슷해 보인다. 시진핑 시대에 들어서 ① 마오쩌둥의 절대 권위가 되살아났으며, ② 당, 정, 군의 권력을 독점한 일인지배가 확립되었다. ③ 공격적인 애국주의가 부상하고, ④ 신장 위구르족에 대한 인권 탄압이 강화되었다. 또한 ⑤ 경제에 대한 국가의 간섭이 계속 확대되었고, ⑥ 중화민족의 위대한 부흥 등 민족주의가 조장되었다. ⑦ 홍콩의 인권을 짓밟고 타이완을 향해 군사 위협을 서슴지 않는 중국의 모습을 보면, 다이쇼 민주주의 (1912-1926)가 무너진 후 군국화의 일로로 내닫는 일제의 망령이 연상된다. 아울러 ⑧ 미국과 유럽의 질서에 맞서 중국 중심의 글로벌 신체제를 세우려는 무리수는 대동아 공영권을 부르짖으며 전쟁을 감행한 말기 일제의 판박이가 아닌가.

돌고 돌아서 시진핑 시대 중국이 패망한 일제의 전철을 밟고 있는가. 중국은 1980년대 초에 일어난 일본 교과서 논란 때부터 본격적으로 반일 감정을 조장했다. 분출하는 민주화의 열망를 제압하기 위해서는 중화민족주의가 필요했기 때문이었다. 반일주의는 중화민족주의를 지탱하는 커다란 기둥이다. 그럼에도 오늘날 중국공산당이 과거 중국을 침략한 군국주의 일제의 전체주의적 사회, 경제 통제를 답습하고 있음은 기묘한 아이러니이다.

독일에 간 이토 히로부미는 프러시아 제국의 법학자들을 만나 일본의 천황제를 유지하면서도 근대 국가를 건설할 수 있다는 정치적 확신을 가지게 되었다. "이토 히로부미의 꾀"는 정치적 자유화와 민주화를 유예한 채로 경제, 사회, 군사 방면의 근대화를 추진하는 동아시아 발전국가의 원형이 되었다. 이후 전개된 현대 일본사에서 군국주의의 대두로 이토 히로부미의 꾀는 전체주의의 늪 속으로 침몰하고 말았다. 오늘날 중국 모델 2.0은 과연 무엇인가? "이토 히로부미의 꾀"가 담긴 발전국가 모델인가? 아니면, 1930–1940년대 일제의 군국주의 모델인가? 동아시아 발전국가론을 떼어와서 중국공산당의 통치력을 칭송하고 합리화하는 이론가들에게 꼭 필요한 질문이다.

제 5 부

"노예들아, 일어나라!"

일어나라, 굶주림과 추위에 압박당한 노예들아!
일어나라, 전 세계의 고통받는 사람아!
가슴 가득 뜨거운 피가 벌써 끓어올라
진리를 위해 싸우려 하네!
낡은 세계는 꽃처럼 떨어져 물처럼 흘러가니
노예들아, 일어나라, 일어나라!

— 공산당 "국제가" 가사 중에서

제30장

티베트의 고(苦), 몸을 태워 저항하는 사람들

2022년 스스로 몸을 불사른 2명의 티베트인

체왕 노르부(Tsewang Norbu, 1996-2022)는 티베트족 가수이다. 티베트 자치구 나취(那曲)의 음악가 집안에서 태어난 그는 2014년 광둥 지방 위성 TV 음악 쇼에 출연하여 피아노를 연주하며 티베트 가요를 불러 큰 인기를 끌었고, 2017년에는 텐센트 비디오가 주관하는 오디션 프로그램에 출연하여 전국 9위까지 올랐다. 2021년까지 그는 여러 오디션 프로그램에 출연하며 성공적인 경력을 쌓았는데……. 2022년 2월 25일, 결혼하여 딸을 하나 둔 25세의 체왕 노르부는 라싸의 포탈라 궁 앞에서 구호를 외치며 자신의 몸에 불을 질렀다. 그리고 라싸의 티베트 자치구 인민 병원으로 옮겨져서 신음하다가 3월 첫째 주 숨을 거두었다.

2022년 3월 27일 81세의 타푼(Taphun)은 쓰촨 성 티베트 자치구의 사찰 앞에서 스스로 몸을 불살랐다. 아바 티베트족, 창족 자치주의 어느 유목민 마을에서 거주하던 타푼은 평소 티베트족을 향한 중국 정부의 억압을 규탄했다. 80세 생일을 맞은 그는 "달라이 라마의 축복으로 행복의 태양이 티베트를 비추리니, 젊은이들은 낙심하지 말라"라는 말을 남겼다고 전해진다.

2019년 뮤직비디오에서 티베트어로 노래하는 체왕 노르부의 모습 (Tsewang Norbu new song 2019 뮤직비디오)

2009년 이래 줄곧 이어진 티베트인 분신의 긴 행렬에서 두 사람은 각각 158번째, 159번째 인물이었다.

2009년 이래 159명 분신, 티베트족의 처절한 저항

중국 쓰촨 성 서북부에 위치한 아바 티베트족, 창족 자치주. 8만3,000제곱 킬로미터의 초목 지대에는 대략 92만 명의 티베트족과 창족이 어울려 살 아가고 있다. 1472년에 세워진 키르티 사원은 이 지역 티베트 불교의 성지 이다. 이 사찰에는 거대한 불상과 함께 30미터 높이의 흰색 사리탑이 세워 져 있다. 2011년 3월까지만 해도 이곳에는 2,500여 명의 승려가 수도하고 있었는데, 2008년부터 불어닥친 검거 열풍으로 많은 승려가 잡혀가고, 현 재는 600여 명만 남았다고 한다.

중국 쓰촨 성 아바 자치주 키르티 사원의 사리탑. (wikipedia.org)

　　2009년 2월 27일 키르티 사원에서 20대 중반의 승려 타페이(Tapey)가 기름을 부은 몸에 스스로 불을 붙였다. 마지막 순간 그의 손에는 직접 만든 티베트 깃발이 들려 있었는데, 깃발의 중앙에는 달라이 라마의 사진이 붙어 있었다. 불길이 타오를 때 타페이는 구호를 외쳤지만, 그 내용은 전해지지 않는다. 다음 순간 무장경찰이 타페이를 향해서 발포했고, 타페이는 그 자리에서 즉각 쓰러졌다. 경찰은 타페이의 몸에 붙은 불을 진화한 후 곧바로 그를 끌고 갔다.

　　2011년 3월 16일, 키르티 사원의 20세 승려 푼트소그(Phuntsog)가 분신했다. 그날은 10명의 티베트 승려가 총격당해 사망한 2008년 키르티 사원 시위 3주기였다. 한 소식통에 따르면, 경찰이 곧 달려와서 황급히 불을 끄고는 죽기 전까지 푼트소그를 무차별 구타했다고 한다. 다른 소식통에 따르면, 티베트 승려들이 몰려와서 구타당하는 푼트소그를 사원으로 데려

갔는데, 중공 매체는 승려들이 그를 병원에서 빼갔다고 모함했다.

그후 충격적인 분신의 행렬이 이어졌다. 2011년에는 12명이, 2012년에는 84명이, 2013년에는 27명이, 2014년 11명이 분신했다. 집계하면 첫 분신이 일어난 2009년부터 2022년까지 티베트에서 159명이 분신했다. 그중 남자는 131명, 여자는 28명이며, 26명은 18세 이하의 청소년이다. 아바 자치구의 키르티 사원의 승려들만 25명이 분신했다.[1]

분신은 인도의 티베트인들에게로 이어졌다. 2012년 3월 26일, 중국공산당 총서기 후진타오의 인도 방문을 앞두고 수도 뉴델리에서 26세의 잠파 예시(Jampa Yeshi)가 온몸에 휘발유를 뿌리고 불을 붙인 후 몸을 태워 치솟는 불길을 이고 45미터 정도 거리를 달려가며 저항의 절규를 내뿜었다. 분신 장면을 생생하게 찍어서 보도한 「뉴욕타임스」는 그를 "말 그대로 불타는 인간 성화"라고 칭했다.

티베트인들은 왜 분신하는가?

중국 군경의 폭력에 대적할 수 없는 티베트 사람들은 이처럼 극렬한 항의와 장중한 저항의 방법으로 스스로 몸에 기름을 붓고 불을 놓아 통째로 바치는 소신공양을 선택한다. 분신한 티베트인들은 소신공양이 불교의 가르침에 따라 타인에 대한 비폭력을 실천하면서도 가장 강력하게 저항의 의지를 표명하는 최선의 방편이라고 믿었다. 아트만(ātman)의 윤회를 확신하고 아나타(anatta)의 해탈을 지향하기 때문에 그들은 지고의 가치를 위해서 육신을 봉헌할 수 있다.

라싸에서 태어나고 쓰촨 성 서부에서 자라 유려한 중국어로 작품을 쓰는 티베트 출신 작가 체링 우에세르(Tsering Woeser, 1966-)는 49명의 분신자가 남긴 서면 선언문, 녹음, 가족이나 친지에 남긴 유언 등 49개의 최후 선언문을 채집해서 내용을 분석했다.

그의 분석에 따르면, 49명 중 15명이 티베트인의 궐기를 촉구했고, 12명이 달라이 라마를 위해서 기도했다. 12명은 티베트인의 책임과 용기를 언급했고, 11명은 티베트의 민족적 정체성과 연대를 부르짖었다. 10명은 티베트 독립을 선언했으며, 9명은 중국공산당 정부를 규탄하고 변화를 촉구했다. 이외에도 "더는 견딜 수 없다"나 "티베트어를 지키자" 등의 구호도 있었다. 국제사회의 관심과 지원을 요청하는 내용은 3건이었다.2)

체링 우에세르는 최후 선언문을 분석하여 다음의 아홉 가지 결론을 내렸다.

1. 분신은 저항의 방법이다.
2. 분신은 행동의 수단이다.
3. 분신은 종교적 헌신이자 중공정부를 향한 항의이다.
4. 분신은 티베트 사람들의 정신적 의지와 힘을 표현하려는 의도로 이루어진다.
5. 그들의 저항에는 티베트족의 민족적 정체성과 단결을 강화하려는 의도가 있다.
6. 티베트 독립이 핵심적 주제이다.
7. 분신은 단지 절망의 표현이 아니다.
8. 사라지는 티베트어의 보존이 주요한 주제 중 하나이다.
9. 티베트의 티베트족은 단지 국제적 지원과 관심을 끌기 위해서 투쟁하지 않는다.3)

티베트의 슬픈 역사

평균 해발고도 4,380미터로 세계의 지붕이라고 불리는 티베트 고원은 서쪽으로는 히말라야 산맥을 끼고 동쪽으로는 중국 서남부 내륙까지 펼쳐진 광활한 고산지대이다. 이곳은 총면적이 250만 제곱킬로미터로 한반도의 11배에 달한다. 본래 티베트족은 현재 중국의 티베트 자치구뿐만 아니라 칭하이(靑海), 간쑤(甘肅), 쓰촨, 윈난 지역에 널리 흩어져 살았다. 티베트족이 사는 이 모든 지역을 합쳐서 다짱취(大藏區), 곧 범(泛)티베트족 지구라고 부른다. 범티베트 지역은 크게 현재 티베트 자치구가 있는 서부의 위창(Ü-Tsang) 지역, 동부의 캄(Kham) 지역, 북동부의 암도(Amdo) 지역으로 나뉜다.

티베트는 1720년 청나라에 복속되었으나 19세기 후반 무렵에는 실질적인 독립을 유지하고 있었다. 1911년 민국혁명으로 청나라가 붕괴하자 달라이 라마는 티베트의 독립을 선언했다. 1951년 중국공산당에 점령되기까지 거의 40년(1912-1951) 동안 티베트는 독립적인 불교국이었다. 그러다 1950년대 초반 중국공산당이 그 지역을 점령한 후 서쪽 절반만 잘라서 티베트 자치구로 삼고, 동쪽 절반은 칭하이, 간쑤, 쓰촨, 윈난 성에 떼어주었다.

현재 전 세계에 670만여 명의 티베트인들이 살고 있다. 그중 630만 명이 중국에 거주하고, 나머지 40만 명은 인도(18만2,000여 명), 네팔(2만-4만여 명), 미국(1만여 명), 캐나다(9,300여 명), 스위스(8,000여 명) 등지에 흩어져 있다. 중국 안에서는 티베트 자치구에 270만 명, 쓰촨 성에 약 150만명, 칭하이 성에 137만5,000여 명, 간쑤 성에 약 49만 명, 윈난 성에 14만2,000여 명이 거주한다.

역사적 티베트 ☐ 과거 티베트 지역

중국 신장자치구

칭하이성 간쑤성

티베트자치구 쓰촨성

네팔

인도 부탄

미얀마 윈난성

전통적으로 티베트족이 거주하던 "역사적 티베트(Historical Tibet)"는 현재의 티베트 자치구뿐만 아니라 칭하이, 간쑤, 쓰촨, 윈난 성의 일부 지역을 포함하는 광활한 영토였다. 1950년 중국공산당이 이 지역을 점령한 후 티베트를 동서로 나누어 서쪽 절반만 티베트 자치구로 정했다. (조선일보 DB)

670만 티베트인들은 중국의 지배를 받아야 하는 오늘의 현실을 어떻게 인식하고 있을까? 2011년 11월 3일 키르티 사원의 주지승 키르티 린포체(Kirti Rinpoche, 1942-)는 미국 하원의 톰 랜토스 인권위원회에서 티베트인들이 계속 분신하는 이유를 다음과 같이 설명했다.

중국공산당이 강점하기까지 티베트는 독립국이었습니다. 강점 이후 이미 반세기가 지났지만, 상황은 갈수록 악화되고 있습니다. 초기 중국이 티베트인들에게 약속했던 민주적 개혁은 무지개처럼 사라지고, 대신 티베트인들을 억압하는 정책만이 시행되어왔습니다. 중국 당국은 초창기 약속이 하나도 지켜지지 않았음을 모르는 척하며 어떤 긍정적 정책도 시행하지 않습니다. 지방의 공산당 간부들은 종교의 자유를 침해하고, 농장과 목축 생산물을 강탈하는 억압을 계속하고 있습니다. 그들은 갖은 악법을 쓰고 있습니

2011년 미국 백악관 앞에서 지지자들에게 강연하는 키르티 린포체. (zh.wikipedia.org, Photo by Sonam Zoksang)

다. 법적 처벌은 이제 돈벌이 수단이 되었습니다. 정의에 대한 희망은 사라졌고, 티베트의 젊은이들은 절망에 빠져 있습니다.

……티베트는 자치구와 자치성으로 나뉘어 있습니다. 일면 좋게 들리고, 마치 자유로운 정치체제 같기도 하죠. 그러나 실상 티베트인들은 보통 중국인이 누리는 권리를 누리지 못합니다. 맹목적 한족―애국주의자 혹은 극단적 민족주의자들은 티베트인들을 궁지로 몰고 갔습니다. 한족은 교육받지 못해도 간부가 될 수 있습니다. 중국 정부 내에서 일하는 극소수의 티베트인들은 최소한의 신뢰도 받지 못한다는 사실이 인종차별을 증명합니다. 만약 중국의 영수들이 달라이 라마가 제시했던 중도정책을 수용했더라면, 티베트인과 중국인은 지금쯤 과거 티베트의 위대한 법왕(法王)들이 지배하던 시대처럼 상호 동등한 관계를 유지했을 것입니다.4)

이 말에 이어서 그는 1935년대 중국공산당이 아바 지역을 처음 점령한 이후 2000년대까지 3세대에 걸쳐서 자행해온 폭력과 만행의 역사를 고발했다. 다음 장에서 그 상세한 내용을 짚어보자.

259명의 티베트인들이 스스로 몸을 불살라 저항하는 현실을 인류는 어떻게 받아들여야 할까? 가슴을 저미는 "티베트의 고"는 비단 670만 티베트인들뿐만 아니라 나라를 빼앗기고, 고향에서 쫓겨나고, 자유와 인권을 박탈당한 이 세상 모든 사람의 실존적 체험이다.

제31장

라마승의 변(辯), 티베트인의 상처

라싸가 중국에서 가장 행복한 도시?

중국에서 가장 행복한 도시는 어디인가? 2006년에서 2012년까지 중국 중앙방송은 티베트 자치구의 수도 라싸를 6년 연속으로 전 중국에서 가장 행복한 도시로 꼽았다. 2008년만이 예외였는데, 당시 베이징 올림픽을 앞두고 티베트 사람들이 격렬하게 시위를 벌였기 때문이다. 긴박한 상황에서 라싸를 가장 행복한 도시로 꼽을 수 없었던 중앙방송은 상하이, 베이징에 이어 라싸를 3등으로 선정했다.

중국 중앙방송은 도대체 왜, 무슨 근거로 라싸를 가장 행복한 도시로 선정했을까? 그 정치적 의도는 무엇일까? 인도 캘커타 대학의 지그메 라마(Jigme Lama) 교수는 "아직도 국가 건설이 진행 중인 티베트 지역은 오늘날 중국에서 특별히 중요한 문제"이기 때문에 "중국공산당의 지배를 정당화하고 비판을 무마하기 위해서" 중국공산당이 중앙방송을 사주해서 라싸를 인위적으로 가장 행복한 도시로 꼽았다고 분석한다.

가령 중국 국무원은 2013년 백서에서 티베트인들은 중국공산당의 영도력 덕분에 행복한 삶을 누리고 있다고 주장했다. 중국공산당이 티베트에 도로를 깔고, 도시를 건설하고, 통신망을 설치하고, 야간 비행을 할 수 있

386

티베트 자치구의 수도 라싸의 중국공산당 창당 96주년 기념식에서 중국 국기가 게양되고 있다. (tibet.net)

는 공항을 건설하고, 전력망을 확충하는 등 경제성장의 기초를 놓았다는 주장이다. 또한 그들은 낙후된 농촌과 목초지에 식량, 숙소 및 교육의 기회를 제공하고, 45세 이상 주민에게 무상 의료 보험을 보장했다는 선전도 잊지 않았다.

그 선전을 유심히 들여다보면, 목초지에서 자유롭게 유목 생활을 영위해온 티베트 사람들을 협소한 촌락에 묶어놓고 정착시키려는 중국공산당의 의지를 읽을 수 있다. 고산지의 광활한 초원을 오가며 대자연 속에서 신령과 소통하며 목축을 해온 유목민들이 광야와 짐승과 물과 바람을 잃고 비좁은 현대식 촌락에 강제로 갇혀 포로가 되어버렸다.

반대로 중국공산당은 티베트의 풍부한 지하자원과 천연 광물을 확보할수 있으며, 지정학적으로도 티베트를 더욱 강력하게 통합할 수 있다. 따라서 중국공산당은 티베트의 라싸를 가장 행복한 도시라고 선전하고 있다. 티베트 사람들을 포섭하려는 전략도 없지는 않지만, 실제로는 전 중국인, 나아가 중국 밖의 전 세계를 향해서 티베트를 식민화하는 데 성공했음을 홍보하려는 목적이다. 그러나 티베트의 라싸가 중국에서 가장 행복한 도시라는 중공 매체의 일방적 선언을 곧이곧대로 믿는 중국 인민이 얼마나 될까?

1930년대부터 2010년대까지, 통한의 역사

물론 티베트 사람들은 중국공산당의 선전에 현혹되지 않는다. 그들은 중국공산당의 군사력 앞에서 무력하게 스러지는 유구한 티베트 유목민의 전통과 종교적 세계관, 언어와 문화를 지키기 위해서 저항하고 있다.

2011년 11월 3일 미국 하원 톰 랜토스 인권위원회에서 키르티 사원의 주지승 키르티 린포체는 지난 세기 3세대에 걸쳐서 중국공산당이 티베트인들에게 가한 인권유린과 잔혹 행위를 간명하게 정리해서 증언했다. 그의 연설문을 기초로 지난 한 세기 중국공산당의 침략과 식민 지배 아래서 티베트인들이 겪은 통한의 역사를 살펴보자.1)

#제1세대 티베트인의 상처

1935년 국민당군에 밀려서 대장정에 오른 공산당군은 티베트 고원 암도의 아바를 지나갔다. 아바 지구를 점령한 공산당군은 2,000명 이상의 승려가 수도하는 라텅 사원을 파괴했다. 얼마 후 공산당군은 현재 쓰촨 성의 서쪽 끝에서 티베트 자치구와 맞닿는 곳에 있는 데르거(Derge)의 500년 고찰 데르거 사원에서 많은 승려와 민간인을 살해했다.

또한 공산당군은 군비 및 식량 갹출이라는 명목으로 그 지역 여러 고찰의 곡창을 약탈했다. 그 결과 티베트에서는 최초로 기근이 발생하여 사람들이 나뭇잎을 먹으며 연명해야 했다. 이 지역 티베트인들은 공산당군에 맞서서 싸웠지만, 수적 열세에 밀려서 패배했다. 이때 키르티 사원의 주지를 포함한 많은 승려가 총살되었다.

당시 공산당군 사령관 주더는 키르티 사원의 대웅전을 점령하고는 불상과 보살상을 훼손했다. 티베트 사람들은 공산당군을 반종교적 약탈자로 인식했고, 아바 지역 티베트인들의 가슴에는 깊은 생채기가 생겼다. 2009년 이래 159명이 분신의 행렬을 이어갔는데, 그중 25명이 키르티 사원의 현직 혹은 전직 승려였다.

#제2세대 티베트인의 상처

1958년 아바 지역에서 중국공산당이 주도하는 민주, 개혁 운동이 일어났다. 1950년대 중국공산당이 티베트를 통치하며 부르짖은 "민주"는 다수의 이름으로 소수를 처형하는 인민독재였고, "개혁"은 전통적 삶의 양식을 송두리째 뿌리 뽑고 고유의 문화를 봉건의 잔재라며 일소하는 반달리즘이었다. 그 밑바탕에는 티베트족에 대한 한족의 우월의식과 인종차별이 깔려 있었다.

1966년 문혁이 개시된 후 2년이 지난 시점 아바 지역에서도 홍위병 조직이 생겼다. 1950-1960년대 정치 운동은 티베트인 수십만 명을 구속해서 고문했다. 수많은 정치집회는 많은 티베트인들을 인민재판식으로 조리돌림했다. 낡은 생각, 낡은 관습, 낡은 습관, 낡은 문화를 모두 깨부순다는 파사구의 구호 아래서 홍위병들은 오랜 세월 고유한 전통을 지켜온 티베트인들을 무차별 공격했다.

아바 지역에는 1760년경 체왕 키야브(Tsewang Kyab, ?-?)가 세운 메우 왕국이 있었다. 그 왕국의 마지막 왕 펠곤 트린레 랍텐(Pelgon Trinle Rabten, 1916-1966)은 1930-1950년대까지 그 지역을 잘 통치해서 지금까지 위대한 지도자로 기억된다. 그의 통치 아래서 아바 지역은 티베트 고원과 중국 서부를 잇는 상업의 요충지로서 번창했지만, 그 역시 문혁의 광풍을 피할 수는 없었다. 펠곤 트린레 랍텐은 문혁 과정 중 봉건 영주로 몰려서 고문당하다가 결국 강물에 몸을 던져 자살했다. 그밖에도 많은 티베트인이 사형당했다.[2]

키르티 린포체는 당시 중국공산당이 전 티베트인을 절멸시키려는 문화 파괴와 박해를 자행했다고 고발한다. 티베트 전통의 사원과 종교적 유산은 조직적으로 파괴되었다. 중국공산당은 티베트어 장소명과 인명을 모두 중국어로 교체했다. 티베트 언어와 문화에 대한 중국공산당 특유의 말살 정책이었다.

또한 천연자원이 풍부한 아바 지역의 환경도 파괴되었다. 무분별한 벌목으로 무성했던 원시의 밀림이 훼손되어 홍수가 발생하고 산사태가 일어났다. 상상도 할 수 없었던 자연재해가 연거푸 일어나서 더는 복구할 수 없을 지경이 되었다.

#제3세대 티베트인의 상처

1998년 이후 "애국주의 교육"이 티베트 전역에 몰아쳤다. 아바 지역의 불교 사원이 예외일 수 없었다. 말이 좋아 애국주의 교육이지, 티베트족의 정체성을 파괴하고 종교의 자유를 침탈하는 정치적 박해였다. 그해 4월 27일, 인도의 델리에서 티베트인 툽텐 누둡(Thupten Ngodup, 1938-1998)이 스스로 몸에 불을 질러 사망했다.

그러한 저항에도 아랑곳없이 중국 정부는 티베트족의 정체성을 해체하고 티베트 고유의 문화를 말살하기 위해서 교육에 개입했다. 2003년과 2008년 두 차례에 걸쳐 티베트족의 교육기관은 박해를 당해 문을 닫아야 했다. 예컨대 키르티 사원이 운영해오던 학생 수 1,200명 규모의 학교는 문을 닫았으며, 티베트족의 사립 학교는 압박에 시달리다가 결국 정부로 넘어갔다. 반면 한족 사원이 운영하는 학교나 한족 사립 학교는 간섭받지 않았다. 티베트족이 스스로 티베트 고유의 전통을 전수할 수 없게 하려는 목적이 확연히 보인다.

2008년 3월 16일, 아바 지역의 키르티 사원을 중심으로 티베트족의 평화 시위가 일어났다. 중국 공안은 즉시 이 시위를 진압했고, 그 과정에서 티베트족 23명을 살해했다. 경찰에 포위된 키르티 사원은 완벽하게 봉쇄된 채로 사실상 감옥이 되어버렸다. 이때부터 아바 지역에는 5개 군부대가 들어왔다. 뉴욕 인권감시단의 보고서에 따르면, 아바 지역에는 5만의 병력이 주둔하고 있으며, 아바 지역의 치안 비용은 다른 쓰촨 지역의 2배에 달한다.

키르티 린포체는 직접 경험한 참상을 다음과 같이 전한다.

2008년 3월부터 중공 당국은 키르티 사원의 승려들을 8개 집단으로 나누어 밤낮으로 애국주의 교육을 수강하라고 강요했습니다. 사원에 닥친 공안부대는 승려들의 숙소를 수색하고, 모든 전자제품을 압수하고, 티베트 불교 성전(聖典)을 난도질했습니다. 그들은 또한 티베트 승려 개개인에게 윽박을 질러 달라이 라마의 영정을 짓밟도록 했습니다. 그 과정에서 저항하는 100여 명의 승려가 구속되어서 고문당하며 조사를 받았습니다. 그들은 사원의 수호신께 제사를 올릴 때 사용하는 제기를 강탈했으며, 중국 정부와

2008년 4월 잡혀가는 티베트 승려들의 모습. 문화혁명 시기 적인을 모욕하고 처벌할 때 사용하던 팻말을 그대로 사용해서 승려들에게 모욕을 주고 있다. 팻말에 적힌 네 글자는 "분열 국가", 곧 국가를 분열시켰다는 죄명이다. (wikipedia.org)

싸우기 위해서 사원이 무기를 숨겨놓았다는 누명을 씌웠습니다. 또 그런 낭설을 널리 유포했습니다.

……키르티 사원의 승려 2명, 동그리 사원의 승려 1명, 고망 사원의 승려 1명이 고문 끝에 극심한 공포 속에서 자결했습니다. 키르티 사원의 70세 승려는 숨 막히는 상황 속에서 심장마비로 세상을 떠났습니다. 키르티 사원은 겨울이면 늘 거행해오던 중요한 종교 행사를 열 수 없게 되었습니다. 2011년에 정부는 티베트족이 전통적인 티베트족 천문학적 계산법에 따라 계획한 설날 행사까지 금지했습니다.

2011년, 박해받는 티베트족의 처절한 저항

2011년 3월 16일, 20세 승려 롭상 푼촉(Lobsang Phuntsok)이 분신했다. 그
후 공안부대는 키르티 사원을 포위한 후 7개월간 봉쇄했다. 포위된 사원에
800여 명의 관원들이 들어가서 승려들을 대상으로 정치 재교육과 애국 교
육 운동을 벌였다. 격리되어 외부와의 교신이 두절된 사원 내에서는 불의
의 기근이 발생하기도 했다.

경내에는 온통 도청기와 감시 카메라였다. 공안부대는 아무 때나 승려
의 숙소에 들이닥쳐서 창문을 깨고 문을 부수며 경내를 수색했다. 목줄
풀린 경찰견이 날뛰며 승려들을 물기도 했다. 사원에 침투해서 좀도둑질
하는 공안도 있었다.

2011년 4월 21일 대규모 병력이 사원에 들이닥쳐서 300여 명의 승려를
군용 트럭에 싣고 갔다. 끌려간 승려들은 어딘지도 모르는 장소에 구금되
었다. 중국 정부는 그 지역 청소년의 출가를 금지하고, 사원의 승려 수를
제한했다.

2011년 8월 15에서 10월 26일까지 9명의 10대 후반, 20대 초반의 비구
와 비구니 승려들이 연달아 분신했다. 분신이 계속되면서 국제사회의 비
판이 들끓자 중공정부는 분신을 도왔다는 이유로 주변 사람들을 기소해서
10년 이상의 징역형을 선고했다.

2008년 3월 16일부터 2011년 10월 17일까지 아바 지역에서 34명의 티
베트인들이 가혹한 고문을 당하거나 처형되거나 스스로 분신하는 등의 방
법으로 사망했다. 이미 잡혀간 300여 명 키르티 사원의 승려들을 제외하
고도 619명이 구금되었다.

키르티 린포체는 티베트인들에게 분신이란 다른 중국인들에게 피해를

2008년 4월 5일, 아바 지역으로 들어간 군대에 잡혀서 끌려가는 티베트 불교 승려들. 잡혀가는 승려들의 목에 걸린 팻말에는 "군중을 모아서 국가기관을 공격했다"는 죄명이 적혀 있다. (wikipedia.org)

주지 않으면서 중국 정부에 저항하는 가장 강력한 수단이라고 설명한다. 분신하는 티베트인들은 중국 정부를 향해서 "달라이 라마의 티베트 방문을 허락하라! 티베트인의 자유를 보장하라! 우리는 종교의 자유를 원한다!"라는 구호를 외친다.

키르티 린포체는 말한다.

티베트 젊은이들이 분신한다는 사실이 티베트족이 고통받고 있다는 증거입니다. 그들은 세계 지도자들과 인권 단체를 포함해서 평화를 사랑하는 전세계의 국가와 인민이 중국 정부를 압박해서 티베트 탄압을 중단하도록 호소하고, 억압이 안정을 보장할 수 없음을 말해달라고 촉구합니다. 또한 그들은 티베트 문제의 근본적인 해법을 찾기 위해 티베트와 중국 사이의 대화를 요구하며 국제 단체 및 인권 단체가 여러 티베트 지역 방문을 방문할 수 있기를 희망합니다.

중공중앙은 대규모 경제 개발 계획을 내세워 티베트를 향한 강력한 동화정책을 추진하고 있다. 티베트족 고유의 문화, 언어 습속, 종교 관념까지 억눌러서 결국 없애버리려는 강력한 말살정책이다. 이에 맞서 티베트의 상처를 알리는 "라마승의 변"은 독립 정신의 표현이다. 과거 식민 지배를 경험한 모든 나라 사람들, 특히 한국인들에게는 더 큰 울림을 남긴다.

제32장

2008년의 꽃, 티베트족과 "08 헌장"

역사 기술에서는 때로 특정 연도가 역사의 분기점으로 기록되고는 한다. 1976년은 27년 이어진 마오쩌둥 시대가 끝나고 개혁개방의 새로운 시대가 펼쳐지는 중국 현대사의 변곡점이었다. 톈안먼 민주화 운동이 대학살로 종결된 1989년도 역사의 기로였음을 부인할 사람은 많지 않다. 흔히 간과하지만, 2008년 역시 중국 헌정사의 전환점으로 기억될 수 있을 듯하다. 물론 그해의 의미는 미래의 변화에 따라 달라진다. 역사 서술은 사건의 기계적 나열이 아니라 전후 사건의 유의미한 연관성을 밝히는 인과론적 설명이기 때문이다.

2008년의 큰 사건 일지

14억 인구의 방대한 대륙인데 어느 해인들 무사, 무난, 무탈하겠냐마는, 2008년은 특히 더 많은 사건, 사고가 터진 격동의 한 해였다. 많은 이들이 2008년 중국이라 하면 베이징 올림픽을 가장 중요한 사건으로 꼽을 테지만, 그해 중국에서는 베이징 올림픽보다 더 깊은 의미가 있는 역사의 중대사가 발생했었다. 그해 중대사만 잠시 짚어보자.

2008년 1–2월 중국에서는 133명이 눈보라에 휩싸여 목숨을 잃었다. 3

월 10일 티베트 자치구 라싸에서 시작된 티베트족의 시위는 곧 중국 내의 범티베트 지역으로 퍼져서 4월까지 2,300여 명이 구속되었다. 5월 쓰촨 성 원촨(汶川)에서는 대략 6만9,000명이 사망하고, 37만 이상이 부상당하는 대지진이 발생했다. 7월 17일에는 한 회사의 분유가 아기 몸에서 신장 결석을 일으켰다는 보도가 터지면서 30만 명의 영유아가 조사를 받아 그중 5만4,000명이 집단 입원하는 일도 있었다.

7월 21일에는 중국 남부에서 통근 버스를 노리는 테러가 발생했다. 8월 4일에는 신장 서부 카슈가르(Kashgar)에서 위구르족 2명이 트럭을 몰고 경찰을 습격해서 16명이 사망했다. 나흘 뒤 개최된 베이징 하계 올림픽은 비교적 성공적으로 치러졌지만, 이후에도 불의의 사건, 사고는 끊이지 않았다. 10월 20일 상하이 외국어대학에서는 일본인 유학생들과 중국인 학생들이 교정에서 격돌했다. 그밖에도 광둥 성 선전(深圳)과 둥관(東莞), 구이저우 성의 웡안(瓮安), 간쑤 성의 룽난(龍南)에서도 대규모 소요가 계속 발생했다.

그리고 마침내 12월 10일, 중국 민주화 세력이 "08 헌장"을 반포했다. 형식 및 서술 양식 면에서 "08 헌장"은 1977년 체코슬로바키아의 반(反)소련 운동가들이 발표한 "77 헌장"을 원형으로 삼았지만, "08 헌장"의 집필자들은 2008년이 청나라 말기의 『헌법대강』 반포 100주년이며, UN의 세계인권선언 60주년이자 민주장 운동 30주년임을 강조했다. 지난 100년 중국의 헌정사는 물론, 보편적 인권의 역사에서 중국공산당의 일당독재와 정치적 억압은 일탈이자 퇴보라는 점을 드러내기 위함이었다.

물론 중국공산당은 "08 헌장"의 의의를 축소하고, 부정하고, 무시한다. "08 헌장"이 암묵적으로 중국공산당의 일당독재를 100년 중국 헌정사의 반민주적, 반자유적, 반인권적 일탈이라고 비판하는 까닭이다. 반면 중국의 정치적 자유화와 민주화를 요구하는 사람들의 관점에서 "08 헌장"이 중국 헌정사의 새로운 출발점으로 인식된다. "08 헌장"은 인류사 보편가치에 따라 입헌민주주의의 원칙을 새로운 중국의 헌법적 기초라고 천명했기 때문이다.

이렇게 주요 사건을 열거하고 보면 베이징 올림픽은 슬그머니 뒷전으로 밀려나고, 대신 티베트족 시위와 "08 헌장"의 반포가 2008년의 최대 중대사로 부상한다.

2008년, 티베트족의 저항

2008년 3월 10일은 1959년 티베트 기의 49주년 기념일이었다. 해마다 3월 10일이면 달라이 라마는 인도 다람살라에서 빼놓지 않고 티베트 독립투쟁의 현황에 관해 연설한다. 이날 달라이 라마는 갈수록 심해지는 티베트족에 대한 중국 정부의 야만적 억압을 규탄하면서 전 세계 티베트족의 자율과 단결을 촉구했다.

그날 저녁 티베트 승려들이 무리 지어 라싸 중앙으로 몰려갔다. 중도에서 경찰이 막아서자 그들은 바로 그 자리에 가부좌를 틀고 앉아서 시위를 시작했다. 목격자의 증언에 따르면 그들은 티베트 독립을 외치고 금지된 티베트 깃발을 꺼내 흔들기도 했다. 현장에서는 15명이 체포되었다. 라싸에서 시위가 진행될 때, 놀랍게도 동시다발적으로 티베트 고원 동부의 암도와 캄에서도 시위가 이루어지고 있었다.

티베트 고원지대에서 다수 티베트족은 1959년 이후 최대 규모의 시위를 일으켰다. 티베트 망명 정부에 따르면, 그해 3월 220명의 티베트인이 학살당하고, 1,294명이 부상을 입었으며, 5,600명이 구속되거나 수감당했고,

290명이 형벌을 선고받았으며, 1,000명이 실종되었다.1)

당시 국제사회는 베이징 하계 올림픽 개최를 5개월 앞두고 발생한 티베트족의 격렬한 시위에 비상한 관심을 보였다. 티베트족 시위에 대한 중국 정부의 폭력 진압이 대대적으로 보도되면서 중국 밖의 세계 여러 나라 대도시에서도 중국 내 티베트족을 지지하는 시위가 이어졌다. 올림픽을 앞둔 민감한 상황에서 애국심 강한 해외 중국인들은 서구 미디어의 반중국적 편향을 규탄하는 맞불집회를 연출하기도 했다.

그해 티베트족의 시위는 왜 일어났을까? 중공중앙은 베이징 올림픽을 앞두고 달라이 라마 집단이 국제사회의 관심을 끌기 위해서 티베트족을 세뇌하고, 선동하고, 교사한 결과라고 선전했다. 반면 티베트족은 수십 년 지속된 중국의 억압적 정책을 근본 원인으로 꼽았다. 실제로 중국 정부는 티베트 지역에 대규모 한족 인구를 이주시키는 공격적인 사민정책(徙民政策)을 펼쳤고, 강력한 동화정책으로 티베트족의 문화적, 종족적, 종교적 정체성에 큰 생채기를 냈다.

티베트족의 저항과 "08 헌장"의 관계

2008년 티베트족의 저항과 같은 해 12월 "08 헌장"의 반포는 얼핏 별개의 사건처럼 보일 수도 있다. 전자는 중공중앙의 동화정책과 문화적 제국주의에 대한 티베트족의 저항인 반면, 후자는 중국공산당의 일당독재, 인권유린, 정치적 억압 및 사회적 통제를 종식하려는 자유파 입헌민주주의자들의 반발이기 때문이다. 그러나 당시의 상황을 더 깊이 보면, 두 사건의 긴밀한 연관성이 확연히 보인다.

첫째, "08 헌장"은 인류적 보편가치를 선양하며, 헌법의 전면 개정, 권력 분립, 입법의 민주화, 사법 독립, 인권 보장, 자유 선거, 호구제 폐지와 거주 및 이전의 자유, 집회 및 결사의 자유, 표현의 자유, 종교의 자유, 자유 시장경제와 사유재산의 보호, 환경 보호, 연방 공화국의 건설, 과거사에 관한 진실, 화해의 해법 등을 요구한다. 그중 종교의 자유, 표현의 자유, 집회 및 결사의 자유, 연방 공화국 건설, 과거사에 관한 진실, 화해의 해법은 중국공산당의 통치에 저항하는 티베트족의 일반적 요구와 부합한다.

둘째, 티베트족 시위가 들불처럼 번지던 2008년 3월 22일 중국에서 민주화 운동을 이어가던 민주 운동가 및 인권 활동가 29명은 중공중앙을 향해서 티베트 문제의 평화적 해결을 위한 "12개 조항"을 발표했다. 놀랍게도 이들 29명 중에서 24명은 12월 10일 "08 헌장"이 발표될 때 연명(聯名)으로 지지를 선언한 303인에 속해 있었다. 나머지 5명 중 4명은 차후 "08 헌장"에 서명했다. 29명 중에서 오직 한 사람만 "08 헌장"에 서명하지 않았는데, 그의 이름은 왕리슝(王力雄, 1953-)이었다.

왕리슝은 류샤오보와 함께 "12개 조항"을 직접 작성하고 서명을 주도한 인물로, 티베트와 신장 문제를 심층 취재해서 중국 정부를 압박해온 저명한 작가이자 민주 활동가이다. 또한 그의 부인은 가장 치열하게 티베트족의 울분과 염원을 대변해온 티베트족 작가 체링 우에세르이다.

"08 헌장"에 최초로 서명한 9명의 인권 운동가와 반체제 활동가 중에는 2010년 노벨평화상 수상자 류샤오보, 자유주의 경제학자 마오위스, 작가이가 인권 운동가 바오퉁(鮑彤, 1932-2022), 톈안먼 대학살에서 아들을 잃은 철학 교수 딩쯔린(丁子霖, 1936-) 외에 대표적인 티베트족 작가 체링 우에세르도 포함되어 있었다.

아내가 "08 헌장"에 서명한 최초 9명 가운데 한 사람이기 때문일까. 어

2014년 8월, 티베트 문제를 작품화한 대표적인 티베트족 작가 체링 우에세르와 부군 왕리슝. (Chinafile.com/Sim Chi Yin/VII Photo)

떤 이유에서인지 왕리슝의 이름은 서명자 명단에 오르지 않았지만, 그가 티베트 문제와 관련해서 "08 헌장"의 주요 인물들과 함께 "12개 조항"을 작성했다는 사실은 그가 "08 헌장"에 깊숙이 관여했음을 시사한다.

셋째, "12개 조항"이 2008년 티베트족의 저항과 "08 헌장" 사이의 관련성을 보여준다. 중국 지식인 29명은 "12개 조항"을 통해서 달라이 라마의 비폭력 원칙에 분명한 지지를 표명하면서 평화적인 문제 해결을 위해서 중국 정부가 근본적으로 소수민족 정책을 바꿔야 한다고 선언했다. 그들은 중국 정부를 향해 소수민족의 원한을 부추기는 관방 매체의 일방적 선전 활동을 전면 중단하고, 폭력적 시위 진압을 멈추라고 요구했다. 아울러 국제사회의 신뢰를 얻기 위해서는 티베트 지역에 UN 조사단을 파견하여 철저히 진상을 조사하고, 국내외 유수 언론의 심층 취재를 허용하고, 구속자 모두가 공정하고 투명한 재판을 받을 권리를 보장해야 한다고 주장했다. 구체적으로 몇몇 조항을 살펴보자.

제4항. 우리는 티베트 지역에서 중공 지도자들이 사용하는 "달라이는 가사를 두른 표랑(豹狼)이며 인면수심의 악마"와 같은 문혁의 언어가 사태의 진정에 전혀 도움이 되지 않으며, 중국 정부의 이미지도 나쁘게 만든다고 생각한다. 우리는 국제사회에 융화되려 노력하는 중국 정부가 반드시 현대 문명에 부합하는 집정의 풍모를 보여야 한다고 생각한다.

제9항. 우리는 중국 민중과 화교가 냉정과 관용을 지키면서 심사숙고할 것을 요구한다. 격렬한 민족주의의 자태는 국제사회의 반감을 살 수 있으며, 중국의 국제적 이미지를 훼손할 수 있다.

제10항. 1980년대 티베트의 소요는 라싸에 국한되었지만, 이번에는 범티베트 지역으로 확대되었다. 이와 같은 상황의 악화는 티베트 정책의 엄중한 실패를 보여준다. 관련 부서는 통렬하게 반성하고 실패한 민족정책을 근본적으로 바꿔야 한다.

제11항. 유사 사건의 재발을 막기 위해서 정부는 반드시 중국 헌법에 명시된 종교와 신앙의 자유, 언론의 자유 등 개인의 권리를 보장하고, 티베트족 민중이 충분히 그들의 불만과 희망을 표현할 수 있게 해야 한다. 아울러 각 민족과 국민이 자유롭게 정부의 민족정책을 비평하고 건의할 수 있게 해야 한다.

제12항. 우리는 민족의 분노와 원한을 해소해야만 민족의 화해를 이룰 수 있으며, 민족 간의 분열이 계속 커가는 것을 막을 수 있다. 따라서 우리는 국가의 영도자가 직접 달라이 라마와 대화할 것을 호소한다……

"08 헌장"의 정신, 티베트족의 권리를 보장

2008년 3월 티베트족의 대규모 시위가 요원의 불길처럼 퍼져갈 때, "08 헌장"을 입안하던 중국의 자유파 활동가들은 "12개 조항"을 발표해서 종교의 자유와 표현의 자유를 외치면서 중국 정부를 압박했다.

놀랍게도 그들은 티베트족의 편에 서서 중국공산당의 종교 탄압과 무력 진압을 규탄했고, 인류의 보편가치를 외치면서 중국 정부에 맞서는 티베트족과 연대했다. 중국공산당에 맞서서 종교의 자유와 표현의 자유를 외쳤다는 점에서 티베트족의 시위와 "08 헌장"은 일맥상통했다. 어찌 보면 너무나 당연한 일이다. 근대 입헌주의 전통에서 헌법이란 국가의 폭력에 대항하여 인종적, 민족적, 문화적, 성적 차이를 넘어 보편적 인권과 개인의 자유를 지켜주는 울타리이기 때문이다.

2035년쯤 역사가들은 좌우를 막론하고 2008년을 중국 현대사의 중대한 해로 기록할 듯하다. 그때도 중국공산당 일당독재가 현 상태 그대로 유지된다면, 애국심 강한 중국의 역사가들은 2008년을 베이징 올림픽을 통해서 중화문명의 위력을 전 세계에 과시한 "민족 부흥"의 원년으로 기록할 것이다. 반면 그때쯤 중국에서 민주화의 돌풍이 일어나 공산당 일당독재가 흔들리게 된다면, 2008년의 역사적 의의는 중국 "헌정민주"의 분기점으로 정의될 수도 있다.

재미 중국 전문가 페이민신은 2035년 중국이 정치적 급변을 거쳐 민주주의 사회로 진화할 수 있다고 전망한다. 그는 일인지배의 정치적 위험, 권력 승계로 인한 갈등, 인구 고령화 및 서구과의 탈동조화(decoupling)에 따른 경제성장률 저하 등을 중국이 민주주의 사회로 변화할 수 있는 주요 이유로 꼽고 있다.

페이민신과는 달리 중국 안팎의 다수 전문가들은 권위주의의 회복력(authoritarian resilience)을 강조하며, 앞으로도 장기간 중국공산당의 일당독재가 유지된다는 전망을 쏟아내고 있다. 물론 학자들의 예측은 다반사로 빗나간다. 1989년 이래 중국의 민주화 가능성에 관해서는 비관론이 낙관론보다 현실에 부합했음을 부인할 수 없다.

만약 2035년쯤 페이민신의 예측이 실현된다면, 그리하여 중국공산당의 일당독재가 무너지고 중국이 다당제의 민주적 국가로 진화한다면, "08 헌장"의 의미는 더욱 새롭게 해석될 것이다. 이 장에서는 2008년 세계인의 관심을 끈 티베트족의 시위와 "08 헌장"의 관계를 되짚어보았다. 2035년까지 중국이 일당독재의 전체주의 국가로 유지되는 상황을 국제사회가 속수무책 방치할 수는 없는 노릇이다. 바로 그 점에서 베이징 올림픽이 열리던 중국에서 "2008년의 꽃"은 올림픽 성화가 아니라 티베트족의 시위와 "08 헌장"의 발표였다.

제33장
수용소의 늪, 신장 제노사이드의 실상

2017년 이래 중국공산당은 신장 지역에서 최소 100만 명에서 최대 300만 명에 이르는 위구르족을 위시한 터키계 종족 구성원들을 가차 없이 연행해서 구금하고 있다. 중국공산당은 그들을 재교육해서 극단주의를 제거하고, 완전한 안정을 이루겠다는 목표를 가지고 있다. 미국, 캐나다, 영국은 이미 신장에서의 제노사이드(genocide : 종족 학살)를 멈추라며 중국 정부를 압박하고 있으며, EU 의회는 신장의 인권유린이 심각한 제노사이드의 위험을 보인다고 언급했다. 한편 UN 인권위원회는 제노사이드라는 용어를 직접 사용하지는 않았지만, 신장 지역에서 일어나는 탄압이 반인류적 범죄가 될 수 있다고 경고했다.

이렇듯 세계 각국에서 압박을 가하자 중국은 2021년 6월 22일 전 세계 69개국의 지지를 받아 신장에 대한 내정간섭과 인권의 정치화를 멈추라는 내용의 공동성명서를 발표했다. 이 성명서에서 중국을 지지한 국가들은 러시아, 북한, 쿠바 등 과거 공산주의 진영 국가들과 사우디아라비아, 이란, 이라크 등의 중동 국가들, 그리고 아프리카와 남아메리카 지역 국가들이 대부분이었다. 그렇다면 신장을 대상으로 한 중국의 행위는 제노사이드인가? 아니면 인권의 정치화인가? 잠시 판단을 멈추고 신장의 실상을 들여다보자.

포로의 얼굴들, 홀로코스트의 증거

2009년 늦봄 나는 아우슈비츠를 답사했다. 폴란드 남부의 고도(古都) 크라쿠프에서 차를 타고 동쪽으로 한 시간 정도 국도로 달려가면, 초록빛 넓은 평원 어딘가에서 돌연 큰 짐승을 통째로 삼키는 늪처럼 아우슈비츠가 나타난다. 그 수용소의 정문에는 "노동이 너희를 자유롭게 하리라(Arbeit macht frei)"라는 나치 시대의 구호가 걸려 있다.

지금은 역사 박물관인 그곳으로 들어서면, 한쪽 벽에 전시된 증명사진들이 눈길을 끈다. 멀리서 기차에 실려 짐짝처럼 운반된 유대인들이 가스실로 들어가기 직전, 나치 간수들은 1명씩 일일이 포로들의 증명사진을 찍었다. 그 결과 수용소의 포로들은 모두 사라졌지만, 포로 1인당 정면, 측면, 반(半) 측면의 얼굴 사진이 3장씩 남아 있다.

겁에 질린 나약한 사람들의 얼굴을 보고 있자니 죽지 않는 그 넋의 심장이 아직도 쿵쿵 뛰고 있는 듯했다. 얼굴의 어원이 "얼의 꼴"이라 했던가? 얼의 꼴이란 영혼의 모습이란 말인가? 불안과 두려움에 떨며 독가스를 마시고 잿더미로 타버릴 운명임에도 마지막 순간 그 얼의 꼴을 보면, 근엄한 표정이 생생히 살아 있다. 인간의 자존심일까? 영혼의 에너지일까? 지금도 세상에는 나치가 자행한 홀로코스트를 부정하는 사람들이 있다. 그 사람들에게 저 얼굴들을 보여주면 무슨 말을 할까? 저 사진들보다 더 강력한 증거가 또 있을까?

홀로코스트의 희생자를 언급하는 이유는 최근 중국의 신장 지역에서 억류당한 수많은 위구르족의 실제 사진이 중국 경찰의 삼엄한 감시를 뚫고 새어나와 백일하에 공개되었기 때문이다. 사진 속 인물들은 2018년 신장에서 구금된 10대의 위구르 소녀들이다. 이 소녀들을 잘 보면, 모두가 단

아우슈비츠 수용소에 끌려온 유대인 포로들은 가스실에 들어가기 직전 측면, 정면, 반측면의 얼굴 사진을 찍어야 했다. (facesofauschwitz.com)

발이라는 점이 눈에 띈다.

2017년 여름, 신장의 강제 수용소에 2년 넘게 감금되어 있다가 가까스로 탈출한 위구르 여성 아나르 사비트(Anar Sabit)의 증언에 따르면, 구치소에 들어가면 간수가 큰 가위로 여성의 긴 머리를 싹둑싹둑 거칠게 자른다고 한다. 위구르와 카자크 문화에서 여성의 긴 머리는 행운을 상징한다. 어려서부터 계속 길러서 머리가 발끝까지 닿는 여성도 드물지 않다. 감금되어 머리카락을 잘릴 때, 여성들은 간수에게 조금만 더 남겨달라며 눈물로 호소한다. 여성들은 머리를 깎이고 나면, 죄수가 된 듯한 수치감에 휩싸인다.[1)

신장 경찰 파일, 인권유린의 실상을 폭로

2022년 5월 말 독일의 인류학자 아드리안 첸츠(Adrian Zenz, 1974-)는 신장 지역의 중국 경찰이 직접 제작한 극비 자료를 공개했다. 첸츠에게

신장 경찰 파일에 들어 있는 위구르 소녀들의 증명사진. 왼쪽 위가 15세로 가장 어리고, 오른쪽 아래 인물은 19세이다. (The Victims of Communism Memorial Foundation, xinjiang policefiles.org.)

"신장 경찰 파일(Xinjiang Police Files)"을 전달한 익명의 제3자는 위구르족이 밀집한 신장 지역에 위치한 두 경찰서의 컴퓨터를 직접 해킹하여 이 자료를 구했다고 밝혔다.

첸츠는 모든 자료를 공산주의 희생자 기념재단의 지원을 받아서 공개했다.2) 신장 경찰 파일에는 연설문과 정책 지시문, 현장 사진들, 관련 자료 및 통계 등 신장 지역 수용소의 실상을 생생하게 보여주는 중국 경찰 내부의 자료가 대량 포함되어 있다.

국제 연구자들의 조사에 의하면, 2017년 이래 중국 정부는 최소 80만 명에서 최대 200만 명의 위구르족, 카자크족, 우즈베크족 등 신장의 이슬람 종족들을 강제로 구금해왔다. 한사코 수용소의 존재를 부정하던 중국 정부는 위성사진이 공개되자 그 시설들은 "직업, 기능 교육훈련 센터"라는 말만 되풀이했다.

위구르족에게 직업훈련의 기회를 제공하여 낙후된 신장 지역의 경제를 살리려는 중국공산당의 깊은 배려라는 판에 박힌 답변이었다. 2019년 12월 신장의 지방정부는 수감자가 모두 졸업했다고 발표했는데, 2020년 오스트레일리아 전략정책연구소는 위성사진을 분석해서 재교육 캠프, 구치소/감옥 등으로 보이는 시설 380개를 찾아냈다. 연합통신은 신장의 한 현에서만도 25명 중 1명꼴로 테러리즘에 관련되어 실형을 선고받고 복역 중이며, 그 모두가 위구르족이라고 보도했다.3)

지금껏 위구르 문제 전문가들은 보통 위성사진, 공개된 정부 문서나 목격자 증언을 토대로 연구를 진행해왔지만, 신장 경찰 파일의 공개로 이제 그 시설 내부의 실상을 보여주는 생생한 1차 자료를 얻게 되었다. 파일 속에 포함된 이미지들을 보면, 중국 정부가 말하는 "직업훈련소"가 실상은 신장의 위구르, 카자크, 우즈베크족 등을 억류하고 세뇌하고 중노동을 시키는 강제수용소임이 자명하다.

위구르 수용소의 실상 : 그들을 잡아간 이유

현재 신장 경찰 파일 웹사이트에는 2,884명 위구르족 억류자들의 증명사진이 올라와 있다. 이 사진들은 2018년 상반기에 위구르족 밀집 지역인 신장 남서부 카슈가르 주 코나셰헤르(Konasheher)의 경찰서와 구금소에서 촬영되었다. 파일 속 사진 옆에는 나이, 성별, 구금 상태, 형기, 혈액형, 구금 사유 등등 개인 정보가 기재되어 있다. 구금자의 연령대는 남녀 모두 10대에서 70대까지 다양하다. 이미 언급했듯이, 사진 속의 여자들은 모두 단발을 하고 있다. 남자들은 짧은 머리에 수염을 깎은 얼굴이다.

사진 옆에 적힌 수용소 포로들의 신상은 충격적이다. 우선 10대 남자

"신장 경찰 파일"에 포함된 30-60대 남자들의 증명사진. 구치소에 들어갈 때 포로들은 삭발을 당하고 수염을 깨끗이 민다. 증명사진 중에는 깎은 지 시간이 꽤 흘러서 수염이 텁수룩하게 자란 얼굴도 있지만, 긴 수염은 보이지 않는다. (The Victims of Communism Memorial Foundation, xinjiangpolicefiles.org)

수감자를 살펴보면, 19세 시렐리 메메트(Shireli Memet)는 자유문(自由門) 조직의 두목이라는 죄명으로 "제4류"로 분류되어 투옥되었다. 18세인 야르메메트 압두케림(Yarmemet Abdukerim)은 부친이 사회불만 세력이라는 이유로 잡혔다. 18세 이브라힘 투르순(Ibrahim Tursun)은 핸드폰을 꺼두었다는 이유로 끌려왔으며, 같은 18세인 메흐무트 압두케림(Mehmut Abdu-kerim)은 "사상이 완고하며, 모친에게서 이슬람 경전에 대해 배웠다"라는 이유로 구속되었다. 그외에도 테러를 준비하거나 부모를 위협하거나 위험 인물과 동행했다는 이유로 연행된 경우도 있다.

　30-40대 남성 수감자를 보면, 31세 아딜 알리프(Adil Alip)는 2016년 7월 불법으로 이슬람 경전을 공부하고, 이슬람 사원에서 이틀 정도 예배를 보고, 또 이슬람 경전을 외웠다는 죄목으로 10년 형에 처해졌다.

　36세 하심 투르순(Hashim Tursun)은 정당한 사유 없이 마을조직의 강연대회에 불참했으며, 사법기관에 의해서 핸드폰 사용이 중지된 데다가 1992년 1-2월 1개월간 이스마일리 압둘라(Ismaili Abdullah)에게서 종교적 가르침을 받았다는 이유로 기소되어 10년 형을 선고받았다.

40세 하무트 야신(Hamut Yasin)은 2014년 9월 7일 부인이 임신 중일 때에 "종교적 극단주의의 영향 아래서" 처제와 재혼했다. 그의 부인은 20일 후 이혼했음에도 "종교적 극단주의의 영향 아래 아기를 낳았다." 또한 하무트는 "2012-2014년 그의 부인이 이슬람식 의상을 입을 수 있도록 허락했고, 2012년 2월 1일-20일 그의 아들을 사촌에게 소개하여 이슬람 경전을 읽게 했으며, 1984년부터 1986년까지 2년간 메흐메트 카지(Mehmet Kaji)와 함께 경전을 공부했다"는 죄목으로 구속되었는데, 구체적인 형량은 명시되지 않았다.

50세의 파크란드 카스우드(Parkland Casswood)는 고의상해죄로 체포되어 17년 형을 언도받았다. 직접 테러를 범하지는 않았지만, 테러 행위를 준비했다는 혐의였다. 그의 종교 활동 역시 구속 사유였다. 2010년에서 2011년 사이 그는 여러 차례 이슬람 사원에서 이맘 유마이에르(Imam Yumaier)의 설교를 들었다. 설교 내용은 "이슬람 교도들은 매일 다섯 차례 기도를 올려야 하고, 서로를 도와야 하며, 정기적으로 금식해야 하고, 종교세를 내야 하며, 음주와 흡연을 삼가야 한다"는 정도였다.[4]

이외에도 극단적인 종교지식을 가지고 있고, 싸움을 걸고 혼란을 일으키고, 이슬람 특유의 하랄 식단을 지키고, 히잡을 쓰고, 수염을 기른다는 이유 등으로 구금되어 재교육을 강요받고 실형을 선고받은 경우도 수두룩하다.

신장 지역에서 감시, 통제 등 경찰 업무에 활용되는 모바일 앱의 이름은 "일체화 연합작전"이다. 이 앱을 통해서 신장 경찰은 은행 거래, 통화, 불법 행위 등 개개인의 모든 행동을 들여다볼 수 있다. 신장 경찰은 불량 행위를 저지르는 36개의 인간형을 제시하는데, 여기에는 핸드폰을 사용하지 않는 사람, 정문 대신 뒷문으로 집에 드나드는 사람, 전기 사용량이 유달리 많은 사람, 수염을 기른 사람, 사회 활동이 적은 사람, 사회적 관계가 복잡한 사람, 가족 중에 불순분자가 있는 사람, 민감한 국가로 여행을 다녀온 사람 등등이 있다. 이 모든 사람이 잠정적인 테러 성향을 보인다고 의심받는다.5)

국제 인권 단체는 신장 지역에서 무수한 사람들이 모스크에 갔다가 끌려가고, 사상 및 신념의 이유로 잡혀가고, 이슬람 경전을 낭송해서 붙잡히고, 특정 종족이라서 구금되고, 가족이라서 연좌되고, 친구라서 연루되고, 때로는 원인도 모르게 돌연히 실종된다고 고발해왔다. 신장 경찰 파일을 조금만 살펴봐도 그 모든 지적이 사실임을 알 수 있다.

대체 몇 명이나 감금되었나?

위구르 제노사이드를 파헤치는 연구자들은 지금껏 신장의 재교육 캠프, 구금소, 강제수용소 등 여러 감금시설에 억류된 사람들의 총수를 파악하기 위해서 다양한 방법을 사용해왔다. 이 과정에서 지방경찰에 직접 전화를 걸어서 단서를 끌어내거나 누설된 정부 통계를 분석하거나 재교육 캠프에 지급된 식비 등으로 추산하는 방법 등이 동원되었다. 그 결과 현재까지 발표된 연구를 종합해보면, 그 숫자는 최소 80만에서 최대 300만에 이른다. 다만 중국 정부의 공식 발표가 없는 상황에서는 그 어떤 추측도 정확할 수 없다.

신장 경찰 파일에는 전 공안부 장관 자오커즈(趙克志, 1953-)의 2018

신장 경찰 파일 속에 들어 있는 테케스 현 소재 한 구치소의 2017년 사진. 중앙 상단의 텔레비전에서는 신장 인민정치협상회의 의장 누얼란 아부두만진(Nu'erlan Abudumanjin)의 연설이 방송되고 있다. 왼쪽 벽의 검은 종이에는 중국어와 위구르어로 "신장 감관"이라고 적혀 있고, 오른쪽 포스터에는 "극단주의 배격 '세 가지 악'과의 투쟁"이라고 적혀 있다. 이상은 첸츠의 해설. (The Victims of Communism Memorial Foundation, xinjiangpolicefiles.org)

년 6월 15일 기밀 연설문 "신장 자치구 공안과 안정 공작 보고 관련 강화"가 포함되어 있다. 이 기밀 문서에는 "신장 직업, 기능 교육/배훈(培訓) 센터"에 감금해야 할 구체적인 인원을 암시하는 대목이 있다.

신장의 약 200만 인구가 신장의 독립과 범이슬람주의와 범터키적 사유로부터 영향을 받아왔다. 신장 남부에는 종교적 극단주의의 영향을 받은 세력이 200만 이상 존재한다.

신장 경찰 파일을 공개한 첸츠는 바로 이 대목을 예의주시한다. 자오커즈가 말하는 첫 번째 "약 200만"은 위구르, 카자크, 키르기스족 등 신장 지역에 거주하는 모든 터키계 종족 가운데 신장의 독립과 분리주의에 동조하는 세력을 가리킨다. 두 번째 "200만 이상"은 신장 남부에 거주하는 보다 구체적으로 종교적 극단주의자들이다.

오늘날 중국에서 극단주의는 이슬람 경전을 읽거나 금식하거나 기도를 올리는 등 일상적 종교 활동에도 적용되는 이현령비현령의 개념이다. 이미 살펴보았듯이, 신장 경찰 파일에 따르면 수염을 기르고, 히잡을 쓰고, 경전을 공부하고, 심지어는 이혼한 여성이 임신중절을 거부하고 아이를 낳기로 결정하는 일까지도 종교적 극단주의의 사례로 해석된다. 사실상 이슬람 교도라면 누구나, 언제든, 자의적으로 극단주의자의 혐의를 씌워 체포, 연행, 구속, 구금, 처벌할 수 있는 셈이다.

2018년 6월 기밀 강화에서 자오커즈는 왜 200만 명이라는 구체적인 숫자를 언급했을까? 공안부 장관이 기밀 문서에서 발설한 숫자가 근거 없이 만들어졌을 리는 없다. 그는 그 강화에서 2017년에서 2021년까지 다섯 해에 걸쳐서 "종교적 극단주의에 오염된" 위구르족을 위시한 모든 터키계 종족들을 "엄하고 매섭게 타격하는" 신장 지역 "극단화 제거투쟁"을 통해서 궁극적으로 "포괄적 안정"을 이룬다는 5개년 계획을 제시했다. 중국 행정의 선례에 비춰보면, 200만 이상이라는 수치는 베이징의 중앙정부에서 신장의 지방정부에 하달한 구체적인 목표치일 수 있다.

실제로 2017년 4월부터 신장에서는 대규모 체포령이 내려졌다. 6월 19일부터는 단 1주일 동안 4개 주에서 1만6,000여 명이 체포되었고, 5,500명의 행방이 묘연해졌다. 그 결과 2017년 한 해 동안 전체 중국 인구의 불과 2퍼센트가 거주하는 신장에서 전국 구속자의 20퍼센트가 발생했다.

바로 그런 맥락에서 자오커즈가 말한 200만 이상이란 신장에서 실제로 200만 명 이상을 잡아넣고, 그들의 사상을 전면적으로 개조하라는 구체적 요구로 해석될 수 있다. 신장 지역 "일체화 연합작전"의 목표 수치가 200만 이상이라는 이야기이다. 설혹 200만 이상이라 해도, 앞에서 보았듯이 종교적 극단주의의 혐의만 걸면 누구나 구속할 수 있었기 때문에 신장 경찰은 어렵지 않게 그 수치를 달성했으리라고 짐작된다.

그동안 중국의 신장 제노사이드를 규탄하는 서구를 향해서 중국 정부는 신경질적으로 강력하게 종족 멸절(種族滅絕) 따위는 없었다고 항변해왔다. 중국처럼 제노사이드를 종족 멸절로 번역하면, 심대한 오해가 발생할 수 있다. 중국인들은 가스실처럼 수백만 명을 조직적으로 학살할 때에만 종족 멸절이라고 말할 수 있다고 생각하기 때문이다.

국제법적으로 제노사이드의 개념을 처음 정의한 사람은 폴란드 법조인 라파엘 렘킨(Raphael Lemkin, 1900-1959)이었다. 그의 1944년 저서『유럽 점령지의 주축국 통치(*Axis Rule In Occupied Europe*)』에 제시된 정의에 따르면, 정도의 차이에 상관없이 "특정 민족의 본질적인 생활 기반을 파괴하기 위해서 여러 다른 행위들을 조직적으로 계획하는" 일은 충분히 제노사이드에 해당한다.6) 렘킨의 정의에 따르면, 특정 민족의 성원이라는 이유만으로 수용소에 감금하고, 종교 활동은 물론 전통문화와 생활 습속까지 금지하면서 특정 이념과 사상을 강압적으로 주입하는 중국 정부의 대(對) 위구르족 정책은 제노사이드가 아닐 수 없다. 여러 국제 인권 단체는 다양한 증거를 취합해서 장기를 적출당한 위구르 젊은이들이 쥐도 새도 모르게 "수용소의 늪"으로 빨려들었다고 고발하고 있다. 진정 그러하다면, 제2차 세계대전 종언 이래 가장 잔혹한 제노사이드가 아닐 수 없다.

제34장

위구르의 몸, 장기적출 제노사이드

2000년 이후 중국의 의료계는 장기이식 분야에서 실로 눈부신 발전을 성취했다. 널리 알려져 있듯이, 중국은 현재 세계 최대 규모의 장기이식 시스템을 구축하고 있다. 중국 밖 전문가의 추산에 따르면 중국에서는 매년 6만에서 10만 명의 장기가 적출되고 있다. 그렇다면 그 수많은 장기는 어디서, 누구에 의해, 어떤 방법으로 조달되고 있는가?

장기를 조달하는 방법에 관해서 중국 정부는 최소 세 차례 입장을 내놓았다. 2005년까지는 자발적 기증자의 장기적출만 허용된다고 주장했다가, 2006년 이후 10년 동안은 사형수의 장기를 적출하고 있다고 인정했다. 그랬던 중국 정부가 2015년 이후에는 다시 죄수를 전면 제외하고 사망한 기증자의 장기만을 이식하고 있다고 말한다.

국제사회는 중국 정부의 발표를 신뢰하지 않는다. 미국, 영국, 캐나다의 정부는 물론, EU의 의회까지도 중국에서 자행되는 대규모 장기적출이 반인류적 범죄를 넘어 종족이나 신념의 이유로 특정 집단을 학살하는 제노사이드에 해당한다며 공개적으로 규탄하고 있다.

2021년 1월 29일 미국 국무부는 중국 정부가 신장 북서부에서 위구르족과 무슬림 종족들에 대해서 제노사이드와 반인류적 범죄를 자행하고 있다고 선언했다. 그로부터 2년이 지난 2023년 3월 27일 미 하원 민주, 공화

양당의 415명은 단 2명을 제외한 413명의 찬성으로 중국의 강제 장기적출을 중단시키기 위한 특별 법안을 통과시켰다. 대체 미국 정부는 어떤 근거에서 중국이 제노사이드를 자행하고 있다고 주장하는가?

중국의 개도국 지위를 박탈하려는 미국

최근 미국 하원은 중국과 관련된 2개의 법안을 양당의 합의로 (거의) 만장일치 통과시켰다. 첫 번째 법안은 중국의 개도국 지위를 박탈하는 내용으로, 2023년 3월 27일 양당 의원 415명 전원의 찬성으로 가결되었다. 이 법안은 중국이 누려온 개도국의 특혜를 박탈하려는 목적으로 제정되었다.

2010년 이미 중국은 전 세계에서 미국 다음으로 큰 경제규모를 자랑해왔지만, 지금도 UN은 1992년에 개도국으로 분류한 중국의 지위를 그대로 유지하고 있다. 그 결과 중국은 전 세계에서 이산화탄소와 메탄 등 온실가스를 가장 많이 배출하는 나라임에도 온난화 대책 및 손실 보상을 위한 UN 펀드에 참여하지 않고 있다.

인간계발지수나 복지 수준을 볼 때 중국이 아직 중진국에 머문다는 사실은 부정할 수 없다. 그러나 중국의 경제규모는 이미 전 세계 경제의 18퍼센트를 차지한다. 바로 그 경제규모가 중국을 미국에 맞서는 G2로 만든 힘이다. 문제는 그러한 중국이 개도국이라는 이유로 대국에 걸맞은 국제적 책임과 임무를 방기하고 있다는 데에 있다. 미국 하원은 중국의 책임을 묻기 위해서 중국의 개도국 지위를 박탈했다. 이제 미국 국무부 장관은 UN을 비롯한 국제기구에서 중국의 지위를 상위의 중간 소득 국가 이상으로 바꾸도록 노력할 의무를 진다. 미국이 이끄는 국제기구는 이제 중국을 향해 경제규모에 부합하는 책임을 물을 예정이다.

중국의 장기적출 실태를 고발하고 규탄하는 미 하원

두 번째 법안은 같은 날 통과된 "강제 장기수확 중지법(Stop Forced Organ Harvesting Act of 2023)"이다. 이 법안에는 단 2명을 제외한 민주, 공화 양당의 의원 413명이 찬성했다. 여기서 "장기 수확"이란 단순 장기적출이 아니라 농사를 지어 곡물을 거둬들이듯 조직적으로 다수 인간의 신체에서 대량의 장기를 생산하는 반인류적 범죄를 의미한다.

이 법안을 제출한 크리스 스미스(Chris Smith, 1953–) 의원에 따르면, 중국 정부는 조직적으로 장기를 수확하기 위해서 매년 6만에서 10만 명의 청년층(평균연령 28세)을 대량 학살하고 있으며, 그 희생자 중에는 위구르 족과 파룬궁(法輪功) 수행자들이 다수 포함되어 있다.

이 법안의 제정에 앞서 미 하원은 2022년 5월 12일 톰 랜토스 인권위원회에서 중국의 강제 장기수확 실태를 조사하고 증거를 검증하는 청문회를 열었다. 이 청문회는 중국이 강압적으로 대량의 장기를 획득하고 거래하고 있다는 증거를 점검했다. 2015년 이래 중국 정부는 자발적 기증자의 장기만을 이식해왔다고 주장했지만, 관련 자료는 중국 병원에서 이식한 장기의 숫자가 기증자 수의 몇 배나 웃돎을 보여주었다. 이에 따라 이 청문회는 중국에서 강제적 장기적출이 자행되어왔으며, 파룬궁 수행자, 위구르족 등이 그 희생양이라는 결론에 도달했다.

청문회에 제시된 증거 중에서 매슈 로버트슨(Matthew Robertson)의 논문 "장기획득에 의한 처형 : 기증자 사망의 규칙이 깨진 중국"이 결정적인 역할을 했다.[1] 이 논문은 얼마 후 세계 최고의 장기이식 관련 학술지 『미국 장기이식 저널(The American Journal of Transplantation)』에 게재되었다. 장기적출에서 기증자 사망의 규칙이란, 기증자가 사망한 후 의학적으로 사망선고가 내려진 후에만 장기적출이 시작될 수 있다는 의료윤리의 철칙이다. 중국 의료계가 이 철칙을 깼다면, 장기적출로 인명을 살해했다는 혐의를 벗을 수 없다.

이 논문은 중국어 의학 논문 데이터베이스의 12만4,770개 논문 중에서 장기획득 과정을 보여주는 2,838개 논문을 법의학적으로 분석한다. 논문의 저자는 그중에서도 특히 71개 보고서를 집중적으로 분석하여 중국에서는 외과의가 직접 메스를 들고 사형수의 몸에서 장기를 빼내고 있다는 결론을 도출한다. 이미 사망한 사람이 아니라 살아 있는 사람의 몸에서 심장, 간, 신장, 안구 등을 도려내서 그 사람을 사망에 이르게 했다는 주장이다. 그 주장대로라면 중국의 외과의는 사형수의 처형자 역할을 담당해온 셈이다. 즉 중국이 사형의 방법으로 총살, 교살, 전기살(電氣殺) 등의 알려진 방법 외에 장기적출을 널리 사용하고 있다는 이야기이다.

"독립 법정"의 판결, 중국의 장기수확은 제노사이드

로버트슨은 "장기획득에 의한 처형"에서 중국의 장기이식 현황과 실태를 보여주는 중국 의학계의 1차 연구 자료, 의료 보고서, 내부 문건, 병원 웹사이트, 관련 당 간부의 발언 등 대량의 자료를 수집해서 분석한 후, 이를 중국의 사형제도에 관한 기존 연구와 연결시켜 중국에서 널리 사용되는 장기적출 방법과 실태에 관한 가장 과학적인 결론을 도출했다. 그는 중국 정부가 파룬궁 수행자와 위구르족에 대한 생체 정보를 집적해왔다는 사실이, 중국에서 탈법적 장기획득과 이식이 횡행하고 있다는 결정적인 단서라고 파악한다.

이외에도 청문회에서는 2014년 결성된 세계 시민의 자발적 재판소, 중국 양심수의 강제 장기수확 관련 독립 법정의 판결문이 소개되었다. 방대한 증빙 자료가 첨부된 560여 쪽의 판결문은 중국에서 "제노사이드의 범죄를 예시하는 물리적 행위가 저질러졌다"고 판시했다. 국제 범죄재판소의 로마 규정에 따르면, 제노사이드란 특정 집단 구성원에 대한 조직적인 학살을 의미한다. 법정은 로마 규정에 따라서 판결문에서 장기적출의 구체적 사례를 적시하여 그동안 중국이 파룬궁 수행자, 위구르족에 대한 제노사이드를 자행해왔다고 판결했다.2)

위구르족, 장기적출의 희생양이 되다!

2017년 봄부터 중국의 신장 지역에 대규모 집단수용소가 건설 중이라는 외신 보도가 잇따르자, 2018년 2월 카자흐스탄의 중국 총영사는 인터뷰를 통해서 그 사실을 전면 부인했다. 중국공산당 기관지인 「환구시보」(영문판 「글로벌 타임스[Global Times]」)는 신장 남부에서 100만 명이 정부의 빈곤퇴치 정책에 따라서 직업 교육을 이수하고 있다고 둘러댔다. 중국 정부의 발표를 신뢰할 수 없었던 독일의 인류학자 아드리안 첸츠는 중국 정부의 입찰 문서, 예산안, 공식 웹사이트, 관영매체의 보도 등을 1년 넘게 파고들어서 결국 중국 정부가 2017년 이래 신장 지역에 대규모 강제수용소를 설치하여 100만에 달하는 위구르족을 격리, 수용하고 있다는 사실을 입증했다.3)

2019년 9월 그의 기념비적 논문이 발표된 후, 첸츠는 미국 및 캐나다 의회에서 위구르족이 격리, 수용당하고 있다는 사실을 증언했다. 그는 신장 지역의 정치적 재교육 캠프가 다수의 위구르족을 감금해서 이슬람 교도를 공산주의적 인간형으로 개조하려는 초법적인 세뇌 공작의 현장이라고 주장했다.

첸츠의 논문이 발표된 후 위구르족 실상에 관한 탐구는 중국 정부의 문서 분석에서 심층 인터뷰로 옮겨갔다. 이후 중국 정부가 민감한 정부 정보의 유출을 막았기 때문이다. 2022년 5월 12일 미 하원 청문회에 초빙된 공산주의 희생자 기념 재단의 이선 거트먼(Ethan Gutmann, 1958-) 선임 연구원은 중국 신장 지역의 위구르족에 가해진 제노사이드의 실례를 보고했다. 그가 직접 수행한 위구르족 난민들과의 심층 인터뷰에 근거한 보고였다. 그는 2017년 이래 신장 지역 20여 개 집단수용소에서 탈출해서 유럽, 터키, 키르기스스탄, 카자흐스탄 등지로 옮겨간 위구르족을 인터뷰해왔다.

그의 보고에 따르면, 캠프에 수감된 위구르 포로 중에서 특히 28-29세의 청년들이 장기적출의 표적이 된다. 장기적출의 최적기로 여겨지는 연령대이다. 중국어 교사 사이라굴(Sayragul)은 수감자 전체의 피 검사 결과를 열람할 수 있었는데, 특정인의 이름 옆에 분홍색 표시가 되어 있음을 발견했다. 일부 목격자는 캠프의 간수가 특정 개인에게 강제로 색깔이 있는 팔찌를 채우거나 조끼를 입혔다고 증언했다. 탈출자들의 증언에 따르면, 피 검사를 받고 나서 1주일 내에 색깔이 찍힌 사람들은 한밤중에 어디론가 사라졌다. 20개 캠프에 억류되어 있던 목격자들에 따르면, 매해 대략 28세의 청년 중에서 2.5-5퍼센트 정도가 자취를 감추었다. 거트먼은 미국 하원의 의원들을 앞에 두고 다음과 같이 증언했다.

2017년 이후 대략 100만 명의 위구르족, 카자크족, 키르기스족, 후이족이 캠프에 상시 감금되어 있습니다. 그중에서 매해 2만5,000명에서 5만 명에 달하는 포로들이 장기를 적출당하고 있습니다. 2016년 우리가 보고서에서 밝혔듯이, 중국은 매해 6만에서 10만 개의 장기를 이식합니다. 이론상 신장 지역 캠프에 갇힌 28세 청년들의 몸에서 1인당 2개나 3개의 장기가 적출된 다면, 최소 5만에서 최대 15만 개의 장기가 수확될 수 있습니다. 장기산업 의 요구에 따라서 그 숫자는 얼마든지 조정될 수 있습니다.[4]

거트먼은 이어서 2017년 저장 성 항저우 시의 제1인민병원에서 간 이식 수술 건수가 90퍼센트 증가하고, 신장 이식은 200퍼센트나 증가했다는 사 실을 적시했다. 이는 위구르족 강제수용소의 규모가 급팽창하던 시점과 일치한다. 2020년 3월 1일, 이 병원은 세계 최초로 코로나-19 바이러스 감염자에 대한 이중 폐(double lung) 이식 수술에 성공했다. 중공 기관지는 그 사실을 대서특필했는데, 결국 정부가 나서서 전 세계를 향해 팬데믹 와중에도 중국 병원에서는 이식 수술이 진행되고 있음을 홍보했다고 볼 수 있다.

이와 관련하여 거트먼은 신장의 아커쑤(阿克苏)에 있는 두 수용소에 주 목한다. 각각 1만6,000명과 3만3,000명을 수용하는 2개의 거대한 캠프인 데, 서로 불과 500미터 떨어져 있다. 수용소 외곽 경계선 북쪽 끝에는 아커 쑤 감염 병원이 있다. 그리고 두 캠프로부터 불과 900미터 떨어진 곳에 거대한 화장터가 있고, 비행장은 차로 25분 거리에 떨어져 있다. 거트먼은 이곳에서 적출된 장기가 비행기로 공수되어 항저우의 제1인민병원에 조 달되고 있다고 주장했다.[5]

거트먼의 보고를 경청한 미 하원의 의원들은 충격에 휩싸인 채 가슴을 쓸어내렸다. 21세기 현실에서 세계 제2위 규모의 경제대국이 소수민족을 상대로 제노사이드를 자행하고 있다는 현실이 도저히 믿기지 않았던 까닭 이다. 중국에서 제노사이드가 진행되고 있다고 확신한 미 하원은 초당적

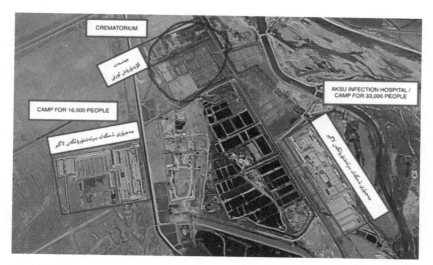

아커쑤 수용소의 위성사진. 좌우 양편에 2개의 캠프가 있다. 오른쪽 캠프 위에는 감염 병원이 있고, 북쪽 위에는 대규모 화장터가 있다. (Gulchehra Hoja)

으로 "강제 장기수확 금지법"에 거의 만장일치로 합의했다. 미국뿐만 아니라 영국, 캐나다, 오스트레일리아, EU까지 중국 정부가 일상적으로 자행하는 인권유린의 현실과 반인류적 범죄를 규탄하고 있다. 이와 같이 세계여러 나라가 이구동성으로 중국을 경계하고 중국의 변화를 촉구하는 밑바탕에는 바로 신장 수용소의 늪에서 전개되는 제노사이드의 실상이 깔려있다.

근대 입헌주의 이론가들이 신체의 자유를 인권의 제1항목으로 선택한 이유가 무엇이겠는가? 인류의 역사를 돌아보면, 인간의 신체는 언제나 예속과 지배의 대상이 되어왔기 때문이다. 노예로 팔리거나 태어나자마자 타인의 재산으로 등록되거나 종교적 희생물로 순장되거나 병졸로 징집당해 전장의 총알받이로 희생되기도 했다. 근대 문명은 국가가 개인의 신체와 사생활을 함부로 침해할 수 없도록 견고한 법적 방어벽을 쌓는 데에서 출발했다. 그런 관점에서 오늘날 중국을 보면 그것이 과연 근대 문명인가 의심스럽다. 인간 사회의 구성원이라면 누구라도 묻지 않을 수 없다. 전체주의 정권의 총칼 아래서 "위구르의 몸"은 과연 무사한가?

제35장

브릿지맨의 방(枋), "나라의 도적 시진핑을 파면하라!"

2022년 10월 13일 오후 2시 베이징 하이뎬 구 쓰퉁차오 다리 난간에 중국 공산당 총서기 시진핑의 파면을 촉구하는 현수막이 내걸렸다. 중국공산당 제20차 전국대표대회의 개막이 불과 사흘 앞으로 다가온 시점이었다.

휴교하고 파업하라! (罷課, 罷工)

나라의 도적 시진핑을 파면하라! (罷免 國賊 習近平)

현수막 왼쪽에는 세 구절씩 2단으로 다음과 같은 구호가 적혀 있었다.

코로나 검사가 아니라 밥을 원한다. (不要核酸, 要吃飯)

봉쇄가 아니라 자유를 원한다. (不要封控, 要自由)

거짓 말고 존엄을 원한다. (不要謊言, 要尊嚴)

문혁이 아니라 개혁을 원한다. (不要文革, 要改革)

수령 대신 선거를 원한다. (不要領袖, 要選票)

노예가 아니라 공민이 되고 싶다. (不做奴才, 做公民)

현수막을 내건 40대 중반의 사내는 군중의 시선을 끌기 위해서 현수막을 내건 후 바로 그 자리에서 상자에 넣어둔 인화 물질에 불을 질러 시커먼 연기를 피워올렸다. 당연하게도 얼마 후 청년은 현장을 급습한 공안에 잡혀서 어디론가 끌려갔다. 중국 밖에서야 표현의 자유라는 공민의 기본권을 행사한 셈이지만, 중국에서 이 행동은 사회주의를 사보타주하고, 국가주석을 모독한 중대한 범죄로 간주된다.

시위자는 곧 체포되고 현수막은 철거되었지만, 사건은 이쯤에서 종료되지 않았다. 우선 이 작은 사건은 목격자들의 뇌리에 생생한 장면으로 각인되었다. 그날의 1인 시위는 사람들의 입을 통해서 제법 큰 이야깃거리가 되었을 듯하다. 트위터에 게재된 영상을 보면, 차 안에서 현장을 촬영한 한 사람이 "또 분신하는 거야?" 하고 말하기도 했다.

입으로 전해지는 소문의 힘도 무시할 수 없지만, 요즘은 SNS의 시대이다. 디지털 혁명에 힘입어 현장에서 촬영된 영상들은 인터넷을 타고 중국 각지로, 세계 각국으로 흩어졌다. 통신매체가 부족했던 30년 전만 해도 이 사건은 큰 사회적 반향 없이 묻혔을지도 모른다. 중국공산당의 막강한 권력에 비하면 다리 난간에 걸린 현수막은 미약하기 그지없어 거의 무의미한 단말마 비명에 지나지 않았을 터다.

그러나 과거와는 달리 지금은 베이징의 나비가 뉴욕의 비구름을 부르듯 외딴곳의 1인 시위 소식이 전 세계 여러 도시에 실시간으로 충격을 전할 수 있다. 세계 어느 나라, 어느 도시에 살든 사람들은 저마다 손에 핸드폰을 들고서 옆집 구경하듯이 전 세계 뉴스를 소비한다. 일면 무관해 보이는 사건들도 사람들의 뇌리에서는 의미 있게 조합된다. 전 지구는 이미 그물처럼 촘촘하게 묶여 있다. "세상 어느 지역도 고립된 섬이 아니다. 인과를 증명할 수는 없어도 비슷한 시기에 발생하는 이 세상 사건들은 모두 동시성의 원리로 의미 있게 연결되어 있다."[1]

2022년 10월 13일, 중국 베이징에 등장한 시진핑 반대 현수막. 시위자는 인화 물질에 불을 지펴 연기를 피우면서 군중의 시선을 끌었고, 행인들은 핸드폰을 들고 그 장면을 촬영하고 있다. (twitter.com)

그날 펑리파(彭立發, 1974-)의 베이징 쓰퉁차오 항의는 중국 안팎의 세계 곳곳에서 작지 않은 파문을 일으켰다. 우선 중국 곳곳에서 사람들이 속속 화장실 문과 벽에 펑리파의 구호를 옮겨 적었다. 화장실에 적힌 펑리파의 구호는 사진으로 찍혀 SNS에 올라갔다.

중국 정부는 신속하게 그 이미지를 모두 삭제했지만, 중국의 네티즌들이 VPN을 사용해 해외 사이트로 옮긴 이미지들은 여러 매체를 타고 중국 밖의 사람들에게 전달되었다. 뉴욕, 토론토, 샌프란시스코, 런던, 도쿄, 서울, 시드니, 베를린, 홍콩, 타이베이, 전 세계 각국 주요 도시 여러 대학가와 공공장소에 펑리파의 구호가 그대로 나붙었다.

브릿지맨이라는 별명을 얻은 펑리파. 그의 트위터 계정이 폐쇄되기 전 펑리파의 사진을 구해서 10월 15일 샤오량이라는 네티즌이 제작한 이미지. (twitter.com)

그날 중국 공안에 끌려간 후 행방이 묘연해진 펑리파는 순식간에 중국 민주화의 영웅으로 거듭났다. 그에게는 "브릿지맨(Bridge Man)"이라는 별명이 붙었다. 다리 위에서 한 사람이 내건 2장의 현수막과 그가 피운 검은 연기 한 줄기가 그토록 큰 반향을 일으키리라고 누가 생각했겠는가? 정부 비판을 용납하지 않는 거대한 감옥 같은 중국에서 한 용감한 중년 사내의 행동이 뜻밖의 파장을 몰고 올 줄 누가 알았겠는가?

이제 중국의 민주화 운동은 더는 중국인을 위한, 중국인에 의한, 중국인만의 투쟁일 수 없다. 본래 호모 사피엔스로서 전 인류는 공동의 조상에서 나온 형제자매들이다. 세계인의 감시와 비판은 중국공산당을 압박하는 최고의 효력을 발휘한다. 중공중앙은 중국 내부 문제에 대한 외국 정부의 항의를 내정간섭이라고 비판하지만, 세계 시민의 항의와 비판에 대해서는 아무 말도 하지 못한다. 중국 밖의 인간이 중국 안의 인간을 위해서 인류애를 발휘하는데, 인간의 기본권을 짓밟는 중국공산당이 무슨 할 말이 있겠는가?

1989년 6월 5일, 베이징의 "탱크맨"

2022년 "브릿지맨"의 선배는 바로 1989년 "탱크맨"이다. 1989년 6월 5일, 중공중앙이 급파한 20만 병력이 톈안먼 대학살을 자행한 다음 날 정오를 막 지날 무렵이었다. 군대가 시위대를 물리치고 도시를 완벽하게 탈환한 상황이었다. 수십 대의 탱크들이 1열로 죽 늘어져서 도심을 향해 진격하고 있었다. 바로 그때 갑자기 도로 한복판으로 달려가서 맨몸으로 선두에 선 탱크를 막은 청년이 있었다. 흰색 셔츠와 검은 바지를 입고 양손에는 쇼핑백을 든 안경잡이 청년이었다. 인근 식당에서 가벼운 먹을거리를 사 가는 행색이었다. 탱크 앞에 선 그는 쇼핑백을 쥔 오른손으로 크게 원을 그리며 무엇인가 항의의 구호를 외쳐댔다.

청년을 발견한 탱크는 우측으로 방향을 틀어서 돌아가려고 했지만, 청년은 재빨리 달려서 다시 그 탱크를 막았다. 청년이 두 걸음 앞까지 다가섰기 때문에 육중한 탱크는 제대로 방향을 틀 수 없어 좌우로 왔다 갔다 하며 우물쭈물했다. 그 광경을 지켜보던 거리의 군중은 환호성을 질렀고, 청년은 탱크 위로 올라가서 포신을 잡다가 해치를 열더니 탱크 안의 군인

좌측 하단 흰 셔츠를 입은 탱크맨의 모습. 1989년 6월 5일 대학살 직후 한 청년이 톈안먼으로 들어오는 탱크 부대를 맨몸으로 막아섰다. 다음 순간 정체불명의 사내들이 와서 그를 데리고 갔다. 사복 경찰이었다는 이야기도 있고, 그를 안전하게 도피시킨 시민들이라는 이야기도 있다. 이후 그의 행방은 아직까지 밝혀지지 않았다. (Sin Wai Keung / Sing Tao)

에게 무엇인가를 말하려는 듯했다. 그때 주변 어디에선가 극심한 총성이 터졌다. 위협을 느낀 청년은 반사적으로 탱크 밑으로 내려와서 좌측 옆으로 비켜섰다. 탱크는 청년이 비킨 틈을 타 다시 우측으로 돌아가려고 했지만, 청년이 다시 그 앞으로 달려갔다. 결국 탱크의 해치가 열렸다. 고개를 바깥으로 뺀 군인은 청년을 향해서 무어라 소리쳤다. 청년은 물러서지 않았고, 잠시 후 푸르스름한 옷을 입은 두 사람에게 끌려서 군중 속으로 사라졌다. 한 사람의 장벽에 막혔던 탱크 부대는 그때야 비로소 가던 길을 재촉했다.

길어야 2-3분밖에 되지 않는 짧은 저항이었지만, 인근 호텔 발코니에서 그 장면을 발견하고 촬영한 외신 기자가 있었다. 이 장면을 찍은 영상은 이후 중국 밖으로 전송되었고, 당시 찍힌 사진들은 톈안먼 민주화 운동의 상징 탱크맨을 탄생시켰다. 그날의 탱크맨이 과연 누구였는지, 그후 어디서 어떻게 살고 있는지는 지금껏 밝혀지지 않고 있다. 일설에 의하면 탱크맨은 당시 19세였던 학생 왕웨이린(王維林, ?-?)이라고 한다.

중공정부는 이를 부인하지만, 만약 탱크맨이 왕웨이린이라는 소문이 사실이라면 브릿지맨과 탱크맨의 나이 차이는 4살밖에 나지 않는다. 브릿지맨 펑리파가 탱크맨에게서 영향을 받았는지는 아직 확인할 수 없다. 브릿지맨의 트위터 계정은 이미 삭제된 상태이다. 다만 그들에게는 막강한 중공정부에 대항해 공개적으로 항의하며 투쟁했다는 공통점이 있다. 33년의 세월이 흘렀음에도 19세 탱크맨과 47세 브릿지맨은 동시대의 투사들이다.

향후 10년 집권 의지를 내비친 시진핑

물론 중국 관영매체만 보고 있으면 브릿지맨의 고독한 투쟁은 용광로에 던져진 작은 못 하나의 반향도 일으키지 못했던 듯하다. 당시 베이징의 인민대회당에서는 중국공산당 제20차 전국대표대회가 한창 진행 중이었다. 이 대회의 개막식은 2022년 10월 16일 1시간 44분 12초에 걸친 시진핑 총서기의 모두(冒頭) 발표로 시작되었다. 발표의 분량은 200자 원고지 70매를 훌쩍 넘었다. 한국어로 번역하면 족히 100매를 훌쩍 넘는 장광설을 꿰는 메시지는 한 문장, "중국공산당은 중화민족의 위대한 부흥을 위해 전군, 전국, 각족 인민을 이끌고 신시대 중국 특색 사회주의의 길로 부단히 매진한다"로 축약되었다.

여기에서 공동의 목표는 중화민족의 위대한 부흥이다. 목표의 실현 주체는 중공중앙이며, 그 방법은 중국 특색 사회주의이고, 동원되는 객체는 전국의 모든 군대와 56개 각족 인민이다. 중공중앙이 인민과 군대를 동원해서 중국식 사회주의 일당독재의 방법으로 중화민족의 웅비를 위해 전진하겠다는 결의이다.

2013년 제18차 전국대표대회의 주제는 "인민민주주의의 부단한 확대"였다. 2017년 제19차의 주제는 "소강 사회 전면 건설의 최종 승리 달성"이었다. 반면 2022년 제20차의 구호는 쉽고 명료하게 잡히지 않았다. 시진핑 총서기는 대회의 주제를 다음과 같이 정의했다.

> 중국 특색 사회주의의 위대한 기치 아래 신시대 중국 특색 사회주의 사상을 전면적으로 관철하여, 위대한 창당 정신을 널리 선양하고, 자신하고, 자강하며, 정의를 지키고 새로움을 창조하여, 힘차고 세차게 분발하여, 굳세고 용감하게 전진하여, 사회주의 현대화 국가의 전면적 건설을 위해, 중화민족의 위대한 부흥을 추진하기 위해 단결하고 분투한다.

5년 전과 10년 전의 전국대표대회에 비해 이번 대회의 주제는 왜 이리도 장황한가? 제1장의 제목에서 이미 "신시대 10년의 위대한 변혁"이라는 집권 10개년 계획을 화두로 내세운 만큼, 비할 바 없이 큰 무엇인가를 내세워야 한다는 이념적 압박은 아니었나? 딴에는 3년 전 만장일치로 헌법의 임기조항을 부랴부랴 개정해서 집권을 연장하고자 하니 머쓱했을 법도 하다.

본래 과거 중국의 제왕들은 황위에 추대될 때 주변 대신들의 간청을 이기지 못해서, 천명을 거역할 수 없어서, 어여쁜 백성을 방치할 수 없어서 두려워 떨며 황송한 마음으로 못 이기는 척 권좌에 오르는 장면을 의식적으로 연출했다. 그러나 제3기 집권을 노리는 시진핑의 중국공산당 제20차 전국대표대회 모두 발표에서는 그러한 경외와 겸허의 수사를 찾아볼 수 없다.

과연 시진핑 정권 제3기는 어떤 풍랑을 헤쳐가게 될까? 브릿지맨의 구호처럼 다수 중국 인민이 경제적 이익과 개인의 자유, 인간의 존엄을 위해서 "나라의 도적"을 파면하는 휴교와 파업의 투쟁을 벌일 수 있을까? 브릿지맨은 몽상가일까? 그의 몽상은 결국 덧없는 망상으로 끝나게 될까? 브릿지맨은 바로 그 1인 시위 현장에서 경찰에 긴급 체포되어 어디론가 끌려 갔지만, 그가 내건 현수막은 오래도록 중국 인민의 기억 속에 남겨질 듯하다. 코로나 검사 대신 밥, 봉쇄 대신 자유, 거짓 대신 존엄, 문혁 대신 개혁, 수령 대신 선거, 노예 대신 공민을 외친 "브릿지맨의 방"은 오늘날 중국의 독재정권을 향해서 발사된 미사일과도 같다. 사전에 따르면, 방이란 "어떤 일을 널리 알리기 위해서 사람들이 다니는 길거리나 많이 모이는 곳에 써 붙이는 글"을 의미한다. 지금 이 순간에도 중국 어딘가에서는 누군가가 몰래 화장실 벽에 "브릿지맨의 방"을 적고 있다. "나라의 도적 시진핑을 파면하라!"

제36장

분노의 불, "공산당 해산, 시진핑 하야"

3년의 방역 독재를 견디다 못해 마침내 중국 인민이 일어났다. 2022년 11월 25일부터 나흘 동안 중국 17개 주요 도시에서 최소 23건의 시위가 발생했다.[1] 베이징, 톈진, 타이위안(太原), 시안(西安), 청두, 충칭, 우한, 난징, 상하이, 항저우, 광저우 등 대도시뿐만 아니라 신장 서쪽 끝 인구 40여 만의 오아시스 도시 호탄(Khotan), 77만의 도시 쿠얼러(Korla), 450만의 성도 우루무치(Ürümqi)에서도 성난 인민들이 시위를 벌였다. 1989년 이래 중국 전역에서 동시다발적으로 이처럼 큰 시위가 발생한 적은 없었다. 무엇보다 자발적으로 모인 시민들이 외치는 구호가 충격적이다.

성난 중국의 학생과 시민들, "공산당은 물러나라!"

공산당은 물러나라! (共産黨, 下臺)
시진핑은 물러나라! (習近平, 下臺)

공산당 일당독재의 나라 중국에서는 상상조차 쉽지 않은 구호이다. 중국은 어느 곳이든 공공장소라면 무수한 감시 카메라가 인민의 일거수일투족을 실시간으로 모조리 촬영, 녹화하는 나라이다. 그런 중국에서 대도시

2022년 11월 29일경, 서울 홍대 부근에서 중국인 유학생들이 시위를 벌이고 있다. 사진 왼쪽 글귀는 "시진핑 물러나라, 중공 물러나라"이고, 사진 오른쪽 끝은 "자유가 아니면 죽음을 달라"이다. (twitter.com/GFWfrog)

광장에 시민들이 모여서 목청껏 "공산당은 물러나라, 시진핑은 물러나라" 외쳤다면, 그 자체가 가히 혁명적 사건이다. 1989년 톈안먼 시위대도 최고 영도자 덩샤오핑을 비판하고 국무원 총리 리펑의 퇴진을 외쳤지만, 중국 공산당의 퇴진을 요구하는 목소리는 거의 없었다.

중국은 공산당 비판이 법적으로 허용되지 않는다. 중국 헌법 총강 제1 조는 "중국공산당 영도가 중국 특색 사회주의의 가장 근본적인 특징"이라고 못 박고 있다. 그러한 중국공산당을 향해 중국 인민이 물러나라고 외쳤다. 당, 정, 관, 군의 모든 권력을 장악한 최고영도자 시진핑을 향해 퇴진을 외치는 인민의 용기는 실로 대단하지만, "공산당은 물러나라!"는 구호가 너무나 충격적이라 "시진핑은 물러나라!"는 약하게 느껴질 정도이다.

미국에서 활약하는 중국 민주화의 상징이자 『베이징의 봄』 영예 주필인 후핑은 말한다.

"공산당은 물러나라"라는 구호에는 매우 중대한 의의가 있다. 중국공산당 제20차 전국대표대회로 시진핑이 독재 권력을 세운 직후, 1989년 민주화 운동이 이미 33년 지난 이 시점에 중국 대륙에서 다시 공개적으로 이러한 구호가 나왔다. 실로 경천동지할 일이다. 상하이 군중이 외친 이 구호는 가을을 알리는 낙엽 한 잎처럼 중국 백성의 심중에 민주와 자유를 쟁취하려는 포부가 있음을 증명한다.[2]

제2의 민주화 운동인가?

1989년 이래 중국의 군중시위는 대부분 지방정부의 부패와 무능을 비판하고 고발하는 지방화된 운동(localized movement)이었다. 그러나 이번에는 성난 인민이 중앙 정부의 최고 권력자뿐만 아니라 중국공산당을 향해 직접적인 비판을 쏟아냈다. 시위 참여자를 보면, 위구르족과 한족이 함께 움직이고, 노동자, 중산층, 대학생이 한데 뭉쳤다. 민족을 넘어, 계급을 넘어 다양한 집단이 뭉치는 광범위한 인민의 연대로 보인다.

시민들이 지목한 공공의 적은 공산당과 시진핑이다. 탄압하는 경찰을 향해 시위대는 당당하게 외친다. "인민에 복무하라!" 그들의 혀끝에는 이미 "부자유 무녕사(不自由, 毋寧死)!"라는 여섯 글자의 비결(秘決)이 들러붙었다. 이는 1989년 톈안먼의 학생과 시민들이 외쳤던 구호로, "자유가 아니면 차라리 죽겠다" 또는 "자유가 아니면 죽음을 달라"는 의미이다. 보다 구체적으로 그들은 표현의 자유와 언론 및 출판의 자유를 요구하고 있다. 이는 자유가 시대정신임을 보여준다.

2020년 초부터 3년간 진행된 제로-코로나 방역의 결과 중공중앙의 대민 지배력은 최고조로 강화되었다. 바이러스와의 전쟁은 중공중앙에 전

2022년 11월 27일 칭화 대학 학생들이 든 백지에는 프리드먼(Friedman) 공식이 인쇄되어 있다. "Friedman"의 "de"를 비슷한 발음의 중국어 단어 的(데)로 바꾸면 "Free的 Man", 곧 자유로운 인간이라는 의미가 된다. 중국 대학생들의 창의적인 저항이 백지혁명의 역사적 의의를 증폭시키는 장면이다. (twitter.com/nathanlawkc)

인민의 언행과 생각을 감시하고 처벌할 수 있는 막강한 권력을 부여했다. 현재 중국은 수천만 인민을 수개월씩 집 안에 감금하고 날마다 불러내서 PCR 검사를 시행한다. 인터넷의 댓글을 샅샅이 감시하고, 인민의 생체 정보 및 언행 기록를 빅데이터로 집적해서 개개인에게 사회적 신용등급을 부여한다.

　바로 그러한 나라이기 때문에 전국 17개 도시에서 동시다발적으로 23개 시위가 발생했다는 사실에는 중대한 의미가 있다. 철옹성 같은 중공정부의 방화벽에 균열이 생겼나? 아니라면, 어떻게 수백 명의 인민이 광장에 모여서 시진핑은 물러나라고 외칠 수 있다는 말인가? 돌아보면 균열의 조짐은 이미 오래전부터 보였다. 공산당 퇴진을 외치기까지 중국 인민은 3년에 걸쳐 실로 파란만장의 고통을 겪었다. 모름지기 대중은 살아서 숨 쉬는 생물과도 같다. 밟으면 꿈틀대고 아프면 피하기 마련이지만, 분노가 극에 달하면 무리 지어 싸운다.

제로-코로나 3년, 자유와 민주를 배운 중국 인민

팬데믹의 진원지 우한에 봉쇄령이 떨어져 시민들이 모두 집에 갇힌 2020년 2월 초, 칭화 대학 법학대학원의 쉬장룬은 "분노한 인민은 더 이상 두려워하지 않는다"는 격문을 발표했다. 이 글에서 그는 중국공산당의 불합리하고 강압적인 방역정책을 정면으로 비판했다.

> 중국은 세계의 외로운 섬이 되어버렸고, 지난 30년 개혁개방으로 힘겹게 일군 개방성은 하루아침에 훼손되었으며, 중국의 치리는 순식간에 전근대로 돌아갔다.……그렇다! 국민의 분노는 이미 화산처럼 폭발했다. 분노하는 인민은 더 이상 두려워하지 않는다.

쉬장룬의 무서운 예언은 이후 3년에 걸쳐 점차 현실이 되어갔다. 분노한 인민은 두려움이 없기 때문에 광장에 모여서 "공산당은 물러가라, 시진핑은 물러가라" 외칠 수 있다.

방역 정국이 시작된 이래 중국 전역에서 크고 작은 항의가 이어졌다. 2022년 3월 말부터 시작된 상하이 봉쇄가 2개월 넘게 이어지면서 성난 시민들의 항의는 비등점까지 치솟았다. 중국의 SNS에 방역의 광기를 고

중국 화장실 낙서, "(자유가 아니면) 죽음을 달라!" (twitter.com/lfh46123376)

발하는 영상들이 급속하게 퍼져나갔다. 그때마다 중공정부는 신속하게 그 영상들을 삭제했지만, 시민들의 자발적인 소통을 완벽하게 차단할 길은 없었다. 격분한 시민들은 정부에 굴하지 않고 고층 건물 창밖으로 괴성을 지르고, 인터넷에 항의문을 올리고, 영상을 퍼뜨리며 부조리한 현실을 고발했다.

2022년 5월 베이징 대학과 톈진의 난카이 대학에서 시위가 일어났다. 학생 기숙사 주변에 철판으로 만든 방역 벽이 세워지자 교정 안에 갇힌 학생들 수백 명이 대학 광장에 모여 정부의 일방적인 시책을 비판하며 시위를 벌였다. 학교 당국은 기숙사로 돌아가라며 학생들을 설득했지만, 일부 학생들은 반쯤 지어진 철벽을 밀어서 무너뜨리려고 했다.

2022년 5월부터 7월까지 허난 성에서는 예금을 동결한 지방은행에 항의하는 시위가 이어졌다. 사전 정보를 입수한 정부는 참가자들의 여행권을 제한하기도 했지만, 시위를 막을 수는 없었다.

2022년 10월 13일 오후 2시 베이징 하이뎬 구 쓰퉁차오 다리 난간에 "나라의 도적 시진핑을 파면하라!"는 구호가 내걸렸다. 다리 위에서 시위를 벌인 펑리파는 현장에서 체포되어 구금된 상태이지만, 현장을 찍은 영상은 중국 전역으로 퍼져나갔다. 사람들은 감시 카메라가 없는 화장실에서 펑리파의 구호를 거침없이 옮겨 적는 "화장실 혁명"을 일으켰다. 베이징과 상하이에 결집한 시위대는 펑리파가 내걸었던 바로 그 구호를 외쳤다. "코로나 검사가 아니라 밥을 원한다! 수령 대신 선거를 원한다! 노예가 아니라 공민이 되고 싶다!" 베이징에서 발생한 한 사람의 시위가 전국 인민에 작지 않은 파급을 일으킨 셈이다.

2022년 10월 28일 티베트의 라싸에서도 3개월간 지속된 봉쇄 조치에 맞서 수백 명이 모여서 정부를 규탄했다. 2008년 이래 처음으로 발생한 티베트의 시위였다. 당시 수백 명 시위대 속에는 티베트 원주민과 한족 이주노동자들이 섞여 있었다.

다음 날인 10월 29일, 매일 수십만 대의 아이폰을 생산하는 정저우(鄭州)의 팍스콘 공장 노동자들이 대규모로 짐을 싸서 철조망 방호벽을 넘었다. 그들이 공장을 탈출해서 집으로 걸어가는 영상은 위챗에 유포되어 전 세계에 충격을 주었다. 정부의 일방적인 제로-코로나 방역에 대한 집체적 저항의 움직임이 일어나는 듯했다.

11월 24일 오후 충칭에서는 한 젊은 남자가 "자유가 아니면 죽음을 달라" 외치면서 거리의 시민들을 향해 그릇된 방역정책을 비판했다. 그는 "세상에는 오직 하나의 질병이 있는데, 그 병명은 바로 부자유와 빈곤"이라고 주장하며 시민들로부터 호응을 얻었다. 경찰이 그를 붙잡아 목조르기를 하며 제압을 시도했지만, 시민들이 몰려가 경찰의 손아귀에서 그를 구출했다. 이 장면은 영상으로 고스란히 촬영되어 순식간에 중국 전역으로 퍼져나갔다. 용감하게 정부를 비판한 그에게는 "초인 형님(超人哥)"이라는 칭호가 붙었다.

같은 날 저녁 8시경 우루무치에서 10명이 사망하고 9명이 중상을 입는 참혹한 화재가 발생했다. 인명을 앗아가는 안전사고는 중국에서 심심치 않게 발생한다. 2015년에는 톈진의 화학 물질 창고에서 대폭발이 일어나 165명이 사망했다. 2019년 3월에는 옌청(盐城)의 화학 공장에서 폭발이 발생해 78명이 사망하고 반경 7킬로미터 이내 주거지가 파괴되었다. 우루무치 화재가 일어나기 불과 2일 전인 11월 22일 허난 성 안양(安陽)의 한 공장에서는 전기용접으로 인한 화재가 발생해서 38명이 사망했다.

그러나 중국 인민들에게 11월 24일 우루무치에서 발생한 화재는 특히 큰 충격을 주었다. 모두가 불시에 봉쇄당할 위험 속에 살고 있었기 때문이다. 정부가 검열하기 직전에 전국으로 퍼져나간 영상을 보면, 아파트 봉쇄 구조물 때문에 소방차는 건물 가까이 접근할 수 없었고, 호스에서 발사된 물은 치솟는 불길에 닿지 못했다. 불길에 휩싸인 채 목숨을 잃은 10명의 사망자 중에는 위구르족 여인과 4명의 자녀들이 포함되어 있었다. 시민의 분노는 집체적 행동을 낳고, 행동은 운동으로 발전한다. 바로 다음 날부터 격분한 시민들이 중국 전역에서 집결하기 시작했다.

놀랍게도 중국의 대학생들은 손에 백지를 한 장씩 들고 있었다. 한 글자도 적히지 않는 종이 한 장은 대하소설 한 질보다 더 많은 말을 했다. 표현의 자유를 억압하는 정부를 궁지로 몰아넣는 기발한 아이디어였다. 베이징, 상하이, 난징, 광저우 등의 시민들이 백지를 들고 침묵시위를 벌인다

2022년 11월 말 중국 베이징, 상하이 등 대도시에서는 거리에 학생과 시민들이 모여서 정부의 검열을 비판하고 표현의 자유를 옹호하는 상징물로 백지를 들고 시위했다. (twitter.com/XVanFleet)

면, 중공중앙은 어떻게 대응할까? 백지 들기도 불온하다며 금지할 수 있을까? 백지 들기가 사회주의 파괴 활동이라며 처벌할 수 있을까?

2004년 우크라이나의 오렌지 혁명, 2010년 튀니지의 재스민 혁명, 2014년 홍콩의 우산혁명, 2020년 홍콩, 타이완, 타이를 잇는 밀크티 동맹 등에서 보듯, 시민 운동이 성공하기 위해서는 해당 운동의 정신을 압축하는 혁명의 상징물이 필요하다. 그리고 중국 인민은 백지를 들었다.

누구였을까, 맨 처음 백지를 손에 들고 거리로 나간 인물은? 우연히 한 사람의 머리에 번뜻 떠오른 생각이었을까? 어느 누군가, 아니 어떤 조직이 고심해서 만들어낸 혁명의 서사였을까?

백지혁명의 저작권은 2020년 6월 홍콩의 시위대에 있다. 당시 베이징의 인민대표대회에서 만장일치로 홍콩 국가보안법이 통과된 후, 홍콩의 시위대는 흰 종이를 들고 베이징의 탄압에 저항했다. 홍콩에서 시작된 시위문화를 베이징, 상하이의 학생들이 이어받아서 대륙 전역으로 확산시킨 셈이다. 1911년 민국혁명에서 1989년 톈안먼 민주화 운동을 거쳐 2022년까지 오늘날 중국에서도 땅 밑으로 흐르는 강물처럼 자유와 민주의 물결이 이어지고 있는가?

그렇게 2022년 11월 25일, 공산당 일당독재 치하 중국에서는 백지혁명의 물꼬가 터졌다. 젊고 발랄한 중국 청년들은 VPN을 통해 중공정부의 감시망을 따돌리고 시위 현장에서 찍은 영상을 해외 SNS로 재빨리 옮기고 있다. 런던, 뉴욕, 로스앤젤레스, 시드니, 토론토, 서울 등 세계 각국의 대도시에서 백지혁명에 동참하는 세계 시민의 시위가 점점 더 거세지고 있다. 비관주의자는 중공정부의 강경 진압으로 시위가 곧 멈추리라고 전망하지만, 2022년 백지혁명은 이제 막 시작되었다.

중국 밖에서는 그 의미를 축소하기 쉽지만, 오죽하면 중국의 학생들이 백지를 들고 시위를 했겠는가? 대체 무엇이 그들을 중국처럼 정부가 인민을 삼엄하게 감시하는 빅브라더의 나라에서 저토록 용감하게 움직이게 했는가? 그것은 "분노의 불"이었다. 백지혁명의 행동강령은 "백지를 손에 들고"이다. 구호는 "공산당은 물러나라, 시진핑은 물러나라!"이다. 1989년 이래 중국 인민을 이끄는 도도한 시대정신은 "부자유 무녕사"이다. "자유롭지 못하면 차라리 죽겠다!" "자유가 아니면 죽음을 달라!"

제37장
무너지는 둑, 물러서는 당

노예가 아니라 공민이 되고 싶다! 자유가 아니라면 죽음을 달라! 공산당은 물러나라! 시진핑은 물러나라!

2022년 11월 말 중국의 최소 17개 도시에서 백지를 손에 들고 광장으로 몰려나온 시위대가 외친 구호이다. 그들은 모여서 목청껏 중화인민공화국의 국가를 제창했다. 그 가사 첫 소절이 전체주의적 압제를 거부하는 중국 인민의 혁명 의식을 새롭게 일깨운다.

일어나라! 노예가 되기 싫은 인민이여!

다윗보다 약한 젊은 학생들이 골리앗 군단보다 강한 중국공산당 정부에 맞서 항거하는 역사적인 순간이었다. 놀랍게도 그들은 공산당의 해산과 시진핑의 하야를 부르짖었다. 오늘날 중국에서 그보다 더 강력한 정치 구호는 있을 수 없다. 1989년 톈안먼 민주화 운동 당시 학생대표였던 왕단은 최근 개인 유튜브 방송을 통해서 "1989년에 우리는 공산당의 해산, 시진핑 하야 같은 구호를 외칠 수 없었다"라고 언급하면서 시위대의 용기를 칭찬했다.

중국의 백지혁명, 최초의 승리

중공중앙은 즉각 시위 주동자들을 색출해서 검거하기 시작했다. 정치범과 사상범을 처벌하는 중국의 형법은 종류가 다양하다. 정권전복 선동죄, 반혁명 선전선동죄, 정부전복 음모죄, 적과 내통한 죄, 국가에 반역한 죄 등등. 다만 중국 법원은 웬만해서는 그러한 반체제, 반국가 죄목을 남발하지 않는다. 대신 그들은 시위 주동자를 처벌할 때 사회질서 파괴나 폭행 혐의를 걸어 처벌하기 일쑤이다. 흔히 심흔자사죄, 즉 "싸움을 걸고 난리를 부린 죄"가 적용된다. 사회 관리질서 방해죄도 시위자에게 자주 적용되는 죄명이다. 중국 법원의 억지 판결 때문에 불의에 항거한 민주 인사는 폭행범이라는 낙인을 받고 옥살이해야만 한다.

2019년 산시 성(陝西省) 법원은 트위터와 페이스북에 국가주석을 모독하고 중국공산당을 비판하는 글을 올린 중국의 네티즌 룽커하이(龍克海, 1966-)에게 엄중한 사회질서를 파괴했다며 심흔자사죄로 1년 6개월 형을 선고했다. 인터넷 공간에서 국가영도자를 비판했는데 판사는 대체 무엇을 근거로 사회질서를 파괴했다고 판단했는가? 글로 정부를 비판한 행위가 싸움을 걸고 난리를 부린 죄가 될 수 있나? 독재정권 치하에서는 법원의 판결이 그렇게 상식에 반하고 논리에 어긋난다.

그러나 놀랍게도 백지혁명의 결과는 중국 공민의 한판승이었다. 당황한 중공중앙은 주춤주춤 뒤로 물러섰다. 12월 7일 중국 당국은 급작스럽게 역동적 제로-코로나 정책의 중단을 선언했다.

어떤 이는 2022년 시위의 규모가 그다지 크지 않았다며 중국 당국이 때가 되어서 방역 규제를 완화했을 뿐 시위의 영향은 미미했다고 주장한다. 그러나 그것은 바닷속의 빙산을 모르는 어리석음이다. 전체주의 중국에서 그 정도 시위가 발생했다는 사실은 기층 인민의 분노가 이미 극에 달해 있음을 보여준다.

중국 관영매체는 이번 조치가 시위와 무관한 의학적 결정이라고 보도하고 있지만, 시위에 놀란 중공중앙이 주춤 물러섰다고 볼 수 있다. 당시로부터 불과 몇 주일 전까지도 관영매체는 제로-코로나 정책이 바이러스로부터 인명을 보호하는 가장 과학적이고, 효과적이며, 경제적인 방법이라고 선전, 선동의 나팔을 불어댔기 때문이다.

한 예로 2022년 10월 11일 중공 기관지 「인민일보」에 게재된 "역동적 제로-코로나 정책은 지속될 수 있으며, 반드시 견지해야만 한다"라는 제목의 칼럼을 보자.

> 방역을 잘해야만 경제가 안정되고, 인민의 생활이 평안해지며, 평온한 경제 성장, 건전한 사회의 발전이 가능해진다. 냉철하게 살펴보자. 우리 나라는 14억 인구의 대국인데, 지역이 불균등하게 발전한 상태이고, 의료 자원이 부족하다. 방역을 완화하면 감염자가 폭증할 수밖에 없다. 일단 방역이 대규모로 뚫리면, 역병이 만연해서 경제와 사회의 발전에 매서운 충격이 가해질 수 있다. 결국 그 대가와 손실은 더욱 커질 수밖에 없다. 역동적 제로-코로나 정책을 견지해야만 방역과 경제, 사회 발전 사이의 균형이 유지될 수 있고, 가장 적은 대가로 가장 큰 방역 효과를 실현할 수 있으며, 방역이 사회경제 발전에 끼치는 악영향을 가장 효율적으로 최소화할 수 있다.

아울러 이 칼럼은 오미크론 변종의 면역 도피 능력이 확연히 증강되었기 때문에 60세 이상 인구가 2억6,700만에 달하는 중국은 반드시 역동적 제로-코로나 정책을 견지해야만 한다고 주장했다. 이는 오미크론 변이의 치사율이 낮아져서 계절성 독감보다도 위험하지 않다는 WHO의 입장과 대립된다.

지난 3년간 중국의 관영매체는 날마다 외방수입 내방반탄(外防輸入, 內防反彈), 즉 밖으로부터의 (바이러스) 유입을 막고, 안으로 반등을 막자고 부르짖었다. 전 인민을 무균 상태의 인큐베이터에 가두려는 의도였을까. 이는 과학적으로 절대 설명될 수 없는 몰상식하고 불합리한 전체주의적 만용이었다. 의학적으로 도저히 성립될 수 없는 정책이기 때문에, 제로-코로나는 정치 방역이라는 해석이 더욱 설득력 있다. 결국 중공중앙은 인민의 저항에 부딪혀 희대의 엉터리 방역정책을 포기할 수밖에 없었다. 무엇보다 총서기의 옹고집이 꺾였기 때문이다.

위기의 중공, 허둥대는 시진핑

2022년 11월 말 중국 전역에서 동시다발적으로 백지시위가 발생한 후, 시진핑 총서기는 엇갈리는 두 가지 메시지를 세상에 내보냈다. 12월 1일 EU 위원회 회장 샤를 미셸(Charles Michel, 1975-)을 만났을 때 그는 "지난 3년간 코로나-19로 절망한 학생들과 10대의 항의"가 있었음을 이례적으로 인정했다. 중국의 관영매체가 시위와 관련된 보도를 한 줄도 내보내지 않은 현실에 비춰보았을 때 시진핑 총서기가 시위의 발생을 인정했음은 지극히 예외적이다.

아울러 그는 오미크론 변이의 치사율이 낮아졌다면서 3년간 철통처럼 유지해온 제로-코로나 정책이 막바지에 달했음을 암시했다. 청년층의 항의에 짐짓 놀라 오미크론 변이를 언급하며 급하게 출구전략을 모색하는 장면이었다.

한편 그는 12월 6일 인민대회당에서 거행된 장쩌민 전 총서기 추도대회에서 200자 원고지 33매 분량의 추도문을 낭독하면서 1989년의 "동란(動亂)"을 직접 언급했다.

1989년 봄과 여름 사이 우리 나라에 엄중한 정치 풍파가 발생했을 때, 장쩌민 동지는 동란에 반대하는 당 중앙의 선명한 기치를 옹호하고 집행했으며, 사회주의 국가 정권을 보위하고 인민의 근본 이익을 지키는 올바른 정책을 수호하며 견결하게 다수의 당원, 간부, 군중에 의지하여 강력하게 상하이 안정을 유지했다.

지금껏 중공정부는 1989년 톈안먼에 대해서 함구해왔다. 그런데 시진핑이 1989년 톈안먼 민주화 운동을 화두로 올리고서는 이를 "사회주의 국가 정권"에 도전하고 "인민의 근본 이익"에 저해가 되는 "정치 풍파"와 "동란"으로 규정했다. 당시 상황에서 이 대목은 시위를 더는 좌시하지 않겠다는 강력한 의지의 표명으로 읽힐 수 있었다. 성난 민심에 놀라 엉터리 방역정책을 포기한 그는 인민이 넘지 못할 철조망을 치는 듯했다. 큰 위기에 봉착해 큰 것 하나를 양보하고 배수진을 친 형국인데, 문제는 더 큰 위기가 눈앞에 스멀거리고 있었다는 점이다.

2022년 11월 말 중국 전역에서 동시다발적으로 백지혁명이 발생했을 때 중국 밖의 관찰자들 사이에서는 비관과 낙관이 팽팽히 맞섰다. 비관론자들은 중공정부의 감시체계와 탄압 수단을 강조하며 백지혁명이 곧 사그라들 수밖에 없다고 내다보았다. 반면 낙관론자들은 1989년 톈안먼 민주화 운동 이후 33년 만에 일어난 대규모 시위가 시진핑 정권을 궁지로 몰아넣을 가능성도 있다고 주장했다.

백지혁명의 미래에 관해서는 최소 10년간 그 누구도 단정할 수 없다. 인류의 역사에서 민중의 저항은 섣부른 예측을 불허한다. 톈안먼 대학살 이후 30여 년간 진상조사조차 이루어지지 않는 중국의 현실을 보면 절망스럽지만, 공산당 해산과 시진핑 하야를 부르짖는 군중의 담대함은 새로운 희망을 준다. 때로 역사의 중대사는 깊은 밤 무서리처럼 몰래 찾아와 불쑥 급변의 물꼬를 트고 급속하게 전개되기도 한다.

어떤 이는 강력한 정치 탄압으로 시위가 완전히 진압되었다고 하지만, 이번 시위가 일단 멈춘 이유는 놀란 중공정부가 내민 방역 완화라는 큰 양보 덕분이었다. 본래 독재정권은 성난 군중의 저항에 부딪힐 때면 신속하게 국면을 전환하기 위해 기대 이상의 유화책을 펼치기 마련이다. 12월 7일 발표된 급작스러운 방역 완화는 백지혁명과 무관하지 않다. 작용이 있으면 반작용이 있듯, 전체주의 정권도 성난 인민의 함성에 민감하게 반응한다. 시위 군중은 공산당 해산과 시진핑 하야를 부르짖었고, 중공정부는 부랴부랴 180도 정책 전환으로 인민의 노기를 달래야 했다.

2022년 백지혁명은 이미 중국 인민의 뇌리에 각인되었다. 앞으로 어떤 계기로든 다시 집체적 시위가 일어날 때면, 중국 인민이 모두 한 손에 백지를 한 장씩 들고 살랑살랑 흔들기만 해도 충분할 듯하다. 한 글자도 적히지 않은 백지가 때로는 100만 마디의 구호보다 강력할 수 있다. 표현의 자유를 짓밟는 독재정권에게 인민의 손에 들린 흰 종이 한 장보다 무서운 묵언의 항의는 없기 때문이다. 독재정권이 막무가내로 표현의 자유를 탄압하면, 민중은 풍자와 해학으로 영리하게 표현한다. 과연 중국공산당은 단지 백지 한 장을 들었다는 이유로 인민을 처벌할 수 있을까? 두고 볼 일이다.

마오쩌둥 대신 쑨원

2020년 7월부터 중국 대부분의 지역에서는 불꽃을 쏘거나 폭죽을 터뜨리는 행위가 엄격히 금지되었다. 그러나 2022년 12월 31일, 중국 각 도시중심가에서는 정부의 금지령에도 아랑곳없이 사람들이 새해를 맞이하여불꽃을 쏘고 폭죽을 터뜨리며 환호성을 질렀다. 차를 몰고 도심을 달리며불꽃을 쏘는 이들도 있었다. 허난 성 저우커우(周口) 루 읍(鹿邑)에서는성난 군중이 떼를 지어 경찰차를 차고 짓밟고 급기야는 여러 명이 힘을모아 뒤집어버렸다. 불꽃놀이를 막는 공권력에 대항한 즉흥적 폭력 시위였다.

2023년 1월 1일 0시 직전이었다. 난징 신제커우 광장에 모여 있던 수백명의 군중이 경찰의 저지선을 뚫고 앞다투어 정중앙에 세워진 쑨원의 동상을 향해 달려갔다. 이내 동상 주변을 빽빽하게 둘러싼 군중은 손에 쥐고있던 풍선을 밤하늘 멀리 날려 보냈다. 제로-코로나 정책 폐기 후 감염자가 급등세를 보이는 민감한 시점임에도 불구하고 자발적으로 모여든 대규모 군중은 그렇게 경찰의 저지선을 뚫고 민국혁명의 아버지 쑨원 동상 앞에 헌화하고 색색의 풍선을 날리는 장관을 연출했다.

3년간 갇혀 지낸 중국 인민으로서는 실로 감격의 순간이었다. 실시간으로 그 광경을 지켜보던 전 세계 네티즌들은 촌음을 다퉈 감탄의 트윗을남겼다. 지난해 11월 말의 백지혁명이 급기야 불꽃혁명으로 확대되고 있다는 희망 섞인 전망이 주류였다.

지난 세밑 난징에서 일어난 일은 여느 때와 또다른 중대한 정치적 함의를 가진다. 중국 인민이 당당하게 경찰에 맞서서 격한 몸싸움을 벌이며항의의 의사를 분명히 표현했다는 점, 불꽃놀이, 헌화, 풍선 날리기 등 참신하고 유쾌한 장면을 연출해서 탄압을 일삼는 정부를 조롱했다는 점, 그리고 무엇보다 난징의 시민들이 쑨원이라는 상징적 인물 아래 모여들었다는 점이 특히 의미 있다. 이 민감한 시점에 중국 인민은 왜 하필 흔하디흔한 마오쩌둥 동상 대신 쑨원의 동상 앞으로 모였을까?

쑨원은 2,000여 년 지속되던 황제지배체제를 종식한 1911년 민국혁명의 지도자이다. 누구도 의심할 수 없는 쑨원의 가장 큰 업적은 황제의 나라 "제국"을 무너뜨리고 국민의 나라 "민국"을 세웠다는 데에 있다.

시진핑 총서기는 중국공산당 제20차 전국대표대회를 통해서 스스로 영구집권의 황제가 되었음을 공식적으로 천명했다. 민국혁명은 이미 110여 년 전에 일어났지만, 중국은 무늬만 민국일 뿐 실제로는 여전히 일인지배의 제국이다. 그 점을 잘 아는 난징의 시민들은 110여 년 전 민국혁명의 정신을 기리기 위해서 자발적으로 꽃을 들고 쑨원의 동상 앞으로 모여들었고, 길을 막은 경찰을 몸싸움으로 밀어내고 고지를 탈환하는 전장의 어린 병사들처럼 신나게 펄쩍펄쩍 뛰어 쑨원의 동상을 에워쌌다.

오늘날 중국에서 쑨원을 향한 존경은 곧 마오쩌둥에 대한 비판을 함축한다. 비근한 예로 2021년 10월 10일 홍콩 경찰은 시민들이 기획한 쌍십절(雙十節) 행사를 국가안전법에 저촉된다는 이유로 금지했다. 쌍십절은 민국혁명이 발발한 1911년 10월 10일을 기리는 행사지만, 홍콩 경찰은 그날이 민국혁명의 적통을 주장하며 "중화민국"을 표방하는 타이완의 국경일이라는 점을 행사를 불허하는 명분으로 내세웠다.

10월 1일을 국경일로 경축하는 중공정부는 10월 10일을 따로 기리지 않는다. 중국 헌법 전문에서는 쑨원의 공적을 언급하지만, 중공정부로서는 국민당 정권을 탄생시킨 민국혁명의 의의를 강조할 수 없다. 바로 그런 이유로 중공중앙은 마오쩌둥의 권위를 절대화한다. 여기에는 쑨원의 민국

2023년 1월 1일 0시, 경찰의 저지선을 뚫고 쑨원의 동상 앞에 결집한 난징의 시민들.
(twitter.com/TCitizenExpress)

혁명은 기껏 미완의 소극적인 혁명이었지만, 마오쩌둥의 사회주의 혁명은 반봉건, 반제국주의의 완전한 혁명이었다는 논리가 깔려 있다.

이런 맥락에서 쑨원을 기리는 난징 시민의 행사는 영리하고도 대담한 도발이다. 아나나 다를까 "애국심"에 불타는 한 "분노청년"은 쑨원에게 헌화하는 인민을 비판하면서 "중화민국을 복원하고 싶냐?"라며 따지는 글을 트위터에 게시하기도 했다. 반면 차이샤 전 중앙당교 교수는 자발적으로 쑨원의 동상 앞에 모인 시민들의 행동을 기리면서 "민심의 향배에 중대한 변화가 일어났다"고 평가했다.

중국에서 쑨원의 지위가 격상될수록 마오쩌둥의 권위는 실추될 수밖에 없다. 마오쩌둥의 권위가 실추되면 중국공산당의 영도력에 금이 가고 만다. 쑨원의 부상은 마오쩌둥의 추락을, 그리고 중국공산당의 몰락을 암시할 수도 있다. 지난 세기 중국 혁명사의 신전에서 마오의 성상(聖像) 위에 안치될 수 있는 유일무이한 인물이 바로 쑨원이기 때문이다. 진정 대다수 중국 인민이 마오쩌둥보다 쑨원을 더 존경하고 흠모하는 날이 도래한다면, 중국공산당은 존립 기반을 상실할 수밖에 없다. 바로 그 점에서 시민들이 경찰의 저지선을 뚫고 쑨원의 동상 앞으로 모여든 장면을 기억할 필요가 있다.

1989년 톈안먼 대학살 이후 중국 안팎의 관찰자들은 중국 민주화의 미래에 관해 양극단의 무수한 예측을 쏟아냈다. 중국공산당의 막강한 권력을 직접 겪어 잘 아는 중국인 학자들 다수는 중국이 한국이나 타이완이 거친 민주화의 길을 갈 가능성은 크지 않다는 비관론을 제시했다. 반면 서구 사회과학 분야의 여러 전문가들은 중국의 경제성장이 정치적 자유화로 나아간다는 낙관론을 펼쳤다. 지금까지는 두 전망 중에서 비관론이 더 정확한 현실 진단이었음에 의심의 여지가 없다. 다만 어느 시대, 어느 사회든 변화의 계기는 예고 없이 불쑥 들이닥친다.

2022년에서 2023년으로 넘어가는 겨울, 중국 전역에 잠시 크게 일어났던 변화의 기운은 무엇이었나? 3년간 지속된 강압적 방역을 견디다 못한 인민이 내뱉은 돌발적인 괴성에 불과했나? 아니라면, 지난 수십 년간 쌓일 대로 쌓인 불만과 원망의 대규모 폭발이었나? 찻잔 속의 태풍이었나, "무너지는 둑"이었나? 아직은 그 어떤 예측도 섣부르지만, 중국 인민이 "물러서는 당"의 뒷걸음질을 눈으로 직접 확인했음은 분명해 보인다.

제38장
노인들의 꿈, "재산은 인권, 복지는 권리"

2000년대 이후 중국 경제가 비약적으로 성장하자 중국 안팎에서는 중국공산당의 통치력을 칭송하는 목소리가 고조되었다. 특히 2008년 미국발 경제위기가 전 세계를 위협할 때, 소위 중국 전문가 중 일부는 중국 모델이 미국 모델보다 우월하다는 논변까지 펼쳤다. 권위주의 개발독재가 미국식 자유민주주의 시장경제보다 합리적이고 효율적이라는 주장인데, 대다수 학자는 그런 식의 무리한 주장에 성급하게 동의하지 않았다. 표면상 성공적인 중국식 개발독재는 중국 특유의 "열악한 인권의 이점(low human-rights advantage)" 덕분에 유지되었기 때문이다.[1] 중국 경제는 인권의 레일 위로 달려가는 폭주 기관차와 같다. 레일 아래 깔려 있던 인민이 꿈틀대며 인권과 권리를 외치는 날, 중국의 열악한 인권은 경제성장의 이점이 아니라 함정으로 급변할 수도 있다.

예금은 인권이다!

2022년 7월 11일, 허난 성 정저우 중국인민은행 건물 앞 계단 위에 1,000여 명의 시민들이 모여서 지방은행의 예금 동결을 규탄했다. 그들은 정부의 부패와 무책임을 지적하며 "예금은 인권이다!"라고 적힌 현수막을 들고

"허난 은행은 우리의 피와 땀이 섞인 돈을 돌려달라!" 2022년 7월 10일 허난 성 정저우 시 중국인민은행 앞 시위 장면. (udn.com)

"예금을 돌려달라!" 소리쳤다. 그날 오전 11시경, 흰 셔츠를 입은 정체불명의 남성들이 현장을 덮쳤다. 그들은 시위대를 향해 무차별 폭력을 가했고, 시위는 강제로 해산되었다. 중국 밖 민주주의 사회의 관점에서 이 시위는 지방도시의 소규모 시위 정도로 폄하될지도 모른다. 그러나 중국에서는 철옹성의 방화벽에 생겨난 섬뜩한 균열의 조짐일 수도 있다.

중국은 제로-코로나의 광풍 속에서 인민의 권리를 극도로 제한하며 방역 정치를 2년 넘게 이어갔다. 이 정책으로 중국 전체가 경제난에 휩싸이자, 높은 이자율을 보장하며 지방민의 쌈짓돈을 끌어모은 지방의 작은 은행들은 심각한 자금난에 봉착했다. 결국 2022년 4월부터 자금난에 시달려 온 허난 성의 시골과 소도시 은행들은 수십억 원 대의 예금을 동결하는 초강수를 두었다. 격분한 예금주들은 들끓기 시작했다. 그들은 우선 인터넷을 활용해서 예금 동결의 부당함을 알렸다. 중국 정부는 해시태그를 삭제하면서 여론의 확산을 막았지만, 예금주들은 정부의 감시망을 피해 새로운 해시태그를 만들면서 홍보전을 펼쳤다.

2022년 7월 11일, 시민들은 마침내 공안의 철통같은 경계를 뚫고 1,000여 명이 모이는 쾌거를 이루었다. 시위대가 든 현수막 문구 중에는 암흑세계와 손잡은 지방정부를 규탄하는 구호도 있었다. 실제로 문제가 된 시골 및 소도시 은행은 이후 암흑가의 검은 세력과 결탁한 혐의로 경찰의 조사를 받았다. 따라서 이 사태는 전 중국 금융 부패의 단면일지도 모른다. 오늘날 중국 금융 시스템의 근원적 불안전성이 표출되었을 수 있다는 이야기이다.

이 시위는 일당독재의 사회주의 국가에서 개개인이 사유재산을 지키기 위해 자발적으로 나선 집단행동이다. 따라서 이는 실제로 중국공산당 통치의 정당성에 관한 강력한 이의제기라고도 볼 수 있다. "예금은 인권이다!"라는 구호 속에는 인민의 사유재산권을 보장하지 못하는 중국공산당 정부를 향한 강력한 질타가 들어 있다. 정치적 자유가 제한된 중국에서 인민에게는 오로지 예금만이 인간다운 삶을 유지할 수 있는 인권의 보루이다. 그 보루가 흔들리고 있음을 안 중국 인민은 격분할 수밖에 없었다. 비단 허난 사람들만의 문제가 아니기 때문이다.

홍위병 세대, 백발이 되어 다시 일어서다!

재산과 권리를 지키려는 인민의 궐기는 세대를 뛰어넘고 지역을 넘어섰다. 2023년 2월 중국의 후베이 성 우한, 랴오닝 성 다롄(大連) 등지에서 정부의 의료 보험 정책에 반대하는 격렬한 "백발시위"가 일어났다. 3년간

2023년 2월 15일, 후베이 성 우한에 집결해서 지방정부의 의료 지원금 삭감에 항의하는 노인들. (공공부문)

지속된 제로-코로나 정책으로 중국 지방정부의 재정이 어려워지면서 부득이 의료 지원금을 삭감했기 때문이다. 정부 지원금으로 진찰을 받고 약을 사는 노인들은 지원금이 줄어들었음을 온몸으로 체감했다.

그날의 시위는 전광석화로 불붙었다. 우한 시 정부가 2월 1일 새로운 의료정책을 발표하자 2월 8일 격분한 노인 수천 명이 거리로 나와 첫 시위를 벌였다. 2월 15일 아침, 노인들은 또다시 한커우(漢口)의 중산 광장에 집결해서 대규모 집회를 개최했다. 같은 날 육로로 거의 2,000킬로미터 떨어진 다롄에서도 수천 명이 인민 광장에 모여서 같은 이유로 대규모 시위를 벌였다. 다롄의 경찰은 노인들에게 욕설을 퍼붓고 발길질을 했다. 몇 명은 현장에서 구속되기도 했다.

집회, 시위의 자유가 극히 제한된 중국에서는 젊은이도 쉽게 시위에 나서지 못한다. 그렇다면 상황이 어떻기에 은퇴한 백발노인들이 거리로 나왔을까? 중국은 정말로 일촉즉발의 상황을 맞았을까? 반드시 그렇게 볼 수만은 없다. 막강한 중국공산당의 권력에 비하면 백발노인들의 저항은 아직 미약하기 때문이다.

경찰은 현장에서 무력을 쓰지 않았지만, 사후 조사로 우한의 시위 주동자 5명을 구속했다. 시위에 참여한 노인들은 좁혀오는 수사망에 떨고 있다. 그럼에도 이 시위의 역사적 의의를 애써 축소할 이유는 없다.

2022년 11월 말, 중국 전역의 최소 20개 도시에서 백지를 손에 쥐고 공산당 해산과 시진핑 하야를 부르짖은 청년들의 백지시위가 2023년 2월 우한과 다롄에서 은퇴자들의 백발시위로 이어졌다. 중국 같은 일당독재의 전체주의 국가에서는 노인들이 자발적으로 시위를 일으키는 사례가 극히 드물기 때문에 이 사건에는 특히 세계인의 이목이 쏠렸다. 백발시위를 주도한 우한과 다롄의 노인들, 그들은 누구인가?

그들은 바로 57년 전 마오쩌둥의 부름을 받아 문화혁명을 주도했던 10대의 홍위병들이었다. 1966년 여름 8개월간 수도를 떠나 남방에서 원격조정으로 문혁의 불씨를 일으킨 마오쩌둥은 베이징으로 돌아오자마자 대학 및 중, 고교의 젊은이들을 향해 "조반유리"를 외쳤다. "반란을 일으킴에 정당한 이유가 있다"는 그 한마디 말로 인격신 마오쩌둥은 청소년의 마음에 불을 질렀다.

마오쩌둥의 인정을 받은 홍위병들은 당, 정, 관, 학 곳곳에 숨어 있는 주자파를 색출해 축출하자며 벌 떼처럼 들고일어났다. 그들은 야만적인 마녀사냥과 집단 린치로 전 중국을 갈가리 찢고 부수고, 적인을 색출해서 할퀴고 짓밟았다. 당시 홍위병 운동은 서로 죽고 죽이는 대규모 학살극으로 번졌다. 그중에서도 후베이 성 우한이 대표적이었다.

"1967년 5월과 6월, 후베이 성 우한에서는 군중이 조반파와 보황파로 나뉘어서 대규모 무장투쟁에 돌입했다."[2] 그 참혹한 내전에서 10대 불량배들이 돈을 받고 용병처럼 무차별 학살을 자행했다는 기록도 있다.[3] 좌, 우파 무장투쟁의 악순환으로 우한에서만 6만6,000여 명이 중, 경상을 입고, 600여 명이 학살되었다. 후베이 성 전역에서는 18만4,000여 명이 상해를 입거나 사망했다.[4]

청춘은 덧없이 흘러가도 젊은 날의 꿈과 이상은 노인의 가슴에 암초처럼 박혀 있다. 젊은 시절 인간은 경험이 얕고 안목이 좁아서 섣불리 움직이다가 실수를 거듭하지만, 나이가 들어서는 과거의 시행착오를 돌아보면서 지혜와 통찰을 얻는다. 1980년대 중국 문단에 범람했던 상흔 문학은 혁명의 광열과 변혁의 미망에 사로잡혀 숱한 범죄를 저지르고 시행착오를 거듭했던 홍위병 세대의 고해성사이다. 바로 그 홍위병 세대가 50여 년 세월을 건너 백발부대가 되어 돌아왔다.

노예들아, 일어나라!

2022년 2월 15일 한커우의 중산 광장에 집결한 노인들은 한목소리로 20세기 전 세계 국제공산주의 운동의 혁명 송가(頌歌)였던 "국제가"를 불렀다. 1871년 5월 말 파리코뮌 최후의 전투가 수천 명의 목숨을 앗아간 피의 한 주로 막을 내린 후, 철도 노동자 출신 무정부주의자 외젠 포티에(Eugène Pottier, 1816-1887)가 쓴 시에 목수 출신 피에르 드 가이터(Pierre De Geyter, 1848-1932)가 음을 붙인 곡이었다. 우한의 노인들이 목청껏 부른 중국어 가사 첫머리는 다음과 같다.

일어나라, 굶주림과 추위에 압박당한 노예들아!

일어나라, 전 세계의 고통받는 사람들아!

가슴 가득 뜨거운 피가 벌써 끓어올라

진리를 위해 싸우려 하네!

낡은 세계는 꽃처럼 떨어져 물처럼 흘러가니

노예들아, 일어나라, 일어나라!

중산 광장의 노인들은 또 1943년 산시 성(陝西省) 산촌에서 만들어져 혁명 가곡으로 널리 애창된 "단결은 힘이다"를 함께 불렀다.

단결이 힘이네. 단결이 힘이네.

그 힘은 쇠라네, 그 힘은 철이라네.

쇠보다 굳고, 철보다 세다네.

파시스트를 불태우고, 반민주제도를 모두 없애네.

태양을 향해 자유를 향해

새로운 중국을 향해,

커다란 빛발을 쏘네!

홍위병이었던 10대 시절 날마다 불러서 지금도 노인들의 혀끝에 달라붙어 있는 그 노랫말 속에는 자유와 민주를 향한 1940년대 중국 민중의 염원이 고스란히 담겨 있다. 노인들은 어려서 배운 그대로 "파시스트를 불태우고, 반민주제도를 모두 없애는" 인민의 단결력을 믿고 시진핑 정권에 맞서 용감하게 투쟁했다.

무덤 속 마오쩌둥이 되살아나 노인들의 백발시위를 본다면 뭐라고 할까. 되살아난 마오쩌둥이 여전히 스스로 천명한 마오쩌둥 사상을 그대로 굳게 믿는다면, 다시 "조반유리!"를 외칠 수밖에 없다. 격분한 노인들이 들고일어났으니 다 정당한 이유가 있다고.

사유재산권의 보장 : 공산당과 인민의 사회계약

사유재산권은 근대 민법의 출발점이다. 자유나 인권은 공허한 추상적 개념이 아니라 인간 개개인의 사유재산권에서 시작된다. 『통치론(*The Second Treatise of Civil Goverment*)』 제2편 5장에서 로크(John Locke, 1632–1704)가 논증하듯 모든 인간은 스스로 노동해서 획득한 재화를 배타적으로 소유할 수 있는 천부의 사유재산권을 가진다. 로크에 따르면, "떡갈나무 아래서 도토리를 주워서, 숲속 나무에서 사과를 따서" 영양을 섭취한 사람은 바로 그 도토리와 사과를 직접 손으로 잡는 순간 두 열매에 대한 사적 소유권을 가지게 된다.

1989년 톈안먼 대학살 이후 중공중앙과 중국 인민 사이에는 암묵적인 합의가 이루어졌다. 탱크로 군중을 짓밟은 중공중앙은 인민을 향해 경제적 보상을 약속했다. 중국 인민은 정치적 자유를 헌납했다. 입 닫고 일당독재에 복종하는 대신 현실적으로 돈을 벌고 모을 수 있는 경제적 자유를 택했다. "공민의 합법적 사유재산은 침해될 수 없다"라는 1982년 수정 헌법의 총강 제13조가 형식적으로 공민의 사유재산권을 지켜주는 헌법적 근거가 되었다. "치부광영(致富光榮 : 부자가 되는 것은 영광스러운 일이다)"이라는 최고영도자 덩샤오핑의 구호는 공민의 재산권을 인정하는 중공중앙의 정치적 보증이었다.

톈안먼 대학살 이후 중국 인민은 공개적으로 정부를 비판하거나 정치적 자유를 누릴 수는 없어도 스스로 일해서 번 돈과 재투자로 불린 재산만큼은 1950-1960년대처럼 무력하게 강탈당하지 않고 온전히 지킬 수 있다고 견고하게 믿었다. 2022년 7월 10일 정저우 중국인민은행 앞의 시위는 정부와 인민 사이의 암묵적 합의가 무너지고 있음을 알리는 불길한 신호탄이었다. 최근 시진핑 총서기와 리커창 총리가 이구동성으로 외치는 "공동부유"라는 구호 역시 사유재산권을 위협하는 "좌 클릭"의 노이즈(noise)로 여겨진다.

요컨대 바로 지금 많은 중국 인민은 은행에 넣어둔 쌈짓돈까지 불시에 빼앗길 수도 있다는 공포에 떨 수밖에 없게 되었다. 그 시위가 다른 어떤 시위보다 심각한 이유가 바로 여기에 있다. 중국공산당이 외치는 마르크스-레닌주의, 마오쩌둥 사상, 사회주의, 공산주의는 모두 허울 좋은 거대 명분일 뿐이다. 중국 인민이 일당독재에 복종해온 이유는 중국공산당이 최소한 인민의 사유재산만큼은 보장해주리라고 믿었기 때문이다. 중국 인민들 사이에서 이 믿음이 깨지는 순간 사유재산을 지키려는 자유인의 대탈주가 일어날지 모른다. 1950년대처럼 다시 재산을 빼앗기면 인민은 자유를 잃고 다시 국가의 농노로 전락할 수밖에 없기 때문이다.

백발노인들의 시위에도 같은 의미가 있다. 오랜 세월 세상을 살며 몸으로 느껴서 세상사의 평범한 진리를 누구보다 잘 아는 노인들이 길거리로 몰려나와 정부를 향해 자신들의 권리를 부르짖는 모습은 중국에서 매우 진귀한 풍경이다. 노인들은 직관적으로 안다. 복지는 정부가 베푸는 선심성 특혜가 아니라 인민이 마땅히 누려야 할 권리이다. 따라서 우한과 다롄의 시위는 뒷방 늙은이가 아니라 광장의 공민이 스스로의 권리를 부르짖은 중대한 사건이다.

2022년과 2023년 중국 곳곳에서 일어난 시위는 날마다 숨 가쁘게 터지는 수많은 사건에 묻혀서 잠시 잊힐지도 모른다. 그러나 언제 어디서든 비슷한 상황이 닥치면 중국의 인민은 반드시 이 두 사건을 떠올리며 거리로 나가 외칠 듯하다. "예금이 인권이라면, 복지는 권리이다." 더는 멍하니 서서 광폭한 독재정권에 전 재산을 빼앗기지 않겠다는 중국 인민의 처절한 자각이다.

20세기 역사를 돌아보면 어느 나라든 큰 시위는 대부분 젊은이의 몫이었다. 20-30대가 앞에 서고, 40-50대는 그 뒤를 따라가는 모양새였다. 그 점에서 다른 나라도 아닌 중국에서 의료정책에 불만을 느낀 노인들이 직접 노구를 끌고 거리로 나와 막강한 정부에 항거하여 투쟁했다는 사실은 충격적이다. 노인들이 젊은이들처럼 SNS로 소통하여 일시에 한 장소에 집결해 미리 정한 구호를 이구동성으로 외쳤다는 말인가? 계획되었든 즉흥적이든, 노인들이 "국제가"를 목청껏 부르며 중국의 모든 인민을 향해 "일어서라! 노예들아! 외쳤다는 사실 또한 중대한 의미를 가진다. 앞으로 중국의 시위문화는 지역 차이뿐만 아니라 세대 격차까지 뛰어넘어 빠르게 성장할 잠재력이 있다. "노인들의 꿈"은 무엇일까? "재산은 인권, 복지는 권리"라는 구호가 말하듯, 편안하고 안전한 생활이 아닐까? 앞선 민주화의 선례가 보여주듯, 대중의 생활과 직결된 시위만이 파괴력을 가진다.

에필로그

히로시마와 나가사키에 원자폭탄이 투하되고 2개월 후인 1945년 10월 19일, 조지 오웰(George Orwell, 1903-1950)은 "당신과 원자폭탄"이라는 제목의 시론에서 처음 냉전의 도래를 예측했다. 절대무기를 가지고 있어 침략당하지 않는 강력한 전체주의 국가가 주변국과 영원한 냉전 상태에서 평화 아닌 평화를 영구히 지속한다는 주장이었다. 오웰이 최초로 냉전이라는 개념을 제시했을 때, 사람들은 그의 놀라운 통찰을 미처 헤아리지 못했다.

한국전쟁 발발 1년 전인 1949년, 소련은 자체 핵무장에 성공했다. 핵을 거머쥔 스탈린은 미국과 힘의 균형을 이루었다는 확신 아래 마오쩌둥의 참전 약속을 받아낸 후 38세 김일성의 남침을 적극적으로 지원했다. 한국전쟁은 초강국 사이의 갈등이 참혹한 국지적 대리전으로 표출될 수 있음을 보여준 중대한 사건이었다. 오웰의 예측대로 그후 40년간 세계는 양대 진영으로 갈라져서 냉전을 치러야만 했다.

냉전 시대 미국과 소련의 경쟁은 민생, 경제, 과학기술, 정치이념, 문화와 예술 등 모든 방면에서 일어난 체제전쟁이었다. 이 시기 미국은 지속적인 과학기술의 발달, 대학의 성장, 경제성장을 토대로 소련을 따돌리고 압도적인 세계 최강의 부국으로 성장했지만, 1970년대까지도 미국 지식계와 정부의 많은 전문가는 소련의 지속적 발전과 미국의 쇠락을 예언했다.

학계의 비관론과는 달리 1980년대에 들어서자 소련의 고르바초프가 레이건 행정부의 유화책에 부응하여 페레스트로이카를 추진했다. 그 결과 소련 내부에서 정치개혁과 시장개방의 요구가 거세게 일어났고, 동유럽에서 시작된 자유화의 열풍은 70년간 공산당의 일당독재에 짓눌려온 소련 인민을 일깨웠다. 이후 러시아, 우크라이나 및 발트해 연안의 에스토니아, 라트비아, 리투아니아 등에서 일어난 민주화 물결은 1991년 12월 26일 구소련 제국을 해체했다.

제1차 냉전의 시대는 그렇게 극적으로 막을 내렸다. 공산주의 대 자유주의의 충돌, 명령경제 대 시장경제의 경쟁, 전체주의 대 민주주의의 투쟁, 닫힌사회 대 열린사회의 대결은 후자의 대승리로 막을 내리는 듯했다. 자본주의가 내적 모순 때문에 붕괴하고 사회주의로 진화한다는 마르크스의 예언과는 정반대로 개인주의와 시장경제에 기초한 입헌적 자유주의와 선거민주주의가 인간 사회가 밟을 제도적 진화의 종결점이라는 장밋빛 낙관론이 널리 퍼져나갔다.

1989년 톈안먼 민주화 운동이 대학살로 막을 내렸을 때, 중국 밖의 분석가들은 머지않아 중국도 민주화를 거부할 수 없으리라고 전망했다. 그러나 그들의 예상과 달리 중국은 정치적 자유를 억압하면서도 경제성장을 지속해서 급기야 세계 제2의 경제대국으로 급성장하는 이변을 일으켰다. 그 결과 세계는 지금 중국 문제로 시름하고 있다.

구소련과 달리 개혁개방 이후 중국은 전 세계 대다수 나라들과 경제적인 공조를 확대해왔다. 소련의 경제력은 최고조일 때에도 미국의 절반에 미치지 못했지만, 중국은 이미 세계 제2의 경제대국으로 성장했다. 최첨단의 과학기술 측면에서도 중국은 미국을 바싹 뒤쫓고 있다. 구매력 평가 지수로 보면, 중국의 GDP는 2014년 이후 이미 미국을 추월했다. 중국의 경제적 중요성이 날로 커가는 상황에서 체제의 차이 때문에 중국을 배척하기란 쉽지 않았다. 팬데믹이 터진 이후에도 미국의 여러 논객은 미국과 중국의 갈등을 제2차 냉전으로 보는 매파적 시각을 비판했다. 중국 문제가 심각할 수는 있지만, 오늘날의 중국을 과거의 소련과 동일시할 수는 없는 데다가 이제 와서 중국과의 공생을 포기할 수 없다는 현실론이었다.

우크라이나 전쟁이 터지고 나서야 이미 7–8년 전부터 제2차 냉전이 진행되고 있었다는 주장이 설득력을 얻었다. 세계 여러 나라가 현 상태로는 중국과의 공조를 계속 이어갈 수 없음을 인지했다고 할까. 구소련처럼 오늘날 중국은 일당독재의 레닌주의 국가이며, 핵무기로 전 인류를 파괴할 수 있는 군사적 초강국이다. 중국은 대내적으로 최첨단의 감시 장비로 전 인민을 통제하는 반자유적 전체주의 국가이며, 대외적으로 자유민주적 질서에 맞서는 팽창주의적 제국이다. 또한 중국은 반인류적 정치범죄, 심지어는 제노사이드를 자행한다고 의심받고 있으며, 홍콩의 자유를 억압하고, 타이완에 대한 흡수 통일을 공공연히 선언하면서 국제질서를 근본적으로 위협하고 있다.

작금의 국제정세가 제2차 냉전이라면, 중국은 승리할 수 있을까? 중국이 "중화민족의 위대한 부흥"을 실현하여 과거 역대 중화제국의 조공체제 같은 중국 중심의 세계질서가 출현할 가능성이 있을까? 세 가지 이유에서 그렇게 될 가능성은 희박해 보인다.

첫째, 중국 경제의 전망이 계속 밝을 수는 없다. 세계 제2위의 규모를 자랑하는 중국 경제의 실상은 이렇다. 인구 절벽으로 경제 활동 인구는 급감 추세이고, 천문학적 빈부격차로 전국에서 인구 40퍼센트에 달하는 6억 명이 빈곤층이며, 도농 간 그리고 지역 간 격차가 줄어들지 않고 있다. 또한 탈공조화(decoupling)에 맞물려 외국 기업은 날로 떠나가는데, 중국공산당 지도부는 경제개혁을 거부하고서 국진민퇴(國進民退)의 낡은 길로 퇴행하고 있다. 그러한 중국이 현실적으로 당장 미국을 제치고 세계경제를 이끌어갈 수는 없어 보인다.

두 번째 근거는 현재 중국이 공산당 일당독재의 전체주의 체제라는 데에 있다. 헌법에는 자유, 인권, 민주, 법치가 명시되어 있지만, 중국은 당정 분리도 이루지 못한 반자유적 인권 탄압국이다. 중국공산당이 선전하는 중국 모델은 군국주의 일제, 나치 독일의 제3제국, 스탈린 시대 구소련의 선례에서 크게 벗어나지 않는다. 중국식 디지털 전체주의는 일당독재를 유지하는 미봉책일 수는 있어도 중국 중심의 국제화 전략으로서는 실패를 면하지 못한다.

셋째, 중국은 세계질서를 이끌 인류적 보편 이념을 창출할 수 없다. 중국공산당이 창당 100년 만에 "초심을 잊지 말자, 사명을 되새기자"라며 내세운 구호는 놀랍게도 "중화민족의 위대한 부흥"이었다. 계급 정당이 민족 정당으로 둔갑한 이 기묘한 사건은 중국공산당의 이념적 자가당착을 극명하게 보여준다. 계급투쟁의 창을 들고 민족 부흥의 방패를 찌르는 격이다. 이는 중국이 세계를 향해서 건설적 전망과 보편적 가치를 제공하지 못한다는 증거이다. 중국 밖의 사람들은 시진핑의 중국몽을 위협으로 느낄 수밖에 없다. 그 결과 비대한 대륙국가 중국은 현재 국제적 고립을 자초하고 있다. 고대 진(秦)나라의 단명이 증명하듯, 인류적 보편이념을 창출하지 못하는 제국은 지속 불가능하다.

구소련이 냉전에서 패배한 이유는 정치체제와 경제구조의 한계 등 여러 측면에서 설명할 수 있지만, 가장 근본 원인은 공산주의라는 잘못된 이념에 있었다. 개인의 재산권을 박탈한 후 무산계급독재로 공산 유토피아를 건설한다는 발상 자체가 인간의 본성을 짓밟는 무지막지한 폭력이었다.

중국은 여전히 마르크스–레닌주의와 마오쩌둥 사상을 전면에 내걸고 공산당 일당독재로 운영되는 레닌주의 국가이다. 그런 나라가 "중화민족의 위대한 부흥"을 외치며 일대일로의 미명 아래 중국 중심의 세계질서를 모색하는데, 과연 몇 나라나 과거의 조공국처럼 오늘날의 중국을 종주국으로 떠받들겠는가?

20세기 인류사를 돌아보면, 열린사회의 민주주의는 혼란스럽고, 비효율적이고, 불안정한 면모를 끊임없이 보이면서도 닫힌사회의 독재 권력보다 더 질기고 탄력적인 생명력을 발휘해왔다. 그러한 시각에서 보면, 제2차 냉전의 결말도 어렴풋하게나마 짐작할 수 있다.

결론적으로 중국공산당이 통치하는 오늘날의 중국이 현재의 미국을 대신해서 새로운 세계질서를 세울 가능성은 지극히 낮다. 앞으로 최소 반세기 동안 중국이 미국을 제치고 세계 최고의 부국, 최강의 대국이 될 가능성도 높지 않다. 중국의 위안화가 미국의 달러를 대신하여 기축통화로 등극하고, 중국식 레닌주의 국가의 일당독재가 미국식 자유민주주의를 밀어내고 세계질서를 재편할 가능성도 거의 없다.

그럼에도 이미 경제적, 군사적 초강국으로 부상한 중국이 구소련보다 완강하게 버티면서 더욱 집요하고 저돌적으로 미국 중심의 세계질서를 교란하고 위협할 가능성은 상당히 크다. 2023년 현재 점점 더 본격화되어가는 제2차 냉전은 제1차 냉전에 비해 훨씬 더 복잡하고, 난해하고, 교묘하고, 소모적인 예측불허의 지구전으로 전개될 수 있다. 우리가 "슬픈 중국"의 역사를 궁구해야만 하는 이유가 바로 여기에 있다.

2018년부터 연재하기 시작한 "슬픈 중국" 시리즈를 5년 반 만에 완결하여 세 번째 책을 세상에 내놓는다. 2018년 새해 아침 중국 현대사의 슬픈 역사에 관해 첫 문장을 쓸 때 손끝에 저며오던 떨림을 아직도 생생히 기억한다. 5년 넘게 거의 매주 원고지 30매 이상을 집필했지만, 그 떨림은 조금도 잦아들지 않았다. 글을 쓸 때마다 그렇게 떨리는 이유는 무엇일까? 지식이 부족해서 생기는 두려움일까? 지력이 모자라 느끼는 자괴감일까? 국제정치의 민감한 주제를 매주 건드리며 마땅히 겪는 긴장감일까? 날마다 참혹했던 과거사를 들추고 파헤치면서 심신이 지쳐버린 탓일까? 거대한 독재정권과의 투쟁에서 생겨나는 공포일까?

손끝이 떨리고, 가슴이 두근거리고, 때로는 이마에 식은땀이 흘렀음에도 거의 한 주도 거르지 않고 꼬박꼬박 원고를 쓴 힘은 시간이 갈수록 2020년 이후 세계사의 흐름이 "슬픈 중국" 시리즈의 주제와 결코 어긋나지 않는다는 안도감에서 나왔다. 그 느낌은 내 마음속에서 점점 큰 확신으로 자라났다. 그런 확신이 집필의 동기와 용기를 주었다. 설령 그렇다고 해도 "슬픈 중국" 시리즈가 오직 전체주의 독재정권의 잔혹한 정치범죄와 무도한 인권유린의 실상만을 파헤치고, 들춰내고, 고발하고, 규탄하는 전투적 글쓰기에 불과했다면 아마도 몇 년 전에 나는 번아웃이 되어 절필하고 어디론가 숨었으리라. 다행히 "슬픈 중국" 시리즈를 집필하는 과정에서 나는 수북한 역사의 기록 속에서 잔인하게 짓밟히고 억눌려도 굴복하거나 낙담하지 않고 꿋꿋하게 일어나 씩씩하게 살아갔던 강건하고 낙천적인 사람들의 아름다운 이야기를 숱하게 발굴할 수 있었다.

그 사람들은 비참하고 음침한 흑역사의 골짜기에서도 철길 돌 틈에 피어나는 나팔꽃처럼 활짝 웃음을 터뜨리며 큰 목소리로 고난의 체험을 무용담처럼 당당하게 풀어놓는 대륙의 라오바이싱(老百姓)들이다. 표면상 "슬픈 중국" 시리즈는 권력을 쥔 자들의 잔악무도하고 표리부동한 정책적 착오와 정치적 죄악을 기록했지만, 글을 쓰는 동안 내 혼은 온통 각박한 세파에 휩쓸리면서도 봄마다 홀씨를 날리는 민들레처럼 억세고 질기게 살아남아 성실히 세상을 살아가는 사람들의 다채로운 모습에 팔려 있었다. 그 사람들의 도전과 저항, 투쟁과 실패, 재기와 장구(長久)의 과정을 날마다 추적하고 기록했기 때문에 "슬픈 중국" 시리즈를 집필하는 매순간 나의 손끝은 떨렸고, 가슴은 두근거렸고, 눈가에는 늘 물기가 어렸다. 그래서 글을 쓰면서 나는 참으로 기쁘고 즐겁고 행복했노라고 말하고 싶다. 바라는 바는 오직 하나, 오늘날의 중국이 더 자유롭고, 더 민주적이고, 더 개방적이고, 더 헌정적인 새로운 국가로 진화해가기를……. 부족한 글을 읽어주신 모든 독자 여러분께 감사의 큰절을 올린다.

2023년 여름
송재윤

주

제1장

1) Tom Cheshire, "'When Mao died I cried and cried': China to mark 70 years of communist rule", news.sky.com 검색.

2) 楊繼繩, 朱元石等 整理, 『中國改革年代的政治鬪爭』(Hong Kong : Excellent Culture Press, 2004), 「導論」.

3) 蒲其元 編, 『中華人民共和國日史』 27卷 「1976」 (四川人民出版社, 2003), 80.

4) 吳德, 『吳德口述 : 十年風雨紀事 : 我在北京工作的一些經歷』(當代中國出版社, 2008), 제11장.

5) 蒲其元 編, 『中華人民共和國日史』 27卷 「1976」 (四川人民出版社, 2003), 85.

6) Frederick C. Teiwes and Warren Sun, "The First Tiananmen Incident Revisited : Elite Politics and Critis Management of the End of the Maoist Era", *Pacific Affairs* 77.2 (2004).

7) 『中華人民共和國日史』 27卷 「1976」, 81.

8) Teiwes and Sun, "The First Tiananmen Incident Revisited", 『中華人民共和國日史』 27卷 「1976」, 86-88.

9) 施濱海 遺稿, 『歷史轉折中的華國鋒 (1973-1981)』(北京傳世家書文化發展有限公司), 2020), 9.

10) Guangqiu Xu, "Mao's Death and Hua Guofeng's Tragedy", in *Evolution of Power: China's Struggle, Survival, and Success*, edited by Xiaobing Li and Xiansheng Tian (Lexington Books, 2014), 66-67.

11) 『歷史轉折中的華國鋒(1973-1981)』, 14; 李銳序, "這段歷史是很重要的", 1. 이 기사는 1998년에 출판된 『彭德懷年譜』에 기재되어 있다.

12) "Record of Conversation from [Chairman Mao Zedong's] Meeting with [Edgar] Snow" (December 18, 1970), Wilson Center : Digital Archive.

13) Guangqiu Xu, 앞의 논문.

14) 화궈펑 집권 초기의 행적은 조영남, 『덩샤오핑 시대의 중국 : 개혁과 개방』(민음사, 2016)의 제1부 "개혁개방의 탄생" 참조.

15) 李銳 序, "這段歷史是很重要的", 2.

16) 송재윤, 『슬픈 중국 : 문화대반란 1964-1976』(까치, 2022), 491-493.

17) Andres D. Onate, "Hua Kuo-feng and the Arrest of the 'Gang of Four'", *The China Quarterly* 75 (1978), 540−565, 540.

18) 「人民日報」 1976년 10월 22일 자 1면.

19) 『華國鋒政治活動年譜』, 「1976.12.25.華國鋒在第二次全國農業學大寨會議上發表重要講話」, huaguofeng.org 검색.

제2장

1) 編寫組, 『葉檢英傳』(中國當代出版社, 1995), 1. 모든 주석에서 이 책의 쪽수는 靑苹果電子圖書系列 판본에 의거했다.

2) 같은 책, 제1장.

3) Michael Dillon, *Deng Xiaoping: The Man who Made Modern China* (London : I.B.Tauris & Co. Ltd, 2015), chapter 1, "Growing up in Paifang".

4) 『葉檢英傳』, 제2장.

5) 같은 책, 127쪽 예젠잉의 1972년 8월 제1차 담화.

6) 같은 책 「附錄: 葉劍英生平大事年表(1897−1986)」.

7) 같은 책, 873−874.

8) 같은 책, 871−874.

9) 楊繼繩, 『中國改革開放時代的政治鬪爭』(Hong Kong : Excellent Culture Press, 2004), 95.

10) Roderick MacFarquhar and Michael Schoenahals, *Mao's Last Revolution* (The Belknap Press of Harvard University Press, 2006), 451−453.

11) Andres D. Onate, "Hua Kuo-feng and the Arrest of the 'Gang of Four'", 555.

12) 같은 논문, 555.

13) 『葉劍英傳』, 895−896.

14) 劉健, "回顧'粉碎四人幇': 是華國鋒陰謀篡黨奪權而不是四人幇", 『當代中國研究』 23.2 (2016), 96−117.

15) Lowell Dittmer, "Bases of Power in Chinese Politics : A Theory and an Analysis of the Fall of the 'Gang of Four'", *World Politics* 31 (1978−1979), 26−60. 디트머는 이 논문에서 "영향력 큰 지지층(influential constituency)"이라는 개념을 통해 군부가 권력의 핵심으로 등장하는 과정을 설명한다. 영향력 큰 지지층은 중요한 정치적 국면에서 동원될 수 있어야 하며, 정치체제에서 필수불가결한 기능을 담당해야 한다. 문혁 말기로 가면서 군부의 영향력은 점점 커져서 결국 정치의 향방을 결정하는 가장 중요한 변수가 되었다.

16) 같은 논문.

17) Alan P. L. Liu, "The 'Gang of Four' and the Chinese People's Liberation Army", *Asian Survey* 19.9 (1979), 817−837.

18) 같은 논문.

19) 같은 논문.

20)『葉劍英傳』, 885.

21) 같은 책.

22) 같은 책, 861-862.

23) 같은 책, 867-888. 여기에서 "덩샤오핑 비판 및 우경 복원 풍조 반격 운동"이란 과거 사건에 대한 평가를 뒤집으려는 풍조를 의미한다.

24) Alexander V. Pantsov and Steven I. Levine, *Deng Xiaoping : A Revolutionary Life* (Oxford University Press, 2015), chapter 17.

25) Pantsov and Levine, *Deng Xiaoping : A Revolutionary Life*, chapter 18.

26) 冷溶, 汪作玲 主編,『鄧小平年譜 1975-1997』上 (中央文獻出版社, 2004), 156-157.

27) 같은 책.

28) 송재윤,『슬픈 중국 : 문화대반란 1964-1976』, 21-23.

제3장

1) Colina MacDougall, "The Chinese Economy in 1976", *The China Quarterly* (1977) No. 70, (JUNE, 1970) 355-370.

2) 같은 논문.

3) Pantsov and Levine, *Deng Xiaoping : A Revolutionary Life*, chapter 18.

4) 楊繼繩,『中國改革年代的政治鬪爭』(Hong Kong, Excellent Culture Press, 2004), 8-12.

5) 鄧小平,『鄧小平文選』(人民出版社, 1993), 第2卷「完整地準確地理解毛澤東思想」, 45-46.

6) *Works of Karl Marx 1843*, Marxists.org.

7) 마오쩌둥, "신민주주의론".

8) Merle Goldman, *Sowing the Seeds of Democracy in China : Political Reform in the Deng Xiaoping Era* (Cambridge, MA.: Harvard University Press, 1994), 26.

9) 같은 책.

10) 같은 책.

11) 戴煌,『胡耀邦與平反冤假錯案』, "全國究竟有多少'右派'?", (中國工人出版社, 2004).

12) 같은 책.

13)「人民日報」1976년 3월 15일 자.

14) 같은 책, "一句貨' 兩個要求和一個大動作", (中國工人出版社, 2004).

15) 같은 책, "爲大批'地富反壞'摘帽"

16) 鄧小平, 『鄧小平文選』2卷「党國家領導制度的改革」(人民出版社, 1994), 320–322.

17) 胡耀邦, 『胡耀邦文選』(人民出版社, 2015), 218–230.

제4장

1) 郭道暉, 「四千老幹部對黨史的一次民主評議：<黨的若幹歷史問題決議(草案)>
大討論記略」『炎黃春秋』(2010) 第4期.

제5장

1) Enrico C. Perotti, Laixiang Sun, and Liang Zou, "State-Owned versus Township and
Village Enterprises in China", *Comparative Economic Studies*, XLI, No. 2–3 (1999):
151–179, 152; Xiaolan Fu and V. N. Balasubramanyam, "Township and Village
Enterprises in China", *The Journal of Developmental Studies*, 39.4 (2003): 27–46.

2) Weiying Zhang, "The Future of Priviate and State-Owned Enterprises in China", *The
Oxford Companion to the Economics of China*, Shenggen Fan, et al. eds. (Oxford
University Press, 2014): 285–290; Shu Y. Ma, "China's Privatization: From
Gradualism to Shock Therapy?", *Asian Survey*, 48.2 (2008): 199–214; Hongyi Chen,
*The Institutional Transition of China's Township and Village Enterprises: Market
Liberalization, Contractual from Innovation and Privatization* (London and New
York: Routledge, 2018).

3) Loren Brandt and Thomas G. Rawski, "China's Great Economic Transformation",
in Loren Brandt and Thomas G. Rawski, eds., *China's Great Economic Trans-
formation* (Cambridge University Press, 2008), chapter 1.

4) Frank Dikötter, *The Age of Openness: China before Mao* (University of Hong Kong
Press, 2008).

제6장

1) Henry Kissinger, *On China* (New York: Penguin Books, 2012), chapter 13.

2) Xiaoming Zhang, *Deng Xiaopng's Long War: The Military Conflict between China and
Vietnam, 1979–1991* (Chapel Hill: The Univ. of North Carolina Press, 2015), chapter 4.

3) 같은 책. 투입된 병력의 수에 관해서는 논란의 여지가 있다. 샤오밍 장은 50만 이상
으로 추산하지만, 에드워드 C. 오다우드는 40만 정도로 보고 있다. Edward C.
O'Dowd, *Chinese Military Strategy in the Third Indochina War: The Last Maoist
War* (London and New York: Routledge, 2007), 1.

4) Edward C. O'Dowd, 같은 책, 45.

5) 「人民日報」, 1978년 11월 28일 자.

6) 魏京生, "習近平和普京是盟友嗎?" 自由亞洲電台 (2022년 2월 22일), rfa.org

7) 1994년 웨이징성의 재구속 관련 법정 자료의 영역, "Wei Jingsheng: The Political Modernizer", *Chinese Law and Government*, Vol.31 (1998), 55–73.

8) 웨이징성의 민주화 운동과 법정투쟁 및 정치적 이력은 陳勁松, 『民主鬪士魏京生傳』(太平洋國際出版, 1998) 참조.

9) 魏京生, "第五個現代化: 民主及其他", weijingsheng.org 검색.

10) 魏京生, "要民主還是要新的獨裁", weijingsheng.org 검색.

11) Elizabeth J. Perry, "The Populist Dream of Chinese Democracy", *The Journal of Asian Studies* 74 (04) (November): 903–915.

12) 같은 논문, 908.

13) 魏京生, "民主牆運動四十年紀念", 阿波羅新聞網 (2018년 12월 14일), tw.aboluo wang.com

14) 같은 글.

15) 같은 글.

16) 같은 글.

제7장

1) "时事大家谈: 习近平举全国之力'决战上海', 清零背后有何难言之隐?", voachine se.com 검색.

2) "时事大家谈: 习近平力挺中国防疫, 封城清零之路还有多长?", voachinese.com 검색.

3) Robert E. Bedeski, "China's 1979 Election Law and Its Implementation", *Electoral Studies* (1986), 153–165.

4) 당시 현장에서 중국의 새로운 민주 선거를 취재한 미국 ABC 방송 기자의 영상을 보면 그 현장의 열기를 생생히 느낄 수 있다. "Beida" Peking University November 1980, youtube.com 검색.

5) "胡平, '起义光荣'的国军父亲在镇反运动中被处决", https://www.voachinese.com 검색.

6) 같은 글.

7) 등사본은 이후 해외로 유출되어 1981년 홍콩에서 출판되었다. 대륙에서는 1986년 우한에서 『청년논단』에 두 차례에 걸쳐 실렸다.

8) 胡平, "論言論自由" 『青年論壇』 1989년 7월, 9월.

9) 胡平, "民主墙: 十年後的反思", 『中國民運反思』(Oxford University Press, 1992), 139–158.

10) 같은 책.

제8장

1) 송재윤, 『슬픈 중국: 문화대반란 1964–1976』, 21–24.

2) 王若水, 『智慧的痛苦』(香港 : 三聯書店, 1989), 213-241.

3) 같은 책, 213-214.

4) Yan Jiaqi, *Toward a Democratic China: The Intellectual Autobiography of Yan Jiaqi*, translated by David S.K. Hong and Denis C. Mair (Honolulu : The University of Hawaii, 1992), 49.

5) *China : A Century of Revolution*, PBS, Part III 1976-1997.

6) 李洪林, "痛苦的智者", 南方周末, 2016년 6월 2일.

7) VOA "焦点对话 : 郑义专访之一 : 背着十字架的作家", Youtube.com 검색.

8) 같은 영상.

9) 송재윤, 『슬픈 중국 : 문화대반란 1964-1976』, 349-351.

제9장

1) Yuko Sato, "Criticising Einstein: Science, Politics, and International Relations during the Chinese Cultural Revolution", *World Political Science* (2016)12(2), 175-194; 胡大年, "文革中的'无产阶级科学革命' : 中国科学院'相对论批判组'再考", 『自然科學史研究』(2018) 37.3, 327-363.

2) 胡大年, "文革中的无产阶级科学革命", 339-340.

3) Yan Jiaqi, *Toward a Democratic China : The Intellectual Autobiography of Yan Jiaqi* (University of Hawaii Press, 1992).

제10장

1) 李洪林, 『中國思想運動史(1949-1989)』(天地圖書, 1999), 第14章 "結語", 413-429.

2) 같은 책, "前言", 1-2.

3) 송재윤, 『슬픈 중국 : 문화대반란 1964-1976』, 제1장.

4) 李洪林, 『中國思想運動史(1949-1989)』, 294-295.

5) 이 운동은 1968년에 시작되어 1989년까지 이어진 폴란드 민주화 운동의 변곡점으로 인식된다. 폴란드 민주화의 역사는 M. B. B. Biskupski, James S. Pula and Piotr J. Wróbel, ed., *The Origins of Modern Polish Democracy* (Ohio University Press, 2010) 참조.

6) 같은 책, 292-293.

7) 같은 책, 298-301.

8) 같은 책, 317-318.

9) 같은 책, 325-326.

10) 같은 책, 327-328.

11) 같은 책, 333-334.

12) 같은 책 344-345.

13) 같은 책 346-348.

14) Julia Kwong, *Asia Survey*, Vol.28 (1988), 970–985.

15) Fang Lizhi, *The Most Wanted Man in China: My Journey from Scientist to Enemy of the State* (New York : Henry Hold and Company, 2015), chapter 18.

16) 李洪林, 『中國思想運動史(1949–1989)』, 355.

17) 鄧小平, 『鄧小平文選』第3卷, 196.

18) 같은 책, 387.

19) 같은 책, 429.

제11장

1) Fang Lizhi, *The Most Wanted Man in China*, chapter 13. 이 책의 중국어 원본은 타이완에서 출판되었다. 方勵之, 『方勵之自傳』 (天下遠見出版股份有限公司, 2013).

2) 같은 책, chapter 16.

3) 方勵之, 『方勵之自傳』, 370–371.

4) 같은 책, 372.

5) 같은 책, chapter 18.

6) 같은 책, chapters 7–8.

7) 같은 책, chapter 18.

8) 李洪林, 『中國思想運動史』, 391.

9) 方勵之, 『方勵之自傳』, 67.

10) 이 장에서 묘사된 1989년 베이징 민주화 운동에 관한 보다 상세한 서술은 다음 저작 참고. 吳仁華, 『六四事件全過程實錄』 (臺北 : 允晨文化實業股份有限公司, 2019; Timothy Brook, *Quelling the People* (Stanford University, 1998); 封從德, 『六四日記 : 廣場上的共和國』(Hong Kong : 晨鐘書局, 2009).

11) Louisa Lim, *The People's Republic of Amnesia*, chapter 1; Timothy Brook, *Quelling the People* (Stanford University, 1998), chapter 4; 封從德, 『六四日記 : 廣場上的共和國』 (Hong Kong: 晨鐘書局, 2009), "5月30日".

12) Louisa Lim, *The People's Republic of Amnesia*, chapter 1.

13) 封從德, 『六四日記』, 6月4日 "口頭表決, 撤離廣場".

14) 같은 책, chapter 20.

15) 같은 책, "Afterword" by Perry Link.

16) 阮耀鐘, 林祥榕 主編, 『方勵之文集』(《方励之文集》編輯和出版委員会, 2018), 第1卷, XXIII.

17) 『方勵之文集』第1卷, XXVII.

18) 『方勵之文集』第2卷, "談高等教育的改革(1986.11.17)", 262.

19) 『方勵之選集』第2卷, "民主, 改革, 現代化 : 在同濟大學的演講"(1986년 11월 18일), 279.

20) "Fang Lizhi" Obituary, *The Economist*, 2012년 4월 13일 자.

제12장

1) 楊繼繩, 『中國改革開放時代政治鬪爭』, 443.

2) 陳希同, "關于制止動亂和平息反革命暴乱的情況報告", https://zh.wikisource.org 검색, 吳仁華, 『六四事件全程實錄』(臺北 : 允晨文化實業股份有限公司, 2019), 1989년 6월 30일.

3) "How Reliable Are China's Statistics?" *The Diplomat*, 2022년 3월 1일.

4) Timothy Brook, *Quelling the People : The Military Suppression of the Beijing Democracy Movement* (Stanford : Stanford University, 1992, 1998), 153.

5) 같은 책, 162−165.

6) Emile Kok-Kheng Yeoh, "Thirty Years after the Tiananmen Protests and June Fourth Messacre", *Contemporary Chinese Political Economy and Strategic Relations : An International Journal*, Vol. 5.2 (2019), 815.

7) Timothy Brook, *Quelling the People*, 162.

8) 같은 책, 167.

9) Louisa Lim, *The People's Republic of Amnesia : Tiananmen Revisited* (Oxford University Press, 2014), chapter 8.

10) Karl L. Hutterer, "Chengdu had its own Tiananmen Massacre", *The New York Times*, 1989년 6월 23일.

11) Louisa Lim, *The People's Republic of Amnesia*, chapter 8 마지막 문장.

12) 조영남, 『덩샤오핑 시대의 중국 : 톈안먼 사건』(민음사, 2016), 제1부 4장 "톈안먼 광장의 진압과 정리".

13) 같은 책, 제1부 2장 "후야오방 추모와 민주화 운동의 시작".

14) 추옌량은 당시 톈안먼 광장에서 겪은 일화를 기록한 인류학적 보고서를 발표했다. Fred Y.L. Chiu, "The Specificity of the Political on Tiananmen Square, or a Poetics of the Popular Resistance in Beijing", *Dialectical Anthropology* Vol.6.3/4, China afrter Mao (1991), 333−347.

15) 吳仁華, 『六四天安門血腥淸場內幕』(景藝文化, 2014), "一九八九年六月三日下午", 13.

16) Marcelo Duhalde, "Tiananmen Square crackdown: 21 most-wanted student leaders' stories", *The South China Morning Post*, June 3, 2019.

17) 鄧小平, 『鄧小平選集』, "在接見首都戒嚴部隊軍以上幹部時的講話", 302−308.

18) 陳希同, "關于制止動亂和平息反革命暴乱的情況報告".

19) 吳仁華, 『六四天安門血腥淸場內幕』, 367. 본문을 다소 축약하고 의역했다.

20) 같은 책, 371.

21) 같은 책, 380.

22) 吳仁華, 『六四天安門血腥淸場內幕』, 386.

23) "六四硏究踽踽30年吳仁華: 這不是我要的人生", can.com.tw, 2019년 5월 21일.

24) 같은 책, 27.

25) 吳仁華, 『天安門血腥淸場內幕』(眞相出版社, 2007), 40−41.

26) 吳仁華, 『六四事件中的戒嚴部隊』, 27.

27) 같은 책, 27.

28) "获刑4年6个月的湖北民主维权人士尹旭安案情通报", chinahrc.org 검색.

29) "四川维权人士陈云飞昨被当局构陷获刑4年", chinesepen.org 검색.

30) "中国网络异议先驱黄琦被判刑12年", dw.com/zh 검색.

31) "八九学运领袖熊焱谈其美军牧师工作", voachinese.com 검색.

32) "Hong Kong : Activist gets 15-month jail term for Tiananmen vigil", 2022년 1월 4일 bbc.com, 검색.

33) "Pillar of Shame: Hong Kong's Tiananmen Square statue removed", 2021년 12월 23일, bbc.com 검색.

34) "「國殤之柱」被移除：香港民主的喪鐘", 2021년 11월 25일, cn.nytimes.com 검색

35) "台湾纪念六四33週年：'国殇之柱'重现台北", dw.com/zh 검색

36) "China : Tiananmen vigil events across globe in solidarity with Hong Kong", 2022년 3월 26일, amnesty.org 검색.

제13장

1) Jonathan Goodman, "Xiao Lu : The Confluence of Life and Art", *Yishu : Journal of Contemporary Chinese Art* 8.2 (2009), 25−32.

2) Paul Gladston, *'Avant-garde' Art Groups in China, 1979–1989* (Intellect Bristol, 2013), 26.

3) 같은 책, 3.

4) Xiao Lu, "Dialogue", 1989. https://www.moma.org/audio/playlist/290/3759

5) Louisa Lim, *The People's Republic of Amnesia : Tiananmen Revisted* (Oxford University Press, 2014).

제14장

1) Diana Fu and Greg Distelhorst, "Grassroots Participation and Repression under Hu Jintao and Xi Jinping", *China Journal*, No. 79: 100−122.

2) 杜光, 『回歸民主: 和吳邦國委員長商榷十三個大問題』(新世紀出版及傳媒有限公司, 2012), 第15章.

3) 中共中央宣傳部理論局, 『六個「爲什麼」: 對幾個重大問題的回答』, 學習出版社, 2013.

4) "零八憲章", www.2008xianzhang.info.

5) 같은 글.
6) 같은 글.

제15장

1) 陳德秀, 「敬告靑年」『新靑年』1, 1 (北京: 中華書局, 2011), 1-5.
2) 『신청년』은 창간호부터 공화국, 현대 문명, 근세 국가, 자치, 자유 등의 주제를 집중 조명했다.
3) 易白沙, 『新靑年』1.6 「孔子評議」(上), 384-388, 같은 책 2.1 「孔子評議」(下), 15-19.
4) 이 글은 널리 읽혀서 이후의 중국 지식인들은 한나라 이래 유가의 독존적 지위를 논할 때 "파출백가(罷黜百家), 독존유술(獨尊儒術)"이라는 이바이사의 문구를 숙어처럼 사용한다.
5) Tse-tsung Chow, *The May Fourth Movement : Intellectual Revolution in Modern China* (Harvard University Press, 1960).
6) Frank Dikötter, *The Age of Openness : China before Mao* (University of Hong Kong Press, 2008).
7) 마오위스와 거양에 관해서는 송재윤, 『슬픈 중국 : 인민민주독재 1948-1964』(까치, 2020), 제15장과 제21장 참조.
8) Richard Baum, *The Fall and Rise of China* (The Teaching Company, 2010), transcript, 584.

제16장

1) 張維爲, 『中國震撼, 一个 "文明型國家" 的崛起』(上海人民出版社, 2011)

제17장

1) 杜光, "抗議安全部門禁止老人聚餐的非法行徑", 民主中國(minzhuzhongguo.org), 2015년 8월 27일.
2) 같은 글.
3) 같은 글.
4) 杜光, "抗議安全部門老人禁止聚餐的非法行徑", 參與網 2015년 8월 25일.
5) 杜光, "憲政民主在中國的百年軌迹", 2012년 7월 16일, aisixiang.com

제18장

1) "张千帆 : 辛亥革命与中国宪政" youtube.com 검색.
2) 같은 영상. 원문은 *China Digital Times*에 게재되었다. https://chinadigitaltimes.net, 검색.
3) 같은 글.
4) 같은 글.
5) https://www.youtube.com/watch?v=C0Cj_J3QNlg

제19장

1) 張千帆, 『憲法學導論 : 原理與應用』 (北京 : 法律出版社, 2014), 1-2.

2) 같은 책, 1-3.

3) 같은 책, 2-3.

4) 張千帆, 牟效波 編, 『憲政中國演講錄』 上, 中, 下 (香港 : 香港城市大學, 2021), "總序".

제20장

1) 張千帆, "憲法序言及其效力爭議.", 『炎黃春秋』, 2013年第6期.

2) 송재윤, 『슬픈 중국 : 인민민주독재 1948-1964』, 182쪽.

3) 헌법 전문과 관련된 논의는 송재윤, 같은 책 182-184쪽 참조.

4) 송재윤, 같은 책, 183쪽.

5) 杜光, "憲政民主在中國的百年軌跡", 2009년 작. 2012년 aisixiang.com에 게재.

6) 張雪忠, 『致教育部部長的一封公開信』, chinadigitaltimes.net, 검색.

7) "憲法是政治體制改革的共識", 『炎黃春秋』 2013.1.4. bbc.com/zhongwen, 검색.

제21장

1) Cai Xia, "The Weakness of Xi Jinping : How Hubris and Paranoia Threaten China's Future", *Foreign Affairs*, September 6, 2022.

제22장

1) 許章潤, "世界文明大洋上的中國孤舟", 2020년 5월 21일 chinese-future.org.

2) 許章潤, "我們當下的恐懼與期待", 2018년 7월, theinitium.com.

3) 許章潤, 『庚子十箚』(New York : Bouden House, 2021), 2-4.

제23장

1) 徐友漁, "中國歷史 : 見證與反思", 『口述歷史工程』 第一集 : 文革反思, 王丹學堂, youtube.com

2) 徐友漁, 『形形色色的造反 : 紅衛兵精神素質的形成及演變』(香港 : 中文大學出版社, 1999), 序文.

3) 같은 영상.

4) Minxin Pei, "China : Totalitarianism's Long Shadow", *Journal of Democracy* Vol.32.2 (2021), 5-21.

제24장

1) 우한 봉성의 끔찍한 상황에 대해서는 2020년 1월 말부터 11월까지 우한 사람들이

직접 쓴 6,000건 이상의 일기 자료를 분석한 Gubin Yang, *The Wuhan Lockdown* (New York: Columbia University Press, 2022) 참조.

2) Danis Wong and Han Huang, "China's record heatwave, worst drought in decades", *South China Morning Post*, 2022.08.31.

3) "大旱之後必有大震? 中國專家看法不一." 中央廣播電臺 *Radio Taiwan International*, 2022년 9월 6일.

4) "Nearly 300m residents caught in China's latest lockdown wave", *Nikkei Asia*, 2022년 9월 14일.

5) 송재윤, 『슬픈 중국: 인민민주독재 1948−1964』, 제3−4장.

6) 같은 책, 제23장 참조.

7) https://covid19.who.int/region/wpro/country/cn

8) "Mortality rate in China from 2000 to 2022", https://www.statista.com/statistics/270165/death-rate-in-china/

9) "Number of deaths per year in China from 2001 to 2022", https://www.statista.com/statistics/1098319/china-number-of-deaths/

10) 2022년 6월 29일 발표된 중화인민공화국 중앙인민정부의 공식 통계에 따르면, 당원 수는 9,671.2명, 기층 당 조직의 개수는 493만6,000개에 달한다. http://www.gov.cn/xinwen/2022-06/29/content_5698405.htm

11) 김인희, 『중국 애국주의 홍위병, 분노청년』(푸른역사, 2021).

12) David Kirton, "Shanghai cases hit record as Xi reiterates urgency of COVID curbs", *Reuters*, 2022년 4월 14일.

13) https://twitter.com/JaredTNelson

14) Gui L, Gu S, Lu F, Zhou B, Zhang L., "Prehospital Emergency Care in Shanghai: Present and Future", *Journal of Emergency Medicine*, 2012년 12월;43(6):1132−7.

15) 2007년 2월 25일 상하이 위생국 자료. http://www.gov.cn/jrzg/2007-02/25/content_533742.htm

16) "梁萬年: 中國當前堅持動態清零總方針是必須的", 中國新聞網, 2022년 10월 31일, www.chinanews.com.

제25장

1) Karl Marx, "Introduction to *A Contribution to the Critique of Hegel's Philosophy of Right*" in *Works of Karl Marx 1843*, Marxists.org.

2) 조영남, 『중국공산당 통치 체제』(21세기북스, 2021) 제2권 1부 중 "인사감독과 부패 척결", Guobin Yang, *The Wuhan Lockdown*, 26−27.

3) 『中庸』 20.18, "誠者, 天之道也. 誠之者, 人之道也."

4) Friedrich Hayek, *The Fatal Conceit : The Errors of Socialism* (Vol. 1), The Collected

Works of F.A. Hayek, ed., W.W. Bartley III (University of Chicago Press, 1991).

5) 김인희, 『중국 애국주의 홍위병, 분노청년』.

제26장

1) 런던 대학의 스티브 창 교수는 "시진핑 사상"이 『중국공산당 장정』 총강에 등재되는 순간 그가 진정한 독재자로 등극하게 된다고 설명한 바 있다.

2) Jason Crouthamel, "Homosexuality and Comradeship", *Central European History*, 51.3 (2018), 419–439.

3) Geoffrey J. Giles, "Legislating Homophobia in the Third Reich: The Radicalization of Prosecution Against Homosexuality by the Legal Profession", *German History*, 23.3 (2005), 339–354.

4) 梁啓超, 「歷史上中國民族之觀察」 『飮氷室合集』 8卷, 中華書局, 1989; Dahua Zheng, "Modern Chinese Nationalism and the Awakening of Self-Consciousness of the Chinese Nation", *International Journal of Anthropology and Ethnology*, 3.11 (2019), 1–25.

5) "中國共産黨 第1綱領", https://www.marxists.org 검색.

6) Yinan He, "Remembering and Forgetting the War : Elite Mythmaking, Mass Reaction, and Sino-Japanese Relations, 1950–2006", *History and Memory : Studuies in Representation of the Past* (Vol. 19, Issue 2), 43–74.

7) 2020년 5월 29일 「인민일보」, 「환구시보」 등 중국의 공영매체는 중국 인구 40퍼센트에 달하는 6억 명의 월 소득이 140달러 이하라는 국무원 총리 리커창의 발언을 보도했다. https://www.globaltimes.cn/content/1189968.shtml

제27장

1) 中華民國大陸委員會 "中國大陸群體性事件頻繁, 步入「風險社會」參考資料", 2007년 12월 28일.

2) Dexter Roberts, "China : A Workers' State Helping the Workers?", *BusinessWeek*, 2004년 12월 13일, David Murphy, "The Dangers of Too Much Success", *Far Eastern Economic Review*, 2004년 6월 10일.

3) Thoma Lum, "Social Unrest in China", Congressional Research Service (CRS) Report for Congress (2006년 5월 6일), 7.

4) 같은 논문, 10.

5) 習近平, "在慶祝中國共産黨成立100周年大會上的講話", 2021년 7월 1일, www.gov.cn 검색.

6) 張立文, 『學術生命與生命學術 : 張立文學術自述』 (中國人民大學, 2016), 380.

제28장

1) 『禮記』, 「禮運」, "禹, 湯, 文, 武, 成王, 周公, 由此其選也. 此六君子者, 未有不謹 於禮者也. 以著其義, 以考其信, 著有過, 刑仁講讓, 示民有常. 如有不由此者, 在 勢者去, 眾以為殃, 是謂小康."

2) "『中国的全面康』白皮书新闻发布会答记者问 (2021년 9월 28일)" 중국 국가통계국 자료, stats.gov.cn 검색.

3) 일례로 미국 코넬 대학과 중국 베이징 대학의 경제학자들의 공동 연구에 따르면 2018년 중국의 지니 계수는 0.52에 달한다.

4) Zhenxun Mo, "Is East Asia Becoming Plutocratic? : Income & Wealth in Mainland China, Hong Kong and Taiwan (1981-2021), Issue Brief WID.world 2022-11, 2.

5) "China's Wid Income Gap Holds Back Consumer Spening", Bloomberg, 2021년 1월 19일.

6) Chunling Li and Yiming Fan, "Housing Wealth Inequality in Urban China: The Transition from Welfare Allocation to Market Differentiation", *The Journal of Chinese Sociology* (2020)7, 16.

7) "中共中央關于黨的百年奮鬪重大成就和歷史經驗的決議." 2021년 11월 16일, www.gov.cn 검색.

8) 『中國共產黨章程』(2017년 10월 24일 통과. 중국공산당 제19차 전국대표대회 부분 수정), 12371.cn 검색.

9) "國家教材委員會關於印發 《習近平新時代中國特色社會主義思想進課程教材指 南》 的通知", 國教材 [2021] 2號, 2021년 7월 21일, www.gov.cn 검색.

10) Zongyuan Zoe Liu and Benn Steil, "Xi's Plan for China's Economy is Doomed to Fail", *Foreign Affairs*, 2023/06/29 참조

제29장

1) Mark R. Thompson, "From Japan's 'Prussian Path' to China's 'Singapore Model'", Toby Carroll and Darryl S. Jarvis, eds., *Asia After the Developmental State: Disembedding Autonomy* (Cambridge University Press, 2017), chapter 6.

2) Mark R. Tompson, "From Japan's 'Prussian Path' to China's 'Singapore Model'", 157-161; Daw-Yih Jang and Kuo-Ching Hsu, "Lorenz von Stein and Chinese Constitutional Movement: A Reexamination of Legal History", *National Taiwan University Law Review*, 10.1 (2015): 1-43.

3) 위의 두 논문 참조.

4) Arno Tausch, "Kaname Akamatsu : Biography and Long Cycles theory" in Leonid E. Grinin, et al., eds., *Kondratieff Waves: Cycles, Crises, and Forecasts* (Volgograd: 'Uchitel' Publishing House, 2016); Tadashi Ohtsuki, "Changes in the Pacifism of Akamatsu Kaname from the Interwar Period to WWII" in Fabrizio Bientinesi and Rosario Patalano, eds. *Economists and War* (Routledge, 2016).

제30장

1) 이상의 내용은 미국 워싱턴 DC에 소재한 "티베트를 위한 국제 운동(International Campaign for Tibet)" 본부의 홈페이지에 게재되어 있다. 이 사이트에는 2009년 이래 분신한 159명의 인적 사항, 사건 당일 행적, 논란 및 파급 효과가 하나하나 상세하게 정리되어 있다. https://savetibet.org/tibetan-self-immolations/

2) Tsering Woeser, *Tibet on Fire: Self-Immolation Against Chinese Rule* (Vergo, 2016), chapter 2.

3) 같은 책, chapter 2.

4) 키르티 린포체의 진술, https://savetibet.org/testimony-of-kirti-rinpoche-chief-abbot-of-kirti-monastery-to-the-tom-lantos-human-rights-commission/

제31장

1) 키르티 린포체의 증언, https://savetibet.org/testimony-of-kirti-rinpoche-chief-abbot-of-kirti-monastery-to-the-tom-lantos-human-rights-commission/

2) Palden Gyal, "Meu Gyelpo Pelgon Trinle Rabten", Treasury of Lives, accessed May 20, 2023, http://treasuryoflives.org/biographies/view/Pelgon-Trinle-Rabten/13655.

제32장

1) Tsering Topgyal, "Insecurity Dilemma and the Tibetan Uprising in 2008", *Journal of Contemporary China* (2011), 20(69): 183.

제33장

1) Raffi Khatchadourian, "Surviving the Crackdown in Xinjiang", *The New Yorker*, 2021년 4월 12일.

2) xinjiangpolicefiles.org

3) Lindsay Maizland, "China's Repression of Uyghurs in Xinjiang", Council on Foreign Relations, cfr.org, 검색.

4) "Xinjiang Police Files : Images of Detainees."

5) "一体化联合作战平台", chinadigitaltimes.net 검색.

6) Raphael Lemkin, *Axis Rule in Occupied Europe: Laws of Occupation - Analysis of Government-Proposals for Redress* (Washington : Carnegie Endowment for International Peace, 1944), chapter IX, "Genocide."

제34장

1) Matthew P. Robertson and Jacob Lavee, "Execution by organ procurement : Breaching the dead donor rule in China", *American Journal of Transplantation*, Vol.

22.7 (2022) : 1804−1812.

2) People's Tribunals, "The Independent Tribunal into Forced Organ Harvesting from Prisoners of Conscience in China", March 1, 2020. chinatribunal.com, 검색.

3) Adrian Zenz, "'Thoroughly Reforming Them Through a Healthy Heart Attitude' : China's Political Re-education Campaign in Xinjiang", *Central Asian Survey*, Vol. 38.1 (2019): 102−128.

4) "Statement of Ethan Gutmann", Tom Lantos Human Rights Commission Hearing on Forced Organ Harvesting in China : Examining the Evidence, May 12, 2022. chrissmith.house.gov/hearings/ 검색

5) Ethan Gutmann, "The Killing of Innocents for Their Organs : Forced Organ Harvesting from Uyghurs and other Ethnic Minorities in Xinjiang/East Turkestan", International Coalition to End Transplant Abuse in China (2022년 9월 24일).

제35장

1) 송재윤, "전체주의의 추락, 2022년의 세계사적 의의", 「조선일보」, 2022년 12월 19일 자.

제36장

1) 2022년 11월 29일 미국 CNN 보도.

2) "共产党下台"石破天惊 民主化列车在启程?" 2022년 11월 27일, rfa.org.

제38장

1) 칭화 대학 사회학과의 친후이 교수는 중국의 급속한 경제성장은 경제 자유화나 정부 관리의 성공 때문이 아니라 열악한 중국의 인권이 이점으로 작용한 결과라고 주장해왔다. (Qin Hui, China Rights Forum, No. 1 (2009), hrichina.org). 샤오민 리 역시 "열악한 인권의 이점"이 중국의 급속한 경제성장을 가능하게 한 주요 원인이라고 지적한다. Shaomin Li, *The Rise of China, Inc.: How the Chinese Communist Party Transformed China into a Giant Corporation*, Part I : "The Advantage of Low Human Rights."

2) 송재윤, 『슬픈 중국 : 문화대반란 1964−1976』, 217쪽.

3) 같은 책, 229−230.

4) 같은 책, 236−237.

참고 문헌

중국 고전
『老子』
『莊子』
『論語』
『孟子』
『尙書』
『禮記』
『中庸』

데이터베이스, 웹사이트
宋永毅 主編, 『中國文化大革命文庫』(CR Rom), 香港中文大學中國研究服務中心, 2002.
「人民日報」, http://www.people.com.cn/
國家統計局, http://www.stats.gov.cn
天安門檔案, http://www.tiananmenarchives.org/
「環球時報」, https://www.huanqiu.com/
Gale Primary Sources: Newspaper/Periodical Databases.
Wilson Center: Digital Archive.
Xinjiang Police Files, xinjiangpolicefiles.org

영어권 연구서, 사료, 언론 보도
Andres D. Onate, "Hua Kuo-feng and the Arrest of the 'Gang of Four'", *The China Quarterly* 75 (1978): 540–565.
―――――――, "Hua Kuo-feng and the Arrest of the 'Gang of Four'", *The China Quarterly* 75 (1978): 540–565.
Baum, Richard. *The Fall and Rise of China*, The Teaching Company, 2010 (Transcript).
Be'ja, Jean-Philippe, *The Impact of China's Tiananmen Massacre*. New York and London: Routledge, 2011.
Bedeski, Robert E., "China's 1979 Election Law and Its Implementation." *Electoral Studies* (1986): 153–165.

Biskupski, M. B. B., Paula, James S. Pula, Wróbel, Piotr J., ed. *The Origins of Modern Polish Democracy*, Ohio University Press, 2010.

Brady, Anne-Marie, *Marketing Dictatorship: Propaganda and Thought Work in Contemporary China*, Lanham, Rowman and Littlefield, 2008.

Brandt, Loren and Rawski, Thomas G. eds. *China's Great Economic Transformation*, Cambridge University Press, 2008.

Brook, Timothy, *Quelling the People: The Military Suppression of the Beijing Democracy Movement* (Stanford: Stanford University, 1992, 1998.

Cai, Xia, "The Weakness of Xi Jinping: How Hubris and Paranoia Threaten China's Future", *Foreign Affairs*, September 6, 2022.

Chen, Hongyi, *The Institutional Transition of China's Township and Village Enterprises: Market Liberalization, Contractual from Innovation and Privatization*, London and New York: Routledge, 2018.

Cheshire, Tom, "'When Mao died I cried and cried': China to mark 70 years of communist rule", news.sky.com.

Chiu, Fred Y.L., "The Specificity of the Political on Tiananmen Square, or a Poetics of the Popular Resistance in Beijing", *Dialectical Anthropology*, Vol.6.3/4, "China afrter Mao" (1991): 333−347.

Chow, Tse-tsung, *The May Fourth Movement: Intellectual Revolution in Modern China*, Harvard University Press, 1960.

Crouthamel, Jason, "Homosexuality and Comradeship", *Central European History*, 51.3 (2018): 419−439.

Dikötter, Frank, *The Age of Openness: China before Mao*, University of Hong Kong Press, 2008.

Dillon, Michael, *Deng Xiaoping: The Man who Made Modern China*, London: I.B.Tauris & Co. Ltd, 2015.

Dittmer, Lowell, "Bases of Power in Chinese Politics: A Theory and an Analysis of the Fall of the 'Gang of Four'", *World Politics* 31 (1978−1979): 26−60.

Duhalde, Marcelo, "Tiananmen Square crackdown: 21 most-wanted student leaders' stories", *The South China Morning Post*, June 3, 2019.

Fang, Lizhi, *The Most Wanted Man in China: My Journey from Scientist to Enemy of the State*, New York: Henry Hold and Company, 2015.

Fewsmith, Joseph, *Forging Leninism in China: Mao and the Remaking of the Chinese Communist Party, 1927-1934*, Cambridge University Press, 2022.

Fontana, Dorothy Grouse, "Background to the Fall of Hua Guofeng", *Asian Survey* 22.3 (1982): 237−260.

490

Forster, Keith, "China's Coup of October 1976", *Modern China*, 18.3 (1992): 263–303.

Fu, Diana and Distelhorst, Greg. "Grassroots Participation and Repression under Hu Jintao and Xi Jinping", *China Journal*, No. 79: 100–122.

Fu, Xiaolan and Balasubramanyam, V. N., "Township and Village Enterprises in China", *The Journal of Developmental Studies*, 39.4 (2003): 27–46.

Giles, Geoffrey J., "Legislating Homophobia in the Third Reich: The Radicalization of Prosecution Against Homosexuality by the Legal Profession", *German History*, 23.3 (2005): 339–354.

Gladston, Paul, '*Avant-garde' Art Groups in China, 1979–1989*, Intellect Bristol, 2013.

Goldman, Merle, *Sowing the Seeds of Democracy in China: Political Reform in the Deng Xiaoping Era*, Cambridge, MA.: Harvard University Press, 1994.

Goodman, Jonathan, "Xiao Lu: The Confluence of Life and Art", *Yishu: Journal of Contemporary Chinese Art*, 8.2 (2009): 25–32.

Gui L, Gu S, Lu F, Zhou B, Zhang L. "Prehospital Emergency Care in Shanghai: Present and Future", *Journal of Emergency Medicine*, 2012 Dec;43(6):1132–7.

Gutmann, Ethan, "The Killing of Innocents for Their Organs: Forced Organ Harvesting from Uyghurs and other Ethnic Minorities in Xinjiang/East Turkestan", *International Coalition to End Transplant Abuse in China*, Sept. 24, 2022.

Hayek, Friedrich, *The Fatal Conceit: The Errors of Socialism*, Vol. 1. In *The Collected Works of F.A. Hayek*, ed., W.W. Bartley III. University of Chicago Press, 1991.

He, Yinan, "Remembering and Forgetting the War: Elite Mythmaking, Mass Reaction, and Sino-Japanese Relations, 1950–2006", *History and Memory: Studies in Representation of the Past* Vol. 19, Issue 2(2007): 43–74.

Hutterer, Karl L., "Chengdu had its own Tiananmen Massacre", *The New York Times*, June 23, 1989.

International Campaign for Tibet, tibetan self-immolations, savetibet.org 검색

Jang, Daw-Yih and Hsu, Kuo-Ching Hsu, "Lorenz von Stein and Chinese Constitutional Movement: A Reexamination of Legal History", *National Taiwan University Law Review*, 10.1 (2015): 1–43.

Karl Marx, *Karl Marx: Selected Writings*, edited by David McLellan (Oxford: Oxford University Press, 1977).

Kau, Michael Ying-mao and Marsh, Susan H, eds. *China in the Era of Deng Xiaoping: A Decade of Reform*, London and New York: Routledge, 1993.

Khatchadourian, Raffi, "Surviving the Crackdown in Xinjiang", *The New Yorker*, April 12, 2021.

Kirti Rinpoche, "Testimony of Kirti Rinpoche, Chief Abbot of Kirti Monastery to the

Tom Lantos Human Rights Commission." https://savetibet.org, 검색.

Kirton, David, "Shanghai cases hit record as Xi reiterates urgency of COVID curbs", *Reuters*, April 14, 2022.

Kissinger, Henry, *On China*, New York: Penguin Books, 2012.

Kwong, Julia., "The 1986 Student Demonstrations in China: A Democratic Movement?", *Asia Survey*, Vol.28 (1988): 970−985.

Laurie, Jim and Yang, Janet, "Beida" Peking University November 1980", youtube.com 검색.

Li Qiaoyi, "600m with $140 monthly income worries top", https://www.globaltimes.cn/content/1189968.shtml

Li, Chunling and Fan, Yiming, "Housing Wealth Inequality in Urban China: The Transition from Welfare Allocation to Market Differentiation", *The Journal of Chinese Sociology* 7,16 (2020).

Li, Shaomin, *The Rise of China, Inc.: How the Chinese Communist Party Transformed China into a Giant Corporation*, Cambridge University Press, 2022.

Lim, Louisa, *The People's Republic of Amnesia: Tiananmen Revisited*, Oxford University Press, 2014.

Liu, Alan P. L., "The 'Gang of Four' and the Chinese People's Liberation Army", *Asian Survey* 19,9 (1979): 817−837.

Liu, Zongyuan Zoe and Steil, Benn, "Xi's Plan for China's Economy is Doomed to Fail", *Foreign Affairs*, 2023/06/29.

Liu, Zongyuan Zoe, *Sovereign Funds: How the Communist Party of China Finances its Global Ambitions*, The Belknap Press of Harvard University Press, 2023.

Lowsen, Ben, "How Reliable Are China's Statistics?", *The Diplomat*, March 1, 2022.

Lum, Thomas, "Social Unrest in China", *Congressional Research Service (CRS) Report for Congress*, May 6, 2006.

Ma, Shu Y., "China's Privatization: From Gradualism to Shock Therapy?", *Asian Survey*, 48.2 (2008): 199−214.

MacDougall, Colina, "The Chinese Economy in 1976", *The China Quarterly* (1977) No. 70: 355−370.

MacFarquhar, Roderick and Schoenahals, Michael, *Mao's Last Revolution*, The Belknap Press of Harvard University Press, 2006,

Maizland, Lindsay, "China's Repression of Uyghurs in Xinjiang", Council on Foreign Relations, cfr.org 검색.

Marx, Karl, "Introduction to A Contribution to the Critique of Hegel's Philosophy of Right" in *Works of Karl Marx* 1843, Marxists.org.

Mo, Zhenxun, "Is East Asia Becoming Plutocratic?: Income & Wealth in Mainland China, Hong Kong and Taiwan (1981–2021)." *World Inequality Lab: Issue Brief*, November 2022: 1–11.

Murphy, David, "The Dangers of Too Much Success", *Far Eastern Economic Review*, June 10, 2004.

O'Dowd, Edward C., *Chinese Military Strategy in the Third Indochina War: The Last Maoist War*, London and New York: Routledge, 2007.

Ohtsuki, Tadashi, "Changes in the Pacifism of Akamatsu Kaname from the Interwar Period to WWII." In Fabrizio Bientinesi and Rosario Patalano, eds., *Economists and War*, Routledge, 2016.

Pantsov, Alexander V. and Levine, Steven I, *Deng Xiaoping: A Revolutionary Life*, Oxford: Oxford University Press, 2015.

Pei, Minxin, "China: From Tiananmen to Neo-Stalinism", *Journal of Democracy*, 31.1 (2020): 148–157.

_____, "China: Totalitarianism's Long Shadow", *Journal of Democracy*, 32.2 (2021): 5–21.

_____, "Transition in China? More Likely than You Think", *Journal of Democracy*, 27.4 (2016): 5–19.

Perotti, Enrico C., Sun, Laixiang, and Zou, Liang, "State-Owned versus Township and Village Enterprises in China", *Comparative Economic Studies*, XLI, No. 2–3 (1999): 151–179.

Perry, Elizabeth J., "The Populist Dream of Chinese Democracy", *The Journal of Asian Studies* 74 (04) (November): 903-915.

Perry, Elizabeth J. and Goldman, Merle, *Grassroots Political Reform in Contemporary China*, Harvard University Press, 2007.

Qin, Hui, "China's Low Human Rights Advantage", China Rights Forum, No. 1 (2009), hrichina.org.

Roberts, Dexter, "China: A Workers' State Helping the Workers?", *Business Week*, December 13, 2004.

Robertson, Matthew P. and Levee, Jacob, "Execution by organ procurement: Breaching the dead donor rule in China", *American Journal of Transplantation*, Vol. 22.7 (2022): 1804–1812.

Robertson, Matthew P., *Organ Procurement and Extrajudicial Execution in China: A Review of the Evidence*, Victims of Communism Memorial Foundation, 2020.

Sato, Yuko, "Criticizing Einstein: Science, Politics, and International Relations during the Chinese Cultural Revolution", *World Political Science* (2016)12(2): 175–194.

Snow, Edgar, ed. "Record of Conversation from [Chairman Mao Zedong's] Meeting with [Edgar] Snow" (December 18, 1970), Wilson Center: Digital Archive.

Sullivan, Lawrence R, *Historical Dictionary of the Chinese Communist Party*, The Scarecrow Press, Inc., 2012.

Tausch, Arno, "Kaname Akamatsu: Biography and Long Cycles theory" in Leonid E. Grinin, et al., eds., *Kondratieff Waves: Cycles, Crises, and Forecasts*, Volgograd: 'Uchitel' Publishing House, 2016.

Teiwes, Frederick C. and Sun, Warren, "The First Tiananmen Incident Revisited: Elite Politics and Critis Management of the End of the Maoist Era", *Pacific Affairs* 77.2 (2004): 211−235.

Teiwes, Frederick C. Teiwes and Sun, Warren, *The End of the Maoist Era: Chinese Politics During the Twilight of the Cultural Revolution, 1972−1976*. New York and London: M.E. Sharpe, Inc, 2007.

Tompson, Mark R, "From Japan's 'Prussian Path' to China's 'Singapore Model'", In Toby Carroll and Darryl S. Jarvis, eds., *Asia After the Developmental State: Disembedding Autonomy*, Cambridge University Press, 2017.

Topgyal, Tsering., "Insecurity Dilemma and the Tibetan Uprising in 2008", *Journal of Contemporary China* (2011), 20(69): 183−203.

Tsering Woeser, *Tibet on Fire: Self-Immolation Against Chinese Rule*, Vergo, 2016.

Tsoi, Grace, "Pillar of Shame: Hong Kong's Tiananmen Square statue removed", December 23, 2021. bbc.com 검색.

Wei Jingsheng, "Wei Jingsheng: The Political Modernizer", *Chinese Law and Government*, Vol.31 (1998): 55−73.

Williams, Sue, *China: A Century of Revolution*, Part III 1976−1997. PBS Documentary.

Wong, Danis and Huang, Han, "China's record heatwave, worst drought in decades", *South China Morning Post*, August 31, 2022.

Xiao Lu, "Dialogue", 1989. moma.org/audio/playlist/290/3759

Xiaoming Zhang, *Deng Xiaopng's Long War: The Military Conflict between China and Vietnam, 1979−1991*, Chapel Hill: The Univ. of North Carolina Press, 2015.

Xu, Guangqiu, "Mao's Death and Hua Guofeng's Tragedy", *Evolution of Power: China's Struggle, Survival, and Success*, edited by Xiaobing Li and Xiansheng Tian, Lexington Books, 2014.

Yan Jiaqi, *Toward a Democratic China: The Intellectual Autobiography of Yan Jiaqi*, translated by David S.K. Hong and Denis C. Mair. Honolulu: The University of Hawaii, 1992.

Yang Jisheng, *The World Turned Upside Down: A History of the Chinese Cultural Revolution*, translated by Stanley Moster and Guo Jian. New York: Farrar, Straus and Giroux, 2016.

Yang, Gubin, *The Wuhan Lockdown*, New York: Columbia University Press, 2022.

Yeoh, Emile Kok-Kheng, "Thirty Years after the Tiananmen Protests and June Fourth Messacre", *Contemporary Chinese Political Economy and Strategic Relations: An International Journal*, Vol. 5.2 (2019): 801–900.

Zenz, Adrian, "'Thoroughly Reforming Them Through a Healthy Heart Attitude': China's Political Re-education Campaign in Xinjiang", *Central Asian Survey*, Vol. 38.1 (2019): 102–128.

Zhang Liang Comp, *The Tiananmen Papers*, edited by Andrew J. Nathan and Perry Link. New York: Public Affairs Books, 2001.

Zhang, Weiying, "The Future of Priviate and State-Owned Enterprises in China", *The Oxford Companion to the Economics of China*, Shenggen Fan, et al. eds. Oxford University Press, 2014: 285–290.

Zheng, Dahua, "Modern Chinese Nationalism and the Awakening of Self-Consciousness of the Chinese Nation", *International Journal of Anthropology and Ethnology*, 3.11 (2019): 1–25.

"China Situation", World Health Organization, https://covid19.who.int/region/wpro/country/cn

"China: Tiananmen vigil events across globe in solidarity with Hong Kong", March 26, 2022, amnesty.org 검색.

"China's Wide Income Gap Holds Back Consumer Spending", *Bloomberg*, January 19, 2021.

"Fang Lizhi Obituary", *The Economist*, Apr 13th, 2012.

"Hong Kong: Activist gets 15-month jail term for Tiananmen vigil", January 4, 2022. bbc.com 검색.

"Mortality rate in China from 2000 to 2022", https://www.statista.com/statistics/270165/death-rate-in-china/

"Nearly 300m residents caught in China's latest lockdown wave", *Nikkei Asia*, September 14, 2022.

"Number of deaths per year in China from 2001 to 2022", https://www.statista.com/statistics/1098319/china-number-of-deaths/

동아시아권 사료, 연구서 및 언론 보도

김인희, 『중국 애국주의 홍위병, 분노청년』. 푸른역사, 2021.

송재윤, "전체주의의 추락, 2022년의 세계사적 의의", 「조선일보」 2022년 12월 19일 자.

_____, 『슬픈 중국 : 인민민주독재 1948–1964』. 까치, 2020.

_____, 『슬픈 중국 : 문화대반란 1964–1976』, 까치, 2022.

조영남, 『덩샤오핑 시대의 중국 : 개혁과 개방(1976–1982)』, 민음사, 2017.

_____, 『덩샤오핑 시대의 중국 : 파벌과 투쟁(1983–1987)』, 민음사, 2017.

_____, 『덩샤오핑 시대의 중국 : 톈안먼 사건(1988-1992)』, 민음사, 2017.

_____, 『중국공산당 통치 체제』 제1권 「공산당 영도 체제」, 21세기북스, 2022.

_____, 『중국공산당 통치 체제』 제2권 「공산당 통제 기제」, 21세기북스, 2022.

中共中央宣傳部理論局, 『六個'爲什麼': 對幾個重大問題的回答』. 學習出版社, 2013.

中國人民解放軍軍事科學院, 『葉劍英年譜』 上, 下, 中央文獻出版社, 2007.

中華民國大陸委員會, "中國大陸群體性事件頻繁, 步入「風險社會」參考資料", mac.gov.tw, 2007.12.28.

冷溶, 汪作玲 主編, 『鄧小平年譜 1975-1997』, 中央文獻出版社, 2004.

劉健, "回顧'粉碎四人幇': 是華國鋒陰謀篡黨奪權而不是四人幇." 『當代中國研究』 23.2 (2016): 96-117.

吳仁華, 『六四事件全程實錄』, 臺北: 允晨文化實業股份有限公司, 2019.

_____, 『六四天安門血腥淸場內幕』, 景藝文化, 2014.

_____, 『天安門血腥淸場內幕』, 眞相出版社, 2007.

吳德, 『吳德口述: 十年風雨紀事: 我在北京工作的一些經歷』. 當代中國出版社, 2008.

封從德, 柴玲 外, 『回顧與反思: 六四流亡學生17人』. 德國出版, 1993.

_____, 『六四日記: 廣場上的共和國』. 晨鐘書局, 2009.

張千帆, "辛亥革命與中國憲政." youtube.com, 검색.

_____, 牟效波 編. 《憲政中國演講錄》上, 中, 下. 香港: 香港城市大學, 2021.

_____, 『憲政中國: 迷途與前路』(紐約: 博登書屋, 2020).

_____, 《憲法學導論: 原理與應用》. 北京: 法律出版社, 2014.

張立文, 『學術生命與生命學術: 張立文學術自述』. 中國人民大學, 2016.

張維爲, 『中國震撼·一个"文明型國家"的崛起』. 上海人民出版社, 2011.

徐友漁, 『形形色色的造反: 紅衛兵精神素質的形成及演變』, 香港: 中文大學出版社, 1999.

戴煌, 『胡耀邦與平反冤假錯案』(中國工人出版社, 2004), "全國究竟有多少'右派'?"

_____, 『胡耀邦與平反冤假錯案』. 中國工人出版社, 2004.

方勵之, 『方勵之文集』. 阮耀鍾·林祥榕 主編. 編輯和出版委員會, 2018.

_____, 『方勵之自傳』. 天下遠見出版股份有限公司, 2013.

_____, 『方勵之選集』. 方勵之選集編澤校者, 2013.

施濱每 遺稿, 『歷史轉折中的華國鋒 (1973-1981)』. 北京傳世家書文化發展有限公司, 2020.

易白沙, 「孔子評議」(上)『新靑年』1.6: 384-388.

_____, 「孔子評議」(下)『新靑年』1.6. 15-19.

最新統計數据顯示, 中華人民共和國 人民政府http://www.gov.cn/xinwen/2022-06/29/content_5698405.htm

李洪林, "痛苦的智者."『南方周末』, 2016.6.2.

_____, 『中國思想運動史(1949-1989)』. 天地圖書, 1999.

杜光, "憲政民主在中國的百年軌迹," 2012.7.16, aisixiang.com

_____, "抗議安全部門禁止老人聚餐的非法行徑." 民主中國, minzhuzhongguo.org, 2015.8.27.

_____, 『回歸民主: 和吳邦國委員長商榷十三個大問題』. 新世紀出版及傳媒有限公司, 2012.

梁啓超, 「歷史上中國民族之觀察」『飮氷室合集』8卷, 中華書局, 1989.

梁萬年, "中國當前堅持動態淸零總方針是必須的." 中國新聞網, 2022.10.31. www.chinanews.com.

楊繼繩, 『中國改革年代的政治鬪爭』. Hong Kong: Excellent Culture Press, 2004.

王焰 主編, 『彭德懷年譜』. 人民出版社, 1998.

王若水, 『智慧的痛苦』. 香港: 三聯書店, 1989.

紀念"六四"事件委員會, 李進進. 『"六四"事件民間白皮書』. 非羊書屋, 2009.

編寫組著, 『葉檢英傳』. 中國當代出版社, 1995.

習近平, "在慶祝中國共産黨成立100周年大會上的講話" 2021.07.01., www.gov.cn, 검색.

胡大年, "文革中的'無産階級科學革命': 中國科學院'相對論批判組'再考."『自然科學史研究』(2018) 37.3: 327–363.

胡平, 『中國民運反思』. Oxford University Press, 1992.

_____, 「論言論自由」『靑年論壇』1989年 7月, 9月.

胡耀邦, 『胡耀邦文選』. 人民出版社, 2015.

葉劍英, 『葉劍英抗戰言論集』. 新華日報館, 1940.

_____, 『葉劍英選集』. 人民出版社, 1996.

葉劍英傳記組. 『葉劍英傳』. 當代中國出版社, 1995.

蒲其元 編, 『中華人民共和國日史』27卷「1976」. 四川人民出版社, 2003.

蕭東連, 『中華人民共和國史』第10卷「歷史的轉軌: 1979–1981」. 香港中文大學, 2008.

許章潤, 『庚子十箚』. New York: Bouden House, 2021.

郭道暉, 「四千老干部对黨史的一次民主評議"黨的若干歷史問題決議 (草案) 大討論記略」『炎黃春秋』第四期.

_____, 「四千老幹部對黨史的一次民主評議"黨的若幹歷史問題決議 (草案) 大討論記略」『炎黃春秋』(2010) 第4期.

鄧小平, 『鄧小平文選』. 人民出版社, 1993.

_____, 『鄧小平文選』第3卷, 196.

_____, 『鄧小平文選』. 人民出版社, 1994.

陳勁松, 『民主鬪士魏京生傳』(太平洋國際出版, 1998) 참조.

陳希同, "關于制止動亂和平息反革命暴亂的情況報告," https://zh.wikisource.org 검색.

陳德秀. 「敬告靑年」『新靑年』1·1. 北京: 中華書局, 2011: 1–5.

高皐, 『後文革史: 中國自由化潮流』. 臺北: 聯經, 1993.

_____, 『鄧小平·胡耀邦·趙紫陽: 三頭馬車時代』. 明鏡出版社, 2009.

魏京生, "民主牆運動四十年紀念," 阿波羅新聞網(2018.12.14), tw.aboluowang.com

_____, "第五個現代化: 民主及其他," weijingsheng.org 검색.

_____, "習近平和普京是盟友嗎？" 自由亞洲電台 (2022.2.22), rfa.org.

_____, "要民主還是要新的獨裁," weijingsheng.org 검색.

『中國共産黨章程』, 12371.cn, 검색.

『求是』, 求是雜誌社. 1988- .

『華國鋒政治活動年譜』「1976.12.25. 華國鋒在第二次全國農業學大寨會議上發表重要講話」, huaguofeng.org, 검색.

"共産黨下台: 石破天惊 民主化列車在啓程？", 2022.11.27, rfa.org, 검색.

"「國殤之柱」被移除: 香港民主的喪鐘", 2021.11.25, cn.nytimes.com, 검색

"一體化聯合作戰平臺", chinadigitaltimes.net, 검색.

"上海市去年门急诊人次过亿 医疗业务创历史新高", 2007.2.25. http://www.gov.cn/jrzg/2007-02/25/content_533742.htm

"中共中央關于黨的百年奮鬪重大成就和歷史經驗的決議, 2021.11.16. www.gov.cn 검색.

"中國共産黨 第1綱領", https://www.marxists.org, 검색.

"中國的全面小康", 中華人民共和國 中央人民政府, 2021.9.28. www.gov.cn 검색.

"中國網絡異議先驅黃琦被判刑12年", dw.com/zh/ 검색.

"八九學運領袖熊焱談其美軍牧師工作", voachinese.com, 검색.

"六四研究踉踉30年吳仁華: 這不是我要的人生". can.com.tw 2019.5.21.

"四川維權人士陳雲飛昨被當局構陷獲刑4年", chinesepen.org 검색.

"國家教材委員會關於印發『習近平新時代中國特色社會主義思想進課程教材指南』的通知", 國教材 [2021] 2號, 2021. 7. 21. www.gov.cn 검색.

"大旱之後必有大震？ 中國專家看法不一", 中央廣播電臺, Radio Taiwan International, 2022.9.6.

"時事大家談: 習近平舉全國之力‘決战上海’清零背后有何難言之隱？", voachinese.com, 검색.

"焦点對話: 鄭義專訪之一: 背着十字架的作家", Voice of America, Youtube.com

"獲刑4年6個月的湖北民主維權人士尹旭安案情通報", chinahrc.org, 검색.

"胡平, ‘起義光榮’的國軍父親父在鎮反運動中被處決."

"臺灣紀念六四33週年: ‘國殤之柱’重現台北", dw.com/zh/ 검색

「紅旗」, 中國共産黨 1958-1988.

인명 색인